U0890974

国土空间规划原理

主　编　黄焕春　王世臻
副主编　张　赫　运迎霞　王世福
彭仲仁　范　飞　王林申
屈永超

东南大学出版社
SOUTHEAST UNIVERSITY PRESS
南京

图书在版编目(CIP)数据

国土空间规划原理/ 黄焕春,王世臻主编. —南京:东南大学出版社,2021.8(2025.7 重印)
ISBN 978-7-5641-9631-8

Ⅰ.①国… Ⅱ.①黄… ②王… Ⅲ.①国土规划—中国—教材 Ⅳ.①F129.9

中国版本图书馆 CIP 数据核字(2021)第 161935 号

国土空间规划原理

主　　编:黄焕春　王世臻
出版发行:东南大学出版社
社　　址:南京市四牌楼 2 号　　邮编:210096
出 版 人:江建中
责任编辑:朱震霞
网　　址:http://www.seupress.com
电子邮箱:press@seupress.com
经　　销:全国各地新华书店
印　　刷:广东虎彩云印刷有限公司
开　　本:787 mm×1092 mm　1/16
印　　张:18.25
字　　数:450 千字
版　　次:2021 年 8 月第 1 版
印　　次:2025 年 7 月第 6 次印刷
书　　号:ISBN 978-7-5641-9631-8
定　　价:120.00 元

前言

PREFACE

当前，规划学科正在经历一场变革，“未来的空间不是一个静态的或线性的，空间也可以成长和流动，不能用牛顿力学的思维来定位未来的空间规划，要用量子力学的思维来看生态文明新时代规划”。国务院机构改革成立自然资源部，并进行国土空间规划改革，正是为了解决粗放的经济发展和社会治理导致的问题，解决城镇化激化的矛盾，引领城市生产、生活、生态高质量发展。2019 年 5 月，《中共中央国务院关于建立国土空间规划体系并监督实施的若干意见》的颁布实施标志着国土空间规划正式产生。建立国土空间规划体系是加快形成绿色生产方式和生活方式、推进生态文明建设、建设美丽中国的关键举措。同时更为迫切的是，理解城乡规划教育和构建国土空间规划体系是当务之急，这关系到相关从业人才的培养和行业的发展。

而现实情况是，相关院校的教学和从业人员暂时缺乏相关教材和国家规范的概括，难以指导相关的教学工作和规划设计实践。在教学和实践中，我也深感缺失适应国土空间规划时代要求的、顺应国家规范变革的教材。国土空间规划的课题意义重大，奈何科研实践和教学工作让我踌躇犹豫，直至 2020 年在美国访学中遭遇疫情，专业素材积累也较为成熟，遂专心投入本书的撰写，期间得到了编委的支持与鞭策，最终本书在期限内得以完成。

本教材面向生态文明时代国土空间规划发展的规划师与科研工作者，是指导本科生、研究生以及注册规划师在国土空间规划领域充分学习、理解其理论与模型的实用性教材。全书详细讲解了总体规划、详细规划和相关专项规划原理，利用章节配套习题检验城乡规划专业学生和注册规划师考生的分析能力，注重规划方案分析，提供良好的解题思路。在我多年的高校和国家注册城乡规划师的教学经验中，以国土空间规划设计实践产生的主要问题为主线梳理教学重点，空间分析理论与软件操作并重，辅以实际应用案例和注册规划师考题，原理知识与检测练习相互穿插，能够提升学生的学习兴趣和综合思考能力。

全书由我主笔，写作过程中得到了王世臻董事长、运迎霞教授、王世福教授、彭仲仁教授的技术指导与支持。在书稿整理过程中，得到了张赫、范飞、屈永超、王林申等多位老师的大力支持，他们帮助审阅了书稿的内容和案例并提出了很多中肯的建议，为全书提供了宝贵的案例资料。全书进一步由我的多位研究生参与具体章节的整理工作：张姝颖整理了一、二、五章；李阳整理了三、四、六章；陈铿整理了七、八章；周鑫辉、张姝颖负责书稿校对。南京林业大学风景园林学院的多位本科生也间接为本教材提出使用建议。本教材的写作团队由南京林业大学、北京焕贞教育咨询有限公司、天津大学、华南理工大学、河南大学、济南大学、北京市规划院、济南市市政院等多家单位组成，在 16 位师生的通力合作下本教材才得以顺利完成，在此对他们一并表示由衷的谢意。

面向新时代，国土空间规划仍在路上，本教材仅仅是万里长征迈出的第一步，有许多未知问题有待深入探讨。因时间仓促，错误和疏漏在所难免。在此，诚恳地期望得到广大读者的批评指正。我将一如既往沿着书中的方向不断探索前进！

黄焕春

2020年于美国佛罗里达大学

目录

CONTENTS

第一章

城市与城市发展

第一节　城市的基本概念与特征

2019年全球有42亿以上的人口生活在城市型地域里，占全球总人口的56%。中国已有60%以上的人口居住在城市中。城市是一个复杂的适应性巨系统，城市科学研究在不断发展、动态演进的过程中，越来越深入地认识城市运行发展的规律。由于城市生活有着多元复合集聚特征，不同的学科对城市的理解多种多样。

一、城市的产生

1. 居民点的形成

早期人类的聚居地一般都选择在地形、气候等自然条件比较优越，自然资源比较丰富的地点。例如，中国陕西蓝田猿人的遗址，就在一条河流最高的阶地上，当时那里的气候温暖湿润，有较多的动物可供捕猎（考古发现已被捕猎的动物种类就有42种）。为了防御野兽的侵袭和其他部落的袭击，人类早期往往在原始居民点外围挖沟筑壕，或用土、木、石等材料筑成墙及栅栏。这些沟墙是一种防御性构筑物，也是城池的雏形。

聚落通常是指固定的居民点，只有极少数是游动性的。聚落由各种建筑物、构筑物、道路、绿地、水源地等物质要素组成，规模越大，物质要素构成越复杂。聚落的建筑外貌因居住方式不同而异。聚落具有不同的平面形态，它受经济、社会、历史、地理等诸多条件的制约。随着人类利用和改造自然的能力不断提高，人类活动的领域不断扩大，由热带、温带逐渐扩展至寒带，创造出各种形式的聚落环境，主要分为城市聚落环境和乡村聚落环境。

2. 城市的形成——社会大分工的产物

在原始社会的早期阶段，人类使用木棒、石块等简陋的生产工具，在自然分工的基础上，从事采集、狩猎和捕鱼，维持最低的生活水平。在长期的采集活动中，原始农业和原始畜牧业逐渐出现，畜牧业发展很快，就使其在一些地区比农业更早成为人类的重要生产部门。在某些草原地区，如中亚、西亚、南欧等地区，一些部落舍弃农业，专门从事畜牧业。这就出现了人类历史上的第一次社会大分工——畜牧业和农业分离。

第二次社会大分工是手工业和农业的分离。第一次社会大分工后，生产力有了进一步的发展，青铜器、铁器的相继出现，畜力成为新的动力在犁耕上使用，农业发展迈出了重要的一步，农产品越来越多，为人类提供了日常的、可靠的食物。农业的发展为手工业的兴盛奠定了基础。制陶、冶金、铸造等手工业在这个时期都发达起来，手工业种类日渐增多，生产技术日益复杂，最终发生了第二次社会大分工，它推进了生产规模的扩大和劳动生产率的提高。

第三次社会大分工是商业的发展。它更加促进了商品经济的繁荣。商人首先在商品交换最为发达的地区出现。随着工商业的不断发展,逐渐产生了城市,开始了城市和乡村的对立。城市是工商业的中心,也是统治的中心,人们在城市修建宏伟的宫殿、宅邸、庙宇、祭坛,开展艺术、科学的研究,大量财富越来越集中在城市。城市是由社会剩余物资的交换和争夺而产生的,也是社会分工和产业分工的产物。

城市的产生,一直被认为是人类文明的象征,英语中"文明"(civilization),就来源于拉丁语的"市民的生活"(civtas)。在人类利用和改造自然、创造自己文明的过程中,物质劳动和精神劳动的最大的一次分工,就是城市和乡村的分离。因此,城市是社会经济发展到一定阶段的产物,更具体地说是人类第三次社会大分工的产物。"城市"是在"城"与"市"功能叠加的基础上,以行政和商业活动为基本职能的复杂化、多样化的客观实体。

二、城市的概念

城市最早是政治统治、军事防御和商品交换的产物。"城"是由军事防御产生的,主要是为了防卫,并且用城墙等围起来的地域。"市"是由商品交换产生的,"日中为市"。最早的市没有固定的位置,因常设在居民点的井旁,故有"市井"之称,到近现代,"市"引申为一级城镇聚落性质的行政建制单元。"城"和"市"都是城市最原始的形态,严格地说,都不是真正意义上的城市。

城市也叫城市聚落,它的本质特点是集聚,高密度的人口、建筑、财富和信息是城市的普遍特征。城市是工商业活动集聚的场所,是从事工商业活动的人群聚居的场所。在空间上,城市既是点又是区域,如果放在区域,城市可以是点,如果就城市而言,它又是区域现象。城市作为一种区域现象,它在地球表面占据着较小面积的土地,却成为了人类活动的中心,同周围广大区域保持着密切的联系,具有控制、调整和服务等职能。可以从区域、功能、景观、文化、生态等不同侧面对城市进行定义。

在《辞源》中,城市被解释为人口密集、工商业发达的地方。目前城市研究的各相关学科对"城市"有诸多定义,这些定义从某些学科领域出发,针对城市的某一个或几个特征进行解释,因此很难获得被普遍接受的、比较确定的城市定义。

第一,城市的规划学定义——在《城市规划基本术语标准》中,城市是以非农业产业和非农业人口集聚为主要特征的居民点,包括按国家行政建制设立的市和镇。

第二,城市的景观定义——它是以人造景观为特征的聚落景观,包括土地利用的多样化、建筑物的多样化和空间利用的多样化。它是一种既包括了自然环境又是以人造物和人文景观为主的地理环境。人类对这一部分自然地域的改造影响深远,其作用之大反过来又影响到人类本身的生存。

第三,城市的系统定义——城市是一个动态变化的自然社会复合巨系统。美国学者芒福德说,城市既是多种建筑形式的组合,又是占据这一组合的结构并不断与之相互作用的各种社会联系,各种社团、企业、机构等在时间上的有机结合。

尽管对城市定义有多种不同看法,但总结这些定义的共同点有以下几个方面:一是城市是非农人口集中,以从事工商业等非农业生产活动为主的居民点;二是城市是一定地域范围内社会、经济、文化活动的中心,是城市内外各部门、各要素有机结合的大系统;三是城镇一般聚居有较多的人口,在规模上区别于乡村;四是城镇有比乡村高得多的人口密度和建筑密度，具有丰富的市政设施和公共设施，在景观上不同于乡村，在物质构成上不同于乡村。

三、城市的基本特征

城市的基本特征主要有如下四个方面：

第一，城市的概念是相对存在的。城市与乡村是人类聚落的两种基本形式，两者的关系是相辅相成密不可分的。虽然在一些人口密集、经济发达的地区，城乡之间已经越来越难以明显的划分。

第二，城市是以要素聚集为基本特征的。城市不仅是人口聚居、建筑密集的区域，它同时也是生产、消费、交换的集中地。城市的集聚效应是其不断发展的根本动力，也是城市与乡村的一大本质区别。城市各种资源的密集性，使其成为一定地域空间的经济、社会、文化辐射中心。

第三，城市的发展是动态变化和多样的。从古代拥有明确的空间限定，到现代成为一种以经济和产业分工为主导的功能性地域，城市传统的功能、社会、文化、景观等方面都已经发生了重大转变。随着信息网络、交通、建筑等技术的发展，城市的未来发展将会继续发生变化。

第四，城市具有系统性。城市是一个综合的巨系统，它包括经济子系统、政治子系统、社会子系统、空间环境子系统以及要素流动子系统等。需要明确的是，城市生态系统不是独立的，它需要与乡村生态系统统一构成完整的区域生态系统。在组成城市系统的要素间存在着非常复杂的关系，它们互相交织重叠，共同发挥作用，并对人类的各种行为做出一定程度的响应。

四、城市地域的新类型

1. 大都市区(Metropolitan District)

大都市区是一个大的城市人口核心，以及与其有着密切社会经济联系的、具有一体化倾向的邻接地域的组合，它是国际上进行城市统计和研究的基本地域单元，是城镇化发展到较高阶段时产生的城市空间组织形式。都市区和城市化地区之间的联系在于，有城市化地区才可能有都市区，都市区一定包括一个或几个城市化地区。大都市区的半径通常不大于200公里，才能使核心城区与镇村之间办事方便、联系紧密，当天就能来回。1920年，美国有58个大都市区，其人口占美国总人口的34%；1940年，大都市区增加到140个，其人口比重上升至48%，接近全国总人口的一半。第二个时期从1940年延续至今，主要表现为百万人口以上的大都市区优先增长。

美国是最早采用大都市区概念的国家，随着美国大都市区概念的普遍使用，西方其他国家也纷纷建立了自己的城市功能地域概念，如加拿大的“国情调查大都市区”，英国的“标准大都市劳动区”和“大都市经济劳动区”，澳大利亚的“国情调查扩展城市区”，瑞典的“劳动—市场区”以及日本的都市圈等。大都市区反映的是大城市及其辐射区域在各国社会经济生活中地位不断增长的客观事实，例如日本近八成的国内生产总值仍然集中在东京、大阪、名古屋、福冈四大都市区。

2. 大都市带(Megalopolis)

大都市带是在一个较大的区域范围内，由若干个彼此分离的大都市区在人口和经济活动等方面逐渐紧密连成一体所形成的一种空间结构形态，是一种新的城市区域空间组织形式和城市区域发展的现象，在经济、社会、文化等各方面活动存在密切交互作用的巨大城市地域。1957 年法国地理学家戈特曼在研究了美国东北部大西洋沿岸的城市群以后，率先提出了大都市带的概念。目前世界上有 6 个大都市带(图 1-1-1)：美国东北部大西洋沿岸大都市带、日本东海道太平洋沿岸大都市带、欧洲西北部大都市带、美国五大湖沿岸大都市带、英格兰大都市带以及中国长江三角洲大都市带。

大都市带在空间结构上具有以下特点与功能：①城市人口规模大，可达 0.35 亿至 2.5 亿，人口密度至少为 250 人/km^2，城市化水平达 70%以上。②大都市带在保持整体功能完整性的同时，其中的每个城市各具独立性特色，从而促进了互补发展。③大都市带在国家和世界经济发展中具有枢纽作用，是连接国内国际的节点和产生新技术、新思想的“孵化器”。④大都市带具有发达的区域性基础设施网络，如高速公路、高速铁路、航道、电力输送网、信息高速公路，等等。

审图号：GS(2020)4403号　自然资源部 监制

图 1-1-1　世界六大都市带

3. 全球城市(Global City)

全球城市又称世界级城市，指在社会、经济、文化或政治层面直接影响全球事务的城市。全球城市一词由沙森(Sassen)于 1991 年的作品中首创，与巨型城市(又称超级城市)相对。在西方人眼里，英国伦敦、美国纽约、法国巴黎和日本东京传统上被认为是“四大世界级城市”。同时，它们也被视为全球资本主义的象征。近些年亚洲部分城市高速发展，我国的香港、上海也被看作全球城市(图 1-1-2)。

对全球政治经济文化具有控制力与影响力是全球城市的两个核心功能。其控制力主要表现为对全球战略性资源、战略性产业和战略性通道的占有、使用、收益和再分配。只有对这些问题具有了把控权、主动权，能够发挥决定性作用的城市才可以称之为全球城市。

战略性资源是指与国家、城市的运转发展壮大息息相关的重要条件和能够带来巨大回报的关键要素，可以是硬性的资源、能源、资金等，也可以是软性的政策、人才、信息等。

战略性产业包括战略性支柱产业和战略性新兴产业。战略性支柱产业首先表现出很强的竞争优势，对经济发展具有重大贡献，同时又直接关系经济社会发展全局和国家安全，对带动经济社会进步、提升综合国力具有重要促进作用。战略性新兴产业指以重大技术突破和重大发展需求为基础，对经济社会全局和长远发展具有重大引领带动作用，成长潜力巨大的产业，是新兴科技和新兴产业的深度融合，既代表着科技创新的方向，又代表着产业发展的方向，具有科技含量高、市场潜力大、带动能力强、综合效益好等特征。

战略性通道就是以战略性区位优势为依托，以港口、航空、公路、铁路等现代化、立体化的综合交通体系为基础，构建面向全球的资源要素流通和产业梯度转移通道，这都是涉及全球政治安全和经济发展的长期性、全局性、关键性问题。

全球城市的基本特征可以概括为三个方面：一是具有雄厚的经济实力。主要表现为经济总量大，人均 GDP 程度高，以现代产业体系为核心的后工业化经济结构明显，国际总部聚集度强。二是具有巨大的国际高端资源流量与交易。从某种意义上说，全球城市就是一个面向知识社会创新 2.0 形态的流动空间、流动过程。这种国际高端资源的流量与交易主要表现为高端人才的集聚，信息化水平，科技创新能力，金融国际竞争力和现代化、立体化的综合交通体系。三是具有全球影响力。影响力是软实力的外在表现，是引领时代潮流的主导力量。全球城市的影响力既有文化和舆论的力量，也有组织和制度的力量，主要表现在城市综合创新体系、国际交往能力、文化软实力和全球化的治理结构上。

香港

上海

图 1-1-2　全球城市

4. 全球城市区域(Global City Region)

全球城市区域既不同于普通意义上的城市范畴，也不同于仅仅因地域联系形成的城市群或城市辐射区，而是在全球化高度发展的前提下，以经济联系为基础，由全球城市及其腹地内经济实力较为雄厚的二级大中城市扩展联合而形成的一种独特空间现象(图 1-1-3)。这些全球城市区域已经成为当代全球经济空间的重要组成部分。

首先，全球城市区域是以全球城市(或具有全球城市功能的城市)为核心的城市区域，而不是以一般的中心城市为核心的城市区域。全球城市区域是多核心的城市扩展联合的空间结构，而非单一核心的城市区域。多个中心之间形成基于专业化的内在联系，各自承担着不同的角色，既相互合作，又相互竞争，在空间上形成了一个极具特色的城市区域。全球城市区域这一新现象的出现，并不限于发达国家的大都市及其区域发展的过程。实际上，这种发展趋势是在全球范围内发生的，包括发展中国家。

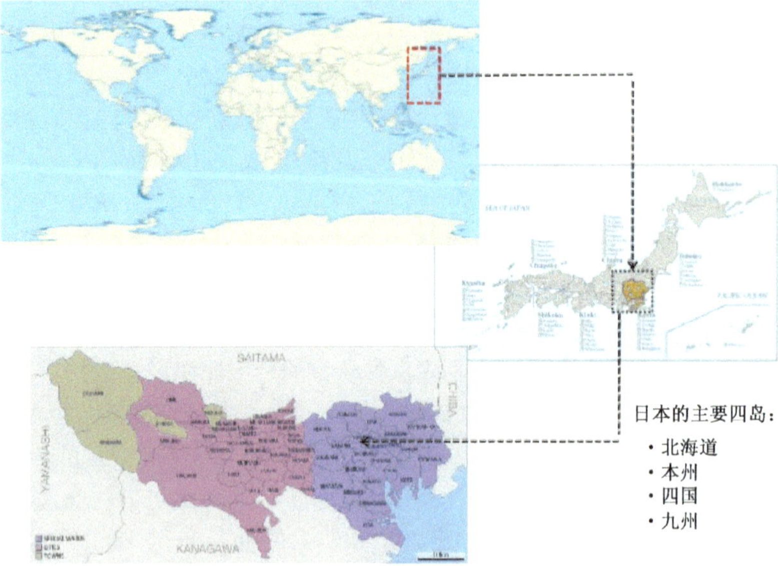

图 1-1-3　东京全球城市区域

第二节　城市与乡村

一、城市与乡村的基本区别

根据聚落的基本职能和结构特点以及所处地域的不同，可以将聚落分为城市聚落和乡村聚落两种。城市和乡村作为两个相对的概念，存在着一些基本的区别，主要有：

第一，集聚规模的差异。城市与乡村的首要差别主要体现在空间要素的集中与分散程度上，在人口、经济、文化活动、基础设施、用地开发等方面存在着较大的数量与质量规模差异。

第二，生产效率的差异。城市取得高效率的经济活动，是人口、资源、生产工具和科学技术等物质要素的高度集中和组织。城市的经济活动是一种社会化的生产、消费、交换的过程，充分发挥了工商、交通、文化、军事和政治等机能，属于高级生产或服务性质；相反，乡村经济活动则依附于土地、畜牧等初级生产要素。

第三，生产力结构的差异。城乡居民的职业构成差异，造成了城乡生产力结构的根本区别。城市作为非农产业活动集中地，主要从事技术研发、商业活动、政治文化活动等，农村主要从事第一产业活动。

第四，职能的差异。城市一般是工业、商业、交通、文教的集中地，是一定地域的政治、经济、文化的中心，在区域中承担核心作用，在职能上是有别于乡村的。

第五，物质形态的差异。城市具有比较健全的市政设施和公共设施，在物质空间形态上不同于乡村。

第六，文化观念的差异。城市与乡村不同的社会关系，使得两者之间产生了很多文化、意识形态、风俗习惯、传统观念等差别。

二、城市与乡村的基本联系

在现代化进程中，处理工农关系、城乡关系的表现，在一定程度上决定着现代化的成败。

城乡联系是多种多样的，体现在物质、经济、人口移动、技术、社会作用、服务、政治以及行政组织等方面。物质联系，主要是公路网、水网、铁路网、生态相互联系；经济联系，主要体现在市场形式、原材料和中间产品流、资本流动、生产联系、消费和购物形式、收入流、行业结构和地区间商品流动上；人口移动联系，主要是临时或永久性人口流动和通勤；技术联系，主要是技术间相互依赖、灌溉系统、通信系统；社会作用联系，主要在访问形式、亲戚关系、仪式、宗教行为、社会团体相互作用上体现；服务联系，主要在能量流和网络、信用和金融网络、教育培训、医疗、职业、商业和技术服务形式、交通服务形式上体现；政治、行政组织联系，主要是结构关系、政府预算流、组织相互依赖性、权力监督形式、行政区间交易形式、非正式政治决策联系。

三、城乡划分与建制体系

目前世界上还没有统一的城镇定义。各国各地区根据各自社会经济发展的特点，制订了不同的城镇定义标准。这些标准很少离开本书所讨论的城镇本质特征，不同的是有些国家的标准侧重于强调某一个特征，有些强调了几个特征，有些有明确的数量指标，有些只有定性指标。

1. 城乡界限划分

要真正在城市和乡村之间划出一条有严格科学意义的界线绝非易事。原因在于，首先，从城市到乡村是渐变的或是交错的，这中间并不存在一个城市消失和乡村开始的明显标志点，人们在城乡过渡带或城乡交接带划出的城乡界线必然带有一定的任意性和主观性。其次，城市本身是一定历史阶段的产物，城市的概念在不同的历史条件下，发生着不断的变化。世界各国处在不同的历史发展阶段，甚至在一个国家的不同地区，所处的发展阶段也不尽相同，这也给城乡划分带来困难。最后，城市尤其是大城市，与周围地区的联系在空间上日趋广泛，在内容上日益复杂，使划分城乡界线又增加了难度。

2. 中国城市建制体系

关于镇的设置标准，新中国成立后经历了较大的变化。1955 年第一个确定的城镇标准，是采用居民点的人口下限数量和职业构成两个要素相结合的办法。规定常住人口 2 000 人以上、居民 50%以上为非农业人口的居民区即为城镇。由于大跃进期间城镇人口增长过快带来了困难，1963 年底国务院将设镇的下限标准提高到居住人口 3 000 人以上，非农业人口 70%以上或聚居人口达 2 500～3 000 人，非农业人口占 85%以上。1984 年，规定居住人口在 20 000 人以下的乡，如乡政府所在地的居民点非农业人口和自理口粮常住人口在 2 000 人以上可以设镇；20 000 人以上的乡，如乡政府所在地的非农业人口和自理口粮常住人口超过总人口的 10%也可以设镇。

其他国家对城镇的典型界定如下：肯尼亚规定 2 000 人以上的居民点即为镇；埃及规定

省和地区的首府为城镇；印度规定居民 5 000 人以上，人口密度不低于 390 人/km^2，75%成年男子从事非农业活动，并有明显城镇特征的居民点可被定义为城镇。

按照行政区划标准，我国的城镇可以划分为直辖市、市、镇。其中，按行政管辖的不同，还可把市进一步划分为地级市和县级市。建制镇无可争议地是城镇的一种类型。

中国的市镇设置主要基于两个方面的标准：一是聚集人口规模，二是城镇的政治经济地位。城镇的政治经济地位往往是市镇设置中的重要考虑内容，这在首都、直辖市、省会城市等的设立中最为典型。此外，我国对市镇的设置标准还有经济、社会等方面一系列指标的要求。

2014 年《国务院关于调整城市规模划分标准的通知》发布，以城区常住人口为统计口径，将城市划分为五类七档。城区常住人口 50 万以下的城市为小城市，其中 20 万以上 50 万以下的城市为Ⅰ型小城市，20 万以下的城市为Ⅱ型小城市；城区常住人口 50 万以上 100 万以下的城市为中等城市；城区常住人口 100 万以上 500 万以下的城市为大城市，其中 300 万以上 500 万以下的城市为Ⅰ型大城市，100 万以上 300 万以下的城市为Ⅱ型大城市；城区常住人口 500 万以上 1 000 万以下的城市为特大城市；城区常住人口 1 000 万以上的城市为超大城市。

中国市制有两个基本特点：第一，市制由多层次的建制构成。从地域类型上划分，包括了直辖市、省（自治区）辖设区市、不设区市（或自治州辖市）三个层次；从行政等级上划分，包括了省级、副省级、地级、县级四个等级。第二，市制兼具城市管理和区域管理的双重性，既有自己的直属地盘——市区，又管辖下级政区。1978 年的《中华人民共和国宪法》，从法律上确立了市制实行城区型与地域型相结合的行政区划建制模式，一般称为广域型市制。

四、中国城乡发展的总体现状

1. 新中国成立后城乡关系演变的基本历程

在中国两千多年的封建社会里，城市和乡村一直处于共生状态。城市在政治上统治乡村，在经济上依赖乡村，二者相互依赖，共生共荣。可以说当时城市和农村还是一个整体，还没有清晰地形成乡村和城市两个个体的概念，城市也没有独立于农村，发展成为一个区域中的经济中心。

城乡关系是我国经济社会关系中最重要的关系之一。城乡关系是否协调，直接影响我国经济社会能否健康发展。目前城乡二元结构还没有从根本上破除，城乡关系走向协调、实现城乡统筹发展的许多制度性障碍依然存在。

1949—1978 年，中国最根本的问题就是如何实现农业快速发展并为工业化奠定基础和提供保障。当时普遍认为只有工业化才能最终改善中国的贫穷落后、才能最终解决农民问题。因此，在快速推进工业化的过程中，逐渐采取了苏联的社会主义工业化模式，即依靠建立单一的公有制和计划经济来推行优先快速发展重工业的战略。由此逐步建立起农业支持工业、农村支持城市和城乡分隔的“二元经济”体制，城镇化进程相当缓慢。农民不进入城市，主要是通过提供农副产品的方式，为工业和城市的发展提供农业剩余产品和资源。

1978 年中共十一届三中全会后，城乡关系进入了一个新的历史时期，过去完全由政府控制的城乡关系开始越来越多地通过市场来调节，但是农业支持工业、乡村支持城市的趋向并没有改变。农民和农村主要是通过直接投资（乡镇企业）、提供廉价劳动力（大量农民工）、提供廉价土地资源三种方式，为工业和城市的发展提供强大的动力。

城乡统筹、建设社会主义新农村成为新时期城乡工作的主轴。2005 年，中央政府对城乡关系做出了具有历史性转折的重大调整，在我国延续了 2 600 多年的农业税退出了历史舞台。政府还利用公共财政加大对农村教育、基础设施、医疗卫生等方面的投入，我国的城乡关系进入了一个新的历史阶段。

中共十九大报告首次提出实施乡村振兴战略，以农业农村优先发展作为新时代实现农业农村现代化的重大原则和方针，强调建立健全城乡融合发展体制机制和政策体系。2019 年 5 月 5 日，《中共中央国务院关于建立健全城乡融合发展体制机制和政策体系的意见》公开发布。加快建立健全城乡融合发展体制机制和政策体系，健全多元投入保障机制，增加对农业农村基础设施建设投入，加快城乡基础设施互联互通，推动人才、土地、资本等要素在城乡间双向流动。

2. 改革开放前的城乡关系

1949—1952 年，城乡结构较为开放，城乡之间的迁移相对来说比较自由，城乡关系的发展基本上是正常的。新中国成立后，面对长期形成的相互对立的畸形城乡关系，政府采取了在经济上允许多种经济成分并存的政策，允许富农经济存在，允许农村土地、劳动力、资本等生产要素自由流动，城乡私营工商业可以自由发展。这一时期有较多的农村人口迁入城市，城市人口的比重由 10.64%上升到 12.46%，城市人口从 5 765 万增加到 7 163 万。

1953—1957 年，城乡二元结构初步形成。从 1953 年起，我国出现了粮食供应紧张的现象，人口的迁移出现了一定的盲目性，“盲流”造成了对城市稳定的冲击。在这种情况下，出于维护社会稳定和工业化建设的需要，1953 年，我国开始了大规模的经济建设，政府开始限制农村劳动力、资本、土地等生产要素流动合作化，从组织上配合统购统销制度，城乡二元结构初步形成。1957 年，通过向农村转移城市劳动力的就业政策等来减轻城市人口压力。

1958—1978 年，城乡二元结构进入固化时期。1958 年 1 月 9 日，经第一届全国人大常委会第九十一次会议通过，公布实施了《中华人民共和国户口登记条例》，标志着城乡分割的二元户籍制度以法律的形式正式建立，中国现代户籍制度由此正式确立。在统购统销制度、户籍制度及其配套的一系列制度、人民公社化制度等内容的安排下，城乡之间的联系和要素流动基本被切断，形成了相互封闭、相互隔绝的城乡二元结构。

3. 改革开放后的城乡关系

城乡收入差距不断扩大(图 1-2-1)，城市和农村经济之间的相互依赖程度降低，城乡居民的社会保障福利、受教育程度等差距都呈扩大的趋势。

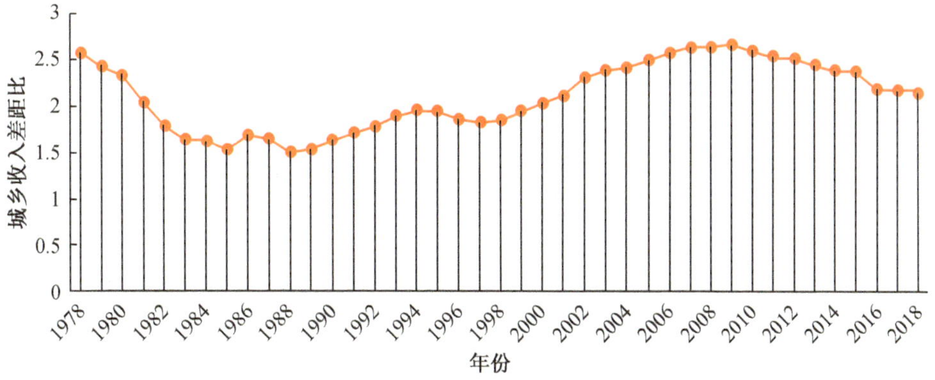

图 1-2-1　1978—2018 城乡收入差距

1979—1984年，城乡二元结构开始松动，一系列的农村经济体制改革以及由其带来的城市经济体制的改革开始由点到面地展开。1982年12月，宪法规定将乡镇作为我国农村最基层的行政区域，标志着人民公社制度的瓦解。1978年末开始的农村家庭联产承包责任制的核心是把农民从对人民公社组织的人身依附关系中彻底解放出来，使农民获得支配自身劳动的自由，积极调动农民参与农业生产的积极性。在这一时期，生产要素开始在城乡之间和农村内部流动，农业劳动力由农村转移到非农产业的人数增多，基本改变了由农村单向流到城市的状况，出现了城市流到农村的情形。城乡居民的生活水平的差距逐渐缩小，城乡关系得到了改善，城乡二元结构在某些方面已经出现松动，城乡之间呈现了良好的发展态势，城乡二元分割矛盾得到一定程度的缓解。

1985—2002年，城乡关系剧变，内容逐渐大于形式。经济体制改革的全面展开，同时也标志着改革的重点由农村转移到了城市。伴随着改革重心的转移，各种资源配置也逐步向城市转移，城市改革步伐明显加快，城乡差距在这一时期急剧扩大，作为城乡二元结构核心的户籍制度也出现了松动。1993年我国正式向市场经济转轨，政府适时地改变了重工业优先发展的战略，大力鼓励私营经济的发展，在一定程度上改善了城乡二元经济结构。随着1994年地方财政包干制的分税制改革的实施，中央政府的分权化改革也跟着开始。但是长期存在的城市偏向的发展政策惯性仍然不能得到根本性的扭转。

2003年至今，统筹城乡协调发展发生了历史性转折。城乡统筹、建设社会主义新农村成为新时期城乡工作的主轴。2005年，中央政府对城乡关系做出了具有历史性转折的重大调整，在我国延续了2 600多年的农业税退出了历史舞台。中央政府还利用公共财政加大对农村教育、基础设施、医疗卫生等方面的投入。2018年，中央一号文件《中共中央国务院关于实施乡村振兴战略的意见》公开发布；2019年，《中共中央国务院关于建立健全城乡融合发展体制机制和政策体系的意见》公开发布。

4. 我国城乡差异的基本现状

我国的城乡发展历程表明城乡之间的良性互动和相互开放，必然推动国民经济的全面发展；相反，城乡之间的隔离甚至对立，则必然导致国民经济发展的失衡，甚至使国民经济发展的进程停滞不前或倒退。乡村是具有自然、社会、经济特征的地域综合体，兼具生产、生活、生态、文化等多重功能，与城镇互促互进、共生共存，共同构成人类活动的主要空间。乡村兴则国家兴，乡村衰则国家衰。我国人民日益增长的美好生活需要和不平衡不充分的发展之间的矛盾在乡村最为突出，我国仍处于并将长期处于社会主义初级阶段的特征很大程度上表现在乡村。

我国目前正处在一个从城乡二元经济结构向城乡一体化发展阶段迈进的历史转折点上。主要是由于长期以来，我国一直实行“一国两策，城乡分治”的二元经济社会体制和“城市偏向，工业优先”的战略和政策选择，城市一直是我国各类生产要素聚集的中心，而人才、技术、资金等向农村流动量少、进程慢，城乡资源流动单向化、不均衡现象十分明显。改革开放以后，尽管这种制度有所松动，但要根本消除二元结构体制还需一个相当长的过程。

过去，我国城乡公共产品供给体制严重失衡。各级政府为增进自身绩效都尽可能地上收财权、下放事权，下级政府得到的财权与事权相比明显失衡。失衡的分配体制决定了失衡的义务教育、基础设施和社会保障等公共产品供给体制，农村公共服务体系尚未建立，农民与城市居民享受的公共服务的差距依然很大。2019年，随着中国地税和国税合并，这一现象将会逐步得到改善。综合运用市场和非市场力量，积极促进城乡产业结构调整、人力资源配置、金融资源配置和社会发展等各个领域的良性互动和协调发展，具有长远而重要的战略意义。

5. 城乡统筹发展

"五个统筹"的具体内容是"统筹城乡发展、统筹区域发展、统筹经济社会发展、统筹人与自然和谐发展、统筹国内发展和对外开放"。党的十六大提出了"城乡统筹"的要求，城乡统筹实际上包括经济和社会发展两大方面，统筹城乡经济社会发展的根本目标是扭转城乡二元结构、解决"三农"难题、推动城乡经济社会协调发展；统筹城乡经济社会发展的主体应该是政府；统筹城乡经济社会发展的重点是对农村社会政治、经济、文化等各领域进行战略性调整和深层次变革。

城乡统筹发展的主要内容如下：

一是统筹城乡规划建设。即改变目前城乡规划分割、建设分治的状况，把城乡经济社会发展统一纳入政府宏观规划，协调城乡发展，促进城乡联动，实现共同繁荣。根据经济社会发展趋势，统一编制城乡规划，促进城镇有序发展，农民梯度转移。主要包括统筹城乡产业发展规划，科学确定产业发展布局；统筹城乡用地规划，合理布局建设、住宅、农业与生态用地；统筹城乡基础设施建设规划，构建完善的基础设施网络体系。尤其在农村地区缺乏基础设施建设资金的情况下，政府要调动和引导各方面的力量着力加强对农村道路、交通运输、电力、电信、商业网点设施等基础设施的投入，使乡村联系城市的硬件设施得到尽快改善。优先发展社会共享型基础设施，扩大基础设施的服务范围、服务领域和受益对象，让农民也能分享城市基础设施。

二是统筹城乡产业发展。以工业化支撑城市化，以城市化提升工业化，加快工业化和城市化进程，促进农村劳动力向二、三产业转移，农村人口向城镇集聚。建立以城带乡、以工促农的发展机制，加快现代农业和现代农村建设，促进农村工业向城镇工业园区集中，促进农村人口向城镇集中，促进土地向规模农户集中，促进城市基础设施向农村延伸，促进城市社会服务事业向农村覆盖，促进城市文明向农村辐射，提升农村经济社会发展的水平。

三是统筹城乡管理制度。突破城乡二元经济社会结构，纠正体制上和政策上的城市偏向，消除计划经济体制的残留影响，保护农民利益，建立城乡一体的劳动力就业制度、户籍管理制度、教育制度、土地征用制度、社会保障制度等，给农村居民平等的发展机会、完整的财产权利和自由的发展空间，遵循市场经济规律和社会发展规律，促进城乡要素自由流动和资源优化配置。

四是统筹城乡收入分配。根据经济社会发展阶段的变化，调整国民收入分配结构，改变国民收入分配中的城市偏向，进一步完善农村税费改革，降低农业税负，创造条件尽快取消农业税，加大对"三农"的财政支持力度，加快农村公益事业建设，建立城乡一体的财政支出体制，将农村交通、环保、生态等公益性基础设施建设都列入政府财政支出范围。

6. 乡村振兴战略

《国家乡村振兴战略规划（2018—2022年）》，按照产业兴旺、生态宜居、乡风文明、治理有效、生活富裕的总要求，建立健全城乡融合发展体制机制和政策体系，统筹推进农村经济建设、政治建设、文化建设、社会建设、生态文明建设和党的建设，加快推进乡村治理体系和治理能力现代化，加快推进农业农村现代化，走中国特色社会主义乡村振兴道路，让农业成为有奔头的产业，让农民成为有吸引力的职业，让农村成为安居乐业的美丽家园。远景谋划：到 2035 年，乡村振兴取得决定性进展，农业农村现代化基本实现。到 2050 年，乡村全面振兴，农业强、农村美、农民富全面实现。

构建乡村振兴新格局。坚持乡村振兴和新型城镇化双轮驱动，统筹城乡国土空间开发格局，优化乡村生产生活生态空间，分类推进乡村振兴，打造各具特色的现代版“富春山居图”。

加快农业现代化步伐。坚持质量兴农、品牌强农，深化农业供给侧结构性改革，构建现代农业产业体系、生产体系、经营体系，推动农业发展质量变革、效率变革、动力变革，持续提高农业创新力、竞争力和全要素生产率。

发展壮大乡村产业。以完善利益联结机制为核心，以制度、技术和商业模式创新为动力，推进农村一二三产业交叉融合，加快发展根植于农业农村、由当地农民主办、彰显地域特色和乡村价值的产业体系，推动乡村产业全面振兴。

建设生态宜居的美丽乡村。牢固树立和践行绿水青山就是金山银山的理念，坚持尊重自然、顺应自然、保护自然，统筹山水林田湖草系统治理，加快转变生产生活方式，推动乡村生态振兴，建设生活环境整洁优美、生态系统稳定健康、人与自然和谐共生的生态宜居美丽乡村。

健全现代乡村治理体系。把夯实基层基础作为固本之策，建立健全党委领导、政府负责、社会协同、公众参与、法治保障的现代乡村社会治理体制，推动乡村组织振兴，打造充满活力、和谐有序的善治乡村。

保障和改善农村民生。坚持人人尽责、人人享有，围绕农民群众最关心最直接最现实的利益问题，加快补齐农村民生短板，提高农村美好生活保障水平，让农民群众有更多实实在在的获得感、幸福感、安全感。

完善城乡融合发展政策体系。顺应城乡融合发展趋势，重塑城乡关系，更好激发农村内部发展活力、优化农村外部发展环境，推动人才、土地、资本等要素双向流动，为乡村振兴注入新动能。

总之，中国的城乡关系在不同阶段的发展概括为三种模式：一是工业导向的“以城带乡”的发展模式，这主要表现在我国在新中国成立初期提出的优先发展重工业的战略，通过城市工业的发展来带动农村的发展。二是“以乡促城”的农村综合发展模式，这一模式在我国主要体现在苏南模式的发展上，苏南模式中乡镇企业的发展带来了小城镇的建设，从而使城乡分割的形态得到了突破。三是城乡一体化的发展模式，这主要体现为我国正大力实施的城乡统筹发展战略。

第三节　区域

一、区域的概念

由于研究的对象不同，不同学科对“区域”的概念有不同的界定。政治学认为区域是国家管理的行政单元；社会学将区域看作是具有相同语言、相同信仰和相同民族特征的人类社会聚落；经济学则视区域为由人的经济活动所造成的、具有特定地域的经济社会综合体；地理学把区域定义为地球表壳的地域单元，认为是区域特定的地理空间范围，整个地球是由无数不同地域层次和范围的区域组成的，大到整个地球，小到市、县、乡或村。

1950年代，美国地理学家惠特尔西主持的国际区域地理学委员会研究小组，对区域做了比较全面和本质化的界定，提出“区域是选取并研究地球上存在的复杂现象的地区分类的一种方法”，而且“这种分类指标，是选取出来阐明一系列在地区上紧密结合的多种因素的特殊组合”。

按照分类指标的不同，区域可以分为各种类型。按照区域的物质内容来划分，可分成自然区域和社会经济区域两大类。在自然区域中，有综合自然区、地貌区、土壤区、气候区、水文区、植物区、动物区等，是根据自然地理环境的地域要素组合规律，依照一定的目的，去揭示自然地理环境结构的特定性质而划分出来的自然地理综合体。社会经济区域包括社会区域和经济区域，前者是指根据人类社会活动的特征，由人口、民族、宗教、语言、政治等要素交互影响并形成特定文化景观而划分的地域单元，如宗教区、语言区、文化区等；后者是指人类运用科学技术、工程措施和管理手段等对自然环境进行利用、改造和开发建设过程中形成的具有特定特征的经济地域单元，如行政区、各类经济区等。

如按照区域的内在结构特征，即根据区域内部各组成部分之间在特性上存在的相关性来划分，区域可以分成均质区和枢纽区两大类。其中均质区具有单一的面貌，是根据内部的一致性和外部的差异性来划分的，其特征在区域内各部分都同样表现出来，气候区即是均质区，农业区也具有均质区的特性，城市内部根据职能划分而出现的与周围毗邻地域存在着明显职能差别的区域如城市中成片的居住区、工业区、商业区、文教区等，都可看成是均质区。枢纽区的形成取决于区域内部结构或组织的协调，这种结构或组织包括一个或多个核（中心），以及围绕核的区域。枢纽区的内部靠核向外引发流通线路来连接周围一定的地域，起到功能一体化的作用，如城市内商业中心和其服务范围共同形成的区域即可看成是枢纽区。

美国地理学家惠特尔西根据区域功能和内在联系程度等的不同，将区域划分为三大类。第一类是单一特征的区域，如坡度区。第二类是多种特征的综合区域，其中又可分为几个亚区：第一亚区是产生于同类过程、形成高度内在联系的区域，如气候区、土壤区、农业土地利用区等；第二亚区是由不同类过程作用、形成较少内在联系的区域，如根据资源基础及其综合利用而划出的经济区；第三亚区是仅具有松散的内在联系的区域，如按地理环境要素的结合划分的传统自然区。第三类是根据人类对地域开发利用的全部内容而分异的总体区域，即为研究和教育服务的一般地理区。

二、区域的特征

1. 区域的可度量性和空间性

每一个区域都在地球占有一定的空间，可以用地图画出来。它有一定面积、有明确的范围和边界，可以度量。区域的范围有大有小，是依据不同要求、不同指标体系而划分出来的，其边界可以用经纬线和其他地物控制。例如，我国的国界有着明确的经纬度范围，国界线用界碑来控制。

与可度量性紧密联系的是区域的空间性，即区域和区域之间在位置上的排列关系、方位关系和距离关系。如我国位于亚洲东部，与俄罗斯、蒙古、印度等国相邻。上海在我国的东部沿海，西与江苏、浙江两省接壤。同样是平原地区，在大中城市周围的地区因受到较强的经济辐射作用，经济发展水平、发展速度就比远离大中城市的地区高。

2. 区域的系统性

区域的系统性反映在区域类型的系统性、区域层次的系统性和区域内部要素的系统性三个方面。

区域的性质取决于具体客体的性质，具体客体的多样性决定区域类型的多样性，地表上的任何自然客体、社会经济客体都要落实到一定的区域，而这些自然和社会经济客体存在着相互联系、相互制约的关系，只有综合协调社会经济、生态、环境等各个方面，才能获得最佳的整体性。

任何一类空间范围较大的区域都可以分解成若干空间范围较小、等级较低的区域。以行政区域为例，每一高级行政区域都由若干个下一级区域组成，若干个下一级区域在构成上一级区域时，不是简单的组合，而是会发生质的变化，出现新的特征。

每一个区域都是内部要素按照一定秩序、一定方式和一定比例组合成的有机整体，不是各要素的简单相加。例如，每一个自然区域都是自然要素的有机组合，每一个经济区域都是经济要素的有机组合。

3. 区域的动态性

随着时间的变化，区域所处的环境会不断变化，按照相同的区域划分的标准，区域的边界也会不断变化。此外，由于研究目的不同，区域划分的角度、指标不同，区域的划分方案也会不同，如我国学术界在研究长江三角洲时将该地域界定为包括上海市和江苏省沿江地区 8 市（南京、苏州、无锡、常州、扬州、镇江、南通、泰州）以及浙江省环杭州湾 7 市（杭州、宁波、湖州、嘉兴、绍兴、舟山、台州）共 16 个城市的地域，该地域的国土面积约为 11 万 km^2。但 2007 年 5 月国务院召开的长江三角洲地区经济社会发展座谈会上提出了长江三角洲的概念，即江苏、浙江和上海“两省一市”，成为中央政策对长江三角洲的新注解。根据该种划分方法，长江三角洲地区的国土面积约为 21 万 km^2。

4. 区域的不重复性

按同一原则、同一指标划分的区域体系，同一层次的区域不应该重复，也不应该遗漏。行政区的区域划分如有重叠，就会引起不必要的纠纷，行政区划如果不能覆盖全地域，出现遗漏，出现“三不管”的“独立王国”，那就会后患无穷。

三、区域与城市

城市是区域经济社会活动的核心，是经济社会活动的聚集体。城市作为人类各种活动的集聚场所，通过人流、物流、能量流和信息流与外围区域发生多种联系，通过对外围腹地的吸引和辐射，成为区域的中心。同时，任何一个城市的发展都离不开一定的区域背景，这是其形成的条件和发展的基础。区域则通过提供农产品、劳动力、商品市场、土地资源等而成为城市发展的依托。因此，城市与区域相互依存，城市是区域的核心，区域是城市的基础。

1. 城市在区域发展中的作用

城市作为区域的中心，是指它在国家或地区一定地域范围的发展中承担着不可替代的任务和作用，即城市职能。城市是与其所影响腹地范围联系在一起的，通过人流、物流、能量流和信息流与外围区域发生多种联系。通过对外围腹地的吸引作用和辐射作用，成为区域的中心。外围区域则通过提供农产品、劳动力、商品市场、土地资源等成为城市发展的依托。

城市作为区域经济活动的集中场所，是区域发展的关键所在。

城市经济基础理论认为，城市通过基本经济部类发展，带动非基本部类经济，从而引起放大的“乘数效应”机制，实现对区域发展的带动。城市发展的内在动力主要来自输出活动（基本活动部分）的发展，由于该活动的建立和发展，从输出产品和劳务中获得的收入增加，也就导致了本城市居民的正常生产和生活服务（非基本活动）部分就业岗位的增加和收入的增加。城市基本活动部分的每一次投资、收入和职工的增加，最后在城市所产生的连锁反应的结果总是数倍于原来投资、收入和职工的增加。

城市的职能一般包括社会政治职能、经济职能和文化职能。其中社会政治职能又称为行政管理职能，城市是各种政治和管理机构的集中地，承担着区域政治中心的作用，尽管在有的国家政治中心城市非常小（如美国），但依然是位于城市。经济职能是指城市内部的经济活动状况及其在区域中的地位和作用。城市以第二、三产业为主进行集聚性经济活动，企业之间的分工协作和集聚、区域商贸流通，已明显高于城市以外的区域。城市已经成为区域生产力最高水平的代表，特别是在组织社会经济、创新、信息交流等方面发挥着巨大作用。城市对整个社会的发展起主导和推动作用，用在城市中发展起来的先进技术和生产出来的产品，彻底改造整个区域经济，特别是传统农村经济。城市集中了高等院校、图书馆、博物馆、体育馆、体育场、文化馆等各类文化设施，对区域的科学、教育、文化传统、生活方式、价值观念等产生重要影响。

城市中多个职能的有机组合构成了城市的职能体系。每一个城市都可以凭借其中的某一项或若干项职能在不同的区域范围内发挥其中心作用，但是作为一个区域的中心，必须是对整个区域的发展有很大影响，能在多种职能（尤其是经济职能）上发挥综合中心作用的城市。

2. 区域条件对城市发展的影响

城市是区域发展到一定阶段的产物。城市的产生和发展取决于区域自然地理、自然资源、区域经济地理、地理位置等基础条件。

1）区域自然地理和自然资源

一个区域的地质、地形地貌、气候、水文、土壤、植被等自然地理条件，通过影响人口的生存环境和人口的空间分布进而影响城市的形成和发展。一般而言，自然条件越有利于人类的生存和聚集，城市产生和发展的自然基础就越优越，城市发展的规模就越容易扩大。例如，人类早期城市的产生都是在中纬度地区的河谷平原地带。直到现在，尽管城市的分布范围已是非常广泛，但世界上的大城市，主要还是集中分布在气温适中、降水适度的中纬度地区。同样，自然条件也影响了城市的特色，正如美国著名城市史学家刘易斯·芒福德所说：“每一个城市都受到自然环境的影响，自然的影响愈多样化，城市的整体特征就愈复杂，愈有个性。”如山区城市受地貌和水文条件影响，其空间布局与平原城市有明显区别，如兰州市沿黄河狭长谷地呈带状发展，重庆市被山体和丘陵分割而形成组团布局结构。

自然资源是自然条件中可以被利用的自然物资和自然能量，一般包括矿产、土地、水、生物等。一个地区自然资源的种类、数量和质量以及开采条件是影响城市形成和发展的重要因素。如城市的发展离不开水资源，生产、生活用水不足，会影响城市的正常运行，区域内的水资源富集程度是决定城市发展规模的重要因素。水资源成为我国北方城市规模扩大的严重制约因素。区域内自然资源的大规模开采，可导致城市特别是资源开采与加工型城市的形成和发展。如 20 世纪 50 年代，我国在石油开采和加工的基础上形成了大庆、克拉玛依等专业化的石油工业城市。我国铁矿资源分布的特点决定了辽宁鞍山和本溪、四川攀枝花等成为我国重要的钢铁工业城市。

2）区域经济基础

城市形成和发展的区域经济地理基础是城市发展中人类活动必须凭借的经济要素，这些经济要素，有的是自然条件的衍生转化，如矿产、淡水、动植物资源的丰饶程度及其组合；有的是区域经济发展的历史积淀，如城市和区域基础设施状况、区域劳动力的数量和质量、经济发展的历史传统和现状特征等；有的是城市未来发展的可能性，如自然资源的潜力，国家和地区的政策倾向等。区域的经济基础一方面通过影响区域对城市发展的投入而影响城市的发展能力，另一方面又通过对城市在经济发展上产生新的需求，而影响城市经济发展及开展行政服务的机遇。

一个由若干城市及其周围地区组成的区域就是复杂的巨系统。城市发展所需要的各种经济要素，都不可能完全在城市内部产生，城市的生产和生活所产生的成果和代谢产物也不可能靠城市本身完全消耗、分解或转化，城市的发展必须建立在区域社会经济发展的全面开放基础上，并以区域为主要依托。为了保证城市正常的生产和生活，城市必须与所在区域保持密切的物质、能量交换，既从区域中获得各种各样的物质资料和生产要素，也为区域提供各种各样的产品和服务。城市所在区域的经济基础条件越好，城市发展得到的各类经济要素越多，就能促进城市的生产并提供更多的产品和服务。因此，区域经济基础也是城市发展的根本动力，要确定城市的发展方向和在更大区域范围内劳动地域分工中的地位和作用，必须深入分析影响城市发展的各种区域因素，进行区域经济基础条件的评价以及区域经济结构和区域经济联系的分析。总之，城市生存于区域之中，与区域的经济和社会活动、自然环境有着复杂多样的联系，区域发展和环境变迁在很大程度上规定了城市发展的轨迹。

3）区域地理位置对城市发展的影响

地理位置指地表上某一事物与其外在客观事物间的空间关系，这种空间关系由方向和距离这两个基本的要素组成。城市或区域与山脉、平原、江河、海洋等的空间关系为自然地理位置，与交通线、产业区、港口及其他城市或区域的空间关系为经济地理位置。地理位置对城市与区域的自然、社会经济等各个领域都有着广泛的影响，在一定历史条件下，地理位置是城市形成和发展的决定性因素。优越的地理位置有利于城市的人口集聚、促进城市繁荣、扩大城市规模和完善城市职能。不好的地理位置则相反。

地理位置的历史性是城市迁移和兴衰的重要因素。地理环境的变化引起地理位置的变化，沙漠扩张、海岸升降、河流改道、洪水淹没、港口淤塞，引起自然地理位置的变更。交通技术的改进、交通网扩展、行政区变更，引起经济地理位置的变更。由于近代铁路这一先进交通方式的出现，改变了以前我国陆路交通向来以驿道为主要交通线路和以车、马为主要交通工具的运输状况，对我国城市的兴起和发展带来了很大的影响。由于铁路修建，形成了郑州、徐州、石家庄、蚌埠等一批铁路枢纽城市。位于古代中国南北主要交通线大运河沿岸的城市淮阴（现淮安），远在隋唐时代就已成为我国经济繁荣的“淮、扬、苏、杭”四大城市之一。随着近代先进、廉价的海轮运输代替了落后的运河运输，以及 1911 年津浦铁路通车后，中国南北陆上运输几乎以铁路运输代替了大部分的水路运输，大运河的运输量因此而大量减少，作为运河沿线重镇的城市淮阴自然失去了它原有的经济地位，城市的地位一落千丈，商业衰退，人口减少，成为相对衰落的城市。

对城市在区域内的分工和布局产生重大影响的地理位置概念有中心位置和门户位置。在相对封闭的区域，中心位置起主导作用。在开放的区域，门户位置则起了重要的作用。中心位置和门户位置常常发生历史变迁，交通条件改变是历史变迁的主要原因。如广西在封建社会时期，其主要联络方向是经湖南向中原，桂林是首要门户，经济和文化发展比较繁荣。五口通商、广州开埠、西江成为广西出海的主要通道，梧州晋升为广西第一门户。改革开放后，北海被确定为我国 14 个沿海开放城市之一，钦州和防城港两港相继开发，北部湾上的北海、钦州、防城港三港成为广西走向世界的大门。

第四节　城市发展阶段

习惯上，城市发展阶段划分为农业社会城市、工业社会城市以及后工业社会城市（表 1-4-1）。

表 1-4-1　城镇化阶段差异

差异	农业社会的城市	工业社会的城市	后工业社会的城市
产业主导	农业依赖	工业化	服务业
职能	政治、军事或宗教中心	经济发展中心	服务中心
规模	有限	主要空间载体	多元化
发展目标	农业时代	工业时代	生态时代

一、农业社会的城市

在农业社会历史中，尽管出现过少数相当繁荣的城市（如我国的唐长安城、北宋开封、西方的古罗马城），并在城市和建筑方面留下了十分宝贵的人类文化遗产，但农业社会的生产力十分低下，对于农业的依赖性决定了农业社会的城市数量、规模及职能都是极其有限的，城市没有起到经济中心的作用，城市内手工业和商业不占主导地位，而主要是政治、军事或宗教中心（图 1-4-1）。农业社会的后期，以欧洲城市为代表孕育了一些资本主义萌芽；文艺复兴和启蒙运动的出现，使得西方市民社会显现雏形，为日后技术革新中的城市快速发展奠定了思想领域的基础。

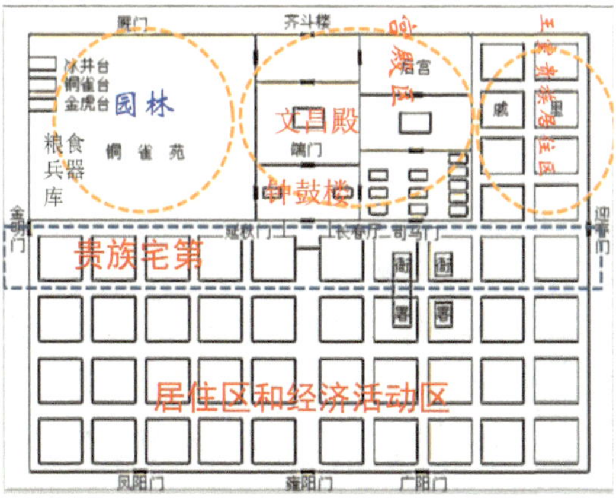

图 1-4-1　曹魏邺城布局

二、工业社会的城市

18 世纪后期开始的工业革命，从根本上改变了人类社会与经济发展的状态。工业化带来生产力的空前提高及生产技术的巨大变革，导致了原有城市空间与职能的重组，同时促进了大量新兴工业城市的形成，城市逐渐成为人类社会的主要空间形态与经济发展的主要空间载体。蒸汽机的发明和交通工具的革命以及工业生产本身的扩张趋势，加速了人口和经济要素向城市聚集，使城市规模扩张、数量猛增，产生了世界性的城镇化浪潮，城市真正成为国家和地区的经济发展中心。但同时，工业文明也造成了环境污染、能源短缺、交通拥堵、生态失衡等诸多城市问题(图 1-4-2)。

图 1-4-2　英国工业发展后的城市环境

三、后工业社会的城市

概括而言，后工业社会的生产力以科技为主体，以高新技术(如信息网络、快速交通等)为生产与生活的支撑，文化趋于多元化(图 1-4-3)。城市的性质由生产功能转向服务功能，制造业的地位明显下降，服务业的经济地位逐渐上升。高速公路、高速铁路、飞机等现代化运输工具大大削弱了空间距离对人口和经济要素流动的阻碍；环境危机日益严重，城市的建设思想也由此走向生态觉醒，人类价值观念发生了重要变化并向“生态时代”迈进。后工业社会种种因素导致了人们对未来城市发展形态及空间基础的多种理解，也为城市研究、城市规划设计提供了一个无比广阔的遐想空间。

图 1-4-3　互联网技术主导的后工业社会

第五节　城镇化

一、城镇化相关概念

1. 城镇化的基本概念与内涵

城镇化是当今世界上重要的社会、经济现象之一。总的来说，城镇化反映了乡村变为城市的一种复杂的过程。但是，由于各个学科对城镇化的理解不一致，城镇化的概念也有不同的提法。本章参照中华人民共和国国家标准《城市规划基本术语标准》(GB/T 50280—98)对城镇化的定义。

标准将城镇化英文确定为 urbanization，城镇化又称城市化、都市化，它是人类生产和生活方式由乡村型向城市型转化的历史过程，表现为乡村人口向城市人口转化以及城市不断发展和完善的过程。

城镇化包含了乡村和城市之间的多种转型，有人口结构的转型、经济结构的转型、地域空间的转型和生活方式的转型。

2. 城镇化的指标与测度

城镇化水平(Urbanization Level)是衡量城镇化发展程度的指标，包括城镇化发展的数量水平和质量水平，确定城镇化指标及测度方法主要有两种，即主要指标法和复合指标法。主要指标法，是选择对城镇化表征意义最强又便于统计的个别指标，来描述城镇化达到的水平。复合指标法，是选用多种指标对城市的某项特征予以综合分析。随着城市各项统计的不断完善，近年来复合指标法的运用在我国比较流行，如各种城市现代化指标体系、可持续发展指标体系、城市竞争力指标体系、城镇化质量指标体系等。

城市人口的定义不同也将影响城镇化水平的计算。在我国，长期以来的城乡二元结构使城市人口有不同的统计口径。第一种是只统计本地户籍的市区非农业人口，该口径在城市规划中至今还被用来衡量城市的人口规模；第二种称之为市区常住人口，即除户籍人口外，还包含在公安部门正式登记的暂住人口；第三种是人口普查时采用的城镇人口统计口径。需要注意的是 1982 年、1990 年和 2000 年三次人口普查对城镇人口的统计口径都不同。

城市规划中，一般用一定地域内城市人口占总人口比例来表示城镇化率。2019 年中国城镇化率 60.6%，城镇常住人口 8.48 亿。目前采用 2000 年第五次人口普查的定义，在某地居住半年以上就是该地的常住人口。

3. 城镇化的类型

1）向心型城镇化与离心型城镇化

向心与离心两种类型的城镇化，是以大城市为中心来考察城镇化现象。向心型城镇化，也称集中型城镇化，是城市中的商业服务设施以及政府部门、企事业公司的总部、银行、报社等脑力劳动机关，都有不断向城市中心集聚的特性。向心型城镇化促使城市中心土地利用密度升高，向立体发展，形成中心商业事务区。

离心型城镇化，也称扩散型城镇化，是有些城市设施和部门自城市中心向外缘移动扩散。它导致城市外围农村地域的变化、城市平面的扩大。这些具有离心倾向的部门有的需要宽敞用地，如大型企业、自来水厂等；有的需要防止灾害和污染，如煤气厂、垃圾处理厂等；有的需要安静的环境，如精神病院、传染病院等；有的具有特殊使命，需要离开市区，如兵营、监狱、火葬场等。

2）外延型城镇化与飞地型城镇化

按照城市离心扩散形式的不同，还可分为外延型和飞地型两种类型的城镇化。如果城市的离心扩展，一直保持与建成区接壤，连续渐次地向外推进，这种扩展方式称之为外延型城镇化；如果在推进过程中，出现了空间上与建成区断开，职能上与中心城市保持联系的城市扩展方式，则称为飞地型城镇化。

飞地型城镇化一般要在大城市的环境下才会出现。因为大城市的人口、用地规模已十分庞大，各类城市问题较多，如果继续采取外延型的发展方式，将使各种矛盾更为尖锐，在此情况下，通常采取跳出中心城市现有边界，到条件适宜的地理位置上去发展，用以分散中心城市的压力，有的则形成大城市郊区的卫星城镇。

3）自上而下型城镇化和自下而上型城镇化

基于城镇化动力机制，可分为自上而下型城镇化和自下而上型城镇化。所谓自上而下型城镇化，是指国家投资于城市经济部门，随着经济发展产生的劳动力需求而引起的城镇化，具体地表现为原有城市发展和新兴工矿业城市产生两个方面。

所谓自下而上型城镇化，是指农村地区通过自筹资金发展以乡镇企业为主体的非农业生产活动，首先实现农村人口职业转化，进而通过发展小城市（集）镇，实现人口居住地的空间转化。例如中国地方乡镇（村）等社区政府和农民，城镇化发展的投资主体，是乡镇（村）地方社区和农民群体，以自有自筹资金为主；实现自下而上的城镇化，即指发生在农村地域，由基层社区政府发动和农民自主推动的，以农村人口在农村内就地转移，建立小城镇为中心的城镇化过程。改革开放初期，乡镇企业的蓬勃发展，带动了中国自下而上的城镇化发展。

二、世界城镇化的阶段

1. 诺瑟姆曲线

城镇化具有明显的阶段特征。1979 年诺瑟姆总结欧美城镇化发展历程后，认为城镇化呈 S 型曲线发展，其过程可划分为三个阶段，这已得到众多研究证实和引用（图1-5-1）。根据城镇化发展的 S 形曲线，当一个国家或地区的城镇化率低于 30%的时候，处于城镇化初始阶段，城镇化速度相对缓慢，世界各国经历了上万年；当城镇化率处于 30%～70%（或 30%～60%）的时候，城镇化高速发展，这一时期各国用的时间不尽一致，较短的有 26 年；当城镇化率超过 70%以后，城镇化的速率有所回落，进入平稳发展阶段，这一阶段是城镇化的高级阶段。在 20 世纪 80 年代后，一些城镇化进展较快的欧美国家通过积极调整，出现了再城镇化的过程，例如英国伦敦，美国纽约、波士顿等城市。

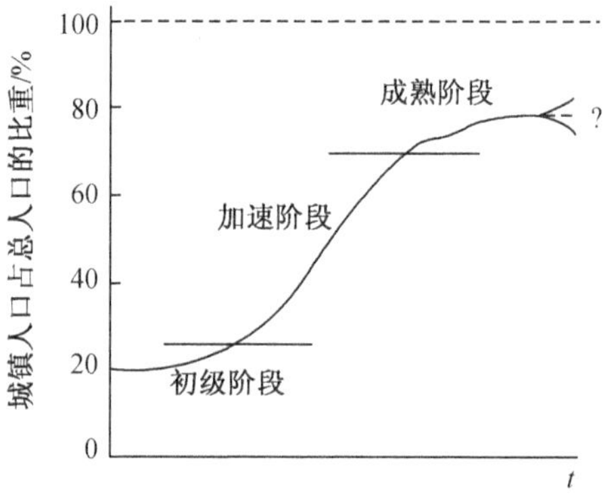

图 1-5-1 诺瑟姆城市化曲线

2. 城镇化的时间序列阶段

按照时间先后顺序，城镇化进程可分为四个基本阶段。第一，集聚城镇化阶段，主要是乡村要素单向向城市集中；第二，郊区化阶段，随着城市环境的恶化、人民收入水平差距的加大以及通勤条件的改善，城市中上阶层开始移居到市郊或外围地带，该阶段的显著特点是住宅、商业服务部门、事务部门以及大量就业岗位相继向城市郊区迁移；第三，逆城镇化阶段，随着汽车交通工具普及和郊区化的进一步发展，一些大都市区人口外迁出现了新的动向，不仅中心市区人口继续外迁，郊区人口也向更大的外围区域迁移，出现了大都市区人口负增长的局面，通勤半径甚至可以扩大到 100 km 左右；第四，再城镇化阶段，面对城市中由于大量人口和产业外迁导致的经济衰退、人口贫困、社会萧条等问题，许多城市开始积极调整产业结构、发展高科技产业和第三产业、积极开发市中心衰落区、努力改善城市环境和提升城市功能，来吸引一部分特定人口从郊区回流到中心城市。

三、世界城镇化的趋势

1. 城市在国民经济中的地位越来越重要

人类经济社会活动的空间分布结构已经进入了以城市为主的新阶段。按照联合国的统计和预测数据，从 2011 年到 2050 年全球将新增人口 23.32 亿人，城市人口将增长 26.2 亿人。全球农村地区人口数量及其占总人口的比例都将在 2020 年前后开始绝对降低。

2. 发展中国家城镇化速度普遍快于发达国家

发达国家的人口城镇化率接近饱和，未来起伏不大。从较长时期看，发达国家城市人口的绝对规模将随着人口负增长而出现负增长，不动产价格的长期走势可能趋于下降。发展中国家的城镇化步伐将明显加快，城市人口的绝对规模也将稳定增长，住房等不动产价格将上升。

3. 大都市区扮演重要角色

在现有技术和产业条件下，发达国家一些大都市地区的扩展可能触及上限，而发展中国家将出现一批新的大都市群。根据联合国经济和社会理事会统计的《世界城市化展望2014》，2014 年超过半数的城市人口居住在人口规模多于 50 万人的大城市，表明大都市区化已是世界城市发展的一个新的阶段。1990 年，世界上超过 1 000 万人口的特大城市有 10 个，到 2014 年增加到 28 个，同时超过 500 万人的大城市有 43 个。在部分地区甚至城乡分界日益模糊，城市地域连成一片，世界大都市带正在形成。

4. 城市功能由生产型向人本型转变

随着城市产业结构的不断升级，城镇物质财富的不断积累，城市人的生活也从温饱型的追求生存到追求享受和自身的全面发展，以及对所在城市家园归属感的追寻。因此城市功能的发挥不仅仅是生产功能的实现，而更主要的是从更高层次上努力改善城市环境，丰富并提升城市文化，提高城市生活质量，把人的幸福感作为出发点和归宿，保障人的生活、经济、社会、生态和环境的安全。人本型城市的兴起，必将导致智慧城市、文化城市、生态城市等新型城市的出现和普及。

5. 世界城市网络主宰全球经济

随着经济全球化的发展和新国际劳动地域分工的逐步形成以及跨国公司在全球的普遍渗透，若干全球信息中心城市发展成为国际性城市甚至世界城市（全球城市），成为全球经济的控制者和主宰者。根据 Richard Florida 等人的研究，在全球 40 个巨型区域中生活着 1/5 的世界人口，制造了全球 2/3 的经济产出和超过 85%的全球创新。世界城市的形成和发展使世界城市体系出现了新的等级结构，纽约、伦敦、巴黎、东京处于世界城市体系的顶端，包括布鲁塞尔等在内的城市构成世界城市的第二层次，包括阿姆斯特丹等在内的城市构成世界城市的第三层次。城市间的经济网络开始主宰全球经济，全球城市网络逐渐形成。在世界城市网络联接度方面，中国香港、北京、上海和中国台北四个城市已跻身世界城市前列，上海、中国台北分别居第 19 位和第 22 位，是世界城市网络中的重要中转节点。

四、世界城镇化发展的主要模式

1. 欧洲模式

欧洲城镇化独具特色，总体比较注重合理的空间布局、基本公共服务和城镇的多样性。1600 年，整个欧洲只有 1.6%的人口居住在城市。18 世纪，英国工业革命带来最早的城镇化浪潮，欧洲城镇数量和城镇人口呈爆炸式增长，欧洲的社会生活也发生了巨大变化。

欧洲模式的特征：一是城镇化与工业化是同步推进的。英国从 1760 年产业革命算起，实现城镇化用了 90 年。德国的城镇化和工业化是在德意志帝国崛起后完成的，从 1871 年到 1910 年，德国用不到 40 年就实现了工业化和城镇化。二是普遍重视历史传统，保护文化遗产。巴黎、伦敦、罗马等世界名城虽然发展模式不一，但总体上保持了历史风貌，文化品位较高，吸引了世界各地的游客和投资者。当然也有负面例子，比如布鲁塞尔。三是在城镇化过程中普遍重视法律建设。早在 1866 年，英国就通过了《环境卫生法》，为政府治理城市环境卫生提供法律依据。此后，英国制定了一系列与城市公共卫生、治安管理和贫民救济有关的法律，使政府的城市管理与公共服务工作有法可依。德国城镇化早期，政府建立了市民广泛参与的住宅建设制度，规定政府制定的城市规划和建筑方案须交由全体市民讨论修改，然后在警察局备案，房地产开发商的建设方案必须符合规划才可动工。

2. 美国模式

美国城镇化的最突出特点是以大城市群建设为主体，构建多层次城镇体系。大都市区在 20 世纪出现后，很快就成为美国城市发展的主导趋势之一，大都市区的数量不断增加，规模急剧扩大，大都市区人口在全国人口中的比例也迅速提高。1910 年，美国大都市区的数量还只有 58 个，人口比例只有 31%；到 1940 年，大都市区的数量增加到 140 个，人口比例上升到 48%，美国已基本成为一个大都市区化的国家。从地区分布看，全国形成了东北部城市群、五大湖南部城市群和美国西海岸城市连绵带城市群，这三大城市群（图 1-5-2）成为美国的政治、经济、文化中心，在其辐射带动下，大量的小城市（镇）获得了快速的发展，美国在城市空间布局上形成了层次分明、定位明确、功能互补的城镇体系。

20 世纪 90 年代以后，美国政府、城市规划者、学者和居民都开始意识到低密度城市空间布局所带来的问题，提出了精明增长（Smart Growth）的概念。其主要内容包括强调空间紧凑，用足城市存量空间，减少盲目扩张；鼓励乘坐公共交通工具和步行；加强土地利用的混合功能，保护开放空间和创造舒适的环境；通过鼓励、限制和保护措施，实现经济、环境和社会的协调。

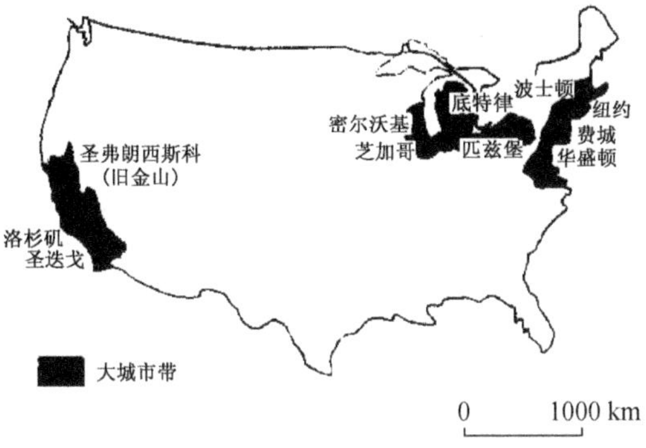

图 1-5-2　美国三大城市群

3. 拉美模式

二战后，拉美是全世界城镇化速度最快的地区，1990 年超过欧洲，1991 年又超过大洋洲。到 2010 年，拉美城镇化率高达 79.6%，仅次于北美的 80.7%，远高于欧洲(72.8%)、大洋洲(70.2%)、亚洲(39.8%)和非洲(37.9%)。总体而言，拉美城镇化具有明显的赶超特点，有的国家甚至是"失控"，出现了一系列社会问题和城市病，很多学者将"过度城镇化"带来的一些社会问题称为"拉美陷阱"或"拉美化"。在拉美的经济增长中，城镇的贡献率大约是 50%，但"过度城镇化"导致该地区出现收入分配严重不公和两极分化、贫困发生率和失业率居高不下、住房紧张与贫民窟问题突出、医疗和教育资源不足等社会问题。这些社会问题又反作用于经济政策和经济增长，带来巨大的负面影响，使拉美成为"中等收入陷阱"的典型案例。

4. 东亚模式

东亚城镇化高度集中。二战之后，日本依靠工业化的强力推动，迅速迈入高速城镇化的轨道。由于国土狭窄、人口密集、开发空间有限，日本采取了高度集中型城镇化模式，对少数几个都市圈实行优先集中开发，日本的人口、产业和城镇也就高度集中在东京、大阪和名古屋三大都市圈。2011 年，日本城镇化率已达 91.3%。

东亚模式是大城市主导型城镇化。韩国也是依靠工业化驱动快速实现城镇化的范例。为了追赶发达国家，韩国长期奉行"工业为主、大企业为主、大城市为主"的政策，依托工业化优先发展大城市，依托既有城市集中布局工业，使得人口和产业向少数大城市高度集聚。

城镇化速度快。从 1965 年到 1990 年，韩国城镇化率从 32.4%迅速提高到 73.8%，平均每年提高 1.66 个百分点，仅用 20 多年时间就完成了美国近 90 年才走完的城镇化历程。之后，韩国进入高度城镇化时期，逐步形成都市圈、城市群和城市带。到 2011 年，韩国城镇化率达到 83.2%，高于较发达地区的平均水平。

五、中国城镇化模式

所谓城镇化模式，是指一个国家、一个地区在特定阶段、特定环境背景中城镇化基本特征的模式化归纳总结。中国幅员辽阔，各地的社会与自然发展环境、发展阶段等都有很大差异，在城镇化的实践中，许多地方结合自身的条件和特点走出了一些具有鲜明特色的城镇化道路。中国城镇化大致可以概括出以下几种典型模式。

1. 计划经济体制下以国营企业为主导的城镇化模式

这种模式是计划经济的产物，其城镇化的原动力来自国家计划对资源的大规模开发和生产建设。其城镇化水平的提高主要是因为资源开发所引起的大量外来人口迁入，以及相关政策的强制性推动。攀枝花、大庆、鞍山、东营、克拉玛依等许多城市的兴起是该模式下的典型案例。

2. 商品经济短缺时期以乡镇集体经济为主导的城镇化模式

这是一种通过乡村集体经济和乡镇企业的发展，促进乡村工业化和农村城镇化进而推动城市发展的模式，一般称为“苏南模式”。这种模式在当时特定的背景下，就地解决农村剩余劳动力问题，大大积累了地方经济的基础，有效推动了小城镇的发展，当然也带来了布局分散、投资效率低等问题。

苏南地区采取以乡镇政府为主组织资源的方式。政府出面组织土地、资本和劳动力等生产资料，出资办企业，并由政府指派所谓的“能人”来担任企业负责人。“苏南模式”的主要特征：农民依靠自己的力量发展乡镇企业；乡镇企业的所有制结构以集体经济为主；乡镇政府主导乡镇企业的发展。苏州、无锡、常州、南通这些城市是“苏南模式”的典型案例。

3. 市场经济早期以分散家庭工业为主导的城镇化模式

在由计划经济向市场经济转轨的过程中，通过家庭手工业、个体私营企业以及批发零售商业来推动农村工业化，并且以此带动乡村人口转化为城市人口，一般称为“温州模式”。

以家庭工业和专业化市场的方式发展非农产业，从而形成小商品、大市场的发展格局。其基本特征是经济形式家庭化、经营方式专业化、专业生产系列化、生产要素市场化、服务环节社会化。家庭经济以及商品市场的发展，使剩余劳动力转向家庭生产专业市场的经营，从而促进人口向小城镇聚集，使小城镇规模得到扩大，促进了农村城镇化的发展。

“温州模式”同样也存在弊端。由于缺乏必要的监管和引导，“温州模式”导致了假冒伪劣横行。在曾经的一段时间里，温州产品几乎是劣质假冒货的代名词。粗放的发展方式对当地的自然环境造成了恶劣的破坏，当地遍布的河流水道大多受到了污染，如比较出名的平阳水头制革污染，还有电镀产业也对当地的环境造成过严重破坏。

4. 以外资及混合型经济为主导的城镇化模式

20 世纪 90 年代中后期以来，随着全球资本与产业的转移，部分地区积极把握机遇、大力推动资本结构转型，进入了吸引外资的高潮期，以外向型经济园区为主体的空间成为集聚人口与产业、推动城镇化的有力载体。

改革开放后，珠江三角洲在从计划经济向市场经济转轨的过程中，利用国家赋予的优惠政策，以其独特的地理区位、土地和劳动力等优势，与外来资源相结合，创造了由地方政府主导的外向型快速工业化经济发展模式，走出一条具有中国特色的沿海地区新工业化发展道路。该模式有四个典型特征：一是政府主导；二是外向经济；三是民营经济的快速市场化；四是国内国外两个市场联动。广州、佛山、东莞、珠海、深圳是该模式下的典型案例。

5. 以大城市带大郊区发展的成都模式

“成都模式”的主要做法是对土地确权颁证，建立农村土地产权交易市场，设立建设用地增减指标挂钩机制。以发展较好的区域作为起步点，确立优势产业，形成以市场为导向的产业集群。另外再配以农民的公共服务和社会保障，提高农民的生活水平。成都作为全国统筹城乡综合配套改革试验区，在四川全省率先打开了阻碍要素流动的制度“闸门”，通过“确实权、颁铁证”，逐步建立健全归属清晰、权责明确、保护严格、流转顺畅的现代农村产权制度。

成都一直利用西部大开发的机会，先期规划工业项目和投资进入。政府提出“三个集中”：将空间资源仔细分配，工业项目向工业区集中，农民要向中心村、集镇和城市集中，耕地要向种田能手集中。在城市化矛盾加重的时候，成都充分运用挂钩政策，以国土交易中心为平台，一批一批地搞挂钩交易。首先它当中间人先借钱给农村集体，让集体腾出地来把指标给它，然后用指标跟高价地去换，获得差价，再拿出钱来给农村建设用地投资；并从 2008 年开始启动了农村产权改革，对农民的宅基地等进行确权，推动土地市场化流转，加快农村产权改革。在明晰产权后，建立了有效的保护体系，使得农民原来拥有的土地和房屋权利有一套相应的权利体系来保证流转。

6. 以宅基地换房集中居住的天津模式

天津的小城镇发展主要分为四种子类型：整体推进型、都市扩散型、开发拓展型和“三集中”型。其主要做法为乡镇政府主导的“以宅基地换房”，先解决搬迁农民的安置问题，然后通过土地集约增值的收益发展地区产业，解决农村居民的就业问题。将农民的集中居住与城镇化、产业化有机结合。近年来，天津市利用良好的区位优势，因地制宜，搞好顶层设计和制度安排，以人的城镇化为核心，经过几年的探索实践，走出了一条以“宅基地换房”示范小城镇建设为龙头，农民居住社区、示范工业园区、农业产业园区建设“三区联动”的适合城市周边的城镇化新路子。

7. 其他城镇化模式

根据城市化与工业化的适应关系，城镇化模式可划分为同步城市化和滞后城市化或过度城镇化模式。根据城市化的空间表现形式，可划分为集中型城市化和分散型城市化模式。根据城市化的规模结构，可划分为小城镇模式、中等城市模式、大城市模式、国际化都市模式或大中小城市相结合模式。根据城市化的动力机制，可划分为拉力型城市化和推力型城市化、内生型城市化和外生型城市化、自上而下的城市化和自下而上的城市化模式。根据城市化过程中资源利用方式，可划分为粗放型城市化和集约型城市化模式。根据城市化的运行机制和管理调控方式，可划分为行政主导型城市化和市场主导型城市化模式。此外，还有不少其他类型的城镇化模式。

需要特别指出的是，对于任何一个国家和地区而言，城镇化都是一个复杂、动态的过程。而所谓模式，是对特定地域、特定发展环境、特定发展阶段城镇化进程中最主要、最明显特征的简单化提炼，事实上并不能涵盖一个地区城镇化特征的全部。因此，我们既要关注各种城镇化模式的研究和总结，同时也不能简单地对其进行移植和复制，而要根据各地的时代特点开展积极、创造性的探索实践。

第六节　城市发展与社会经济、生态资源环境的关系

一、城市发展与经济发展的关系

城市建立在大量经济活动的基础之上，是社会经济发展到一定阶段的产物。城市的发

展影响着整个区域经济的发展，城市具有强大的聚集和扩散功能、辐射和带动功能以及创新功能等，是整个区域经济的龙头，其发展程度关系着整个区域经济的发展。

1. 城镇化源于经济的发展

城市的出现和发展是社会经济发展到一定阶段的客观要求和结果，城镇化与经济发展水平密切相关。但经济发展对城市发展的带动作用也存在"边际效应"，即在经济发展的不同阶段，经济发展对城镇化发展水平的拉动作用是不同的，当经济发展水平达到相当高度后，将不再导致城镇化水平的持续显著提高。这是因为，在城镇化的起飞阶段，经济增长的推动来自非农业部门的增量式扩张，人口转移主要在农业人口与非农业人口之间进行。以农业人口向工业人口与服务业人口的转化为主，因而对城镇化的带动作用很大；而当经济发展到一定水平，经济增长的推动来自非农业部门内部分工的深化，科技和知识对经济发展的贡献率大大提高，发展方式有了质的变化。在这一条件下，经济的进一步增长对城镇化的外延发展的带动作用也就逐渐减小了。

2. 城市是现代经济发展的最重要空间载体

首先，城市是经济发展的增长极。其次，城市建设是经济发展的动力源。城市建设作为一个扩大投资、推动消费、促进发展的过程，其本身就是一种经济活动。通过城市建设，可以带动房地产业、建筑业、商业等十几个相关产业的发展。从经济发展的全局看，城市建设是经济建设的重要组成部分，具有基础性作用，虽然不直接创造价值，但参与价值的创造。加快经济发展城建必须先行。城市的发展，对于吸纳剩余劳动力、促进招商引资具有重要意义。

现代社会中，城市早已成为推动整个经济社会发展的最重要动力。随着经济结构调整的不断深化和城市经济功能的逐渐转型，以制造业为主的第二产业快速从中心城区外迁，一些新生的产业类型比如主要依靠专业人才的创造能力和知识产权的创意产业，逐渐成为一些大城市经济发展的新引擎，并强力带动周边传统产业升级。

总之，城市已经成为现代经济发展过程中最重要的空间载体，通过城市这一重要的节点，资源、技术、劳动力、资本快速集聚并相互作用，从而使城市在自身经济实力不断得到提升的同时，带动区域、国家甚至是超国家尺度的空间经济发展。

二、城市发展与社会发展的关系

城市是人类历史发展的结晶。城市的规模、性质、职能、布局、建筑景观等都打上了历史的烙印。包括历史因素、文化传统、政治因素、人口素质等社会因素都对城市发展造成了一定影响。

1. 城市是社会生活与矛盾的集合体

城市的最显著特征是人口密集，因此，社会问题集中发生在城市里。城市社会问题是经济发展到一定阶段的产物，不同的经济发展阶段，产生不同的社会问题；不同的社会制度，社会问题的表现形式也不相同，所以城市社会问题复杂多样，问题的严重程度强弱不等。因此，城市进程本身就是社会发展的过程，社会和空间之间存在着辩证统一的交互作用和相互依存的关系。

正是基于这样的前提，城市规划理论与实践的发展始终离不开对社会问题的关注。现实的城市规划对城市社会问题的解决总是难以取得理想的结果，旧社会问题的解决总是伴随着新社会问题的产生，从城市住房拥挤、环境恶劣到房屋破旧、住宅紧张，从经济危机、经济萧条到内城衰退、社会混乱，从出现贫富差距到社会分化，从公众参与、社区规划到倡导性规划等，可以说城市社会问题既可以成为城市发展的桎梏，又可以反过来成为城市发展的目标和现实动力。城市社会问题的不断出现、解决和城市规划有着十分密切的联系，近现代城市规划理论与实践也总是在不断地寻求解决城市社会问题的过程中取得发展。

2. 健康的社会环境是促进城市发展的重要动力

健康的社会环境作为城市发展理性的选择，它旨在促进更加宽广的公平环境、诚信环境和管理环境，不仅能使资源得到公平合理的分配和利用，而且能使城市的各项社会资源的效益最大化，推动城市文明的继续和发展。城市社会的健康发展，必然促进人的素质不断提高，人与人的关系不断改善，以及人与自然的和谐。

各种社会发展趋势、城市社会结构的变迁，必然会对城市的发展变化带来一定影响，并在空间环境上有所体现。一个宽容的城市社会需要政府制定与此目标相一致的政策，以保证基本的物质资源的供给、社会安全与公平，需要政府政策更大程度地代表不同种族、性别和全体公民的意志。正是基于这样的考虑，城市规划既是一项技术性工程，更是一项社会工程，城市规划也因而具有明确的公共政策属性。

三、城市发展与资源环境的关系

区域内自然资源的种类、数量和质量及开采条件是影响城市形成和发展的重要因素。到现代工业阶段，尽管由于资金、技术在生产中的地位提高，而自然资源的相对重要性下降了，但仍对城市发展具有重大影响。城市发展也会受到环境的制约，例如在生态敏感带和环境容量较小的地区，城市发展的余地较小。随着社会经济的发展和生活水平的提高，人们开始追求更高的生活质量，对环境的要求不断提高，区域生态环境和城市生态环境对城市发展的制约作用会越来越大。因此，必须从可持续发展的高度来认识解决环境问题的重要性，为人类创造舒适的人居环境。

1. 资源环境是城市发展的支撑与约束条件

城镇化和城市人口的规模增加与资源消耗的关系十分密切。目前城市集中了全人类50%以上的人口，大量能源和资源向城镇化地区输送，城市是地球资源的主要消费地。一般认为，城市消耗的能源占人类能源总消耗的75%，城市消耗的资源占人类资源总消耗的80%。从人类文明历程来看，工业化和城镇化的过程，是社会财富积累加快、人民生活水平迅速提高的一个过程，也是人类大量消耗自然资源的过程。

从城市自身发展来看，由于人口密集和资源的大量消耗，城市生活环境恶化，提高了城市的生活成本，使城市自身发展失去活力。城市产生和排放的大量有害气体、污水、废弃物，加剧了城市地区微气候的变化和热岛效应，使城市的自然生态系统受损，危及人类健康，人为地加大了改善环境的投资和医疗费用等。此外，大量的物质消耗造成各种自然资源的短缺，加重了城市的负担，加剧了城市的风险，对城市的可持续发展形成了制约。

2. 城市的发展不可避免地影响自然环境

城镇化可以促进经济的繁荣和社会的进步。城镇化能集约利用土地，提高能源利用效率，促进教育、就业、健康和社会各项事业的发展。同时，城镇化不可避免地影响了自然生态环境，造成维持自然生态系统的土地面积和天然矿产物的减少，并使之在很大区域内发生了持续的变化甚至消失，使自然环境朝着人工环境演化，致使生物种群减少，结构单一，生物与人的生物量比值不断降低，生态平衡破坏，自然修复能力下降，生态服务功能减退。

规划师及其利益相关者，不应该片面地思考如何突破资源环境这一约束条件，而应该将环境、资源、经济、社会发展作为一个统一的大系统，在城市经济发展过程中，应始终从城市生态经济的整体出发，认识和把握经济规律与生态规律的矛盾性、相关性，努力探索二者和谐发展的实现途径。

课后习题

1. 城市形成的原因不包括 ( )
   A. 军事防御　B. 商品买卖　C. 集体耕作　D. 产业分工
2. 下列关于城市概念的表述,准确的是 ( )
   A. 城市是人类第一次社会大分工的产物
   B. 城市的本质特点是分散
   C. 城市是"城"与"市"叠加的实体
   D. 城市最早是政治统治、军事防御和商品交换的产物
3. 下列关于城市发展的表述,错误的是 ( )
   A. 集聚效益是城市发展的根本动力
   B. 城市与乡村的划分越来越清晰
   C. 城市与周围广大区域规划保持着密切联系
   D. 信息技术的发展将改变城市的未来
4. 下列关于全球城市区域的表述,准确的是 ( )
   A. 全球城市区域中全球城市与具有密切经济联系的二级城市扩展联合而形成
   B. 全球城市区域是多核心的城市区域
   C. 全球城市区域在内部城市之间相互合作,与外部城市相互竞争
   D. 全球城市区域目前在发展中国家尚未出现
5. 下列关于城市本质特征的表述,不准确的是 ( )
   A. 城市是人类文明的结晶
   B. 城市的集聚效益是城市不断发展的根本动力
   C. 城市是政治统治、军事防御和商品交换的集聚地
   D. 城市是非农人口集聚的居民点
6. 下列对城市和乡村的表述,不正确的是 ( )
   A. 城市与乡村是一个统一体,不存在截然的界限
   B. 城乡联系包括物质联系、经济联系、人口移动联系、技术联系等
   C. 城乡基本差异主要包括集聚规模、生产效率、职能、物质形态、文化观念等
   D. 城乡联系模式的选择,不会因国家和地区的不同而不同
7. 中国的市制实行的是哪种行政区划建制模式 ( )
   A. 广域型　B. 集聚型
   C. 市带县型　D. 城乡混合型
8. 下列关于我国城市建制的表述,不准确的是 ( )
   A. 市镇设置标准主要基于聚集人口规模和城镇的政治经济地位
   B. 市镇的设置标准包括经济、社会等一系列指标要求
   C. 城市建制由多层次的建制构成,包括区域分布、行政等级等
   D. 城市建制兼具城市管理和区域管理的双重性

9. 农业社会的城市主要职能是 （ ）

A. 经济中心　　B. 政治、军事或宗教中心

C. 手工业和商业中心　　D. 技术革新中心

10. 以下关于城市发展演化的表述，错误的是 （ ）

A. 农业社会后期，市民社会在中外城市中显现雏形，为后来的城市快速发展奠定了基础

B. 18 世纪后期开始的工业革命开启了世界性城镇化浪潮

C. 进入后工业社会，城市的制造业地位逐步下降

D. 后工业社会的城市建设思想走向生态觉醒

11. 下列不属于城市空间环境演进基本规律的是 （ ）

A. 从封闭的单中心到开放的多中心空间环境

B. 从平面空间环境到立体空间环境

C. 从生产性空间环境到生活性空间环境

D. 从分离的均质城市空间到整合的单一城市空间

12. 城乡进化的阶段不包括 （ ）

A. 城乡一体化阶段　　B. 郊区化阶段

C. 逆城镇化阶段　　D. 再城镇化阶段

13. 下列关于城市发展与区域发展关系的表述，正确的是 （ ）

A. 城市是区域发展的基础

B. 区域是城市发展的核心

C. 城市和区域共同构成了统一、开放的巨系统

D. 城市与其所在的区域是相互联系、相互制约、相互对立的关系

14. 下列关于新中国成立以来我国城镇化发展历程的表述，错误的是 （ ）

A. 1949—1957 年是我国城镇化的启动阶段

B. 1958—1965 年是我国城镇化的倒退阶段

C. 1966—1978 年是我国城镇化的停滞阶段

D. 1979 年以来是我国城镇化的快速发展阶段

15. 不属于我国城镇化典型模式的是 （ ）

A. 计划经济体制下以国营企业为主导的城镇化模式

B. 商品短缺时期以民营经济为主导的城镇化模式

C. 由计划经济向市场经济转轨过程中，以分散家庭工业等为主导的城镇化模式

D. 以外资及混合型经济为主导的城镇化模式

16. 关于我国城镇化现代特征与发展趋势的表述，准确的有 （ ）

A. 城镇化过程在经历了大起大落阶段以后，已经开始进入持续、健康的发展阶段

B. 以大中城市为主体的多元城镇化道路将成为我国城镇化战略的主要选择

C. 城镇化发展总体上东部快于西部，南方快于北方

D. 东部沿海地区城镇化进程总体快于中西部内陆地区，但中西部地区将不断加速

E. 城市群、都市圈等将成为城镇化的重要空间单位

17. 按照城镇化的基本概念，不属于城镇化范畴的是（　　）
A. 原有农业用地上出现大量建筑物、构筑物，土地景观发生变化
B. 第一产业向第二、三产业转变，产业结构发生变化
C. 城市生活方式向农村地区扩散和普及，家庭生活模式发生变化
D. 学历结构提高、老龄化加速，人口结构发生变化

18. 根据《国家乡村振兴战略规划(2018—2022 年)》，下列关于乡村振兴目标的表述中，不准确的是（　　）
A. 产业兴旺是重点　　B. 生态宜居是关键
C. 乡风文明是保障　　D. 生活温饱是根本

19.《新型城镇化规划(2014—2020 年)》明确了新型城镇化的核心是（　　）
A. 优先发展中小城市与城镇　　B. 人的城镇化
C. 改革户籍制度　　D. 优化城镇体系

20. 下列关于城市与区域发展的表述，正确的有（　　）
A. 城市始终都不能脱离区域孤立发展
B. 非基本经济部类是促进城市发展的动力
C. 城市是区域增长的核心
D. 区域已经成为现代经济发展过程中重要的空间载体
E. 影响城市发展的各种区域性因素包括区域发展条件、自然条件与生态承载力等

21. 下列关于城市发展与资源环境关系的表述，正确的是（　　）
A. 资源环境是城市发展的支撑与约束条件
B. 城市发展就是对资源环境这一约束条件的突破
C. 资源环境对城市发展带来约束的同时，也会极大地促进人们优化发展模式的意识和动力
D. 健康的城市发展方式有利于资源环境集约利用

第二章
古代城市规划理论与实践

第一节 国外古代城市规划的理论与实践

从公元前5世纪到公元5世纪西罗马帝国的灭亡，欧洲经历了以古希腊和古罗马为代表的奴隶制社会，随后，欧洲封建社会经历了中世纪、文艺复兴和巴洛克几个历史时期。随着社会和政治背景的变迁，不同的政治势力占据主导地位，不仅导致了不同城市的兴衰，而且城市格局也表现出不同特征。古希腊城邦的城市公共场所、古罗马城市的炫耀和享乐主义、中世纪的城堡以及教堂的空间主导地位、文艺复兴时期的古典广场和君主专制时期的城市放射轴线都是不同社会和政治背景下的产物。

欧洲城市规划的"黄金时代"可以被定位于1850—1910年这一段具有开创性的时期。在这段时期，独特的欧洲现代城市文化以及城镇规划中一些格式化的部分，影响到了全世界。城市规划的不同方面有着不同的发展中心，它们都位于这个时期的一些发达国家中，如法国、英国、奥地利和德国。同时在欧洲的其他地区以及北美洲，城市设计及规划的新思想还表明了这个时期的创新精神。在19世纪末20世纪初，城镇规划赢得了国家和国际上的声望，产生了一系列思想，它们在政府和城市管理部门扎根，并成为塑造现代环境的主要力量。

一、古典时期

1. 古希腊

古希腊是欧洲文明的发祥地，在公元前5世纪，古希腊经历了奴隶制的民主政体，形成了一系列城邦国家。从公元前8世纪中叶到公元前6世纪中叶的这二百年间，希腊城镇的扩张从未中断。

对于更早一些的希腊城镇，它们的规划是不规则的。希腊人希波丹姆斯，因其设计了米利都而被称作"城市规划之父"，这成为大规模殖民的起点。亚历山大大帝委托他为其新城亚历山大城(今在埃及境内)进行布局，这成了古代地中海地区对于理想化城市规划的最宏大的范例，同时也体现了强权政治成就。这座城市的规则性因其位于尼罗河一河口附近的平坦土地上而得以加强。希波丹姆斯模式，或者说格网布局，是之后希腊和罗马城市的出发点:城市被安置在一些方形的中央。这种模式在米利都城得到了最为完整的体现，而在其他一些城市中，局部性地出现了这样的格局，如雅典。在这些城市里，房屋街区是矩形的，整体的城市规划也是规则的。城市的中央是主要的市场或城堡区域。希腊的主要城市还可能含有庙宇、剧院、体育场、健身房以及一些其他的公共建筑。

作为殖民化的结果，希腊人将地中海的海岸纳入了自己的管辖范围。当罗马人要统治更大范围的欧洲时，这些殖民化的城镇，其最重要的功能即是驻军，从而保卫那些被占领的领土，所以内在战略上的重要节点城市成为了军事基地。这些罗马军队所驻扎的城镇构成了如今欧洲大大小小几千个城市中的核心。罗马人在城市规划上运用了一种稳固的格式，为了军事防卫和居民生活便利而发展。基本的规划包括了一个含有城市服务功能的中心广场，围绕它的是一些紧凑的、笔直的街道，同时这个广场还被一圈围墙所保护。为了节约穿行的时间，在方形的网格上有两条对角线街道，它们穿过了中央广场。城市中往往还有一条河穿过，以提供水源、运输和污水处理功能。

米利都位于小亚细亚的安纳托利亚西海岸线上，靠近米安得尔河口，今属土耳其，是12个希腊爱奥尼亚人建造的城邦之一，也是希腊著名的工商业和文化中心之一。最早的记录是公元前1320年，荷马曾在他的史诗中有所提及。公元前10世纪—前6世纪，米利都在建立希腊商业和军事力量中发挥了重要作用，并建立起强大的海上势力，发展了许多殖民地；公元前494年被波斯人征服和破坏，后来在当地建筑师希波丹姆斯的规划后得以重建，公元前2世纪并入罗马。米利都拥有一批著名的思想家，如泰勒斯、阿那克西曼德、阿那克西美尼等，一般称之为米利都学派。

米利都（图2-1-1）分南北两部分，有四个功能区，包含着宗教、商业和公共空间（建筑）等内容，一般选择靠近港口的地方并修筑城墙来防御。北部格子的尺度大约为23 m×28 m，而南部为30 m×52 m，一般都是3∶4或者4∶7的比例。南部的主干道宽7.5 m，呈直角相交，其他道路宽4.2 m。城市中心是公共空间和神殿。在希腊化时代，广场整齐划一，以商店、行政和娱乐设施为主，铺设下水道和供水系统。对希腊人而言，家庭的生活必须让位于共同体的活动，所以希腊人把最好的建筑体现在寺院和公共建筑当中，例如市民广场、神庙、剧院、体育场等空间，并遵循健康和便利的原则。而城市的其他空间则由普通的房屋来填充。米利都也不例外，规划把市民广场尽量放到城市的中部，或者靠近港口，而将一般的住宅区安排在卫城的下面和道路两侧。与公共建筑物相比，一般住宅的排水和垃圾处理设施极其简陋，缺乏规制，而且一般都没有院落，尺寸也比较随意，这也是大多数希腊城市的共同特点。米利都的方格型的布局后来影响到许多古希腊城市（图2-1-2），甚至2世纪时古罗马的城市形态。

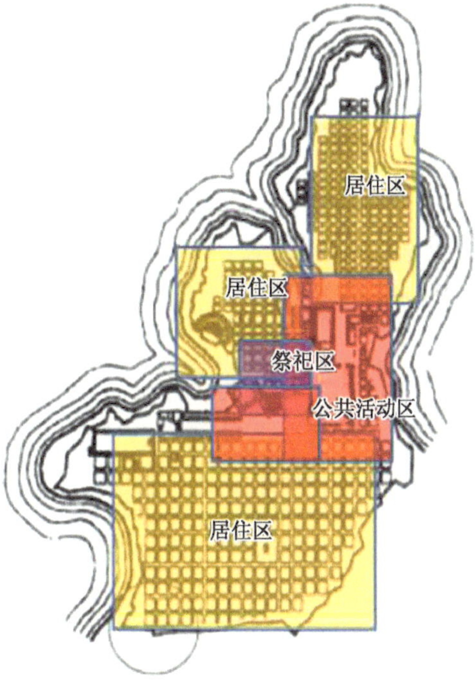

图2-1-1 米利都平面

2. 古罗马

在罗马共和国的最后100年中，随着国势强盛、领土扩张和财富敛集，城市得到了大规模发展。除了道路、桥梁、城墙和输水道等城市设施以外，还大量地建造公共浴池、斗兽场和

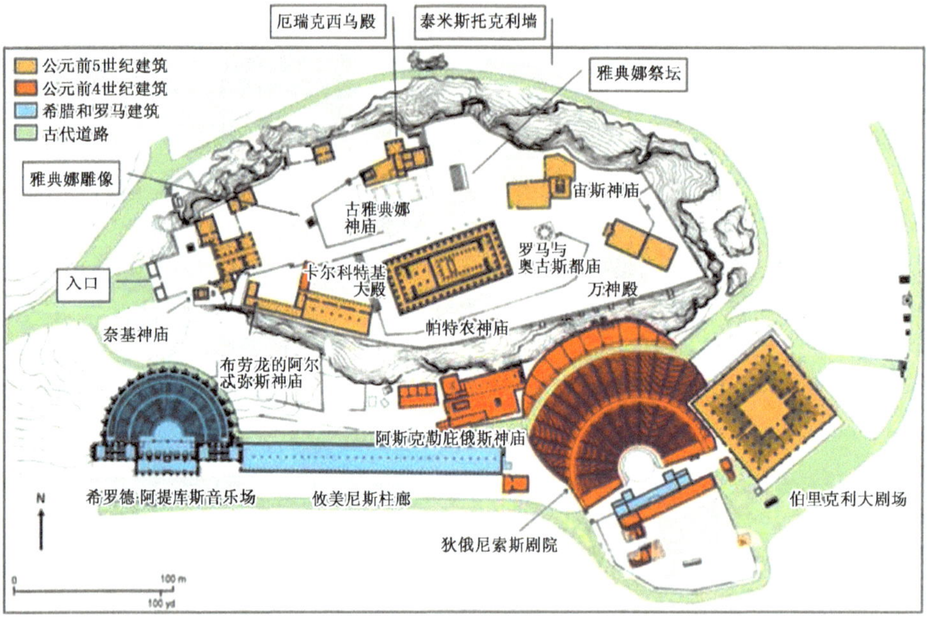

图 2-1-2　古希腊雅典平面

宫殿等供奴隶主享乐的设施。到了罗马帝国时期,城市建设更是进入了鼎盛时期,除了继续建造公共浴池、斗兽场和宫殿以外,城市还成了帝王宣扬功绩的工具,广场、铜像、凯旋门和纪功柱成为城市空间的核心和焦点。古罗马城是这一时期城市建设特征最为集中的体现,城市中心是共和时期和帝国时期形成的广场群,广场上耸立着帝王铜像、凯旋门和记功柱,城市各处散布公共浴池和斗兽场。

公元前的300年间,罗马几乎征服了全部地中海地区,在被征服的地方建造了大量的营寨城。营寨城有一定的规划模式,平面基本上都呈方形或长方形,中间十字形街道通向东、南、西、北四个城门。中心交点附近为露天剧场或斗兽场与官邸建筑群形成的中心广场。欧洲许多大城市就是从古罗马营寨城发展而来,如巴黎、伦敦等。

罗马人对城市建设的影响是巨大的。很多欧洲的城镇,如都灵,仍保留着这种模式的痕迹,体现了罗马人在设计他们的城市时强烈的逻辑性。他们会把街道都以直角相交,从而构成一个方格网。所有的街道都等长且等宽,除了两条由东至西和由北至南的大街。这两条宽阔的主街在中央相交,形成格网的中心。每一个被四条街道围绕出的方形空间被称作“insula”,在罗马文字中等同于今天的城市街区。在大多数罗马城镇中最显著的特点即是其规则性。罗马的城镇始于修建其城墙,城墙保护城市免遭入侵者的攻击,同时标志出了城市的边界。新的建筑类型不断发展,包括大剧场和马戏团,构成了罗马城市生活中不可分割的部分。城市外的区域是开放的,被用作农田。随后,郊区在这些地方发展起来。

罗马城是一个典型的城市。它起源于公元前753年,早期罗马以七座小丘为主(图2-1-3),中心为大理石建筑的广场,周围有神庙、街道、商店等。公元前509年共和国时期,罗马广场成为最重要的城市建筑,标志着城市真正形成。公元前27年,罗马进入帝国时期(图2-1-4),伴随着经济的迅速发展,城市建筑物的规模越来越庞大。罗马进一步完善了城市的市政设施,包括石铺的道路和排水、高架的水渠、高大的拱顶浴室、广场的柱廊结构等，神殿、宫殿、剧场、浴场和广场成为市中心的主要构成元素(图 2-1-5)。每个在位的皇帝为了炫耀自己的权力，不断扩大罗马的规模并大兴土木建设。奥古斯丁时期的罗马有近百万人口，城市道路延伸 85 km，为不规则迷宫状，大多数只能通行 1 辆车，中心区有两条大路，车辆可以并行。公元 5 世纪，西哥特人占领罗马，城市的建设基本停止。此后进入中世纪，罗马的城市人口减少到 5 万，大型公共建筑逐渐被废弃，城市的规模不断缩小，但由于基督教势力仍然存在，仅建设了少量的基督教堂。

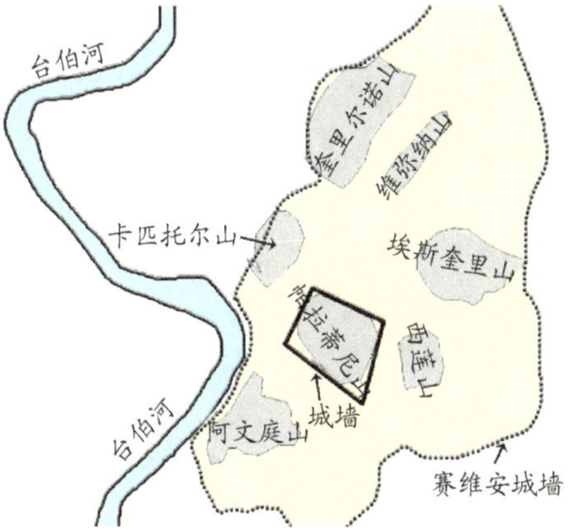

图 2-1-3　七丘联合体时代的罗马

图 2-1-4　古罗马城鸟瞰

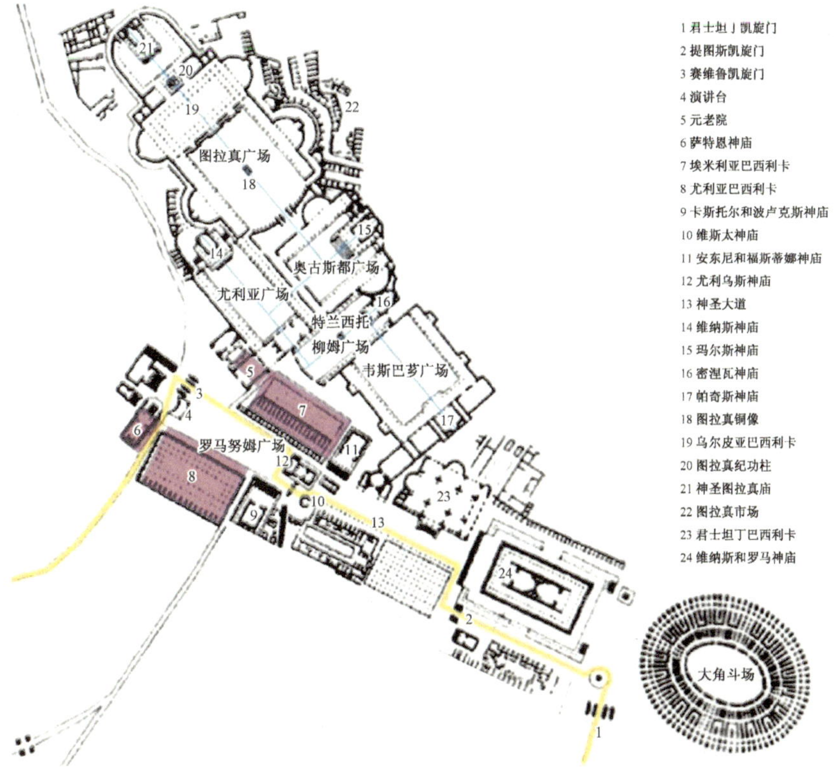

图 2-1-5　古罗马城市中心细部

二、中世纪时期

罗马帝国灭亡后,欧洲进入封建社会的中世纪。中世纪,欧洲分裂成为许多小的封建领主王国,封建割据和战争不断,使经济和社会生活中心转向农村,手工业和商业十分萧条,城市处于衰落状态。但无论如何,欧洲的很多城市在中世纪仍是在发展的。

中世纪的城市发展缓慢,特点是专注于堡垒、具有防护功能的修道院。因为这些新的中心往往位于防卫性的高地,城市的布局也就表现出一种有机的特点,顺应着地理环境的不规则性。公元4世纪,基督教徒开始因为信仰而兴建更大的建筑。起初使用的是罗马的长方形廊柱大厅式基督教堂,之后演化为位于城市中心或靠近主要道路的教堂。中世纪的城市同样见证了市场功能的提升。城镇成为农产品贸易、交换的重要中心和聚集地。除了城墙和教堂,市场也成为了城市生活的一个符号。一些最古老的大学同样出自这一时期(巴黎和剑桥)。

日耳曼人在罗马帝国的军事和商业中心网络之外发展出了一套不同的城市模式。在欧洲北部、欧洲东部以及俄国,商业点沿着莱茵河、多瑙河、北海以及俄国和乌克兰的一些水系发展起来。日耳曼人和斯堪的纳维亚人把城市理解为城堡的形式,于是也把它应用在城市的名字中(奥格斯堡、汉堡、哥特堡、赫尔辛堡等)。此外,城市的框架也有着不同的发展,集聚的住宅、作坊和公共建筑沿着弯曲的街道兴建,新定居点的设计也不同于古典的模式。它们符合防御、商业贸易的需求,而这些在罗马的城市规划遗产中是很少顾及的。

大多数中世纪城镇起源于乡村,发展也是自然的,没有受到规划的阻碍。一种"有机的"系统在这些被防御起来的城镇中发展起来,在这里,街道是不规则的,在两侧高高的房屋之间形成狭窄的空间。尽管这些城镇相当密集,但有时它们甚至会有用作花园、绿地或果园的空间。布局中强烈的非正式性是欧洲中世纪城镇中的重要特点,它们通常规模不大,一座15世纪的德国城市人口约1万人。在早期的现代时期,所有的城市居民占人口总量的比例较小,也就15%左右。拥有4万人口的伦敦已经是一个巨大的城市了。城市化在当时仍然是相对缓慢和零散的。

到了20世纪早期城市化的年代,欧洲中世纪的城市变得更为合理。就像20世纪40年代晚期,建筑师沙利宁指出中世纪的城市规划是"一个真正功能主义的有机体",反映了城市居民的需求。道路系统符合行人的需要,也适合慢速的运动。公共建筑的宽敞空间是开放的,它们发展成了具有"非正式但令人印象深刻"的广场。中世纪城市,对于社区中的居民来说,它是"实用的、有效的、熟悉的,最重要的是,它给人一种亲切的愉悦感"。

外城墙是早期现代欧洲城市的最显著特点。到达城市的路线被人为设置得更加困难,城墙具有保护其城市的军事功能。然而,宽阔的街道和有序的城市这一理想并没有失传。有一些城市因为其宽阔的大道和有序的安排而受到称赞,但中世纪城市中司法的混乱(街道的管理权有时由一些显要的家族流传下来)阻止了更大规模的城市规划,直到文艺复兴时期。教堂是这个时期的纪念性建筑物,还组织着集体的各种仪式(弥撒、加冕典礼、葬礼、季节性的节日、纪念活动等)。城镇景观点缀着一些圣像、坟墓和祭奠的纪念碑。

佛罗伦萨(图2-1-6)是这一时期的典型城市,历史上曾经四次修建城墙。它是公元前59年,罗马人在阿诺河畔建立的一个居住地,人口大约有1万人,其整体形态为边长约700 m的正方形,大体与河流平行,但没有城墙。城市内部由正方形格网组成,道路纵横相

图 2-1-6　中世纪的佛罗伦萨

交，具有典型罗马城市的特点。罗马帝国衰败后，拜占庭人建立了自己的军事要地，在市中心的周围修建了第一道城墙，这时的人口减少到 1 000 人左右。在卡洛林王国时期，建造了第二道城墙，将罗马时期矩形城市的南部和朝向阿诺河的三角形地区包括进来，城市人口重新恢复到 5 000 人。公元 11 世纪，佛罗伦萨的领主建第三道城墙，人口增加到 2 万人，主要居住在城墙内以及阿诺河两岸。佛罗伦萨是中世纪欧洲最大的纺织业城市之一，纺织品带来的利益极大地推动了城市的建设。公元 1173—1715 年间，市政当局利用公共资金围绕城市修建了一道包含范围更广的城墙，新城墙把河岸两边新建的郊区囊括在内，面积总计为 97 hm^2。1284 年开始新的城墙建设，历经半个世纪，城市扩大到近 6.4 km^2。到 1333 年更达到历史的最大范围，佛罗伦萨最古老的教堂广场于 13 世纪晚期重建，同期还有广场上一座罗马时代的教堂的改建(即百花大教堂，耗时一百多年)。

三、文艺复兴时期

中世纪末期，新的耕种技术得以发展，社会环境相对和平、商业活跃，14 世纪封建社会内部产生了资本主义萌芽，新生的城市资产阶级实力不断壮大，在有的城市中占到了统治性的地位，城市规划成为了一种为城市创造更多独特维度的工具。以复兴古典文化来反对封建的、中世纪文化的文艺复兴运动蓬勃兴起。在此时期，艺术、技术和科学都得到飞速发展。自然科学蓬勃发展，体现在对城市形式的控制上，是以对比例关系的计算和随后对城市尺度、空间特征的分析为基础的。几何学理论和对古迹的参考共同组成了新的规划方法，如意大利的佛罗伦萨城市中心兼具纪念性和艺术性的大穹顶的规划设计。

许多中世纪城市，已经不能适应新的生产及生活发展变化的要求。由于规划一旦存在，通常被证明是非常难以改变的。中世纪，大部分城市进行了局部地区的改建，只有少数新城能忽略历史上对城市布局的设计，因此城市大部分地区仍然是狭小、不规则的道路网络。这些改建主要是在人文主义思想的影响下，重构了一系列具有古典风格和构图严谨的广场和街道以及一些世俗的公共建筑。其中具有代表性的如梵蒂冈（图 2-1-7）的圣彼得大教堂（图 2-1-8），威尼斯的圣马可广场（图 2-1-9）等。又如 1573 年，西班牙法律明确规定殖民地建造正方形或长方形的中央广场，从广场的角落辐射出八条主要街道。随后，荷兰人、法国人和英国人依照这样的方格网模式在整个殖民地区又建立了几百个格网状的社区。

四、绝对君权时期

中世纪后，欧洲进入绝对君权时期，也称为巴洛克时期。新生的资本主义迫切需要强大的国家机器提供庇护，资产阶级与国王结成联盟，反对封建割据和教会实力，建立了一批中

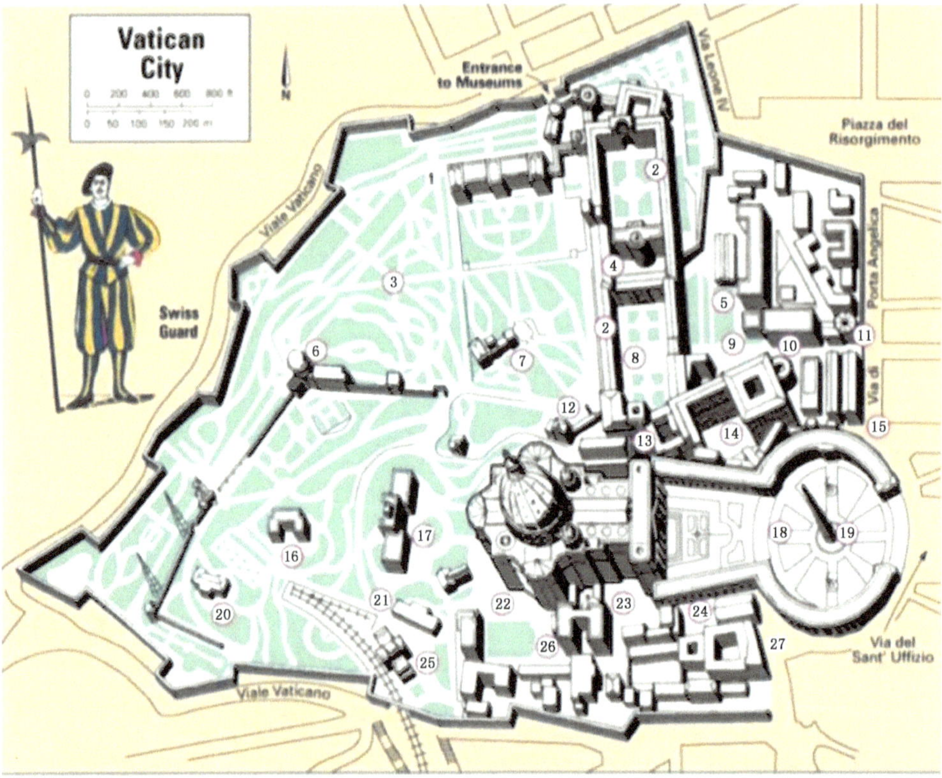

1. 绘画展览馆
2. 梵蒂冈博物馆
3. 梵蒂冈花园
4. 梵蒂冈图书馆
5. 贝尔维德雷宫
6. 梵蒂冈广播局
7. 教会科学院
8. 八角庭院
9. 邮政总局
10. 教会印刷所
11. 圣安妮教堂
12. 梵蒂冈电力工厂
13. 西斯廷礼拜堂
14. 教皇公寓
15. 梵蒂冈瑞士卫队兵营
16. 梵蒂冈埃塞俄比亚神学院
17. 政府大楼
18. 圣彼得广场
19. 梵蒂冈方尖碑
20. 梵蒂冈广播电台
21. 梵蒂冈马赛克工坊
22. 圣彼得大教堂
23. 圣器室
24. 圣彼得博物馆
25. 火车站
26. 圣玛莎广场
27. 宗教法庭宫殿

图 2-1-7　梵蒂冈城总平面

图 2-1-8　圣彼得大教堂鸟瞰

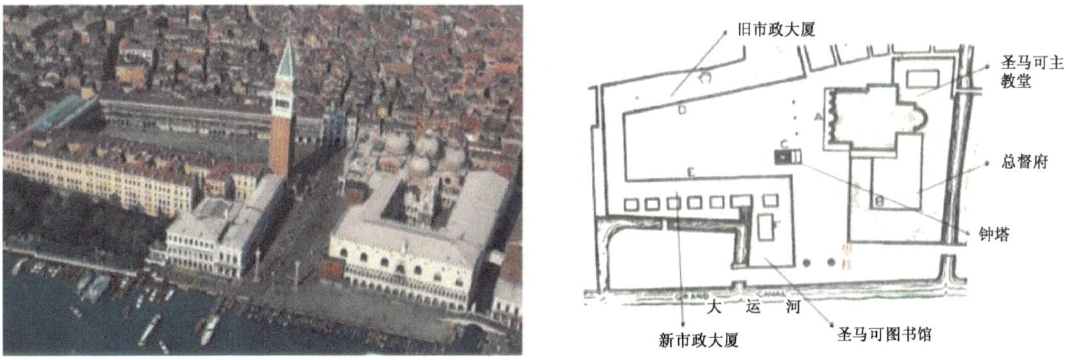

图 2-1-9　圣马可广场总平面

央集权的绝对君权国家，形成了现代国家的基础。资本主义经济的发展，使这些城市的改建、扩建的规模超过以往任何时期。文艺复兴有了城市规划的概念，虽然当时的城市强调“封闭”的特征，但是巴洛克城市变得“外向”了，它首次被看作一个空间的系统，用透视法展现城市，把城市作为君权的象征。具体表现在，古典主义思潮的影响具体表现在轴线放射的街道（如香榭丽舍大道），宏伟壮观的宫殿花园（如凡尔赛宫）和公共广场（如协和广场）等，均成为那个时期城市建设的典范。

巴洛克的宫殿群规划以凡尔赛宫（图 2-1-10）最为典型：宫殿位于两个视觉无限延伸的发散型景观空间的中心。简单的几何图形，突出了至高无上的皇权。街道是巴洛克城市最重要的象征和主体。巴洛克城市规划把空间划分成几何图形，道路按直线形发展，既满足交通运输又表达了占支配地位的城市美学。建筑被安排得整整齐齐，大街建筑物满足军事阅兵场所以及群众观看军队集合整队、操练，进行胜利游行的新功能。

巴洛克风格影响下的巴黎改建。巴黎从中世纪开始（图 2-1-11）就是欧洲最重要的城市之一，其结构主要包括了三个部分：塞纳河中西岱岛上的城市，是第一个高卢人居住区；塞纳河左岸的大学区，最早是罗马人建立的殖民地；塞纳河右岸，是商人联合会和政府管理部门的所在地。在卡尔五世统治下的公元 1370 年，这三部分被城墙围起来，面积为 440 hm^2，人口约 10 万人。文艺复兴时期的 16 世纪中期，巴黎的城区越过城墙扩大为 20 万～30 万人口的城市。17 世纪上半叶，巴黎人口数量已经发展到了 40 万人。17 世纪路易十四(图 2-1-12)对巴黎的中世纪城区做了一些改进，在原有城市结构上建设了几组重要的建筑群，他改造了卢浮宫、胜利广场、旺多姆广场和残废军人院，规划和建设了一个与外部的自然环境既分隔又融合的近郊区，建设了宽阔的林荫大道，还修建了一些罗马凯旋门式的城门建筑来颂扬自己的丰功伟绩。公元 19 世纪，巴黎成了一座有 50 万人口的开放城市(图 2-1-13)，它由建成区和绿化地带组成，城市区域逐渐渗透到周围的风景中。到路易十六时期(图 2-1-14)，仅城墙包围的市区面积就达 3 370 hm^2，城墙用石头建造，高 3.5 m，周长 23 km，在城墙内侧 100 m 范围以内规定不能修建任何建筑物，城墙四周设立了 60 个城关卡。

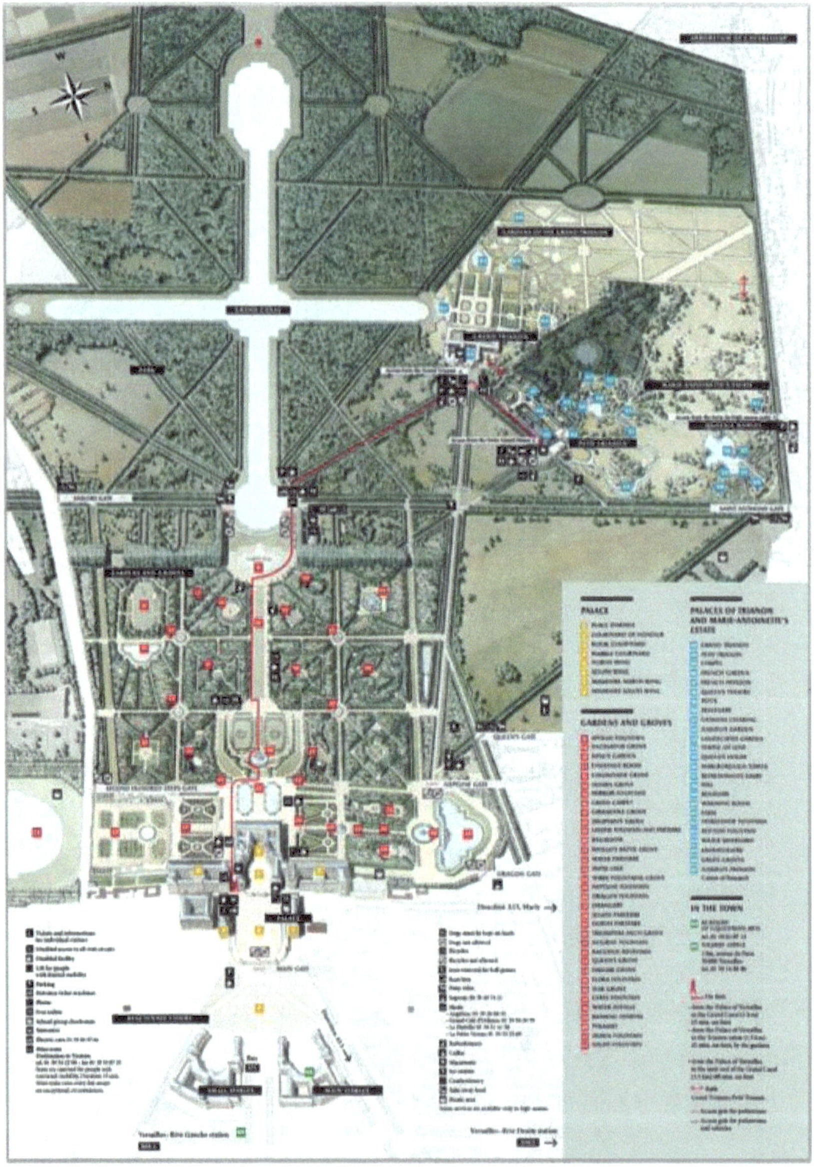

图 2-1-10　凡尔赛宫规划示意

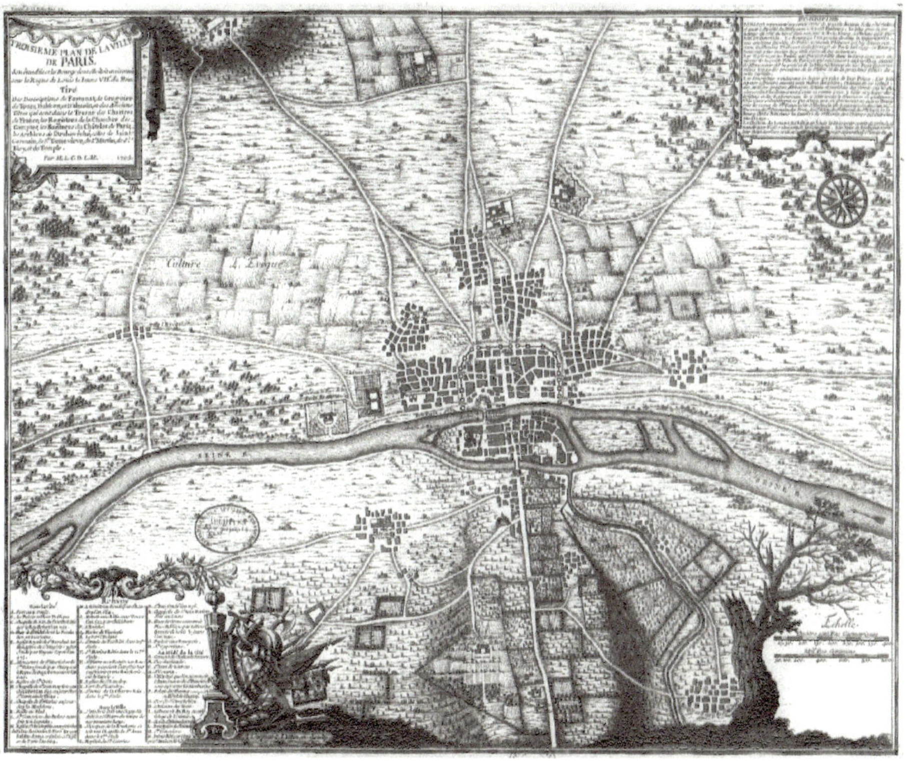

图 2-1-11　1180 年的巴黎

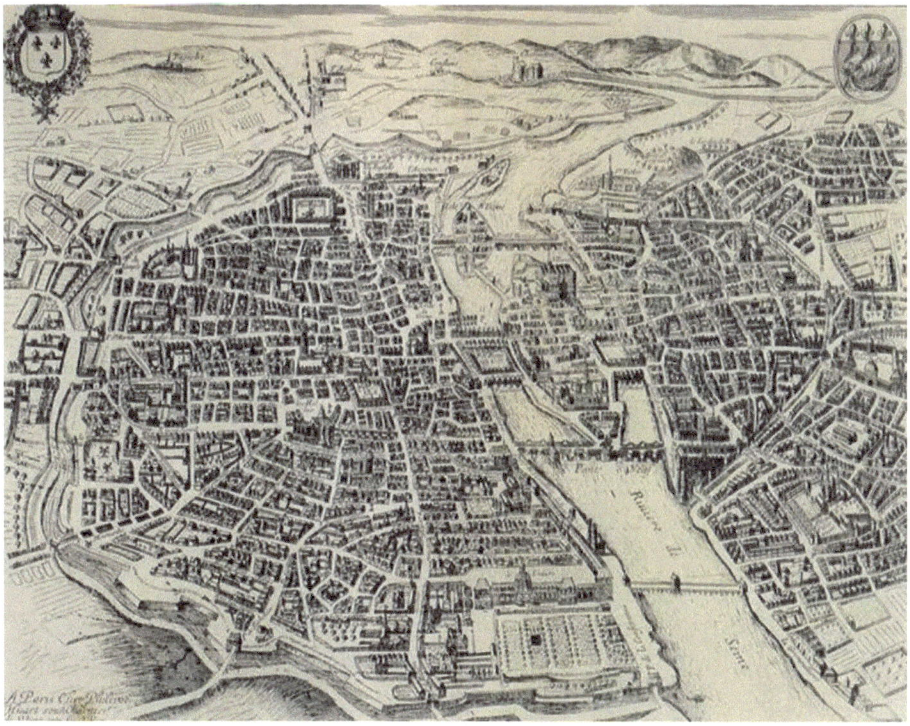

图 2-1-12　路易十四时期的巴黎

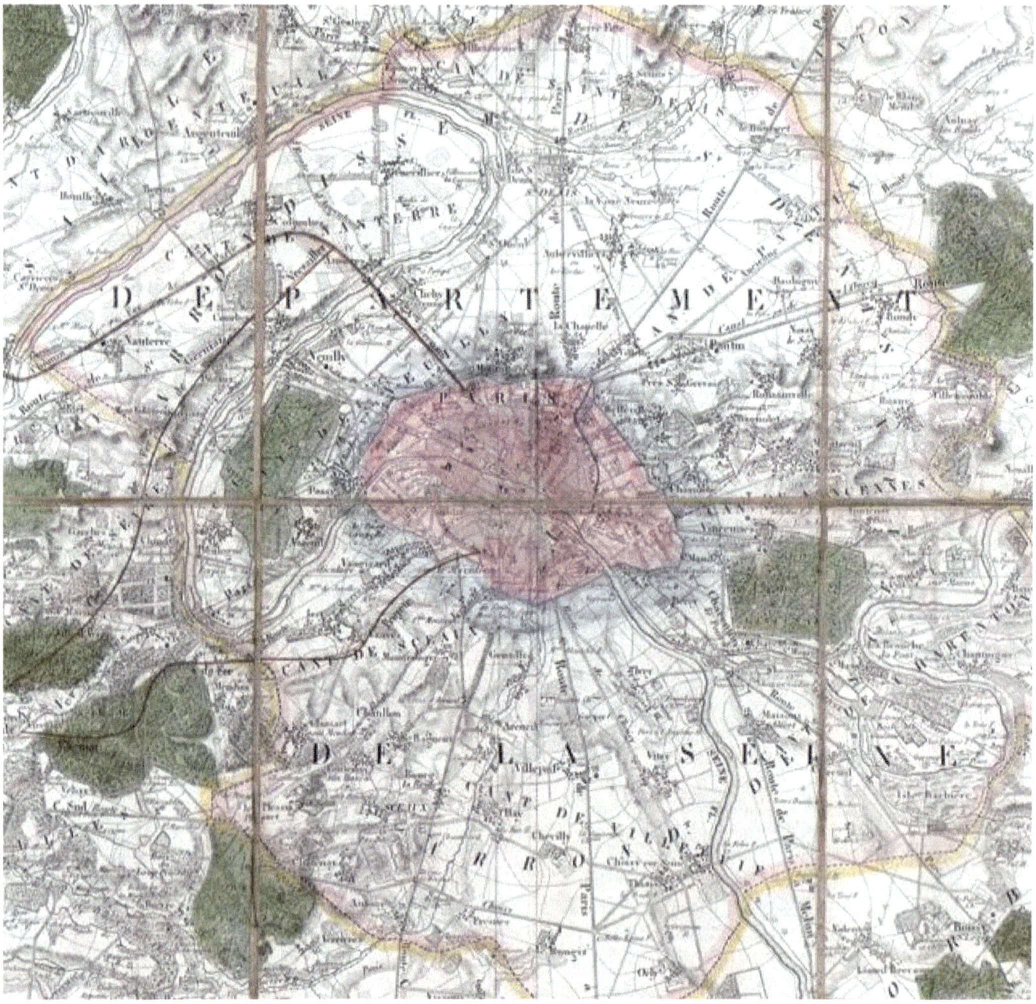

图 2-1-13　1839 年的巴黎

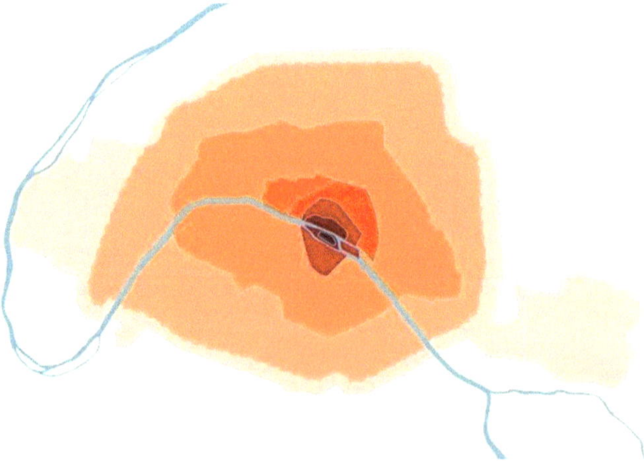

图 2-1-14　公元 4 世纪至今的巴黎演变

第二节　中国古代城市规划理论

一、中国古代城市的总体特征

考古学证明，中国古代最早的城市距今约有 4 000 年，城市规划和建设的经验经过了数千年积累和沉淀，形成了独具特色的古代城市规划传统。中国古代城市规划与政治、伦理等社会发展的条件相结合，有关城市规划的理论性阐述大量地散见于《周礼·考工记》《商君书》《管子》《墨子》等政治、伦理和经史类书中。封建社会中城市的典型格局以各个朝代的都城最为突出，从汉唐长安城到元大都和明清北京城，几乎达到了完美的境地。

中国古代城市的规划布局大多强调整体观念，其特点鲜明。

第一，在中央集权下，强调整体划一。以间为房屋的基本单位，几间并列成房屋，几座房屋围合成院落，若干院落组成街巷，若干街巷横纵排列组合，形成棋盘格街道，最后形成以宫殿、庙宇、鼓楼等公共建筑为中心的中轴线城市。

第二，在周礼影响下，强调等级制度。中国古代的都城，尤其是皇城大多强调严格的等级，不可逾越。皇城正门前宽阔笔直的道路作为中轴线，体现了儒家居中不偏、伦理秩序等观念。

第三，重视天人合一。中国传统观念强调人与自然的密不可分以及整体的协作。中国古代的城市规划建设一直对自然抱有尊重的态度。在古代的城市规划中，大多以天人相通为前提，通过风水理论模仿体现为宇宙全息思想，表现城市、人与自然的和谐统一。

第四，中国古代的哲学和阴阳五行的理论，以及在认识人与自然中“风水”的观念，对后世城市和建筑的布局产生影响。对于中国古代的城市规划与建设，应将其放在当时的历史环境下客观地看待，不能以现代城市的规划理论，硬套古代的城市规划与城市发展，或把古代城市规划的某些方面加以现代化的解释。现代城市规划理论中的一些问题，的确也可以从古代城市规划及发展中找到其萌芽。因为城市的发展有其客观规律，城市规划理论也是从历史规律中总结出来，有一个由自发到自觉的认识过程。比如，道路交通及商业街的关系，在隋唐长安城与宋东京城的比较研究中得出的理论性意见，在现代城市规划理论中同样存在。古典的理论与现代的理论中间并不是断裂的，而是存在着某些内在的联系。

二、中国各历史时期城市规划特点

1. 夏商周三代时期

在中国历史的早期，城市选址与建设服务于王朝的对内统治与对外的拓展疆域，如商代由于周边少数民族的侵扰不断将都城南迁，在灭商之前，周部落源自华夏民族，因为遭到戎、狄等西北地区游牧部落的侵扰，周部落的首领古公亶父率领周人迁移到岐山下的平原定居下来。公元前 21 世纪的夏代，使用陶制的排水管及采用夯打土坯筑台技术建成的城市遗迹，表明当时已经具有一定的工程技术水平。汤武革命后建立起的商代，在不同时期建设的都城显示了城市建设已达到了相当成熟的程度，影响后世数千年的城市基本形制在商代早期建设的河南偃师商城、中期建设的位于今天郑州的商城和位于今天湖北的盘龙城中已显雏形。建于商代晚期的位于今天安阳的殷墟，则在维护王朝统治的基础上，强化了与周边地区的融合，在中国都城建设中具有独特的意义。

周朝分为西周(公元前1046—前771年)和东周(公元前770—前256年)两个时期。周朝是我国封建社会中完整的社会等级制度和宗教法礼关系的形成时期，也是社会变革思想的“诸子百家”时代，对后世的社会和城市发展都产生了重大影响。在这个时期我国古代城市规划思想基本成形，各种有关城市建设规划的思想也层出不穷。

西周时期建设的洛邑是有目的、有计划、有步骤地建设起来的，也是中国历史上有明确记载的城市规划事件，其所确立的城市形制已基本具备了此后都城建设的特征。

成书于春秋战国之际的《周礼·考工记》记载了城市的郊、田、林、牧相关关系规则；在封建等级中相应级别的城市，在用地面积、道路宽度、城门数目、城墙高度等方面的级别差异；书中描述了关于周代王城建设的空间布局：“匠人营国，方九里，旁三门。国中九经九纬，经涂九轨。左祖右社，前朝后市，市朝一夫。”(图2-2-1，图2-2-2)《周礼·考工记》记述的周代城市建设内容成为此后封建社会城市建设的基本制度依据，对中国数千年的古代城市规划实践活动产生了深远的影响。

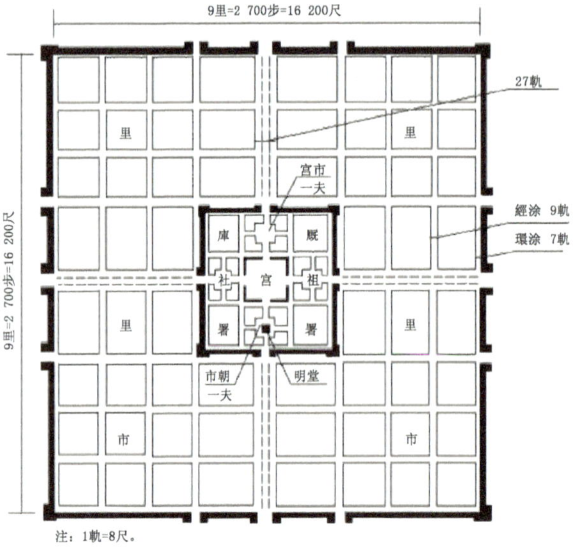

图2-2-1　周王城复原想象

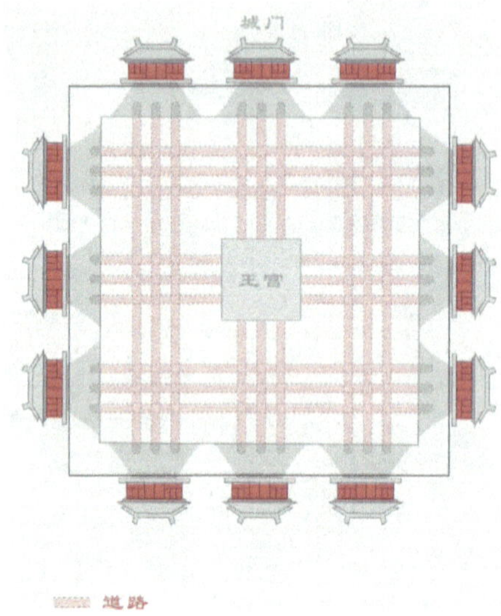

图2-2-2　《三礼图》中的王城

春秋战国时期的“诸子百家”，也有许多有关城市建设和规划的思想，其对后世的城市规划和建设产生了积极的影响。《管子·乘马篇》提出了农业生产的发展是城市发展的前提，土地开垦和城市建设应统一协调；在城市内部应采用功能分区的制度，以发展城市的商业和手工业；城市的选址应“高毋近旱而水用足，下毋近水而沟防省”；在城市形制上应“因天材，就地利，故城郭不必中规矩，道路不必中准绳”。《商君书》从城乡关系、区域经济和交通布局的角度，对城市的发展以及城市管理制度等问题进行了论述，还论述了都邑道路、农田分配及山陵丘谷之间比例的合理分配问题，分析了粮食供给、人口增长与城市发展规模之间的关系。

战国时期，在都城建设方面，基本形成了大小套城的都城布局模式，即城市居民居住在称之为“郭”的大城，统治者居住在由大城所包围的被称为“王城”的小城中。列国都城基本上都采取了这种布局模式，反映了当时“筑城以卫君，造郭以守民”的社会要求。

同时，列国也按照自身的基础和取向，在城市规划建设上也进行了各种探索。如济南城则打破严格的对称格局，与水体和谐布局，城门的分布也不对称。吴国国都则遵循了伍子胥提出的“相土尝水，象天法地”的思想。伍子胥主持建造的阖闾城，充分考虑江南水乡的特点，水网密布，交通便利，排水通畅，展示了水乡城市规划的高超技巧。赵国的国都建设则充分考虑北方的特点，高台建设，壮丽的视觉效果与城市的防御功能相得益彰。

春秋时期的淹城（图 2-2-3）有三重城墙，分子城、内城、外城。子城呈正方形，周长约 0.5 km；内城为不规则圆形，周长约 1.5 km；外城也呈不规则圆形，周长约 3 km。城墙均用土筑，三道城墙都只有一个旱路城门，并且三个城门不开在同一个方向上。有一条道路通向内城。内城地势高，中间有块高地，可能是子城宫室遗址，三道城墙外都有护城河，内、外城的护城河水面宽广，在外城西部有并列的三个土墩。城外附近土墩很多，皆为不同时期的古墓葬群。现在地面上还基本保存着该城遗址。

图 2-2-3 常州淹城遗址

鲁国国都曲阜（图 2-2-4）是严格遵循《周礼·考工记》有关城市形制规定所建。古城分外城和内城。外城平面呈不规则的圆角长方形，周长 11.5 km，共有城门 11 座，东、西、北三面各有 3 门，南面有 2 门；内城居全城的中部偏北，平面近方形，城内有密集的大型建筑遗址，为春秋至西汉的鲁王宫城，城内探出东西和南北的通路各 5 条，皆与城门和重要遗址相通，鲁城内一条由最重要建筑物构成的中轴线宽约 15 m。

2. 秦汉时期

秦汉时期是中国秦汉两朝大一统时期的合称。公元前 221 年秦灭六国，首次完成了真正意义上的中国统一，建立起中国历史上第一个中央集权制的秦朝。秦朝经二世而亡后，中国经过短暂的分裂，汉朝继之而起，并基本延续秦的制度，史称“汉承秦制”。因此将秦汉的城市规划一起考察。

秦统一中国后，发展了“象天法地”的思想，影响和塑造了中国古代不同尺度的空间，产生了具有“象天法地”特征的分野、城市、建筑、园林、器物等，以彰显天下一统、皇权至上的前所未有之大格局。“象天法地”思想强调方位，以天体星象坐标为依据，在都城咸阳的规划建设中得到了运用。咸阳规模宏大，布局灵活，其城市规划中的神秘主义色彩对中国古代城市规划思想影响深远。同时，秦代城市的建设规划实践中出现了不少复道、甬道等多重的城市交通系统，这在中国古代城市规划史中具有开创性的意义。

西汉武帝时代，执行“罢黜百家，独尊儒术”的政策，从而使有利于巩固皇权的礼制思想得以确立，并统治了此后两千多年的中国封建社会。礼制的核心思想就是社会等级和宗法

图 2-2-4　鲁国曲阜遗址

关系,《周礼·考工记》记载的城市形制就是礼制思想的体现,由此开始,《周礼·考工记》所确立的城市形制在中国古代城市尤其是都城的建设中得到了重视。

根据汉代国都长安遗址的发掘,表明其布局尚未完全按照《周礼·考工记》的形制进行,没有贯穿全城的对称轴线。为了军事防御,全城的道路设计都不直通,但是都从城门进城,到一定距离都会碰上丁字街口,道路不直通。城市整体的布局并不规则,宫殿与居民区相互穿插。宫殿建筑非常不集中,看不出古代礼制要求的左右对称的格局。长安城的规划十分不理想,特别是城内街道过少,体现不出我国古代城池道路规划的原则。真正的转变发生在王莽篡夺汉朝政权后的国都洛邑的建设中。洛邑城市空间规划布局为长方形,宫殿与市民居住生活区在空间上相互分离,整个城市的南北中轴线上分布了宫殿,并导入祭坛、明堂等大规模的礼制建筑,突出了皇权在城市空间组织上的统领性,《周礼·考工记》中的规划思想理念得到了充分的体现。

公元 213 年,魏王曹操营建的邺城规划布局(图 2-2-5)中,功能分区明确、结构严谨,统治阶级与一般居民严格分开。邺城的规划继承了战国时期以宫城为中心的规划思想,改善了汉代长安城市布局松散、宫城与坊里混杂的状况。城市交通干道轴线与城门对齐,道路分级明确。从广阳门入城,大道两侧也都是衙署,皇宫前朝后寝的布局符合《周礼·考工记》的规定。邺城的规划布局对此后的隋唐长安城的规划产生了重要影响。

三国时期,孙权在武昌称帝,随即迁都于建业(今南京)。东吴建业城郭(图 2-2-6)依自然地势发展,以石头山、长江险要为界,依托玄武湖防御,城郭有三重,分为宫城、都城和外郭。外郭未筑城,而以篱为外界,设有 56 个篱门。范围大致东至青溪,南至淮水,西至石头城,北至覆舟山。皇宫位于城市南北的中轴线上,"都城之正门曰宣阳,又南五里至淮水,有大航门”，重要建筑以此对称布局。“形胜”是金陵城规划的主导思想，是对《周礼·考工记》城市形制理念的重要发展，突出了与自然结合的思想。

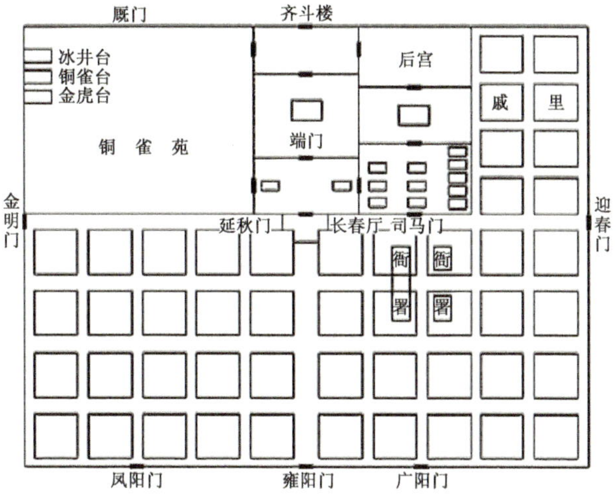

图 2-2-5　曹魏邺城

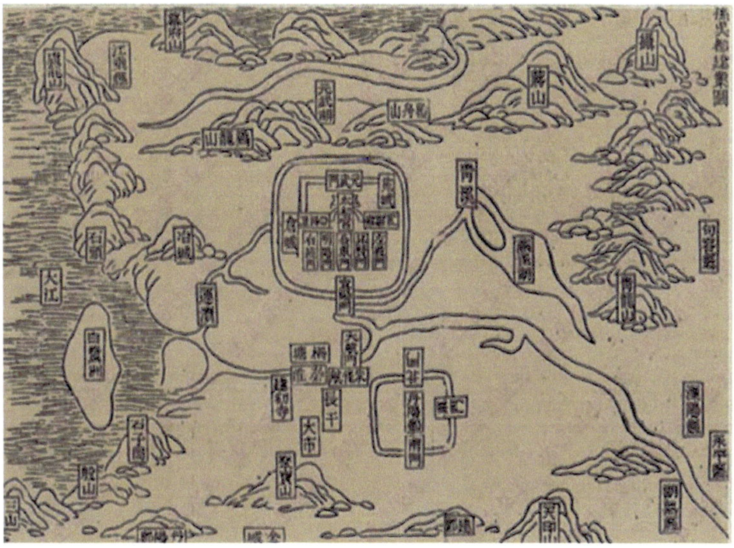

图 2-2-6　东吴建业城

3. 隋唐时期

隋唐两朝关系紧密，一方面得益于都是由关陇贵族集团建立政权，另一方面因隋朝短命，唐朝继承了隋朝的水利、都城等重要设施。隋唐在汉长安城的东南另建了新城——大兴城（长安），城市规划布局严整、分区明确，仍是继承了中国古代都城规划的传统。

唐朝取代隋朝后，由宇文恺负责制定规划，体现了《周礼·考工记》记载的城市形制规则。长安城的建造（图 2-2-7）按照规划，先测量定位，后筑城墙、埋管道、修道路、定坊里。长安城采用中轴线对称的格局，以宫城为中心，“官民不相参”。隋唐的长安城有两个商业区，长安城朱雀街两侧各用两坊地修建出东西两个大型市场，分别叫东市和西市，是都城内的商业区。东西两市店铺林立，各开两门，市内街道呈“井”字形。城市干道系统有明确分工，长安城采用规整的方格路网，东南西三面各有三处城门，通城门的道路为主干道，其中最宽的是宫城前的横街和作为中轴线的朱雀大街。居住分布采用里坊制便于管制，朱雀大街两侧各有 54 个坊里，每个坊里四周设置坊墙，坊里实行严格管制，坊门朝开夕闭，坊中考虑

图 2-2-7　唐长安城布局示意

了城市居民丰富的社会活动和寺庙用地。经过几次大规模的修建，长安城总人口达到近百万，是当时世界上最大的城市。

唐末里坊制开始瓦解。里坊制度是古代都城中最为普遍和长久的居民聚居规划形态和城市管理制度，西周就开始了通过里坊制度对城郭内居民的组织管理。里坊制度将都城划分出若干方形的空间，而且对每个空间都做了适当的安置与有效的管辖。它在划分都城居民居住空间的同时，也划分了都城社会结构空间。里坊以规整的区划、严密的管制为基本特征，其形成和发展表达了统治者试图从时空上严密控制城市居民及城市社会生活的冲动和

努力。隋唐制定了“百家为里”的制度。由于“里”是按户划分而形成的组织，通俗的比喻下“里长”相当于居委会主任，“坊”是规划而成的封闭居民区，这就决定了里坊组织的不一致性。唐朝的里坊和汉朝一样实行夜禁，每晚坊门会准时关闭，百姓被限制在各个里坊内，不准出行，城门坊角设有由卫士分守的武侯铺进行管辖，早上坊市的门按时开放。

随着社会经济的发展，禁锢自由的坊墙被推倒，坊市分离的格局消失。从中晚唐时期开始，传统的里坊制瓦解，坊市结合，由封闭式转向开放，夜市逐渐兴盛。

4. 宋朝时期

公元 907 年唐朝灭亡，中国历史进入五代时期，分别为后梁、后唐、后晋、后汉和后周。同年，梁太祖朱温在开封建立后梁，五代十国开始。五代后周时期对东京（汴梁）城进行了有规划的改建和扩建，奠定了宋代开封城的基本格局，由此也开始了城市中居住区组织模式的改变。

北宋东京（开封）（图 2-2-8）是一座非常整齐的矩形城，全城整体以中轴为对称，沿用《周礼・考工记》王城图的基本原则，它的修建是我国城建史上的一大转折。它是由宫城（皇

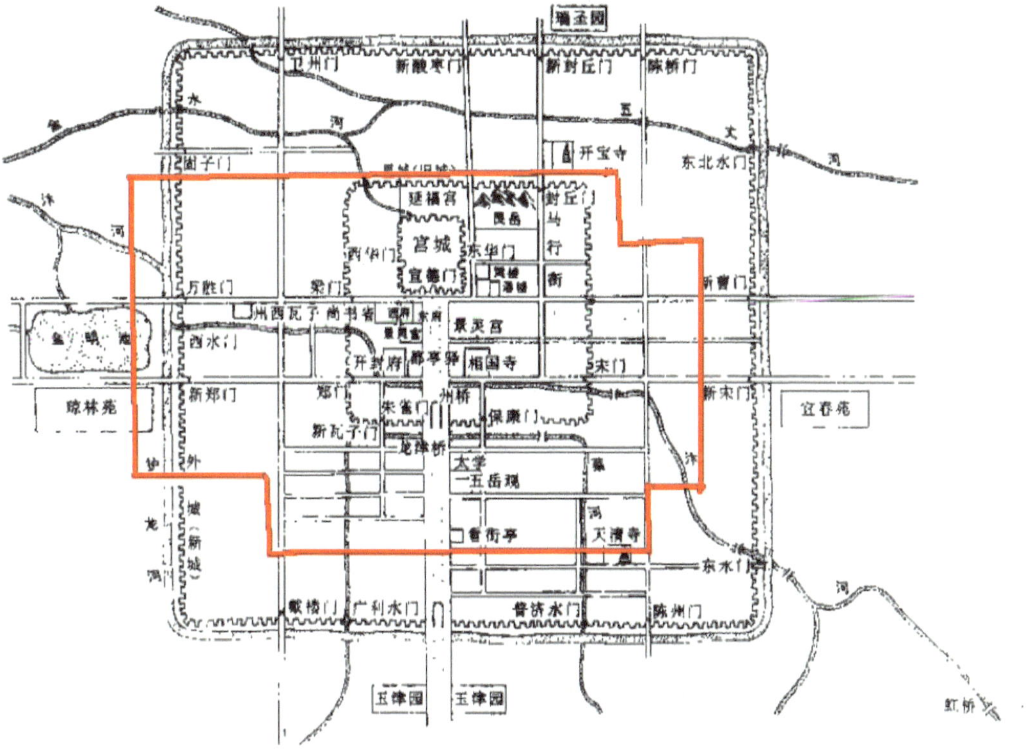

图 2-2-8　宋东京城

城）、内城、外城三重城相套，三个城的城墙外都有护城河。全城道路呈十字形相交，以道路宽度来划分，分为主要道路和次要道路。北宋东京城有一个很大的特点为引水入城，全城有 4 条河流进城中，其中单汴河上就有 13 座桥。金水河、五丈河、护龙河都与全城护城河相交，构成水网体系。随着商品经济的发展，夜禁制度取消，里坊制度瓦解，到北宋中叶，东京城中已建立起较为完善的街巷制，采取大街小巷的规划方式，大街两侧都建立商店，各条街道都有，种类很多，已具有繁华闹市的风格。北宋时，娱乐活动打破了等级的藩篱，在市井兴起，

出现了大众娱乐场所——瓦舍,里面有各种功能的演出厅——勾栏。

5. 元朝时期

公元 1206—1368 年,蒙古在北京(元大都)建立了中国历史上的元朝,成为中国历史上疆土面积最大的朝代。元大都的建设事先有严密的计划和准备。首先进行了十分详细的地形测量,然后制定总体规划。房屋和街道修建之前,先埋设了全城的下水道,再逐步按规划建造。元大都(图 2-2-9)继承和发展了中国古代都城的传统形制,在很多方面体现了《周礼·考工记》上记载的王城的空间布局制度。采用内城、皇城和宫城三套方城、宫城居中和轴线对称布局的基本格局,反映了儒家居中不偏的传统观点,把至高无上的皇权,用建筑环境加以烘托,达到其为政治服务的目的。元大都东西两侧分别设有太庙和社稷,商市集中于城北,显示出左祖右社、前朝后市的典型格局。其里坊制的开放式布局进一步强化了城市功能,这一点与隋唐长安城典型的里坊制大不同。元大都城内坊间不但街道规划齐整,经纬分明,临近的里坊也都相互开放,整体呈现四通八达的布局。

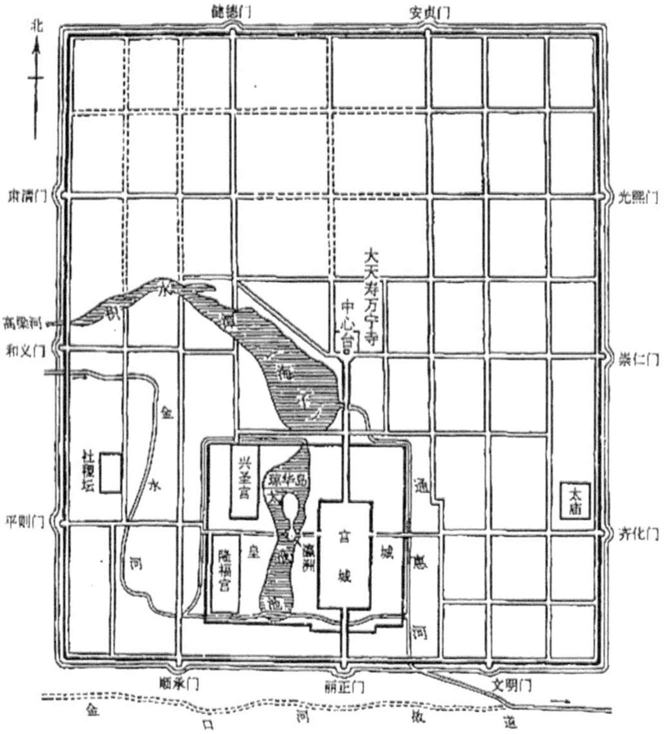

图 2-2-9 元大都

6. 明清时期

由于北京城未遭战乱毁坏,经明清两代的建设,元大都得以继续发展,成为至今存留的北京城。明北京城的内城范围在北部收缩了 2.5 km,在南部扩展了 0.5 km,使中轴线更为突出,从外城南侧的永定门到内城北侧的钟鼓楼长达 8 km,沿线布置城阙、牌坊、华表、广场和殿堂,突出庄严雄伟的气势,显示封建帝王的至高无上。皇城前的东西两侧各建太庙和社稷,又在城外设置了天、地、日、月四坛,在内城南侧的正阳门外形成新的商业市肆,城内各处还有各类集市。明清时期,随着城市工商业的发展,城市社区的功能开始分化,形成了不同等级和层次的多样化社区，如生活居住区、商业区、手工业区、政治区以及娱乐区等。明北京城较为完整地保存至今，清北京城没有实质性的变更（图 2-2-10）。明北京城的人口近百万，到清代超过了 100 万人。

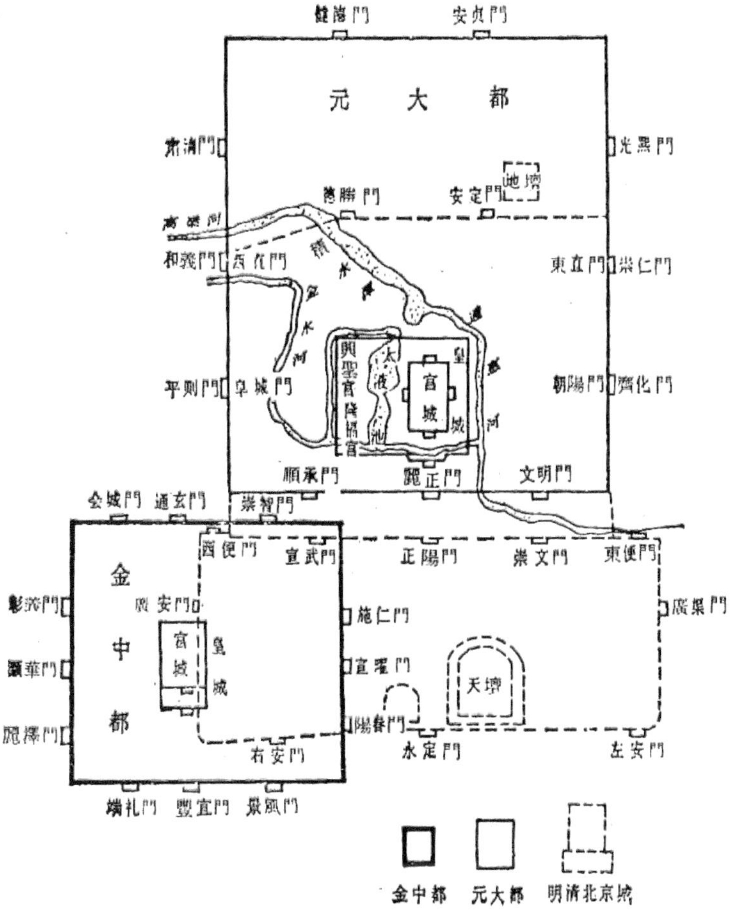

图 2-2-10 明清北京城

课后习题

1. 下列关于欧洲古典时期城市的表述，正确的是（　　）
   A. 古希腊城邦国家城市布局上出现了以放射状的道路系统为骨架，以城市广场为中心的希波丹姆模式
   B. 希波丹姆模式充分体现了民主和平等的城邦精神和市民民主文化的要求
   C. 雅典卫城最为完整地体现了希波丹姆模式
   D. 广场群是希波丹姆模式城市中市民集聚的空间和城市生活的核心
2. 古代欧洲城市轴线放射型街道布局主要体现了（　　）
   A. 古希腊的民主政体思想　　B. 古罗马的强势与享乐观念
   C. 君权统治的意志　　D. 中世纪的宗教理念
3. 下列关于绝对君权时期欧洲城市改建的表述，准确的是（　　）
   A. 这一时期欧洲国家的首都，均发展成为封建统治与割据的中心大城市
   B. 这一时期的城市改建，以伦敦市的改建影响最为巨大
   C. 这一时期的城市改建，受到古典主义思潮的影响
   D. 这一时期的教堂是城市空间的中心和塑造城市空间的主导因素
4. 最早比较完整地体现了功能分区思想的是（　　）
   A. 柯布西埃的"明天的城市"　　B.《马丘比丘宪章》
   C. 戈涅的"工业城市"　　D. 马塔的"带形城市"
5. 城市分散发展理论不包括（　　）
   A. 卫星城理论　　B. 新城理论　　C. 大都市带理论　　D. 广亩城理论
6. 从城市土地使用形态出发的空间组织理论不包括（　　）
   A. 同心圆理论　　B. 功能分区理论　　C. 扇形理论　　D. 多核心理论
7. 下列关于卡米洛·西谛城市形态研究的表述，错误的是（　　）
   A. 西谛的《城市建设艺术》一书是当时关于城市空间形态组织的重要著作
   B. 西谛认为，中世纪城市"是自然而然、一点一点生长起来的"，而不是在图板上设计完了之后再到现实中去实施的，因此城市空间更能符合人的视觉感受
   C. 西谛认为，城市应当在主要广场和街道的设计中把强调艺术布局和土地最经济的使用有机结合起来
   D. 西谛强调人的尺度、环境的尺度与人的活动以及他们的感受之间的协调
8. 下列关于中国古代城市的表述，错误的是（　　）
   A. 夏代的城市建设已使用陶质的排水管及采用夯打土坯筑台技术等
   B. 西周洛邑所确立的城市形制已基本具备了此后都城建设的特征
   C. "象天法地"的理论在咸阳的规划建设中得到了运用
   D. 汉长安城的布局按照《周礼·考工记》的形制形成了贯穿全城的中轴线
9. 下列关于《周礼·考工记》的表述，正确的有（　　）
   A. 书中记述了关于周代王城建设空间布局："匠人营国，方九里，旁三门，国中九经九纬，

经涂九轨，左祖右社，前朝后市，市朝一夫。”

B. 书中记述了按照封建等级，不同级别的城市在用地面积、道路宽度、城门数目、城墙高度等方面的级别差异

C. 书中记载了城市的郊、田、林、牧地的相关关系的规则

D. 书中所述城市建设的空间布局制度成为此后中国封建社会城市建设的基本制度

E. 对安阳殷墟、曹魏邺城、北宋东京等城市规划布局产生了影响

10. 下列表述中，错误的是 (　　)

A. 汉长安城内各宫殿之间的一般居住地段为闾里

B. 汉长安每个坊里四周设置坊墙，坊里实行严格管制，坊门朝开夕闭

C. 宋中叶，开封已建立较为完善的街巷制，坊里制逐渐被废除

D. 元大都内划有 50 个坊，恢复了坊里制

11. 关于我国古代城市的表述，不准确的是 (　　)

A. 唐长安城宫城的外围被皇城环绕

B. 商都殷城以宫廷区为中心，其外围是若干居住聚落

C. 曹魏邺城的北半部为贵族专用，只有南半部才有一般居住区

D. 我国古代城市的城墙是按防御要求修建的

12. 我国古代都成大部分采用规整的空间布局形态，其原因主要是为了 (　　)

A. 尊重自然　　B. 便捷交通　　C. 方便建设　　D. 合乎礼制

13. 下列关于《周礼·考工记》的说法，准确的是 (　　)

A. 记载了城市的郊、田、林、牧地的相关关系规则

B. 汉长安体现了《周礼》的功能分区

C. 唐长安体现了《周礼》记载的城市形制规则

D. 宋汴梁城采用里坊制，严格管制，朝开夕闭

E. 元大都很多方面体现了《周礼》记载的王城的空间布局制度

第三章

现代城市规划基础理论

第一节　现代城市规划产生的背景

一、现代城市规划的产生

现代城市规划理论与实践的起源在城市规划学术界内被认为是多元和复杂的，但通常被归结为空想社会主义(Utopian Socialism)、霍华德的田园城市(Garden City)、美国兴起的城市美化运动(City Beautiful Movement)和公共卫生改革(Public Health Reform)等历史因素。

工业革命改变了人类聚落结构模式，由农村为主逐渐转变为城市为主的形式，城市化进程迅速实现了这一居住形式的变革。由于城市生产力的进步，工业生产需要大量的劳动力，吸引农村人口向城市不断集中；同时农村生产力进步的推力，政府圈地法的实施，又迫使大量破产农民涌入城市。城市数量和规模迅速扩大，城市人口急剧增长，使得原有城市中的各项设施严重不足，住宅短缺，环境恶化。由于交通方式和交通设施匮乏，居住区与工厂混杂；再加上房地产投机导致居住环境低劣，通风、采光、绿化等条件十分恶劣，公共厕所、垃圾站等设施严重短缺；排水系统年久失修且容量严重不足，造成粪便和垃圾堆积，滋生细菌和疾病传播的媒介动物，这也是导致鼠疫、霍乱等传染疾病肆虐的重要原因。

不受控制的城市化导致的一系列城市问题，引起当局和社会的惊恐，从 19 世纪中叶开始，学界出现了一系列有关城市未来发展方向的讨论与探索，开拓了新的领域和方向，在理论上、思想上为现代城市规划的形成和发展做了充分的准备。

二、现代城市规划形成的基础

1. 思想基础——空想社会主义

在忽略中国等国家在古代制定的城市建制规则的情况下，现代城市规划思想渊源最早应追溯到欧文、圣西门、傅立叶、戈丁和卡贝等提出的乌托邦、空想社会主义和社会平等的传统思潮。空想社会主义主要是通过社会组织结构等方面的架构，提出了理想的社区和城市模式，有的还进行了较好的实践探索。他们从城市整体的重新组织入手，将城市发展问题放在更为广阔的社会背景中进行考察，将城市物质环境的建设和对社会问题的最终解决结合在一起，从而解决更为实在和较为全面的城市问题。典型的城市发展的新设想和新方案：莫尔的“乌托邦”，期望通过对社会组织结构等方面的改革，建立他理想中的建筑、社区和城市。欧文和傅立叶对理论和实践进行探索，1817 年欧文提出了“协和村”(Village of New Harmony)的方案，用自己 4/5 的财产在美国的印第安纳州购买了 12 000 hm^2 土地，进行了新协和村建设实践。1859—1870 年，戈丁(Godin)在法国按照傅立叶的设想进行了实践，建筑群配有托儿所、幼儿园、剧场、学校、公共浴室和洗衣房设施。1829 年，傅立叶提出了以“法朗吉”(Phalanges)为单位建设社区，每个法郎吉 1 500～2 000 人，废除家庭小生产，以社会大生产替代。

2. 法律实践——英国关于城市卫生和工人住房的立法

19 世纪中叶，英国政府针对当时出现的肺结核及霍乱等疾病的大面积流行，采取了一系列的法规和行政措施。1833 年，英国成立了委员会专门调查疾病形成的原因，关注工人阶级卫生条件。1848 年通过了《公共卫生法》(《查德威克法案》)，重视都市的排水系统，修建许多下水道，并开始定期收取垃圾，要求把污水和废弃物集中处理，规定在中央统一管理下，由地方当局负责供应清洁水。1868 年通过了《贫民窟清理法》，1890 年通过了《工人住房法》等，这些法律要求地方政府提供公共住房。1909 年，英国通过了《住房、城镇规划等法》，标志着现代城市规划的确立，也是城市规划成为政府管理职能的开端。《住房、城镇规划等法》授权地方政府编制城镇规划大纲(Town Planning Scheme)，以控制新开发地区建设和城市无序蔓延。最终，英国政府在 1919 年出台了《住房与城镇规划法》。该法案引入住房财政补贴的做法有力地推动战后住房建设，并对后续住房立法产生深远影响；标志着英国放弃在住房问题上一直所秉持的自由主义原则，开始通过立法干涉住房市场，政府也从此承担起为公众提供住房的责任。

3. 行政实践——法国巴黎改建

19 世纪上半叶巴黎的经济发展很快，人口增长也非常迅速。但由于城市建设滞后于经济发展，导致一系列问题产生，如街道狭窄、交通阻塞、供水水源污染严重、排水系统不完善、缺少公共用地和绿化用地、住宅破旧不堪、疾病横行、犯罪层出不穷等。1853 年拿破仑三世任命奥斯曼(Haussman)对巴黎进行大规模改造，以满足经济的发展要求，完善城市的各项功能，改善巴黎城市的风貌(图 3-1-1、图 3-1-2、图 3-1-3)。奥斯曼通过构建道路网络、完善卫生设施、打造绿化休闲区、推进文物保护，基本完成了巴黎的现代化转型。今日我们所看到的巴黎市貌，大部分即形成于这一时期。

奥斯曼以道路切割划分整个城市，并将塞纳河两岸地区紧密地连接在一起，完善城市道路网的通达性，最终构成一个完整的面(新巴黎)。奥斯曼对城市的公共卫生状况极其重视，为巴黎规划了发达的下水道系统，新建的下水道扭转了昔日巴黎卫生状况落后的局面，从城市面貌和生活环境两方面为巴黎的现代化做出了贡献。巴黎远郊的绿化体系主要由布洛涅(Bois de Boulogne)和文森(Bois de Vincennes)两座森林公园组成，并在城市中配置了大量的大面积公共开放空间。在巴黎大改造的过程中，巴黎圣母院作为被保留下来的建筑，对其的保护与修复可以看成是对于文物保护问题的一个积极回应。

综合来看，巴黎大改造堪称工业时代城市转型的成功范例，承认公共设施的重要性，建立资产阶级城市的典范，强调城市的整体协调性。同时不可否认，大改造的各项工程在将巴黎打造成一座现代化大都市的同时，也带来了诸多问题。

4. 技术基础——城市美化

19 世纪，美国城市发展速度非常快，被称为“速成式城市”(Instant City)，城市环境恶劣，基础设施落后，环境质量恶化，绝大多数城市仍然没有地下排水系统，许多街区污水横流，臭气弥漫，这些污水被排入江河之中；许多街道没有铺装，景观粗鄙丑陋，单调乏味，缺乏审美艺术的感染力；噪音污染和空气污染也十分严重。由于没有绿色植物和开阔空间，人们

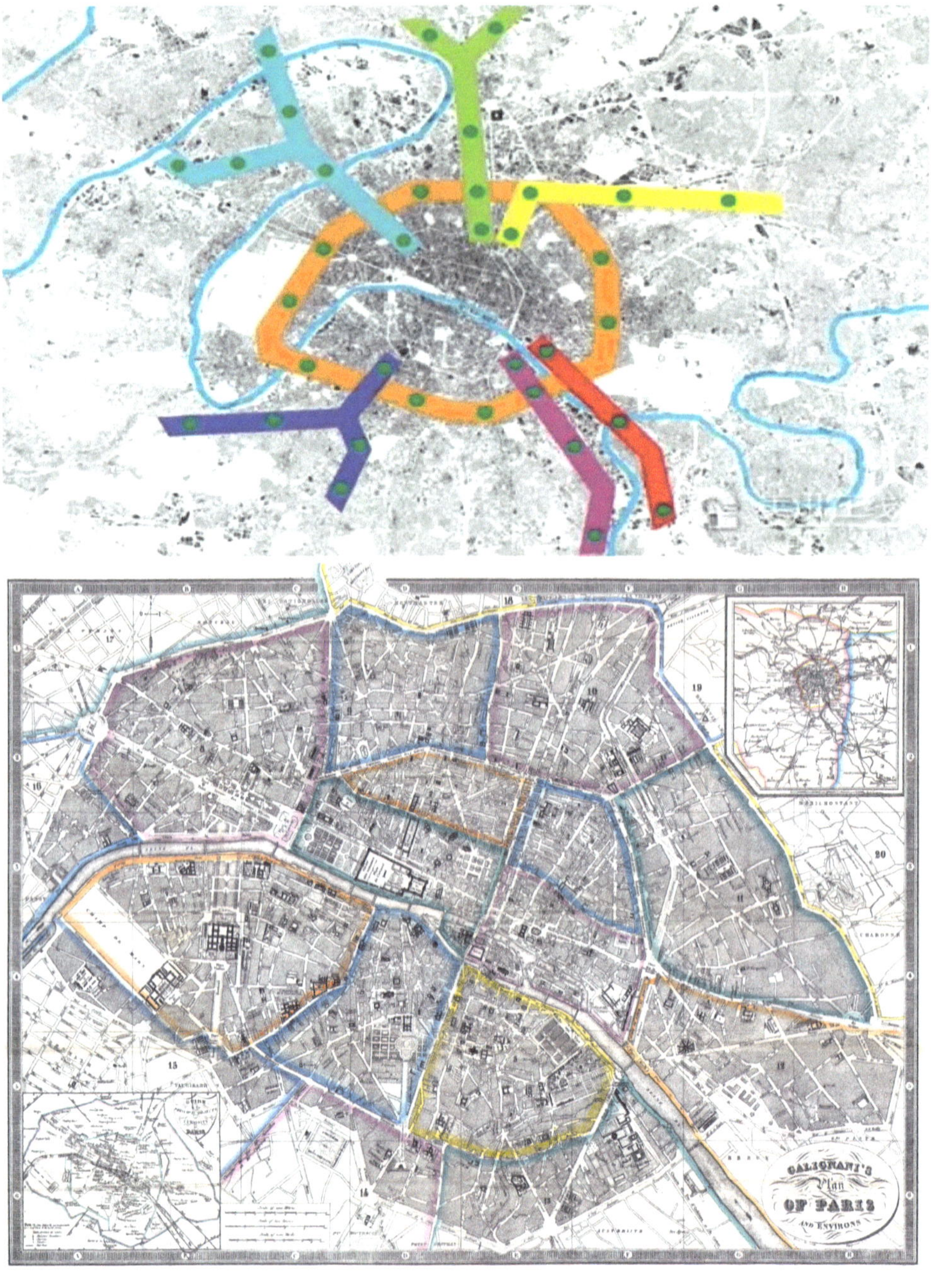

图 3-1-1　1865 年 Galignani 的规划

面对拥挤丑陋的建筑物，其视野得不到驰骋，筋骨得不到舒展，郁闷的心情得不到抚慰。因此，19 世纪的美国城市不仅有霍乱、伤寒、白喉等生理性疾病时常威胁人们的身体健康，而且各种心理疾病也侵扰着人们。美国城市要成为一个“大熔炉”，在功能上需要改进，在景观上需要美化，在文化上需要重塑，而城市美化运动作为美国历史上第一次综合规划运动，其所肩负的正是这一伟大使命。

美国的城市美化运动源于城市公园运动，而城市美化源自于文艺复兴后的建筑学和园

图 3-1-2　1850—1870 年巴黎市中心新建或改正道路

图 3-1-3　巴黎改建

艺学传统。奥姆斯特德与沃克斯设计的中央公园就是城市公园运动中的典范，它位于曼哈顿岛中部，南北长约 4 023 m，东西宽约 804 m，树木葱茏，景色迷人，为美国城市增添了一道美丽的风景线(图 3-1-4)。奥姆斯特德曾多次论述城市公园的社会作用，这也正是他建造中央公园的目的所在。他认为，城市公园有益于居民的身心健康，能够提高人们的审美能力。继中央公园之后，奥姆斯特德又相继在美国 20 多个城市设计了众多公园，他还设计了许多林荫大道，将这些公园与居民区连接起来。公园运动迅速风靡美国，成为城市美化运动的前奏。

19 世纪末 20 世纪初，城市改进运动与公园运动的合流，形成了规模更大的城市美化运动(City Beautiful Movement)。城市美化运动以 1893 年在芝加哥举行的博览会为开端，以

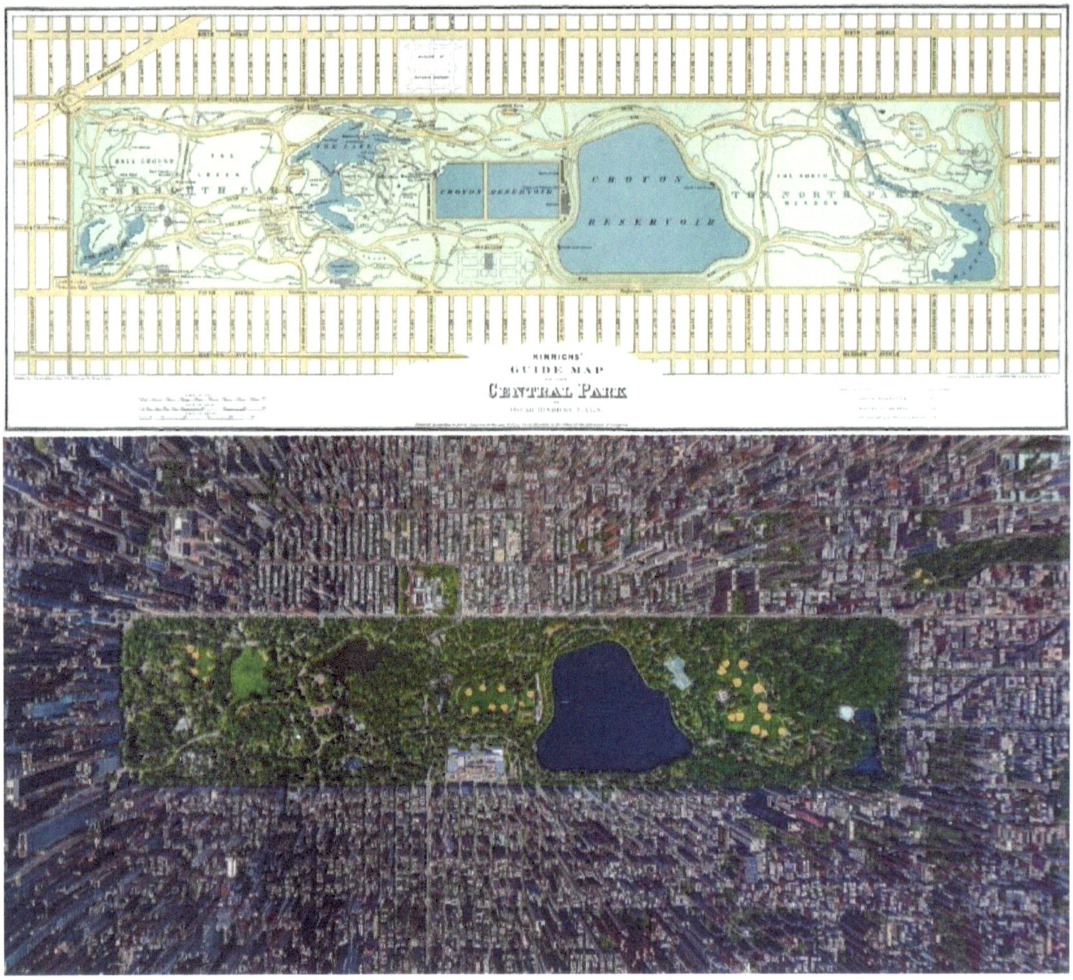

图 3-1-4　中央公园

对市政建筑物进行全面改进为标志。城市美化运动的主将伯汉姆(Bumham)于1909年完成的芝加哥规划则被称为第一份城市范围的总体规划(Master Plan)。城市美化源自文艺复兴后的建筑学和园艺学传统,强调美和实用不可分割。它一方面要求美化城市环境,将大自然引进城市,在城市中建立大型景观公园和林荫大道;另一方面还要求改进城市的基础设施和功能,以满足商业和日常需要。

1900—1910年各城市的综合发展规划将城市美化运动推向高潮。

5. 实践基础——公司城的建设

公司城是由资本家出资建设、管理的小型城镇,为了提高工人的生产能力,资本家就近解决在其工厂中工作的工人的居住问题。19世纪中叶后这类城镇在西方各国都有众多的实例。如1888年在利物浦附近建造的城镇Port Sunlight(图3-1-5),该小镇是莱佛(Lever)为他的肥皂厂的工人们出资建立的,小镇很大,每栋房子都各有特色,并且小镇建有自己的学校,工厂职工的子女都可以到这里接受教育。

恩温(Unwin)和帕克(Parker)在19世纪后半叶的公司城设计中积累的大量经验,对霍华德田园城市理论的提出和付诸实践具有重要的借鉴意义。

图 3-1-5　公司城 Port Sunlight

第二节　区位理论——城市组成要素的布局理论

一、区位理论概念

区位是指为某种活动所占据的场所在城市中所处的空间位置。城市是人与各种活动的聚集地,各种活动大多有聚集的现象,占据城市中固定的空间位置,形成区位分布。这些区位活动场所加上连接各类活动的交通路线和设施,便形成了城市的空间结构。

区位理论研究的目的是为各项城市活动寻找到最佳区位,而对于国土空间规划而言则是对城市土地使用进行合理分配和布置,获得最大的整体空间组织效益以及合理恰当的局部效益。区位理论是城市规划进行土地使用配置的理论基础,根据区位理论,国土空间规划对城市中各项活动的分布掌握了基本的衡量尺度,使城市中的各项活动都处于最适合于它的区位。

区位理论的演进经历了古典区位论、新古典区位论、新经济地理区位论三个阶段。19 世纪的古典区位论是最早的区位论研究,更注重对微观企业的具体区位研究,主要指杜能—农业区位论、韦伯—工业区位论、克氏—中心地理论以及廖什—经济区位论。二战后的新古典区位论,是一种全局、动态的均衡问题分析,满足了各国政府加强经济的宏观调控需求,一定程度上弥补了古典区位论而忽略了从宏观上对整个区位选择的把握。从 20 世纪 60 年代以来,以新古典区位论为代表的现代区位理论成为研究重点,其中又以艾萨德(Isard)的《区位与空间经济》和贝克曼(Beckman)的《区位理论》作为理论发展标志。20 世纪 90 年代,以克鲁格曼(Krugman)的《地理和贸易》《发展、地理和经济理论》的出版为标志,新经济地理理论形成,该区位论采用一般均衡理论。

二、农业区位论

1826 年德国学者杜能（Thunnen）出版了《孤立国同农业和国民经济的关系》一书，首次系统地阐述了农业区位理论的思想，成为影响最大、最主要的农业区位理论。为了研究农业区位论，1810 年杜能在德国梅克伦堡购置了特洛农场，详细记录了十多年的农业数据。在构建其农业区位理论体系时，他采用了科学抽象法，设定了“孤立国”这样一个假想空间，杜能的农业区位理论是一种关于农业经营方式区位的理想模式。

杜能区位论中，对于其假想的“孤立国”，给定了以下六个假定条件：①肥沃的平原中央只有一个城市；②不存在可用于航运的河流与运河，马车是唯一的交通工具；③土质条件相同，任何地点都可以耕作；④距城市约 80 km 之外是荒野，与其他地区隔绝；⑤人工产品供应只来源于中央城市，而城市的食品供应则只来源于周围平原；⑥矿山和食盐坑都在城市附近。在追求利益最大化的重要前提条件下，农业将呈现怎样的状态；为了从土地取得最大的纯收益，农场的经营随着距城市距离的增加将如何变化。

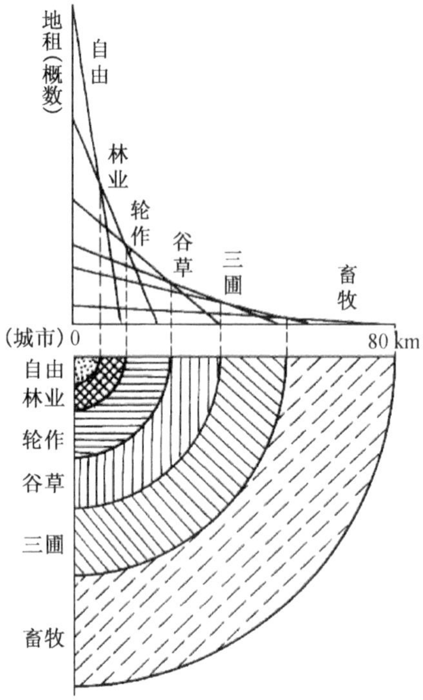

图 3-2-1　农业地租曲线

根据前述各种假设，以及运费与距离及重量成比例，运费率因作物不同而不同，农产品的生产活动是追求地租收入最大的合理活动等前提条件，每种作物都有一条地租曲线，其斜率大小由运费率所决定，不容易运输的农作物一般斜率较大，相反则较小。随着种植作物的不同，农业的全部形态随之变化，各圈层中出现了各种各样的农业组织形式，从而形成了不同的农业土地利用的同心圆结构（图 3-2-1）。

杜能农业区位理论揭示了即使在同样的自然条件下也能够出现的农业的空间分异。农业生产方式的空间配置，一般在城市近处种植相对于其价格而言笨重而体积大的作物，或者是生产易于腐烂或必须在新鲜时消费的产品，而随着距城市距离的增加，种植相对于农产品的价格而言运费小的作物。

三、工业区位论

1. 韦伯工业区位论

1909 年韦伯发表的《工业区位理论：区位的纯粹理论》，提出了工业区位论的最基本理论。韦伯提出工业区位论的时代背景是：在德国产业革命之后，近代工业有了较快发展，从而形成了大规模的地域人口移动，尤其是产业与人口向大城市集中的现象极为显著。在这种背景下，韦伯从经济区位的角度，选择了生产、流通、消费三大经济活动基本环节的工业生产活动作为研究对象，通过探索工业生产活动的区位原理，试图说明与解释人口的地域间大规模移动以及城市人口与产业的集聚机制。

区位因子分为一般因子和特殊因子。一般区位因子是适用于所有工业部门的，有三种：

原料和材料费、劳动力成本、运费。只适用于某些特定工业的特殊区位因子，如适用于纺织工业的湿度、适用于食品工业的易腐性、适用于酿造工业的水和温湿度等。区位因子又可分为集聚因子和分散因子。促使企业为降低生产或销售成本而集中在特定场所的因子（如企业协作、相关设施共享等）为集聚因子。相反，促使企业为避免企业集中而带来的不利影响而分散布局的因子（地价上升、交通拥挤、环境污染等）为分散因子。

韦伯工业区位论建立在以下三个基本的假定条件基础上：已知原料供给地的地理分布；已知产品的消费地与规模；劳动力存在于多数的已知地点，不能移动，且各地的劳动力成本是固定的。

韦伯研究了原料指数（即局地原料重量与产品重量之比）与运费的关系，指数越小，运费越低，从而得出运输区位法则的一般规律：原料指数＞1 时，生产地多设于原料产地（例如钢铁、水泥、造纸、面粉、葡萄酒）；原料指数＜1 时，生产地多设于消费区（例如啤酒、酱油）；原料指数近似为 1 时，生产地设于原料地或消费地皆可（例如石油精制、医疗器械）。

就劳动力而言，在城市中的差异不大，主要是区域性的差异，这直接影响到工业的区域分布。韦伯提出了“劳动系数”的概念，劳动系数＝劳动力成本÷区位重量，系数越大，表示远离运费最小区位的可能性越大，进一步也可以说劳动系数越高，工业就越加向劳动力廉价地集中。如在发达国家，纺织业及其他一些劳动密集型企业的转移路径基本是由大城市向都市周边和农村地域扩散，再向发展中国家转移。在现实条件中，劳动力成本还会受诸如人口密度、运费率等环境条件影响。

分散和集聚是相反方向的吸引力，将工厂从运费最小点引向集聚地区或分散地区。如果集聚获得的利益大于工业企业从运输费用最小点迁出而增加的运费额，企业可以进行集聚移动。如广州市的汽车产业集群，一方面，以广州为中心的珠江三角洲是全国最大的汽车消费市场；另一方面，汽车行业的精益生产方式要求整车制造商与零部件供应商密切协作，龙头整车企业的入驻吸引了数百家汽车零部件企业到广州投资，汽车产业的集群效应不断加强。

韦伯工业区位论首次将抽象和演绎的方法运用于工业区位研究，建立了完善的工业区位理论体系，为之后的区位论学者提供了研究工业区位的方法论和理论基础。该理论的最主要特点是最小费用区位原则，即费用最小地点就是最佳区位点。韦伯工业区位理论不仅限于工业布局，对其他产业布局也具有指导意义，他的指向理论发展成为经济区位布局的一般理论。

2. 廖什区位论

廖什（Losch）经济区位论，是另外一个重要的工业区位理论。廖什在区位论中，第一个引入了需求作为主要的空间变量。他主张动态区位论，对工业区位论的发展有很大影响。廖什认为最佳区位是收入与费用之差的最大点即利润最大化点，而不是韦伯的最小成本区位法。正确的方法应当是找出最大利润的地方，因此需要引入需求和成本两个空间变量。他认为，任何一个企业想要在竞争中求生存，就必须以最大经济利益为原则，在竞争中降低运输成本，使消费者得到最廉价的产品，占领消费市场，而竞争的平衡点正是工业区位配置的最佳点。他通过理论的逻辑证明，任何产品总有一个最大的销售范围，并且至少要占有一定范围的市场，这种市场最有利的形状是六边形。廖什特别重视市场区位和工业布局的关系，他研究了不同等级的市场圈所辖消费地数量和最大供应距离等问题。市场网络是廖什区位理论的最高表现形式。

3. 伊萨德区位论

伊萨德从20世纪50年代起对工业区位论提出了大量的新观点，主张从“空间经济论”出发研究区位论，利用比较成本分析和投入产出分析等综合分析方法进行工业区位分析，把工业区位论作为“区域科学”的核心。他指出，影响工业发展和布局的条件很多，它们的作用不同，而且在不同区域中的作用的变化很大。此外，其中有些因素是互相依存的，并且是可相互取代的。例如资本因素与劳动因素之间的关系，当资本家建立特定规模的工厂时，在工资高、技术条件好、资金来源充裕、利率低的地区，可以采用最先进的自动化设备，虽然投资多，但可节省劳动力费用；而在劳动力充足、工资低廉、资金来源困难的地区，则可采用并非很先进的技术，节约投资。伊萨德的最大贡献是把工业区位理论与社会实践相结合起来，注意地方的特点，发挥地区的优势，建立地区性的最佳生产部门，把工业区位论作为地区开发规划的基本理论。伊萨德希望形成一种统一的、一般化的区位理论，确定成本最小而效益最佳的地点。

四、居住区位论

城市居住空间作为城市空间结构的重要组成部分，居住区与城市空间结构的形成和发展有着密切的互动关系。人类在寻求合理的城市空间结构和组织形式中经历了漫长的探索过程，在这一过程中对城市居住空间分布与建设的理想模式也进行了多种多样的尝试。

影响城市居民居住区位选择的因素很多，对这些因素的划分也有多种方式。如将其划分为宏观因素和微观因素，或城市因素和个体因素，或外部因素和内部因素等。

居住区位的宏观影响因素，主要是指国家制度与政策方面的因素（制度因素）和城市规划方面的因素两个方面在空间的表现。制度因素主要是指国家的土地制度、住房制度、金融政策等对居住区位的影响。土地制度的调整与变化会间接影响到居民居住区位的选择。金融政策的变化深刻影响着房地产市场，主要通过利率变化、贷款规模影响着住宅供应数量，也间接地影响着居民的居住区位选择。城市规划对房地产开发商进行住宅建造区位选择时起到一定的制约作用；越来越多的城市居民在进行居住区位选择时，倾向于选择城市规划中的重点建设区域，或有良好发展前景的居住区位。城市规划中，基础设施与公共设施的规划对居民居住区位选择的影响越来越大。基础设施是居住区发展必不可少的物质基础，而规划中公共配套设施的数量、类型及服务半径也直接影响着人们生产、生活的便利程度，对居住区的经济效益和社会效益产生一定的影响。

微观因素主要是城市居民，可分为两个方面：共性因素和个性因素。共性因素，主要是房价、地理位置、交通可达性等。城市住宅价格的分布与居民对居住区位的选择就是对立统一的关系。住宅市场的价格分布影响着居民对居住区位的选择，城市居民对不同区位的选择又反过来影响该城市住宅价格的空间分布。地理位置作为居住区位最直观的因素，也是居住区位选择的重要因素。中国传统意义上南北向的居住区位被认为是最佳的居住区位。但在实际选择中，方向的选择，不仅与居民的偏好和习惯有关，还与所在城市的地形有关，如：重庆是有名的山城，重庆的居民对东南西北的方位概念并不很敏感，楼房的建造也没有完全遵循中国传统的风格。自然地貌对居住区位产生了地形、气候等因素的综合作用。从气候对居住区位的影响来看，影响比较大的因素主要是日照和风向，一般来说，城市中的上风区位是比较好的选择。交通可达性主要从两个方面影响着居民居住区位的选择：一个是通勤的时间费用(机会成本);一个是通勤费用。人们在居住区位选择中,通常考虑到居住区位与市区中心的可达性、与工作地点的可达性、与父母居住地点的可达性、与子女上学地点的可达性。此外,居住区位选择共性因素还包括购物环境、娱乐休闲环境、就医环境和子女受教育环境、社会治安程度、日常聚居群体等。

个性因素主要是居民的不同属性,为便于研究,将居民的属性大致分为三类:自然属性、经济属性、社会属性。居民属性三个方面的差异均影响着居民对居住区位的选择。

年龄属于家庭的自然属性,年龄改变将导致家庭结构的变化,而家庭结构的不断变化造成了居民的家庭生命周期的变迁。家庭结构类型的差异使得购房者在住宅类型和居住区位的选择上都存在明显差别,同一家庭在不同的生命周期,其对住宅和区位的选择也会有所不同。城市居民在进行居住区位选择时,收入的差异是决定其区位选择的关键因素之一。居民在选择居住区位、购买住房时,先根据自己的经济能力和偏好进行决策。一般来说,相同社会属性(受教育程度、职业、民族和宗教)的居民倾向于选择特定的居住区位。相同职业的社会群体在居住区位选择上具有趋同性,如高级管理人员、私营业主、演艺明星等职业群体多居住在区位条件相对较好的区域;而教师、技术人员、政府机关和事业单位从业人员收入来源稳定,多为科技、教育、文化界的知识分子,他们的区位选择会更多地侧重文化和环境氛围。

第三节 城镇体系理论

一、城镇体系的概念

城镇体系是一定区域内在经济、社会和空间发展上具有有机联系的城市群体。城镇体系的研究,起始于格迪斯(Geddes)对城市区域问题的研究。格迪斯认为,人与环境的相互关系,揭示了现代城市成长和发展的动力,对城市的规划应当以自然地区为基础,城镇的规划应当是城镇地区的规划,即城镇和乡村应纳入同一个规划的体系之中,使规划包括若干个城镇以及它们周围所影响的整个地区。此后经芒福德(Mumford)等人的不断努力,学界确立了区域规划的科学概念,并从思想上确定区域城镇关系是研究城市问题的逻辑框架。

二、中心地理论

中心地理论(Central Place Theory)是由德国城市地理学家克里斯塔勒(Christaller)和德国经济学家廖什(Losch)分别于1933年和1940年提出的,该理论是进行城镇体系规划的基本依据。

1. 克氏理论的假设条件

第一个假设条件,克里斯塔勒创建的中心地理论建立在“理想地表”之上,基本特征是每一点均有接受一个中心地的同等机会,一点与其他任一点的相对通达性只与距离成正比,而不管方向如何,均有一个统一的交通面。克氏理论的另一个假设,生产者和消费者都属于经济行为合理的人的概念,也就是说,生产者为谋取最大利润,寻求掌握尽可能大的市场区,致使生产者之间的间隔距离尽可能地大;消费者为尽可能减少旅行费用都自觉地到最近的中心地购买货物或取得服务。

克里斯塔勒认为，有三个原则支配中心地体系的形成，它们是市场原则、交通原则和行政原则。在不同的原则支配下，中心地网络呈现不同的结构，按照所谓 K 值排列成有规则的、严密的系列。

2. 市场原则模型

按照市场原则，低一级的中心地应位于高一级的三个中心地所形成的等边三角形的中央，从而最有利于低一级的中心地与高一级的中心地展开竞争，由此形成 $K=3$ 的系统。

低一级市场区的数量总是高一级市场区数量的 3 倍。由于每个中心地包括了低级中心地的所有职能，即一级中心地同时也是二级乃至更低级的中心地，所以，一级中心地所属的 3 个二级市场区内，只需在原有的 1 个一级中心地之外再增加 2 个二级中心地即可满足 3 个二级市场区的需要。在 9 个三级市场区内，因已有了 1 个一级中心地、2 个二级中心地，因此只增加了 6 个三级中心地。这样，在 $K=3$ 的系统内，不同规模中心地数量出现的等级序列是：1，2，6，18，…。

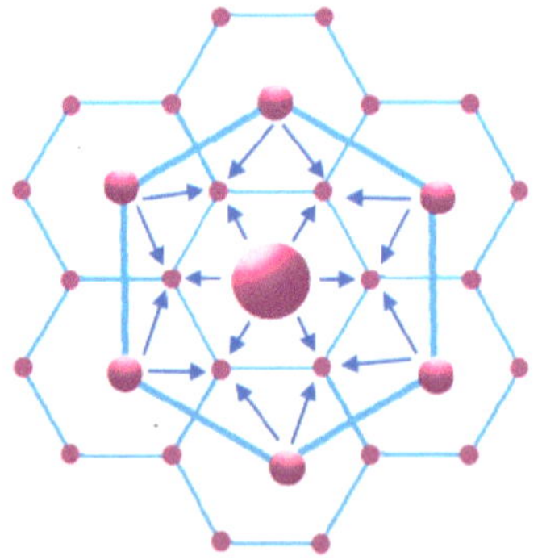

图 3-3-1　市场原则模型下的中心地等级体系的交通系统

由市场原则形成的中心地等级体系的交通系统(图 3-3-1)，是以高等级中心地为中心，由 6 条放射状的主干道连接次一级的中心地，又由 6 条也呈放射状的次干道联结再次一等级的中心地。由于此种运输系统联系 2 个高一等级中心地的道路不通过次一级中心地，因此，被认为是效率不高的运输系统。

3. 交通原则模型

在交通原则支配下，高级市场区的边界通过 6 个次一级中心地，次级中心地位于高级中心地市场区边界的中点，这样它的腹地被分割成两部分，分属两个较高级中心地的腹地内。而对较高级的中心地来说，除包含 1 个次级中心地的完整市场区外，还包括 6 个次级中心地的市场区的一半，即包括 4 个次级市场区，由此形成 $K=4$ 的系统。在这个系统内，市场区数量的等级序列是：1，4，16，64，…。

次级市场区的数量以 4 倍的速度递增。由于高级中心地也发挥低级中心地的功能，在 $K=4$ 的系统内，中心地数量的等级序列是：1，3，12，48，…。

依交通原则形成的交通网(图 3-3-2)，因次一级中心地位于联系较高一级中心地的主要道路上，被认为是效率最高的交通网，而由交通原则形成的中心地体系被认为是最有可能在现实社会中出现的。

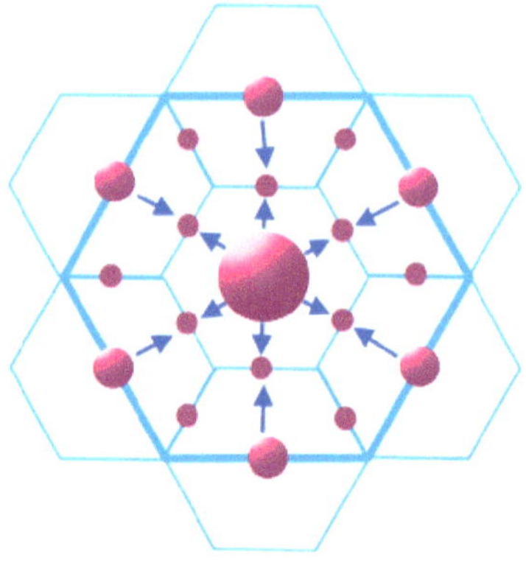

图 3-3-2　交通原则模型下的交通网

4. 行政原则

按行政原则组织的 $K=7$ 的系统，六边形的规模被扩大，以便使周围 6 个次级中心地完全处于高级中心地的管辖之下。这样，中心地体系的行政从属关系的界线和供应关系的界线相吻合。

根据行政原则形成的中心地体系(图 3-3-3),每 7 个低级中心地有 1 个高级中心地,任何等级的中心地数目为较高等级的 7 倍(最高等级除外),即:1,6,42,294,…。市场区的等级序列则是:1,7,49,343,…。

在 $K=7$ 的系统内,由于其运输系统显示出每位顾客为购买中心地商品或享受服务所需旅行的平均距离较另两个系统都长,因此,行政原则下的运输系统被认为是效率最差的一种。

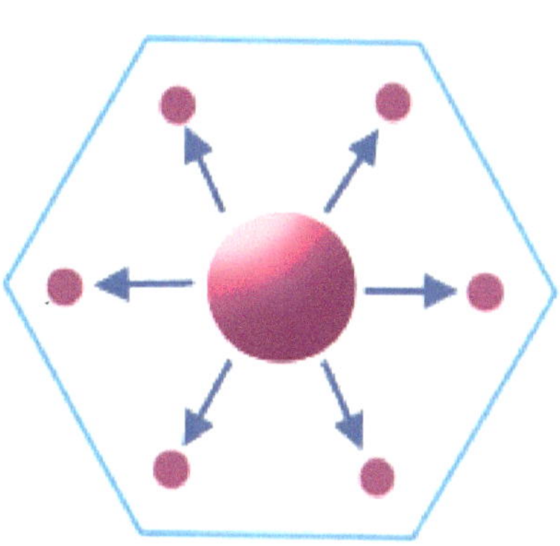
图 3-3-3 行政原则下的运输系统

三、城镇体系的三个结构

1. 城镇体系的等级规模结构

城镇的存在与发展取决于其作为一个中心对周围地区的吸引力和辐射力。吸引力和辐射力由于城镇能量大小的不同而对城镇外部环境产生不同的影响力,因而形成了地域空间的等级规模特征。城镇规模等级结构是指城镇体系各种规模等级的城镇的构成,它是城镇体系的一个重要特征。城镇体系等级规模结构规划是对城镇体系内所有城镇之间的数量关系的确定。具体而言,包括各个城镇人口与用地规模,城镇之间的分级标准,各个级别的城镇的数量级配等。因此,对城镇体系等级规模结构的研究,主要是探究一个国家或区域内各类城镇的规模层次分布特征,以及不同等级规模城镇的组合特征和发展规律,并通过对其历史发展过程的动态模拟,指出其未来的发展趋势,为制订城镇体系发展战略服务,充分发挥不同规模等级城镇的中心作用。

2. 城镇体系的职能结构

由于各城镇地域发展条件、基础设施条件和发展过程不同,导致了城镇体系内部经济结构的地域差异,并进而使地域内城镇体系特质与地域经济结构特质发生一定关系。在一个地域城镇体系中,各城镇职能不再仅仅是反映各城镇本身在地区的政治、经济、文化中所具有的地位和担负的作用,而是通过各城镇职能的有机组合,共同构成一定特色的地域综合体。这种城镇体系内各城镇职能的有机结合,被称为城镇体系的职能组合结构。城镇职能类型规划是针对城镇现状职能构成的特点,结合区域社会经济发展环境与发展战略确定城镇的性质、特点、地位、作用及发展方向,其实质是使体系中每个城镇具有合理的分工,使其优势得到充分发挥,以取得最佳的整体效益。

3. 城镇体系的空间结构

城镇体系的空间结构是对区域城镇空间网络组织的规划研究,它要把不同职能和不同规模的城镇落实到空间,综合审度城镇与城镇之间、城镇与交通网之间、城镇与区域之间的合理结合。城镇体系的空间结构集中体现了城镇体系的思想和观点,是整个成果的综合和浓缩,极具地理变化性和地理创造性。

四、城市首位度

1. 城市首位度的提出和国内的应用研究

城市首位度是用于评定城市的区域主导性的指标,反映区域城镇规模序列中的顶头优势性,也表明区域中各种资源的集中程度。一般用一个地区最大城市与第二大城市的经济规模之比来表示这个最大城市的首位度，它通常用来反映该国或地区的城市规模结构和人口集中程度。城市首位度这一指标最早出现于杰斐逊(Jefferson)对国家城市规模分布规律的研究，他提出了城市首位法则，即一个国家的“首位城市”(区域内人口规模最大的城市)总要比该国家的第二位城市大很多。

国内学者对国外研究的理论成果进行了修正，并将其主要应用于对我国各省区的城市规模分布差异的研究：严重敏、宁越敏比较了 1952—1978 年我国 26 个省区的城市首位度变化，从而找出了行政中心城市人口规模发展较快的原因；许学强、叶嘉安以城市首位度为指标，比较了我国城市化的省际差异；周一星改进了首位度指数的方法，将我国省区的城市规模分布进行了分类；顾朝林计算了 1985 年我国分省区城市首位度指数大小，将分省区城镇体系划分为 3 大基本类型：双极型、均衡型和极核型，并简单分析了各类型与经济发展水平的关系。

2. 研究方法与范围

杰斐逊提出了首位度计算方法：$S=P_1 \div P_2$。式中，S 为首位度，P_1、P_2 分别为最大城市和第二大城市的人口规模。根据我国城市人口统计方法，人口规模一般采用市区非农业人口数。

此外，还有另外两种指标方法，即四城市或十一城市指数。

(1)四城市指数：

$$S_4 = P_1 \div (P_2 + P_3 + P_4) \approx 1$$

(2)十一城市指数：

$$S_{11} = 2 \times P_1 \div (P_2 + P_3 + \cdots + P_{11}) \approx 1$$

其中，P_1，P_2，P_3，P_4，…，P_{11}是指按照人口数自大而小排列的第 n 位次城镇的人口数量。

有些研究表明它们并不比两城市指数有显著的优势。事实上，两种方法的结果有很大的相关性。国外学者曾在对 81 个国家的比较研究中，观察到它们之间存在 0.86 的正相关关系。不管是两城市指数法，还是四城市或十一城市指数法，当首位度指数达到何值时，第一大城市才能成为杰斐逊所提到的“大得异乎寻常”？有一种比较合理的说法是，当这个领导城市在首位度指数达到 2.00 以上时才可被描述为“首位”城市。而首位度大于 2.00 的情况又可以分为两类：大于 2.00 又不大于 4.00 的属中度首位分布，大于 4.00 的属高度首位分布。得出的城市首位度值如果小于 2.00，表明该地区城市体系结构正常；反之，如果大于 2.00，则说明该地区城市结构失衡或过度集中。世界上有很多国家城市首位度指数非常高，如阿根廷的城市首位度是 10.20，秘鲁是 10.10，这些都是过度城市化的结果。

3. 中国城市首位度

2018 年经济首位度排在前三的地区，分别是占比最高 51.32％的宁夏银川，其次占比 47.6％的吉林长春，第三是占比 44.9％的青海西宁，这三个省会城市在全省的经济占比均达到了四成以上，宁夏银川更是占据了半壁江山。经济首位度排在末尾的五个城市，分别是占比 10.27％的山东济南，13.85％的江苏南京，16.79％的内蒙古呼和浩特，16.89％的河北石家庄以及 22.24％的广西南宁。这五个省会城市 2019 年的经济首位度排名仍在末端(图 3-3-4)。

在空间上首位度高的省会城市往往位于中西部，东部地区没有任一城市的首位度超过了 30％。从表 3-3-1 经济首位度的十年数据对比，可以看出，除了沈阳和石家庄的占比下降，其他的省会城市都有一定程度的提升。有意思的是，首位度越高的城市，十年来提升的也最快，例如银川提升了 8.62 个百分点，长春提升了 7.73 个百分点，开始突破 50%的占比。

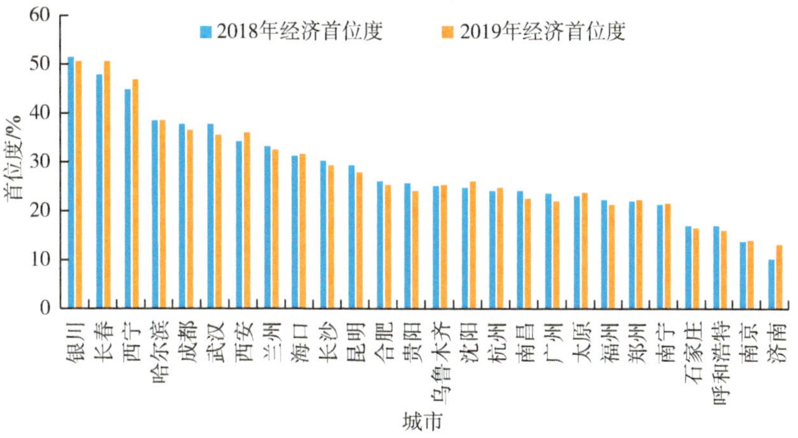

图 3-3-4　部分省会城市经济首位度排名及对比

表 3-3-1　2019 年部分省会城市首位度排名数据

序号	省（自治区）	省（自治区）GDP/亿元	省（自治区）GDP 增速/%	省会（首府）	省会（首府）GDP/亿元	省会（首府）GDP 增速/%	省会（首府）城市首位度/%
1	宁夏	3 748.48	6.5	银川	1 896.79	6.3	50.6
2	吉林	11 726.80	3.0	长春	5 904.10	3.0	50.3
3	青海	2 965.95	6.3	西宁	1 382.89	7.5	46.6
4	黑龙江	13 612.70	4.2	哈尔滨	5 249.40	4.4	38.6
5	四川	46 615.82	7.5	成都	17 012.65	7.8	36.5
6	西藏	1 697.82	8.1	拉萨	616.00	9.0	36.3
7	陕西	25 793.17	6.0	西安	9 321.19	7.0	36.1
8	湖北	45 828.31	7.5	武汉	16 223.21	7.4	35.4
9	甘肃	8 718.30	6.2	兰州	2 837.36	6.0	32.5
10	海南	5 308.94	5.8	海口	1 671.93	7.5	31.5
11	湖南	39 752.12	7.6	长沙	11 574.22	8.1	29.1
12	云南	23 223.75	8.1	昆明	6 475.88	6.5	27.9
13	辽宁	24 909.50	5.5	沈阳	6 470.30	4.2	26.0
14	新疆	13 597.11	6.2	乌鲁木齐	3 450.10	6.5	25.4
15	安徽	37 114.00	7.5	合肥	9 409.40	7.6	25.4
16	浙江	62 352.00	6.8	杭州	15 373.05	6.8	24.7
17	贵州	16 769.34	8.3	贵阳	4 039.40	7.6	24.1

（续表）

序号	省 （自治区）	省（自治区） GDP/亿元	省（自治区） GDP 增速/%	省会 （首府）	省会（首府） GDP/亿元	省会（首府） GDP 增速/%	省会（首府） 城市首位度/%
18	山西	17 026.68	6.2	太原	4 028.51	6.6	23.7
19	江西	24 757.50	8.0	南昌	5 596.18	8.0	22.6
20	福建	42 395.00	7.6	福州	9 392.30	8.6	22.2
21	广东	107 671.07	6.2	广州	23 628.60	6.8	21.9
22	河南	54 259.20	7.0	郑州	11 589.70	6.5	21.4
23	广西	21 237.14	6.0	南宁	4 506.56	5.0	21.2
24	河北	35 104.50	6.8	石家庄	5 809.90	6.7	16.6
25	内蒙古	17 212.50	5.2	呼和浩特	2 791.46	5.5	16.2
26	江苏	99 631.52	6.1	南京	14 050.00	7.8	14.1
27	山东	71 067.50	5.5	济南	9 443.40	7.0	13.3

相对于经济要素的聚集程度来讲，人口的分布要更加分散。从图 3-3-5 看出 2018 年经济首位度的均值为 28.58%，但人口首位度的均值仅有 17.73%。并且，人口首位度超过 30%的地区只有占比 39.31%的青海西宁以及占比 32.71%的宁夏银川；超过 20%的地区有黑龙江哈尔滨（28.78%）、吉林长春（27.78%）、陕西西安（25.89%）和海南海口（24.64%）；超过 15%的城市还有福州、成都、沈阳、武汉以及杭州。

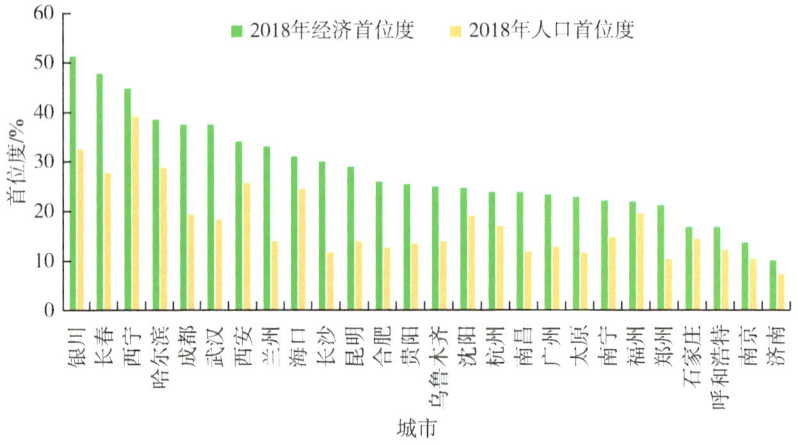

图 3-3-5　2018 年部分省会经济、人口首位度对比

从数据来看，东北部省会城市的人口吸引力并不算差，甚至人口占比高于大多数省会城市。但是在山东人口总量破亿的前提下，济南作为省会城市只有 746.04 万人口，占比 7.43%，成为省会城市中人口首位度最低的地区。同样，南京和郑州人口首位度勉强破 10%，分列倒数第二、第三位，它们所在省都算得上人口大省，江苏有 8 050.7 万人，河南有 9 605万人，但是省会城市的人口吸引能力明显存在不足。尤其是郑州，因为缺少吸引力导致大量本地人离省务工。

从地域分布来看，省会城市人口首位度高的地区主要集中于北部区域，唯一例外的是福州，经济首位度在全国倒数，但却聚集了全省接近 20%的人口。

4. 东部城市首位度与经济增长趋势

图 3-3-6 表明东部地区首位度与经济增长间存在着“升-降-升”的关系。当首位度达到一定程度时，首位度与经济发展呈现负向作用，但随着首位度的继续提升，辐射效益显现，对经济发展又变为正向促进作用。

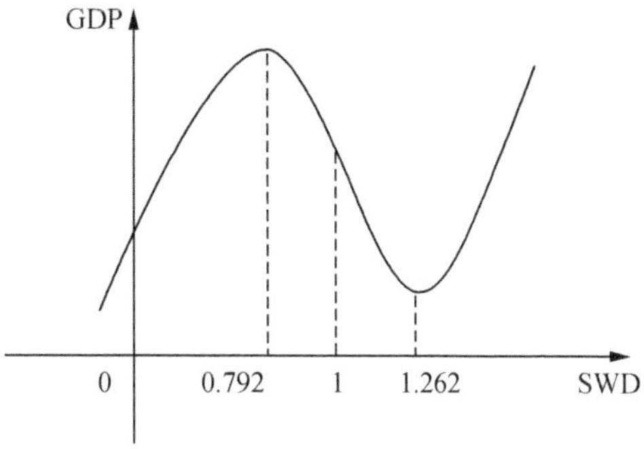

图 3-3-6 首位度与经济发展关系

5. 基于城市首位度的中国东部地区经济增长对策

1）改善首位城市规模结构，提高经济效益

改善首位城市规模结构，要打破单一增加城市人口的模式，转而吸引优势产业与高素质人才。如何通过调整城市规模结构以提高经济效益是东部地区发展亟待解决的问题。东部地区首位城市发展不均衡，因此东部地区应明确自身所处阶段，根据发展所处的特殊阶段制定相应的发展政策。

2）突破传统城市首位度局限，完善城市体系

传统的城市首位度是基于行政区域的划分，建立在城市规模基础上的。未来城市发展的主流应当是打破行政区划限制，强调经济领域范畴，加强城市间的人员往来、资源共享、信息交流，以现有的首位城市为基础进一步发展城市群、城市圈，形成省域内、省域间高效的城市布局。一是转变首位城市的职能定位。拓宽城市发展空间，打造多个区域共同发展的城市演进网，实现“城区—镇—城乡结合区—中心村”的城乡一体化。除此之外，提升区域基础设施尤其是公路、铁路、轻轨的合作配套能力，实施一批重大服务项目，充分发挥都市区增长极的辐射作用，以统筹协调与邻近区域的发展，打造综合立体的“首位城市—邻近子城市群”，实现科学合理的协调发展布局。二是加强首位和次位城市的协同性发展。联动性地发挥东部地区首位城市在经济、社会发展上的积极作用，提升首位城市的综合实力，助推次位城市的全面立体发展，重视首位和次位城市的交汇功能，实现不同层次城市间基础设施、产业分工合作、技术创新等方面的互补，推进二者之间商贸市场、金融市场、信息网络以及公共服务的一体化发展，以区域一体化的路径形成现代化的城市结构体系。

3）促进省域首位城市协作，打造跨区域互补型产业基地

一是长江三角洲首位城市群的发展经验。长江经济带战略提出后，以上海为中心的长三角城市群地位更加凸显。此外，随着互联网技术的发展，杭州与南京的发展也与上海形成了互补作用，长三角已成为区域发展的排头兵。长三角的发展经验表明：城市的发展需要推进共同市场建设，统一区域内贸易和投资政策，实现区域社会服务体系的共建、共享。二是跨区域的城市群建设，既是遵循区域经济发展规律，以重点突破带动整体提升的战略举措，也是顺应区域经济发展格局变化的内在要求，更是创新区域发展新格局的迫切需要。应构建功能完善的城市群发展轴心，最终实现首位城市、边界城市、特色城市协调发展。

第四节 城市发展模式理论

城市的分散发展和集中发展只是城市发展过程中的不同方面，任何城市的发展都是这两个方面作用的综合，或者说，是分散与集中相互对抗而形成的暂时平衡状态。因此，只有

综合地认识城市的分散和集中发展，并将它们视作同一过程的两个方面，才能合理恰当地制定城市规划策略。城市分散主义与城市集中主义相对，主要包括田园城市、带型城市、广亩城市、有机疏散等各种城市分散主义的理论。

一、分散发展理论

1. 田园城市理论

田园城市，是19世纪末英国社会活动家霍华德提出的关于城市规划的设想。霍华德认为，城市环境的恶化是由城市膨胀引起的，城市无限扩展和土地投机是引起城市问题的根源。霍华德在他的著作《明日，一条通向真正改革的和平道路》中提出，应该建设一种兼有城市和乡村优点的理想城市，他称之为"田园城市"。田园城市实质上是城和乡的结合体，是一个无贫民窟和烟尘的城市群，是以轻工业和农业为基础，具有经济的依赖性。

霍华德把每个城市当作一块磁铁，每个人当作一枚磁针，与此同时，只有找到能构成引力大于现有城市的磁铁，才能有效、自然、健康地重新分布人口。这就是著名的"三磁铁"理论（图3-4-1）。城市和乡村磁铁，都各有优点和相应的缺点。城市磁铁与乡村磁铁相比，其优点是工资高、就业机会多、前途诱人，但是这些都会被高租金、高物价大大抵消。城市还有富有魅力的社交机会和游乐场所，但是上班距离过远和相互隔阂将大大降低这些优点的价值。在城市，夜里灯光如昼让人向往，但同时空气被严重污染，"壮丽的大厦和凄惨的贫民窟是现代城市相辅相成的怪现象"。乡村磁铁有"美丽的景色、高雅的园林、馥郁的林木、清新的空气和潺潺的流水"，但是低租金是低工资的自然产物，"乡村有益身心的自然特色因排水等卫生条件不佳而大为逊色"。"事实并不像通常所说的那样只有城市生活和乡村生活两种选择，而有第三种选择"，"可以把一切最生动活泼的城市生活的优点和美丽、愉快的乡村环境和谐综合在一起"，这就是"城市—乡村"，即"田园城市"，霍华德综合了两者的优点，同时避免了二者的缺点。

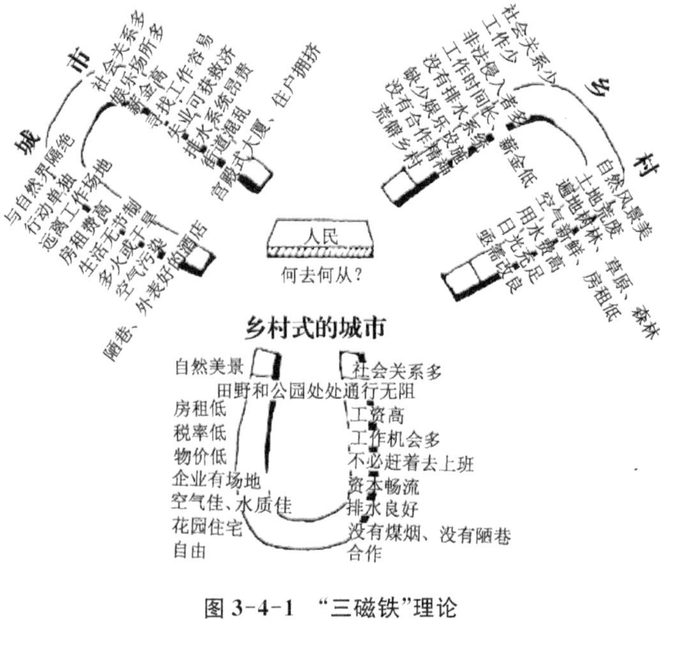

图3-4-1 "三磁铁"理论

田园城市是为健康的生活和工业而设计的城镇；其规模要有可能满足各种社会生活，但不能太大；被乡村所包围；全部土地归公众所有或者托人为社区代管。从广义上讲，霍华德的田园城市理论并不单纯是一种形式上的或是图面上的城市规划，实质上是一种对社会的改革，即对构成社会并对社会发展起着关键作用的城市风貌、城市有机体的总体规划，不仅包括了城市的总体布局与周围城市的关系，同时很大一部分是针对影响城市发展的各有机体的规划及安排，从而解决不断畸形发展的大城市带来的种种问题，阻止大城市无节制地发展。

霍华德的田园城市模型（即落实在图纸上的城市模型）（图 3-4-2）为：田园城市建在 6 000英亩（2 428 hm²）的土地上，其中心城市面积 1 000 英亩（405 hm²），农业用地 5 000 英亩（2 023 hm²）。城市的形状可以是圆形的，从中心到边缘为 1 240 千码（1 134 m）。整个田园城市分为 6 个相等的分区，由 6 条美丽壮观的林荫大道来划分。每条林荫大道的宽度是 120 英尺（37 m），从中心通向四周，把城市划成 6 个相等的分区，中心是一块 5.50 英亩（2.2 hm²）的圆形空间，布置成一个灌溉良好的美丽花园；花园的四周环绕着用地宽敞的大型公共建筑，

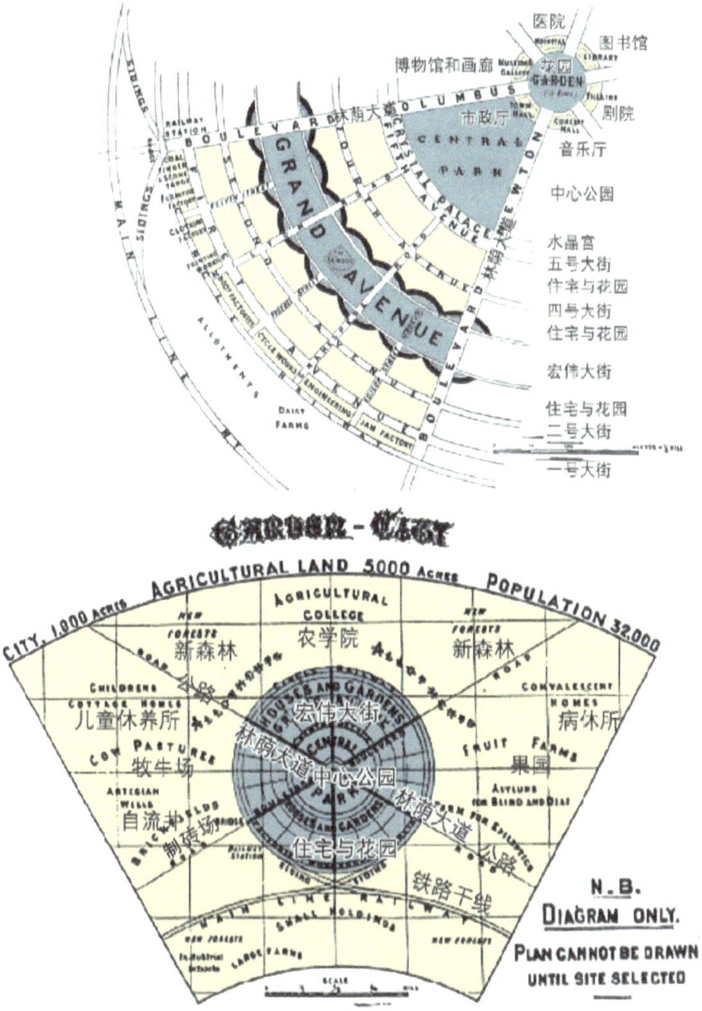

图 3-4-2 霍华德的田园城市模型

如市政厅、音乐演讲大厅、剧院、图书馆、展览馆、画廊和医院。其余的空间是由一个被称之为水晶宫的大型玻璃连廊包围起来的中央公园，面积为 145 英亩（59 hm²）。水晶走廊内的中央公园的游憩用地十分宽阔，可供全体居民方便使用。从水晶宫向外是五号大街，五号大街外的建筑轴线均以同心圆的方式面向着中央花园。从五号大街向外是四号大街，而后是宏伟大街，这条大街宽 420 英尺（128 m），长度约为 3 英里（5 km），相当于形成了一个 115 英亩（47 hm²）的巨大的带状公园。带状公园既分割了所谓的内外城，其可达性和视觉上的通透又使内外的居民方便来往，从而联系了内外城。宏伟大街有 6 所学校以及一些教堂，面临大街的房屋是按照“新月形”布置的，既增加了街道的长度又扩大了视野。城市的外围有工厂、仓库、牛奶房、市场、煤厂、木材厂等，都靠近环形铁路，大大节省了运送货物的时间和费用，减少了交通流量和道路的维护费用。田园城市的收入来源是用地的租金，及其土地上进行建设和聚集的增值。田园城市与其他大城市在收入方面最显著的区别就是其收入全部来自地租。

英国的莱奇沃斯（图 3-4-3）是世界上第一座田园城市，距今已有百年历史。住在乡下的花园里却能享受城市生活的便利，这历来是都市人的梦想，莱奇沃斯似乎轻而易举地找到了平衡点。昔日的繁盛古镇，被规划者精心调制成世界上的首座花园城，几乎综合了城乡生活的精华。田园城市最美妙的地方是身处城市也能尽情感受自然的美好。

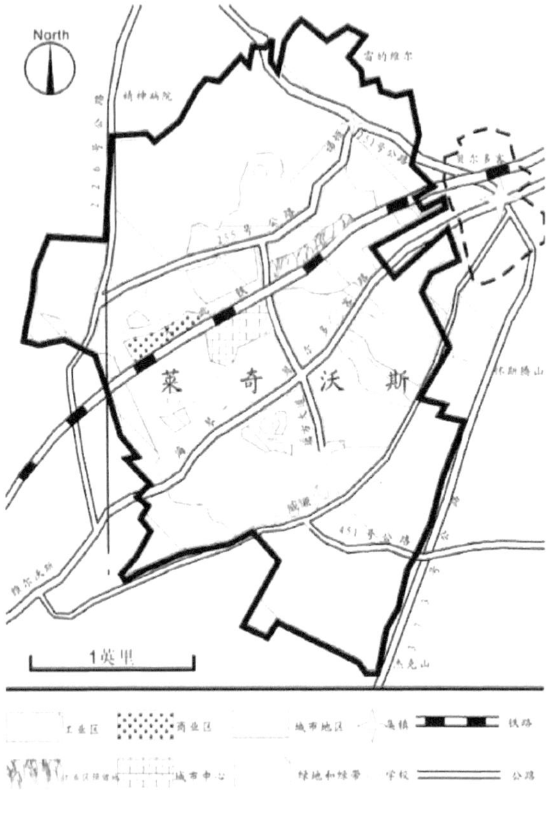

图 3-4-3　莱奇沃斯总体规划示意

2. 有机疏散理论

有机疏散理论是 1917 年芬兰著名规划师沙里宁提出的，他认为没有理由把重工业布置在城市中心，轻工业也应该疏散出去。当然，许多事业和城市行政管理部门必须设置在城市的中心位置。城市中心地区由于工业外迁而空出的大面积用地，应该用来增加绿地，而且也可以供必须在城市中心地区工作的技术人员、行政管理人员、商业人员居住，让他们就近享受家庭生活。

沙里宁认为，城市与自然界的所有生物一样，都是有机的集合体，因此城市建设所遵循的基本原则也与此相一致。由此，他认为“有机秩序的原则，是大自然的基本规律，所以这条原则，也应当作为人类建筑的基本原则”。在这样的指导思想下，他全面地考察了中世纪欧洲城市和工业革命后的城市建设状况，分析了有机城市的形成条件和在中世纪的表现及其形态，揭示了现代城市出现衰败的原因，从而提出了治理现代城市的衰败、促进其发展的对策就是要进行全面改建。

“有机疏散”的内涵是把城市看作一个有机体，面对城市出现的各种问题，从重组城市功能入手，经过精英规划师规划，事先制定区域规划和时间表，将一个大都市“分”为多数的“小市镇”或“区”，逐一切除内城中的衰败地区（包括居民），城市人口和工作岗位分散到可供合理开发的离开中心的地域上去，以解构城市中心。强调“疏散”是将现有的密集区域分散到“集中单元”中，组成“相关活动的功能集中区”，每一个新区域要严格控制大小，生活设施和居民的活动相对集中，内部有独立生产功能。他认为“对日常活动进行功能性的集中”和“对这些集中点进行有机的分散”这两种组织方式，是使原先密集的城市得以进行必要、合理的疏散所必须采用的两种最主要的方法。

沙里宁主张，个人的日常生活应以步行为主，要充分发挥现代公共交通的作用，完善城市的机能组织，减少人的通勤时间，缓解城市交通拥挤。城市“在居住与工作之间安排恰当的相互关系”，形成“功能性的社区”。“住在这个社区内的大部分居民，可以不必为了生活而每天奔波到城市的拥挤中心或其他地方去”“在功能性社区中，应当把步行作为个人交通的基本方式”。在功能社区的模式逐步确立之后，大量的商业、管理人员也会自动地随之疏散，逐步降低大城市的原有密度。城市居民的“日常的活动”基本上就在社区，到其他社区去只是“偶然的联系”，这样城市就有了“功能性的秩序”。

1915年，沙里宁与贝特尔·荣格制定了一个17万人口的“大赫尔辛基”方案（图3-4-4）。赫尔辛基的卫星城与市中心区之间交通拥挤严重，生活与就业不平衡，引发了一系列社会问题。沙里宁按照有机疏散的原则，提出城市要逐步离散，建立一些半独立的城镇，中心区城市功能逐渐疏散，减轻交通负担，降低市民的生活成本。大赫尔辛基规划是沙里宁“有机疏散理论”的重要实践，遗憾的是诸多原因导致大赫尔辛基规划方案未能完全得到实施，无法看出有机疏散理论实践效果如何。二战后，欧美各国许多大城市纷纷以沙里宁的“有机疏散”理论为指导，建设新城，改建旧城，调整城市发展战略，形成健康、有序的发展模式，此规划对大城市向城郊疏散扩展有重要影响。

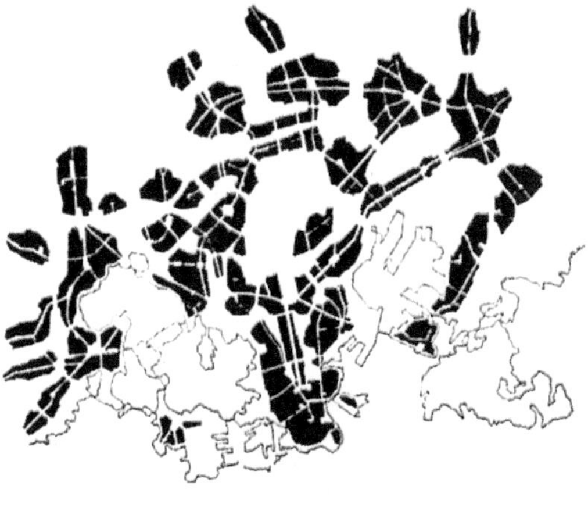

图 3-4-4　大赫尔辛基规划方案

二、集中发展理论

集中发展是城市普遍采用的模式。城市集中发展理论的基础在于经济活动的聚集，这是城市经济的最根本特征之一。聚集是城市的一个核心特征，城市的本质便是其空间聚集性。聚集经济一直被视为城市形成、存在和发展的重要动力与依托。城市化过程是要素聚集和时空秩序的整合过程，是各种资源的空间配置和再配置过程，唯有如此才能形成城市的聚集经济。

卡利诺(Carlino)经过研究，提出当城市人口少于 330 万人时，聚集经济超过不聚集经济，当超过 330 万人时，则不聚集经济超过聚集经济。这项研究是在一般情况下针对制造业进行的。很显然，服务业更需要有城市人口支持，对于世界城市而言，集中了超过千万的人口，有效地支持了城市服务业的发展。

大都市(大城市地区)是由主要大城市和郊区及附近的城市群组合而成的城市区域。其中，主要城市发挥着主导经济、社会影响的作用。1957 年著名经济地理学家 Jean Gottmann 在《经济地理》杂志上发表了著名的论文 *Megalopolis, or the Urbanization of the Northeastern Seaboard*，提出了大都市带概念。大都市带是发达国家城市化进程中出现的一种新的城市地域空间组织形式，是城市化进入高级阶段的标志。大都市带首先出现在美国东部大西洋沿岸和五大湖南部各州以及欧洲发达国家。从 20 世纪 70 年代开始，在许多发展中国家的经济发达、工业化和城市化程度高的地区也出现了向大都市带发展的趋势。大都市带已成为全世界城市化的一个趋势。

第五节　城市整体空间组织理论

一、从城市功能组织出发的空间组织理论

工业、居住、商业等城市组成要素，在城市中的最佳位置可以通过区位论进行选址。但城市是一个有机整合的系统，单一要素的满足无法形成城市生活。城市按照分区进行组织的做法自古就有，但这些分区的原则基本上是按照阶级(阶层)、种姓或者为了统治的需要而设定的。现代意义上按照城市活动类型进行分区的原则，首先是由法国建筑师戈涅(Gamier)在"工业城市"规划方案中提出(图 3-5-1)。

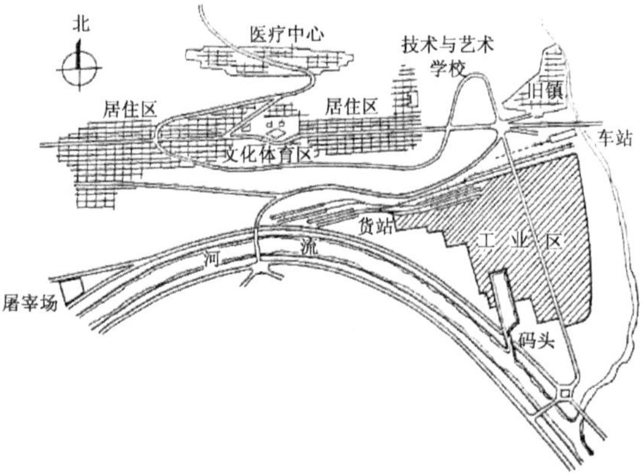

图 3-5-1　"工业城市"规划方案

1. 工业城市

20 世纪初，针对以重工业为基础的城市，法国建筑师戈涅提出了工业城市的设想，探讨现代城市在社会和技术进步的背景中的功能组织。他将这个工业城市假定位于山岭起伏的河岸斜坡上，便于利用水力资源，总人口规模定为 35000 人。工业城市基本思路：城市选址考虑原材料、动力资源、交通运输；注重各类设施本身的要求和与外界的相互关系，将各类用地按照功

能互相分割以便于各自的扩建。它的主要内容是，在城市中，布置一系列的工业部门，它们被安排在河口附近，下游有一条更大的主干河道，便于进行水上运输。选择用地尽量合乎工业部门的要求，这也是布置其他用地的先决条件。城市中的其他地区布置在一块日照条件良好的高地上，沿着一条通往工业区的道路展开，沿这条道路在工业区和居住区之间设立了一个铁路总站。在市中心布置了大量的公共建筑，两侧布置居住区，居住区划分为几个片区，每个片区内各设一个小学。居住区内基本上是两层楼的独立式建筑，四面围绕着绿地。建筑地段不是封闭的，不设围墙，它们互相组成一个统一的群体。由于重工业城市的独立性，在城市发展中具有较强的扩张性，因此在城市内部的布局中，强调按功能划分为工业、居住、城市中心等，各项功能之间是相互分离的，以便于满足今后各自扩展需要。这一思想直接孕育了《雅典宪章》所提出的功能分区的原则，该原则对于解决当时城市中工业居住混杂而带来的种种弊病具有重要的积极意义。

2.《雅典宪章》

《雅典宪章》是1933年在雅典召开的城市会议的重要成果，主要起草人是现代建筑的重要人物柯布西耶。该文件是柯布西耶经过多年的理论发展与实践总结的结晶。

1922年，柯布西耶发表“明天城市”规划方案，方案从功能和理性角度构建现代城市，提高城市中心密度，改善交通，提供充足的绿地、空间、阳光。该规划方案整体呈现严格几何构图，规则矩形、对角线、直线运用较多。方案规划了一个300万人的城市，城市中央是中心区，有商业、公共设施、文化服务设施、居住区，其中居住区为摩天大楼，40万人居住在24栋大楼中，具有高绿化率和低建筑密度(5%)。城市中心外围是环形居住带，60万人居住在多层的板式住宅。最外围是200万人居住的花园住宅。在中心城区交通方面，规划地上、地下、地面三层交通：地下走重型车辆；地面用于市内交通；高架道路用于快速交通。市区规划一个地下铁路站，市区与郊区由地铁和郊区铁路来联系。1930年，柯布西耶发表了光辉城市规划方案，认为集中是城市的生命力，城市问题通过建高层建筑从而提高居住密度的方式解决。柯布西耶认为，城市是垂直的花园城市，而不是水平方向、每户拥有花园的田园城市。城市交通是高效率的系统，由地铁、人车完全分离的高架道路组成，地面由行人支配。

1933年的雅典会议之前，城市问题日趋严重：城市结构受到致命破坏、城市人口爆发性增长、城市设施严重短缺、工人保障严重不足、社会矛盾加剧、城市环境恶化等。主要因为19世纪之前，人类经过了长期的农业文明时代，城市发展相对平衡，工业革命的到来解放了生产力，也加快了城市化的进程，这让本来平衡的城市出现了上述问题。因此，雅典会议确定了《雅典宪章》，成为城市规划的纲领性文件——“城市规划大纲”。《雅典宪章》分为8个部分：①定义和引言；②城市的四大活动；③居住是城市的第一大活动；④工作；⑤游息；⑥交通；⑦有历史价值的建筑和地位；⑧总结。

《雅典宪章》最为突出的内容就是提出了城市的功能分区。它认为，城市活动可以划分为居住、工作、游憩和交通四大活动，这是城市规划研究的“最基本分类”。功能分区在当时有着重要的现实意义，它主要针对当时大多数城市无计划、无秩序发展过程中出现的问题，尤其是工业区和居住区混杂导致的严重的卫生问题、交通问题和居住环境问题等，而功能分区的方法确实起到了缓解和改善这些弊病的作用，但同时也有很大的局限性和不足。

二、以城市生活出发的空间组织理论

1.《马丘比丘宪章》

1977 年 12 月，一些城市规划设计师聚集于利马，以《雅典宪章》为出发点提出若干要求和宣言，以拉美（印加）文化的摇篮为背景，针对出现的许多新情况而对宪章内容进行修订、完善、提高。

《马丘比丘宪章》认识到城市及其周围区域之间存在着基本的统一性，规划必须在不断发展的城市化过程中反映出这种动态的统一性，并且要明确邻里与邻里之间、地区与地区之间以及其他城市结构单元之间的功能关系。

城市规划要考虑到城市居民人与人之间的关系，规划、建筑和设计必须努力去创造一个综合的、多功能的环境。公共交通是城市发展规划和城市增长的基本要素，城市必须规划并维护好公共运输系统，在城市建设要求与能源衰竭之间取得平衡。保护、恢复和重新使用现有历史遗址和古建筑必须同城市建设过程结合起来，以保证这些文物具有经济意义并继续具有生命力。

建筑—城市—园林绿地的再统一是城乡统一的结果。建筑师要认识到城市建筑设计不再是单纯垂直的、水平的、不透明的、透明的或反光的建筑。新的城市化追求的是建成环境的连续性，意即每一座建筑物不再是孤立的，而是一个连续统一体中的一个单元而已，它需要同其他单元进行对话，从而完善其自身的形象。

2. 邻里单位理论

①规模：一个居住单位的开发应当提供满足一所小学的服务人口所需要的住房，它的实际面积则由人口密度决定；②边界：邻里单位应当以城市的主要交通干道为边界，这些道路应当足够地宽以满足交通通讯的需要，避免汽车从居住单位内部穿越；③开放空间：应当提供小公园和娱乐空间系统，它们用来满足特定邻里的需要；④机构用地：学校和其他机构的服务范围，应对应于邻里单位的界限，它们应该围绕这一中心或者公地进行成组布置；⑤地方商业：应布置在邻里单位的周边，最好是处于道路的交叉处，或者与相邻邻里的商业设施共同组成商业区；⑥内部道路系统：每条道路都要与它可能承载的交通量相适应，整个街道网要设计得便于单位内的运行，同时又能阻止过境交通的使用。

3. 城市意象理论

凯文·林奇在 1960 年出版了他对现代规划最有影响的著作《城市意象》，提出了一种全新的分析城市形态的创造性方法。城市意象理论认为，人们对城市的认识并形成的意象，是通过对城市环境形体的观察来实现的。城市形体的各种标志是供人们识别城市的符号，人们通过对这些符号的观察而形成感觉，从而逐步认识城市本质。城市环境的符号、结构越清楚，人们也越能识别城市，从而带来心理的安定。

城市意象理论根据易为观察者了解城市的原则，界定了城市形态的概念。该理论认为，空间设计就是安排和组织城市各要素，使之形成能引起观察者更大视觉兴奋的总体形态。城市形态主要表现在以下五个城市形体环境要素之间的相互关系上：道路、边界、区域、节点、标志物。

道路：道路是一种渠道。观察者习惯地、偶尔地或潜在地沿着它移动（街道、步行道、公交线、运河和铁路等）。

边界：边界是不被观察者用作或视为路径的另一种线性要素（两个面的界限，河岸，沟渠，开发区的边界墙体）。

区域：即地区，是城市中中等或较大的部分，以二维范围来表达，在观察者的精神中有进入其“内部”的感觉。

节点：节点是观察者能够进入城市中的战略点、进进出出的集中焦点（交叉口、交通转换处、十字路口或路径汇聚点）。

标志物：即地标，是另一类的参照点，观察者不能进入它们内部，为外在形体（建筑物、招牌、商店或山丘）。

4. 雅各布斯的理论

关于城市整体空间的组织，美国学者雅各布斯以纽约、芝加哥等美国大城市为例，通过社会使用方法深入考察了都市结构的基本元素，以及它们在城市生活中发挥功能的方式，于1961年出版了《美国大城市的死与生》。该书成为城市研究和城市规划领域的经典名作，对当时美国有关都市复兴和城市未来的争论产生了持久而深刻的影响。

雅各布斯认为，街道和广场是真正的城市骨架形成的最基本要素，它们决定了城市的基本面貌。街道要有生命力，需具备三个条件：①街道必须是安全的，而一条街道要确保安全，就必须在公共空间和私人空间之间有明确的界限，也就是在属于特定的住房、特定的家庭、特定的商店或其他领域和属于所有人的公共领域之间有明确的界限；②必须保持不断的观察，她称之为“街道天然的所有者”的“眼睛”必须在所有时间里都能注视到街道；③街道本身特别是人行道上必须不停地有使用者。

三、广义建筑学综合的空间组织理论

《北京宪章》是国际建筑师协会第20届世界建筑师大会1999年6月在北京通过的文件。20世纪既是人类从未经历过的伟大而进步的时代，又是史无前例的患难与迷惘的时代。世界已经发生了翻天覆地的变化，但是有一点是相同的，即建筑学和建筑职业仍处在发展的十字路口。

工业革命后，人类在利用和改造自然的过程中，取得了骄人的成就，同时也付出了高昂的代价。如今，生命支持资源——空气、水和土地日益退化，环境祸患正在威胁人类。城市化也带来了诸多难题和困扰，技术的建设力量和破坏力量在同时增加，技术和生产方式的全球化带来了人与传统地域空间的分离，地域文化的多样性和特色逐渐衰微、消失，城市和建筑物的标准化和商品化致使建筑特色逐渐隐退。

历史上，建筑学所包括的内容、建筑业的任务以及建筑师的职责总是随时代而拓展、不断变化。传统的建筑学已不足以解决当前的矛盾，21世纪建筑学的发展不能局限在狭小的范围内，而应该强调综合，从传统建筑学走向广义建筑学。走向建筑学、地景学、城市规划学的融合，这种三位一体使设计者有可能在更广阔的范围内寻求问题的答案。把建筑生命周期（life-cycle）作为设计要素之一，将规划建设、新建筑的设计、历史环境的保护、一般建筑的维修与改建、古旧建筑合理地重新使用（adapted reuse）、城市和地区的整治（rehabilitation）、更新（renewal）与重建（reconstruction）以及地下空间的利用和地下基础设施的持续发展等，纳入一个动态的、生生不息的循环体系之中。在技术应用上，结合人文的、生态的、经济的、地区等的观点，进行不同程度的革新，建构多层次的技术，推动新的建筑艺术的创造。

《北京宪章》倡导运用广义的、综合的、整体的思维去解决问题，创造性地提出了“广义建筑学”的观点和“和而不同”“殊途同归”的方法，是人类城市规划史上的里程碑。

四、从土地使用形态出发的空间组织理论

1. 同心圆理论

同心圆理论（图 3-5-2）由伯吉斯于 1923 年提出，认为城市可以划分成 5 个同心圆的区域，由内向外分为中心商务区、过渡区、工人居住区、良好住宅区以及通行者区。成都市的功能分区（图 3-5-3）与伯吉斯的同心圆理论较为相似。

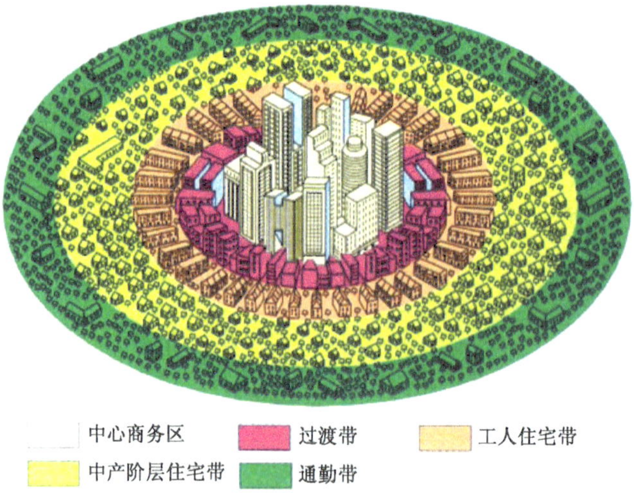

图 3-5-2　同心圆理论

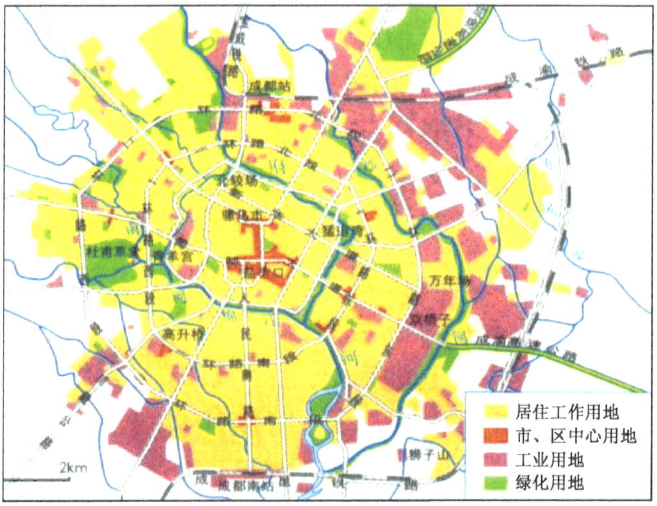

图 3-5-3　成都市功能区分区

首先，居中的圆形区域为中心商务区，它是整个城市的中心，也是城市商业、社会活动、市民生活和公共交通的集中点。一般在其核心部分集中办公大楼、财政机构、百货公司、专

业商店、旅馆、俱乐部等功能。中心商务区的主要职能是作为各类经济、社会、市政和政治生活团体的总部。

第二环是过渡区，它在中心商务区的外围，是已衰败的居住区。原居住者是城市中较富裕或有权威的家庭，但由于工商业设施的侵入，降低了这类家庭在此居住的愿望而向外搬迁，这里就逐渐成为贫民窟或一些较低档的商业服务设施基地。这里最终将变成城市中贫困、堕落、犯罪等状况最严重的地区。

第三环是工人居住区。这里主要是蓝领的产业工人和白领的低收入工人居住的地区。主要住宅形式是集合式楼房、单户住宅或较便宜的公寓。住户主要是从过渡区中迁移而来，以使他们能够较容易地接近不断外迁的就业地点。

第四环是良好住宅区。这里主要居住的是中产阶级，他们通常是小商业主、专业人员、管理人员和政府工作人员等，有独门独院的住宅、高级公寓和旅馆等，以公寓住宅为主。

第五环是通勤者区。这是富裕的、高质量的居住区域，中、上层社会的郊外住宅坐落在这里，还有一些小型的卫星城，居住在这里的人大多在中心商务区工作，上下班往返于两地之间。20 世纪 60 年代以后，在这一区内居住的中产阶级大量上升。

同心圆理论特别关键的一点是，这五个环形区域并不是固定的、静止的。在正常的城市增长条件下，每一个环通过向外面一个环的侵入而扩展自己的范围，从而揭示了城市扩张的内在机制和过程。但是，伯吉斯的同心圆理论假设城市所在区域是均质的，忽略了城市交通、河、湖等自然障碍物、土地利用的社会文化和区位偏好等方面的影响，与实际有一定的偏差。

2. 扇形理论

扇形理论(图 3-5-4)是霍伊特在 1939 年提出的，他认为城市就整体而言是圆形的，城市的核心只有一个，交通线路由市中心向外作放射状分布。随着城市人口的增加，城市将沿交通线路向外扩大，相同使用方式的土地从市中心附近开始逐渐向周围移动，由轴状延伸而形成整体的扇形。也就是说，对于任何的土地使用均是从市中心区既有的同类土地使用的基础上，由内向外扩展并继续留在同一扇形范围内。中国的沈阳市功能区分布与之类似(图 3-5-5)。

霍伊特认为，城市中心是中心商务区，低级住宅区与批发、轻工业区混合。但是，城市的各功能区并不是因距中心的距离分异，而是按区分布的。

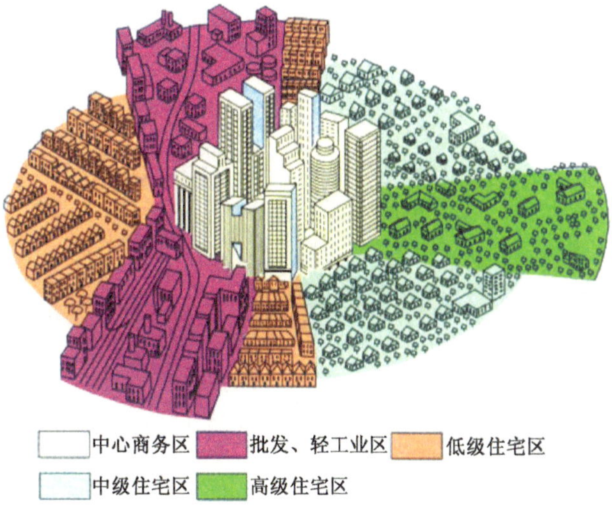

图 3-5-4　扇形理论

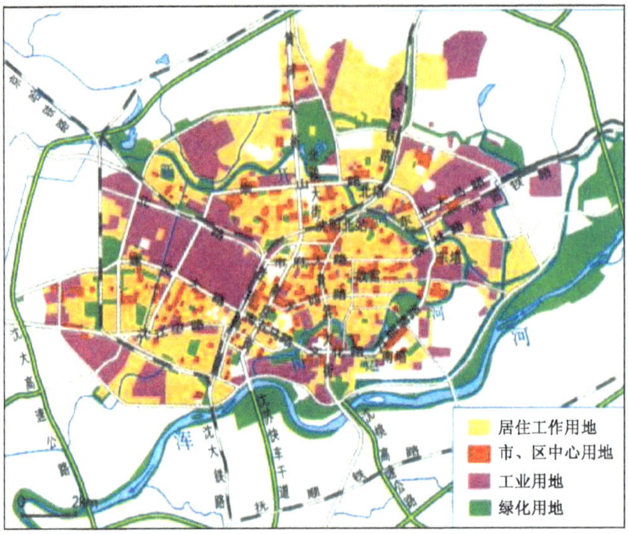

图 3-5-5　沈阳市功能区分布

3. 多核心理论

多核心理论(图 3-5-6)是由哈里斯和乌尔曼于 1945 年提出的。他们通过对美国大部分大城市的研究,提出了影响城市中活动分布的四项基本原则。第一,有些活动要求设施位于城市中为数不多的地区,例如中心商务区要求非常高的可达性;第二,有些活动受益于位置的互相接近,例如工厂与工人住宅区;第三,有些活动对其他活动容易产生对抗或消极影响,这些活动应当避免同时存在,例如水泥厂与纺纱厂;第四,有些活动因负担不起理想场所的费用,而不得不布置在不很合适的地方,例如仓库被布置在冷清的城市边缘地区。

在这四项基本原则的相互作用下,再加上历史遗留习惯的影响和局部地区的特征,通过相互协调的功能在特定地点的彼此强化,不相协调的功能在空间上的彼此分离,由此而形成了地域的分化,使一定的地区范围内保持了相对的特性,具有明确的性质。

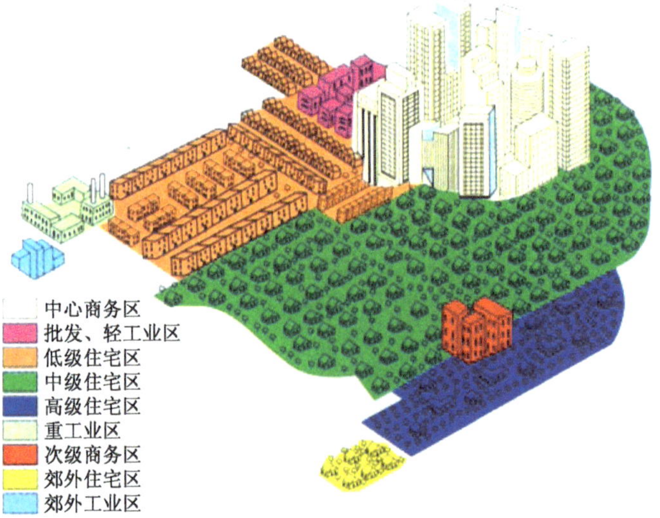

图 3-5-6　多核心理论

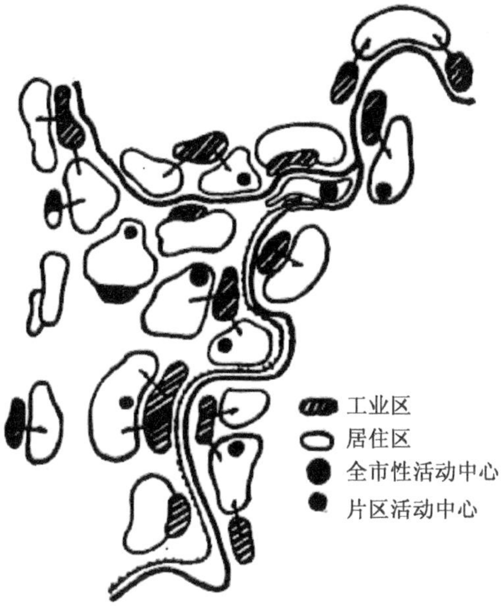

图 3-5-7　重庆市功能区分布

于是，地区形成各自的核心，从而构成了整个城市的多中心。因此，城市并非是由单一中心而是由多个中心构成。在多核心模式中，中心商务区仍然是城市的活动中心，但它不一定处于城市的几何中心。同时，城市地价的变化也并非从中心向外围呈递减趋势，而是呈现出多峰值分布状态。可见，多核心模式比较接近现代城市的特征，我国重庆的城市格局较为符合多核心的理论。

以上三种理论构成了对城市土地使用进行描述的主要理论和经典理论。它们解释了各自的城市空间使用方面的现象，但这三种理论本身并不是统一的，而是各自适用于不同的城市或不同发展阶段的城市。正如巴尔多(Bardo)和哈特曼(Hartman)所做出的评述："最合理的说法是没有哪种单一模式能很好地适用于所有城市，但以上三种理论能够或多或少地在不同程度上适用于不同地区。"

4. 折衷式的理论模式

折衷式模式包括：同心圆——扇形模式、三元结构模式(图 3-5-8)。

同心圆——扇形的土地利用综合模式中，城市外围的通勤人士住宅区变为独立的通勤区，并用 A、B、C、D 扇形面表示不同收入阶层所居住的区域，再与同心圆环带结合，说明房屋的类型质量和年期。

三元结构模式是埃里克森(Ericksen)于 1954 年提出的，它实际上是同心圆、扇形和多核心理论综合的产物，更接近于工业化城市的发展情况。

三元结构模式把城市土地利用类型分为商业、工业和住宅三大类，其地域形态是城市中心商业区呈放射状向外伸展，在商业区的外侧是大工业用地(Bulk Industry)，而住宅用地呈同心环式充填于放射状商业区之间。

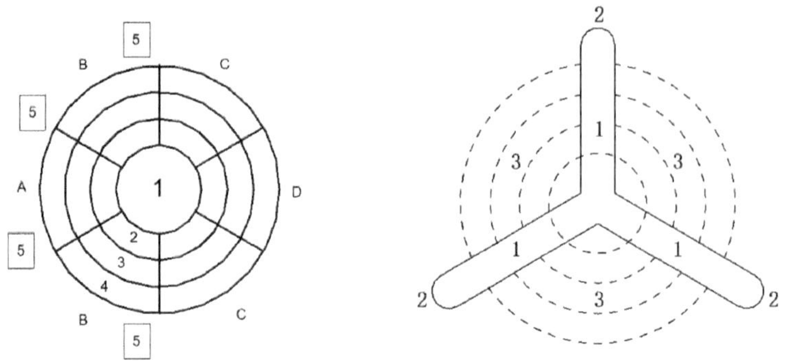

图 3-5-8　折衷式模型

5. 塔弗的理想城市模式

1963 年塔弗(Taffe)等人,从城市社会学角度提出了城市地域理想结构模式。塔弗的城市地域理想结构模式,主要由下述五个部分组成。

——中央商务区:由集中的摩天大楼、银行、保险公司的总办事机构、股票交易市场、百货商店和大量的文化娱乐场组成。

——中心边缘区:由中央商务区向四周延伸,往往由若干扇面的商业地段区和低级单元住宅区组成,且高密度住宅区距中央商务区较近,低密度住宅区分布在其间。

——中间带:具有混合型社会经济的特征,由高级单元住宅区、中级单元住宅区和低级单元住宅区组成,并且高密度住宅区距离城市中心较近,低密度住宅区距离城市中心较远。

——外缘带:为城市新区,轻工业特别是耗电量大和需要大量空间的食品、服装、纺织、日用化工业在该地带逐渐发展;中等收入者多在此拥有独户住宅,形成连片的住宅区。同时,由于环城道路和区域性干道枢纽大多位于这一地带,使之既与市中心保持密切的联系,又具有广阔的用地空间,所以各种中级旅馆、大面积停车场、大型购物中心均分布于此区。

——近郊区:由于城市对外高速公路向外围的辐射这一便利的交通条件,逐步形成近郊住宅区、近郊工业区和近郊农牧区等。

6. 洛斯乌姆的区域城市模式

1975 年,L. H. 洛斯乌姆在《城市边缘区和城市影响区》一文中描述了现代社会的区域结构:城市核心区+城市边缘区+城市影响区+乡村腹地。

——城市核心区(core built-up area)

该地区大致包含了相当于城市建成区(urban built-up area)和城市新区地带(urban new tract)的范围。

城市新区地带指与城市建成区相连,由一系列居住新区、工厂、批发商店、港口码头、城市公园和娱乐场组成的模状连片地区。这一地区的总特征是它们之中已经没有农业用地。

——城市边缘区(urban fringe)

该地区位于城市核心区外围,其土地利用已处于农村转变为城市的高级阶段,是城市发展指向性因素集中渗透的地带,也是郊区城市化和乡村城市化地区。由于这一地区是一种特定的社会空间结构实体,因此它已发展成为介于城市和乡村间的连续统一体。

——城市影响区(urban shadow)

该地区位于城市边缘区外部,是指城市对其周围地区的投资区位选择、市场分配、产品流通、技术转让、产业扩散等多种经济因素共同作用所波及的最大地域范围。

这种区域,受物资、商品、劳力、金融和信息的向心吸引,从而构成区域整体,表现为距离城市中心愈近影响力愈大,距离愈远影响力愈小,并逐渐过渡到另一个城市影响区的空间结构特征。

——乡村腹地(rural hinterland)

该地区位于城市影响区的外围,由一系列乡村组成,它们受周围多个城市中心的作用,与城市没有明显的内在联系。

课后习题

1. 下列关于城镇体系概念的表述，不准确的是 （ ）
A. 城镇体系只能是区域的城镇体系，而不是把一座城市当做一个区域系统来研究
B. 城镇体系是由一定数量的城镇所组成的，这些城镇是通过客观的和非人为的作用而形成的区域分工产物
C. 城镇体系最本质的特点是城镇之间是相互联系的，构成了一个有机整体
D. 城镇体系的核心是中心城市

2. 下列关于近代空想社会主义理想和实践的表述，错误的是 （ ）
A. 莫尔(T. More)的“乌托邦”(Utopia)概念除了提出理想社会组织结构改革的设想之外，也描述了他理想中的建筑、社区和城市
B. 欧文提出了“协和村”(Village of New Harmony)的方案，并进行了实施
C. 傅立叶提出了以“法朗吉”(Phalanges)为单位建设5000人左右规模的社区
D. 戈丁(J. P. Godin)在法国古斯(Guise)的工厂相邻处按照傅立叶的“法朗吉”设想进行了实践

3. 下列关于现代城市规划形成基础的表述，错误的是 （ ）
A. 空想社会主义是现代城市规划形成的思想基础
B. 现代城市规划是在解决工业城市问题的基础上形成的
C. 公司城是现代城市规划形成的行政实践
D. 英国关于城市卫生和工人住房的立法是现代城市规划形成的法律实践

4. “城镇体系”一词的首次提出是出自 （ ）
A. 1915年格迪斯《进化中的城市》
B. 1933年克里斯塔勒《德国南部中心地》
C. 1960年邓肯《大都市与区域》
D. 1970年贝里和霍顿《城镇体系的地理学透视》

5. 下列不属于我国城镇体系规划主要基础理论的是 （ ）
A. 核心—边缘理论
B. 点—轴开发模式
C. 雁形理论
D. 圈层结构理论

6. 下列关于当代城市发展的表述，正确的是 （ ）
A. 交通枢纽城市保持着持续发展
B. 随着电子商务的快速发展，城市分散化发展趋势加剧
C. 制造业城市出现衰退，服务业城市快速发展
D. 科技创新集中在大都市地区

7. 下列关于《雅典宪章》规划思想的表述，正确的是 （　　）
   A. 反映了城市美化运动对现代城市规划发展的基本认识和思想观点
   B. 其思想方法是基于地理环境决定论基础之上的
   C. 城市活动可以划分为居住、工作、生态和交通四大类
   D. 必须制定必要的法律以保证城市规划的实现
8. 城镇体系的层次性特征主要是指 （　　）
   A. 城镇之间的信息联系是有层次的
   B. 中心城市的辐射范围是有层次的
   C. 区域基础设施的等级和规模是有层次的
   D. 城镇的职能分工是有层次的

第四章

国土空间规划体系的管理和建立

第一节　国土空间规划主管部门及其业务范围的变化

一、中共中央空间规划体系思想的孕育发展

1. 十八大报告的初步提出

十八大报告提出要加快建立生态文明制度，健全国土空间开发、资源节约、生态环境保护的体制机制，推动形成人与自然和谐发展的现代化建设新格局。

要加快完善城乡发展一体化体制机制，着力在城乡规划、基础设施、公共服务等方面推进一体化，促进城乡要素平等交换和公共资源均衡配置，形成以工促农、以城带乡、工农互惠、城乡一体的新型工农、城乡关系。

报告也强调要优化国土空间开发格局。国土是生态文明建设的空间载体，必须珍惜每一寸国土。要按照人口资源环境相均衡、经济社会生态效益相统一的原则，控制开发强度，调整空间结构，促进生产空间集约高效、生活空间宜居适度、生态空间山清水秀，给自然留下更多修复空间，给农业留下更多良田，给子孙后代留下天蓝、地绿、水净的美好家园。加快实施主体功能区战略，推动各地区严格按照主体功能定位发展，构建科学合理的城市化格局、农业发展格局、生态安全格局。提高海洋资源开发能力，发展海洋经济，保护海洋生态环境，坚决维护国家海洋权益，建设海洋强国。

2. 十八届三中全会进一步完善

十八届中央委员会第三次全体会议通过《中共中央关于全面深化改革若干重大问题的决定》。决定指出：

紧紧围绕建设美丽中国深化生态文明体制改革，加快建立生态文明制度，健全国土空间开发、资源节约利用、生态环境保护的体制机制，推动形成人与自然和谐发展现代化建设新格局。

整合科技规划和资源，完善政府对基础性、战略性、前沿性科学研究和共性技术研究的支持机制。国家重大科研基础设施依照规定应该开放的一律对社会开放。建立创新调查制度和创新报告制度，构建公开透明的国家科研资源管理和项目评价机制。

完善城镇化健康发展体制机制。坚持走中国特色新型城镇化道路，推进以人为核心的城镇化，推动大中小城市和小城镇协调发展、产业和城镇融合发展，促进城镇化和新农村建设协调推进。优化城市空间结构和管理格局，增强城市综合承载能力。

3. 十九大报告明确提出

实施乡村振兴战略。要坚持农业农村优先发展，按照产业兴旺、生态宜居、乡风文明、治

理有效、生活富裕的总要求，建立健全城乡融合发展体制机制和政策体系，加快推进农业农村现代化。

实施区域协调发展战略。发挥优势推动中部地区崛起，创新引领率先实现东部地区优化发展，建立更加有效的区域协调发展新机制。以城市群为主体构建大中小城市和小城镇协调发展的城镇格局，加快农业转移人口市民化。

人与自然是生命共同体，人类必须尊重自然、顺应自然、保护自然。

改革生态环境监管体制。构建国土空间开发保护制度，完善主体功能区配套政策，建立以国家公园为主体的自然保护地体系。坚决制止和惩处破坏生态环境行为。

加大生态系统保护力度。完成生态保护红线、永久基本农田、城镇开发边界三条控制线划定工作。

二、自然资源部职能配置、内设机构和人员编制规定

2018 年中共中央的机构改革，对规划相关业务管理部门进行了重大调整。具体机构调整按照国家“三定”方案。“三定”规定主要包括六部分内容：一是职责调整，即明确部门取消、划出移交、划入和增加以及加强的职责；二是主要职责，即规定部门的主要职能和相应承担的责任；三是内设机构（一般部门内的司局机构），即确定部门内设机构的设置和具体职责；四是人员编制，即核定部门的机关行政编制数、部门和内设机构的领导职数；五是其他事项，即明确与有关部门的职责分工、部门派出机构和直属事业单位的机构编制事宜等；六是附则，即明确“三定”规定是由谁解释和调整的事宜。简单地说，“三定”规定就是对国务院的部门是干什么事情的，有哪些内设机构，内设机构的职责是什么，部门有多少人员编制和领导职数等。

中华人民共和国自然资源部是根据党的十九届三中全会审议通过的《中共中央关于深化党和国家机构改革的决定》《深化党和国家机构改革方案》和第十三届全国人民代表大会第一次会议批准的《国务院机构改革方案》设立。将国土资源部的职责，国家发展和改革委员会的组织编制主体功能区规划职责，住房和城乡建设部的城乡规划管理职责，水利部的水资源调查和确权登记管理职责，农业部的草原资源调查和确权登记管理职责，国家林业局的森林、湿地等资源调查和确权登记管理职责，国家海洋局的职责，国家测绘地理信息局的职责整合，组建自然资源部，作为国务院组成部门。自然资源部对外保留国家海洋局牌子。该部门的成立是为了统一行使全民所有自然资源资产所有者职责，统一行使所有国土空间用途管制和生态保护修复职责，着力解决自然资源所有者不到位、空间规划重叠等问题，实现山水林田湖草整体保护、系统修复、综合治理。

三、自然资源部的具体职责

自然资源部负责建立空间规划体系并监督实施。推进主体功能区战略和制度，组织编制并监督实施国土空间规划和相关专项规划。开展国土空间开发适宜性评价，建立国土空间规划实施监测、评估和预警体系。组织划定生态保护红线、永久基本农田、城镇开发边界等控制线，构建节约资源和保护环境的生产、生活、生态空间布局。建立健全国土空间用途管制制度，研究拟订城乡规划政策并监督实施。组织拟订并实施土地、海洋等自然资源年度利用计划。负责土地、海域、海岛等国土空间用途转用工作。负责土地征收征用管理。

自然资源部负责落实综合防灾减灾规划相关要求，组织编制地质灾害防治规划和防护标准并指导实施。组织指导协调和监督地质灾害调查评价及隐患的普查、详查、排查。指导开展群测群防、专业监测和预报预警等工作，指导开展地质灾害工程治理工作。承担地质灾害应急救援的技术支撑工作。

根据中央授权，对地方政府落实党中央、国务院关于自然资源和国土空间规划的重大方针政策、决策部署及法律法规执行情况进行督察。查处自然资源开发利用和国土空间规划及测绘重大违法案件。指导地方有关行政执法工作。

自然资源部的具体负责部门为国土空间规划局。拟订国土空间规划相关政策，承担建立空间规划体系工作并监督实施。组织编制全国国土空间规划和相关专项规划并监督实施。承担报国务院审批的地方国土空间规划的审核、报批工作，指导和审核涉及国土空间开发利用的国家重大专项规划。开展国土空间开发适宜性评价，建立国土空间规划实施监测、评估和预警体系。

第二节　国家规划体系

一、建立统一规划体系的背景

以规划引领经济社会发展，是党治国理政的重要方式，是中国特色社会主义发展模式的重要体现。科学编制并有效实施国家发展规划，阐明建设社会主义现代化强国奋斗目标在规划期内的战略部署和具体安排，引导公共资源配置方向，规范市场主体行为，有利于保持国家战略连续性稳定性，集中力量办大事，确保一张蓝图绘到底。

改革开放特别是党的十八大以来，国家发展规划对创新和完善宏观调控的作用明显增强，对推进国家治理体系和治理能力现代化的作用日益显现，但规划体系不统一、规划目标与政策工具不协调等问题仍然突出，影响国家发展规划战略导向作用的充分发挥。为加快统一规划体系建设，构建发展规划与财政、金融等政策协调机制，更好发挥国家发展规划战略导向作用，发布了《中共中央国务院关于统一规划体系更好发挥国家发展规划战略导向作用的意见》(中发〔2018〕44 号)。

二、建立统一规划体系的目标

以习近平新时代中国特色社会主义思想为指导，全面贯彻党的十九大和十九届二中、三中全会精神，全面加强党的领导，坚持以人民为中心的发展思想，牢固树立新发展理念，落实高质量发展要求，理顺规划关系，统一规划体系，完善规划管理，提高规划质量，强化政策协同，健全实施机制，加快建立制度健全、科学规范、运行有效的规划体制，更好发挥国家发展规划的战略导向作用，为创新和完善宏观调控、推进国家治理体系和治理能力现代化、建设社会主义现代化强国提供有力支撑。

三、规划体系的构成

规划体系由国家发展规划和国家级专项规划、区域规划、空间规划四类构成(图 4-2-1)。

1. 国家发展规划

国家发展规划，即中华人民共和国国民经济和社会发展五年规划纲要，是社会主义现代化战略在规划期内的阶段性部署和安排，主要是阐明国家战略意图、明确政府工作重点、引导规范市场主体行为，是经济社会发展的宏伟蓝图，是全国各族人民共同的行动纲领，是政府履行经济调节、市场监管、社会管理、公共服务、生态环境保护职能的重要依据。国家发展规划的编制，根据党中央关于制定国民经济和社会发展五年规划的建议，由国务院组织编制，经全国人民代表大会审查批准，居于规划体系最上位，是其他各级各类规划的总遵循。

提高国家发展规划的战略性、宏观性、政策性，增强指导和约束功能，聚焦事关国家长远发展的大战略、跨部门跨行业的大政策、具有全局性影响的跨区域大项目，把党的主张转化为国家意志，为各类规划系统落实国家发展战略提供遵循。

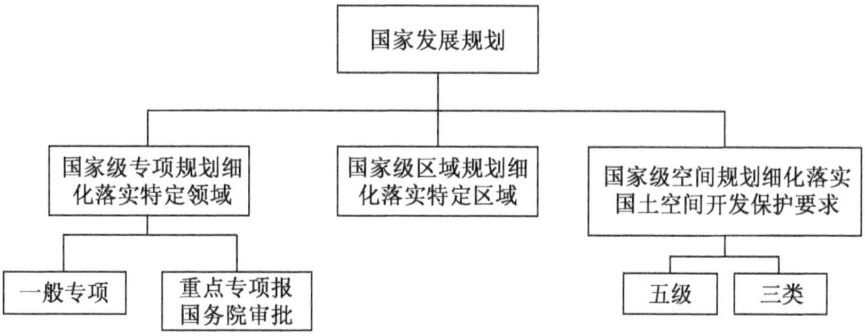

图 4-2-1　国家规划体系

2. 国家级专项规划

国家级专项规划是指导特定领域发展、布局重大工程项目、合理配置公共资源、引导社会资本投向、制定相关政策的重要依据。国家级专项规划要细化落实国家发展规划对特定领域提出的战略任务，由国务院有关部门编制，其中国家级重点专项规划报国务院审批，党中央有明确要求的除外。

国家级专项规划原则上限定于关系国民经济和社会发展全局且需要中央政府发挥作用的市场失灵领域。其中，国家级重点专项规划要严格限定在编制目录清单内，与国家发展规划同步部署、同步研究、同步编制。国家级专项规划要围绕国家发展规划在特定领域提出的重点任务，制定细化落实的时间表和路线图，提高针对性和可操作性。

3. 国家级区域规划

国家级区域规划是指导特定区域发展和制定相关政策的重要依据。国家级区域规划要细化落实国家发展规划对特定区域提出的战略任务，由国务院有关部门编制，报国务院审批。

国家级区域规划主要以国家发展规划确定的重点地区、跨行政区且经济社会活动联系紧密的连片区域以及承担重大战略任务的特定区域为对象，以贯彻实施重大区域战略、协调解决跨行政区重大问题为重点，突出区域特色，指导特定区域协调协同发展。

4. 国家级空间规划

国家级空间规划以空间治理和空间结构优化为主要内容，是实施国土空间用途管制和生态保护修复的重要依据。国家发展规划居于规划体系最上位，是其他各级各类规划的总遵循。

国家级空间规划要细化落实国家发展规划提出的国土空间开发保护要求，由国务院有关部门编制，报国务院审批。国家级空间规划要聚焦空间开发强度管控和主要控制线落地，全面摸清并分析国土空间本底条件，划定城镇、农业、生态空间以及生态保护红线、永久基本农田、城镇开发边界，并以此为载体统筹协调各类空间管控手段，整合形成“多规合一”的空间规划。

强化国家级空间规划在空间开发保护方面的基础和平台功能，为国家发展规划确定的重大战略任务落地实施提供空间保障，对其他规划提出的基础设施、城镇建设、资源能源、生态环保等开发保护活动提供指导和约束。

5. 规划体系的相互关系

国家级专项规划、区域规划、空间规划，均须依据国家发展规划编制。国家级空间规划对国家级专项规划具有空间性指导和约束作用。国家级专项规划、区域规划、空间规划，规划期与国家发展规划不一致的，应根据同期国家发展规划的战略安排对规划目标任务适时进行调整或修编。

下位规划服从上位规划、下级规划服务上级规划、等位规划相互协调，建立以国家发展规划为统领，以空间规划为基础，以专项规划、区域规划为支撑，由国家、省、市县各级规划共同组成，定位准确、边界清晰、功能互补、统一衔接的国家规划体系。

省级规划、市县级规划依据国家发展规划制定，既要加强与国家级专项规划、区域规划、空间规划的衔接，形成全国“一盘棋”，又要因地制宜，符合地方实际，突出地方特色。

发挥国家发展规划统筹重大战略和重大举措时空安排功能，明确空间战略格局、空间结构优化方向以及重大生产力布局安排，为国家级空间规划留出接口。科学选取需要集中力量突破的关键领域和需要着力开发或者保护的重点区域，为确定国家级重点专项规划编制目录清单、区域规划年度审批计划并开展相关工作提供依据。

四、国家规划的管理体系

1. 规划编制目录清单管理制度

报请国务院批准的国家级专项规划、区域规划，由国务院发展改革部门会同有关部门统筹协调后制定编制目录清单或审批计划，报国务院批准实施。

报请国务院批准的国家级空间规划，由国务院自然资源主管部门会同发展改革部门制定编制目录清单，报国务院批准实施。

国务院各部门自行编制或批准的各类规划，须报国务院发展改革部门备案。

除党中央、国务院有明确要求外，未列入目录清单、审批计划的规划，原则上不得编制或批准实施。属各部门日常工作或任务实施期限少于 3 年的，原则上不编制规划。

2. 规划衔接协调机制

建立健全规划衔接协调机制，明确衔接原则和重点，规范衔接程序，确保各级各类规划协调一致。报请党中央、国务院批准的规划，须事先与国家发展规划进行统筹衔接。衔接重点是规划目标，特别是约束性指标、发展方向、总体布局、重大政策、重大工程、风险防控等，必要时由国务院发展改革部门会同规划编制部门组织开展审查论证。省级发展规划须按程序报送国务院发展改革部门进行衔接。加强国家级专项规划、区域规划与空间规划的衔接，确保规划落地。

3. 规划管理信息平台

国务院发展改革部门要依托现有政务信息平台，建设国家规划综合管理信息平台，加强与相关政务模块之间的连接和信息共享，将各类规划纳入统一管理，强化规划衔接协调，跟踪监测规划编制和实施进程，推动规划基础信息互联互通和归集共享。

五、规划的编制程序

1. 编制指导思想和理念的确定

规划编制要以习近平新时代中国特色社会主义思想为指导，紧紧围绕建设社会主义现代化强国宏伟目标，坚持以人民为中心的发展思想，把新发展理念贯穿经济社会发展各领域全过程，按照高质量发展要求，紧紧围绕统筹推进"五位一体"总体布局和协调推进"四个全面"战略布局，使规划更好体现时代特色、更好贯彻国家发展战略要求。

坚持目标导向和问题导向相统一，坚持立足国内和全球视野相统筹，坚持全面规划和突出重点相协调，坚持战略性和操作性相结合。注重虚实结合、实用管用，在强调战略导向作用的同时，突出约束性、可操作性，使规划可检查、易评估。

2. 重大问题的研究论证

拓展规划前期的研究广度和深度，深入研究国民经济和社会发展的全局性、前瞻性、关键性、深层次重大问题，科学研判发展趋势和阶段性特征，准确把握突出短板和发展方向，研究提出基本思路和解决方案。加强规划内容多角度论证和多方案比选，充分考虑要素支撑条件、资源环境约束和重大风险防范等，科学测算规划目标指标并做好平衡协调，深入论证重大工程、重大项目、重大政策实施的必要性、可行性和效果影响。

3. 规划过程中的编制方法

坚持开门编制规划，提高规划编制的透明度和社会参与度。健全公众参与机制，坚持问需于民、问计于民，广开言路，广泛听取人民群众的意见建议。扩大规划征求意见范围，适时公布规划草案或征求意见稿，充分征求社会公众等各方面意见建议。综合运用大数据、云计算等现代信息技术，创新规划编制手段。充分发挥科研机构、智库等对规划编制的辅助支持作用。

六、规划实施与修改

按照谁牵头编制谁组织实施的基本原则，落实规划实施责任，完善监测评估，强化分类实施，提升规划实施效能。

规划编制部门要组织开展规划实施年度监测分析、中期评估和总结评估，鼓励开展第三方评估，强化监测评估结果应用。国家发展规划中期评估要结合国内外发展环境的新变化新要求，重点评估实施进展情况及存在的问题，提出推进规划实施建议，评估报告报国务院审定后提请全国人民代表大会常务委员会审议。国家级专项规划、区域规划、空间规划的评估结果向审批主体报告的同时，抄送国务院发展改革部门。

强化规划权威性、严肃性，未经法定程序批准，不得随意调整更改各类规划。经评估确需对国家发展规划进行调整修订时，须按照新形势新要求调整完善规划内容，由国务院提出调整建议，经党中央同意后，提请全国人民代表大会常务委员会审查批准。国家发展规划修订后，相关国家级规划相应进行调整修订，由规划编制部门提出建议，经国务院发展改革部门进行衔接论证后报原审批主体批准。

规划实施监督考核机制。各类规划编制部门要将规划实施情况作为政务信息公开的重要内容，及时公布实施进展，自觉接受人大监督、审计监督和社会监督。国家发展规划实施情况纳入各有关部门和地方各级领导班子、领导干部考核评价体系，探索实行规划实施考核结果与被考核责任主体绩效相挂钩。

七、规划引领，政策协同

坚持规划定方向、财政作保障、金融为支撑、其他政策相协调，构建发展规划、财政、金融等政策协调和工作协同机制，完善年度计划落实发展规划的机制，保障国家发展规划顺利实施。

1. 做好年度计划与国家发展规划相衔接

按照短期政策与长期政策衔接配合的要求，年度计划要贯彻国家发展规划提出的发展目标和重点任务，将国家发展规划确定的主要指标分解纳入年度指标体系，设置年度目标并做好年度间综合平衡，结合形势发展确定年度工作重点，明确重大工程、重大项目、重大举措的年度实施要求。

2. 强化财政政策对国家发展规划的保障作用

国务院财政部门要编制与国家发展规划相匹配的财政规划，更好服务国家发展规划确定的战略目标和任务要求。加强财政预算与规划实施的衔接协调，统筹财力可能，合理安排财政支出规模和结构。中央财政性资金优先投向国家发展规划确定的重大任务和重大工程项目。

3. 发挥金融政策对国家发展规划的支撑作用

根据国家发展规划确定的重大战略任务，制定金融领域专项规划，引导金融要素资源配置方向和结构。货币政策取向的确定，要充分考虑国家发展规划目标、经济发展形势等。信贷政策积极支持国家发展规划确定的重大战略、重大工程、重大项目和重大改革举措，引导和鼓励银行业金融机构重点支持国家发展规划明确的重点领域和薄弱环节。

4. 加强国家发展规划对产业政策、区域政策等的引导约束作用

产业政策要围绕国家发展规划确定的产业发展和结构调整方向，突出功能性，强化普惠公平，完善市场机制和利益导向机制，充分发挥市场配置资源的决定性作用，营造鼓励竞争、促进创新的市场环境，激发市场主体的积极性和创造性，合理引导市场预期和市场主体行为。

区域政策要围绕国家发展规划确定的区域发展和空间格局优化方向，按照目标精准化、措施精细化、协调机制化的要求，促进形成要素有序自由流动、主体功能约束有效、基本公共服务均等、资源环境可承载的区域协调发展格局，实现基本公共服务均等化、基础设施通达程度比较均衡、人民基本生活保障水平大体相当。

重大生产力布局和土地、人口、环境、社会等公共政策的制定，也要服从和服务于国家发展规划，强化政策间协调配合，形成政策合力。

第三节　国土空间规划体系的建立

一、国土空间规划体系建立的背景

国土空间规划是国家空间发展的指南、可持续发展的空间蓝图，是各类开发保护建设活动的基本依据。建立国土空间规划体系并监督实施，将主体功能区规划、土地利用规划、城乡规划等空间规划融合为统一的国土空间规划，实现“多规合一”，强化国土空间规划对各专项规划的指导约束作用，是党中央、国务院作出的重大部署。

对此，党中央、国务院高度重视。习近平总书记对国土空间规划工作多次作出重要论述，2019 年 3 月在参加十三届全国人民代表大会内蒙古代表团审议时再次强调，“要坚持底线思维，以国土空间规划为依据，把城镇、农业、生态空间和生态保护红线、永久基本农田保护红线、城镇开发边界作为调整经济结构、规划产业发展、推进城镇化不可逾越的红线，立足本地资源禀赋特点、体现本地优势和特色”。

1. 贯彻党中央重大决策部署，坚定不移推进“多规合一”

新中国成立特别是改革开放以来，各级各类空间规划在支撑城镇化快速发展、促进国土空间合理利用和有效保护方面发挥了积极作用。但也存在一些突出问题：一是规划类型过多、内容重叠冲突，“规划打架”容易导致空间资源配置无序、低效，也割裂了“山水林田湖草”生命共同体的有机联系，不利于科学布局生产、生活、生态空间；二是审批流程复杂周期过长，“马拉松式审批”时有发生；三是地方规划朝令夕改，甚至“政府一换届，规划就换届”，规划权威性、稳定性不够。

为从体制机制上解决这些问题，按照党中央部署，国家发展改革委、原国土资源部、原环境保护部、住房和城乡建设部联合开展了省级和市县“多规合一”试点工作，积累了宝贵经验。在此基础上，党中央作出组建自然资源部、实现“多规合一”、建立国土空间规划体系并监督实施的重大决策。

可以说，从空间规划改革试点、决策到顶层设计，都是在党中央坚定领导下进行的。下一步，自然资源部将继续坚持党对规划工作的领导，按照确定目标，坚定不移地推进和实施“多规合一”，形成“一本规划、一张蓝图”，建立统一的编制审批体系、实施监督体系、法规政策体系和技术标准体系，构建统一的基础信息平台，形成全国国土空间开发保护“一张图”，落实好《中共中央、国务院关于建立国土空间规划体系并监督实施的若干意见》（简称《若干意见》）各项部署，实现国土空间开发保护更高质量、更有效率、更加公平、更可持续。

2. 坚持科学编制，严格实施监督

习近平总书记指出，“规划科学是最大的效益，规划失误是最大的浪费，规划折腾是最大的忌讳”。

要提高规划编制科学性。落实新发展理念，坚持以人民为中心，促进高质量发展，在资源环境承载能力和国土空间开发适宜性评价的基础上，科学有序地统筹布局生态、农业、城镇空间，划定生态保护红线、永久基本农田、城镇开发边界等管控边界，优化国土空间结构布局，保护生态屏障，开展生态保护和修复，完善基础设施和公共服务设施，延续历史文脉，突出地域特色。

要强化规划实施监管权威性。规划一经批复，就具有法律效力，任何部门和个人不得随意修改、违规变更，坚决防止出现换一届党委政府改一次规划的现象。坚持先规划、后实施，严禁违规建设；坚持按法定程序修改规划，严格审批。对国土空间规划编制实施过程中的违规违纪违法行为，要严肃追究责任。

3. 坚持“放管服”改革，着力提高行政效率

积极落实党中央、国务院推进政府职能转变、深化“放管服”改革要求。

在规划审批中，要减少报送国务院审批的城市数量，同时按照“管什么就批什么”原则，精简规划审批内容，重点从目标定位、底线约束、控制性指标、相邻关系等方面进行控制性审查，大幅压缩审批时间，提高行政效率；要结合“多规合一”，推进用地审批和规划许可“多审合一”“多证合一”，切实优化营商环境，体现“多规合一”改革效果。

4. 坚持上下联动、多方合作、久久为功，一张蓝图干到底

《若干意见》的发布，标志着国土空间规划体系顶层设计和“四梁八柱”基本形成。建立一个全国统一、权责清晰、科学高效的国土空间规划体系是一项系统性工程，不可能一蹴而就，需要各地区各部门按照党中央、国务院部署，明确目标要求，落实主体责任，上下联动，形成合力，以“钉钉子”精神久久为功，一张蓝图干到底。

自然资源部将强化统筹协调，切实负起责任，会同有关部门按照国土空间规划体系总体框架，整体谋划布局，不断完善制度设计，抓紧建立国土空间规划体系并监督实施，把每一寸土地规划得清清楚楚、明明白白，形成生产空间集约高效、生活空间宜居适度、生态空间山清水秀，安全和谐、富有竞争力和可持续发展的国土空间格局，把党中央、国务院的重大决策部署落实、落地。

二、国土空间规划体系的突出特点与建立的重大意义

1. 国土空间规划体系的突出特点

新的国土空间规划体系是“多规合一”的规划体系。立足于过去的空间规划类型很多，同时各个规划之间相互协调不够，交叉重叠比较多，国土空间规划力图解决原有空间规划存在的冲突问题。新的国土空间规划体系对主体功能区规划、土地利用规划、城乡规划等空间规划进行了优势互补和继承发展，从规划编审内容、管理机构、体制机制、技术规范、人员队伍等各方面在原有基础上进行了整合和优化，强调“一级政府一级事权”，强调总体规划和详细规划、专项规划之间的指导约束和衔接协调，强调部门之间形成合力，着力解决过去规划“打架”、约束和引领作用不突出、行政效能不高等问题。同时形成一个平台，即国土空间基础信息平台，形成全国的国土空间规划“一张图”，从而使规划编制更加科学，实施监管更加严格，这是一个新的特点。

国土空间规划体系是体现国家意志的规划体系，体现国家意志的约束性，保障国家发展战略有效实施。国土空间规划自上而下编制，对空间发展作出战略性系统性安排，全面落实党中央、国务院重大决策部署，落实国家乡村振兴、区域协调发展、可持续发展等战略。作为国家规划体系中的基础性规划，国土空间规划从空间角度对社会经济发展、城镇空间布局、产业结构调整等进行指导和约束，从而促进转变发展方式，提升国土空间开发保护质量和效率，为实现“两个一百年”奋斗目标提供空间保障。过去的规划有不同的管制方式，比如土地利用总体规划是自上而下组织编制，但是城乡规划可能更加注重的是本地区的发展，是一个

缺乏上下联通的管理模式。

新的国土空间规划体系是促进生态文明建设的规划体系，体现了生态优先、绿色发展的导向。新的国土空间规划体系以促进绿色发展、安全发展、可持续发展为目标；坚持保护优先、节约集约，严控增量、盘活存量，加快形成绿色生产方式和生活方式；强化底线约束，划定生态保护红线、永久基本农田、城镇开发边界等空间管控边界以及各类海域保护线；注重风险防范，积极应对未来发展的确定性，提高规划的韧性。

新的国土空间规划体系，是一个强化规划权威的规划体系。这次《若干意见》非常明确，第一是明确国土空间规划的法定性，提到国土空间规划一经批准，任何单位和个人不得随意修改和违规变更，改变了过去规划调整比较随意、朝令夕改等问题。第二是明确规定要先规划、后实施，各项开发建设活动要符合规划，不能违规建设。第三是规划也不是一成不变的，但对规划的调整和修改要有严格的限制。

新的国土空间规划体系是引领高质量发展的规划体系，体现了以人民为中心的发展思想。针对我国社会主要矛盾，从空间开发保护方面提出解决方案，满足人民群众对美好生活的向往。优化生态保护格局、历史文化保护格局、城乡开发利用格局等，合理配置住房、就业、休闲、游憩等空间功能布局，推动形成生产空间集约高效、生活空间宜居适度、生态空间山清水秀的空间格局；着力完善交通基础设施和公共服务设施，促进基本公共服务均等化，打造宜居、宜业、宜游、宜学、宜养的社区生活圈，实现高品质生活、建设美好家园。

新的国土空间规划体系是国家治理体系现代化的重要组成部分，注重能用、管用、好用。能用，是指要适应我国国情和新时代发展要求；管用，是指能够有效解决问题，强调因地制宜，适用各地具体情况；好用，是指新的体系要能够有效运行，降低成本，方便实操。具体地，将按照明晰事权、权责对等原则，结合“放管服”改革要求，理顺各层级政府及其自然资源主管部门职责划分，明确各级各类国土空间规划编制和管理的要点；规划编制要充分考虑地方特色，实事求是，避免工业化思维下编制“标准化”但不好用的规划；编制规划的同时，要搭建国土空间基础信息平台，逐步实现全国国土空间规划“一张图”，推进数据共享和信息交互，比如说，减少报送国务院审查总体规划的城市数量，按照管什么就批什么的原则，重点实行控制性审查，减少过去审查内容承载过多的问题。同时把县以下的规划审批权力交给省级政府，这样更能提高效率。实现“多规合一”以后，我们有机会按照“放管服”改革的要求，改进用地审批和其他行政许可程序，切实改善营商环境，提高行政审批效率，促进营商环境更加优化、更加有利。

新的国土空间规划体系，是一个用先进技术支撑的规划体系。《若干意见》明确提出，要建立全国统一的国土空间规划的基础信息平台，并形成全国国土规划的“一张图”。信息平台建设也有明确的要求，就是要利用最新的自然资源调查数据，应用全国统一的测绘基准和测绘系统，整合各类空间数据，利用先进的信息化手段来构建全国统一的空间基础信息平台。同时结合各地编制的规划，形成全国统一的“一张图”。这就保证了下一步在规划实施监管方面更加科学，更加有效，手段也更加先进。

国土空间规划提高审批效率。在以下四个方面改进：第一，减少报送国务院审批总体规划的城市数量。第二，改变审查的内容。过去的审查承载了太多的东西，偏重于技术性审查，特别是对于规划内容好不好、合理不合理等都进行审查。这次《若干意见》里面非常明确，管什么就批什么，上一级政府审查下一级政府的规划，要明确上一级政府对下一级政府规划有什么要求，从技术性审查转换到控制性审查。重点审查发展目标、约束性指标、管控边界、相邻关系这四个方面，审查内容会大大减少。第三，取消了编制大纲或规划纲要的审查环节，减少重复性的审查，可以压缩时间。第四，对于市县一级不是报国务院批准的城市审查的内容和程序，由省一级人民政府根据自身的实际情况来确定。把权力交给了地方，地方根据自身的实际确定审批的内容和程序，进一步提高审批的效率。

2. 国土空间规划体系建立的重大意义

各级各类空间规划在支撑城镇化快速发展、促进国土空间合理利用和有效保护方面发挥了积极作用，但也存在规划类型过多、内容重叠冲突，审批流程复杂、周期过长，地方规划朝令夕改等问题。

建立全国统一、权责清晰、科学高效的国土空间规划体系，整体谋划新时代国土空间开发保护格局，综合考虑人口分布、经济布局、国土利用、生态环境保护等因素，科学布局生产空间、生活空间、生态空间，是加快形成绿色生产方式和生活方式、推进生态文明建设、建设美丽中国的关键举措，是坚持以人民为中心、实现高质量发展和高品质生活、建设美好家园的重要手段，是保障国家战略有效实施、促进国家治理体系和治理能力现代化、实现"两个一百年"奋斗目标和中华民族伟大复兴中国梦的必然要求。

三、国土空间规划体系的指导思想和主要目标

1. 指导思想

以习近平新时代中国特色社会主义思想为指导，全面贯彻党的十九大和十九届二中、三中全会精神，紧紧围绕统筹推进"五位一体"总体布局和协调推进"四个全面"战略布局，坚持新发展理念，坚持以人民为中心，坚持一切从实际出发，按照高质量发展要求，做好国土空间规划顶层设计，发挥国土空间规划在国家规划体系中的基础性作用，为国家发展规划落地实施提供空间保障。健全国土空间开发保护制度，体现战略性、提高科学性、强化权威性、加强协调性、注重操作性，实现国土空间开发保护更高质量、更有效率、更加公平、更可持续。

2. 主要目标

到 2020 年，基本建立国土空间规划体系，逐步建立"多规合一"的规划编制审批体系、实施监督体系、法规政策体系和技术标准体系；基本完成市县以上各级国土空间总体规划编制，初步形成全国国土空间开发保护"一张图"。到 2025 年，健全国土空间规划法规政策和技术标准体系；全面实施国土空间监测预警和绩效考核机制；形成以国土空间规划为基础，以统一用途管制为手段的国土空间开发保护制度。到 2035 年，全面提升国土空间治理体系和治理能力现代化水平，基本形成生产空间集约高效、生活空间宜居适度、生态空间山清水秀，安全和谐、富有竞争力和可持续发展的国土空间格局。

四、国土空间规划的总体框架

1. 分级分类建立国土空间规划

国土空间规划是对一定区域国土空间开发保护在空间和时间上做出的安排，包括总体规划、详细规划和相关专项规划。国家、省、市县编制国土空间总体规划，各地结合实际编制乡镇国土空间规划。相关专项规划是指在特定区域（流域）、特定领域，为体现特定功能，对空间开发保护利用做出的专门安排，是涉及空间利用的专项规划。国土空间总体规划是详

细规划的依据、相关专项规划的基础；相关专项规划要相互协同，并与详细规划做好衔接。

2. 明确各级国土空间总体规划编制重点

全国国土空间规划是对全国国土空间做出的全局安排，是全国国土空间保护、开发、利用、修复的政策和总纲，侧重战略性，由自然资源部会同相关部门组织编制，由党中央、国务院审定后印发。省级国土空间规划是对全国国土空间规划的落实，指导市县国土空间规划编制，侧重协调性，由省级政府组织编制，经同级人大常委会审议后报国务院审批。市县和乡镇国土空间规划是本级政府对上级国土空间规划要求的细化落实，是对本行政区域开发保护做出的具体安排，侧重实施性。需报国务院审批的城市国土空间总体规划，由市政府组织编制，经同级人大常委会审议后，由省级政府报国务院审批；其他市县及乡镇国土空间规划由省级政府根据当地实际，明确规划编制审批内容和程序要求。各地可因地制宜，将市县与乡镇国土空间规划合并编制，也可以几个乡镇为单元编制乡镇级国土空间规划。

3. 强化对专项规划的指导约束作用

海岸带、自然保护地等专项规划及跨行政区域或流域的国土空间规划，由所在区域或上一级自然资源主管部门牵头组织编制，报同级政府审批；涉及空间利用的某一领域专项规划，如交通、能源、水利、农业、信息、市政等基础设施，公共服务设施，军事设施，以及生态环境保护、文物保护、林业草原等专项规划，由相关主管部门组织编制。相关专项规划可在国家、省和市县层级编制，不同层级、不同地区的专项规划可结合实际选择编制的类型和精度。

4. 在市县及以下编制详细规划

详细规划是对具体地块用途和开发建设强度等做出的实施性安排，是开展国土空间开发保护活动、实施国土空间用途管制、核发城乡建设项目规划许可、进行各项建设等的法定依据。在城镇开发边界内的详细规划，由市县自然资源主管部门组织编制，报同级政府审批；在城镇开发边界外的乡村地区，以一个或几个行政村为单元，由乡镇政府组织编制"多规合一"的实用性村庄规划，作为详细规划，报上一级政府审批。

五、国土空间规划的编制要求

1. 体现战略性

全面落实党中央、国务院重大决策部署，体现国家意志和国家发展规划的战略性，自上而下编制各级国土空间规划，对空间发展做出战略性系统性安排。落实国家安全战略、区域协调发展战略和主体功能区战略，明确空间发展目标，优化城镇化格局、农业生产格局、生态保护格局，确定空间发展策略，转变国土空间开发保护方式，提升国土空间开发保护质量和效率。

2. 提高科学性

坚持生态优先、绿色发展，尊重自然规律、经济规律、社会规律和城乡发展规律，因地制宜开展规划编制工作；坚持节约优先、保护优先、自然恢复为主的方针，在资源环境承载能力和国土空间开发适宜性评价的基础上，科学有序地统筹布局生态、农业、城镇等功能空间，划定生态保护红线、永久基本农田、城镇开发边界等空间管控边界以及各类海域保护线，强化底线约束，为可持续发展预留空间。坚持山水林田湖草生命共同体理念，加强生态环境分区管治，量水而行，保护生态屏障，构建生态廊道和生态网络，推进生态系统保护和修复，依法开展环境影响评价。坚持陆海统筹、区域协调、城乡融合，优化国土空间结构和布局，统筹地上地下空间综合利用,着力完善交通、水利等基础设施和公共服务设施,延续历史文脉,加强风貌管控,突出地域特色。坚持上下结合、社会协同,完善公众参与制度,发挥不同领域专家的作用。运用城市设计、乡村营造、大数据等手段,改进规划方法,提高规划编制水平。

3. 加强协调性

强化国家发展规划的统领作用,强化国土空间规划的基础作用。国土空间总体规划要统筹和综合平衡各相关专项领域的空间需求。详细规划要依据批准的国土空间总体规划进行编制和修改。相关专项规划要遵循国土空间总体规划,不得违背总体规划强制性内容,其主要内容要纳入详细规划。

4. 注重操作性

按照谁组织编制、谁负责实施的原则,明确各级各类国土空间规划编制和管理的要点。明确规划约束性指标和刚性管控要求,同时提出指导性要求。制定实施规划的政策措施,提出下级国土空间总体规划和相关专项规划、详细规划的分解落实要求,健全规划实施传导机制,确保规划能用、管用、好用。

六、国土空间规划的实施与监管

1. 强化规划权威

规划一经批复,任何部门和个人不得随意修改、违规变更,防止出现换一届党委和政府改一次规划。下级国土空间规划要服从上级国土空间规划,相关专项规划、详细规划要服从总体规划;坚持先规划、后实施,不得违反国土空间规划进行各类开发建设活动;坚持"多规合一",不在国土空间规划体系之外另设其他空间规划。相关专项规划的有关技术标准应与国土空间规划衔接。因国家重大战略调整、重大项目建设或行政区划调整等确需修改规划的,须先经规划审批机关同意后,方可按法定程序进行修改。对国土空间规划编制和实施过程中的违规违纪违法行为,要严肃追究责任。

2. 改进规划审批

1) 改进规划报批审查方式

按照谁审批、谁监管的原则,分级建立国土空间规划审查备案制度。精简规划审批内容,管什么就批什么,大幅缩减审批时间。减少需报送国务院审批的城市数量,直辖市、计划单列市、省会城市及国务院指定城市的国土空间总体规划由国务院审批。相关专项规划在编制和审查过程中应加强与有关国土空间规划的衔接及"一张图"的核对,批复后纳入同级国土空间基础信息平台,叠加到国土空间规划"一张图"上。

过去土地利用总体规划和城市总体规划报送国务院审批的城市数量很多,土地利用总体规划是 106 个,城市总体规划是 108 个,这里面有 31 个省会城市和直辖市,还有 5 个计划单列市,剩下的主要是按城市规模来确定的。所以这一次自然资源部为了落实国家的控制性指标和管控边界,考虑确定国务院审批城市重点是计划单列市、省会城市、直辖市这三类,一共是 36 个城市,其他指定城市要大大减少。

改进规划报批审查方式。简化报批流程,取消规划大纲报批环节。压缩审查时间,省级国土空间规划和国务院审批的市级国土空间总体规划,自审批机关交办之日起,一般应在 90 天内完成审查工作,上报国务院审批。各省(自治区、直辖市)也要简化审批流程和时限。

2）明确国土空间规划报批审查的要点

按照“管什么就批什么”的原则，对省级和市县级国土空间规划，侧重控制性审查，重点审查目标定位、底线约束、控制性指标、相邻关系等，并对规划程序和报批成果形式做合规性审查。

省级国土空间规划审查要点包括：①国土空间开发保护目标；②国土空间开发强度、建设用地规模，生态保护红线控制面积、自然岸线保有率，耕地保有量及永久基本农田保护面积，用水总量和强度控制等指标的分解下达；③主体功能区划分，城镇开发边界、生态保护红线、永久基本农田的协调落实情况；④城镇体系布局，城市群、都市圈等区域协调重点地区的空间结构；⑤生态屏障、生态廊道和生态系统保护格局，重大基础设施网络布局，城乡公共服务设施配置要求；⑥体现地方特色的自然保护地体系和历史文化保护体系；⑦乡村空间布局，促进乡村振兴的原则和要求；⑧保障规划实施的政策措施；⑨对市县级规划的指导和约束要求等。

国务院审批的市级国土空间总体规划审查要点，除对省级国土空间规划审查要点的深化细化外，还包括：①市域国土空间规划分区和用途管制规则；②重大交通枢纽、重要线性工程网络、城市安全与综合防灾体系、地下空间、邻避设施等设施布局，城镇政策性住房和教育、卫生、养老、文化体育等城乡公共服务设施布局原则和标准；③城镇开发边界内，城市结构性绿地、水体等开敞空间的控制范围和均衡分布要求，各类历史文化遗存的保护范围和要求，通风廊道的格局和控制要求；城镇开发强度分区及容积率、密度等控制指标，高度、风貌等空间形态控制要求；④中心城区城市功能布局和用地结构等。

其他市、县、乡镇级国土空间规划的审查要点，由各省（自治区、直辖市）根据本地实际，参照上述审查要点制定。

3. 健全用途管制制度

国土空间用途管制，是以总体规划、详细规划为依据，对陆海所有国土空间的保护、开发和利用活动，按照规划确定的区域、边界、用途和使用条件等，核发行政许可、进行行政审批等。也就是说，所有国土空间，都要分区分类实施用途管制。在城镇开发边界内的建设，实行“详细规划＋规划许可”的管制方式；在城镇开发边界外的建设，按照主导用途分区，实行“详细规划＋规划许可”和“约束指标＋分区准入”的管制方式。对以国家公园为主体的自然保护地、重要海域和海岛、重要水源地、文物等实行特殊保护制度。因地制宜制定用途管制制度，为地方管理和创新活动留有空间。

4. 监督规划实施

依托国土空间基础信息平台，建立健全国土空间规划动态监测评估预警和实施监管机制。上级自然资源主管部门要会同有关部门组织对下级国土空间规划中各类管控边界、约束性指标等管控要求的落实情况进行监督检查，将国土空间规划执行情况纳入自然资源执法督察内容。健全资源环境承载能力监测预警长效机制，建立国土空间规划定期评估制度，结合国民经济社会发展实际和规划定期评估结果，对国土空间规划进行动态调整完善。

5. 推进“放管服”改革

以“多规合一”为基础，统筹规划、建设、管理三大环节，推动“多审合一”“多证合一”。优化现行建设项目用地（海）预审、规划选址以及建设用地规划许可、建设工程规划许可等审批流程，提高审批效能和监管服务水平。

在正式的用地审批阶段，原来规划上有建设用地规划许可证，土地上有建设用地批准书和划拨决定书，同时出让的地还要签订合同。本次改革把这三个事项合并，建设用地规划许可、用地批准书和划拨决定书合并，变成一个事项。同时，对于项目位置相对比较固定的情况，也可以把建设工程规划许可适当进行合并，通过这种方式可以大大减少用地和规划的审批时间，为投资领域的工程建设审批制度改革提供一个很好的样板。目前这两项改革都涉及现有的法律的修改，在法律修改之前，自然资源部采用一些技术性的方法，一个窗口受理，同时审查，最后一个窗口发放。

七、法规政策与技术保障

1. 完善法规政策体系

研究制定国土空间开发保护法，加快国土空间规划相关法律法规建设。梳理与国土空间规划相关的现行法律法规和部门规章，对“多规合一”改革涉及突破现行法律法规规定的内容和条款，按程序报批，取得授权后施行，并做好过渡时期的法律法规衔接。完善适应主体功能区要求的配套政策，保障国土空间规划有效实施。

2. 完善技术标准体系

按照“多规合一”要求，由自然资源部会同相关部门负责构建统一的国土空间规划技术标准体系，修订完善国土资源现状调查和国土空间规划用地分类标准，制定各级各类国土空间规划编制办法和技术规程。

3. 完善国土空间基础信息平台

以自然资源调查监测数据为基础，并采用国家统一的测绘基准和测绘系统，统一采用第三次全国国土调查数据作为规划现状底数和底图基础，统一采用 2000 国家大地坐标系和 1985 国家高程基准作为空间定位基础，整合各类空间关联数据，建立全国统一的国土空间基础信息平台。以国土空间基础信息平台为底板，结合各级各类国土空间规划编制，同步完成县级以上国土空间基础信息平台建设，实现主体功能区战略和各类空间管控要素精准落地，逐步形成全国国土空间规划“一张图”，推进政府部门之间的数据共享以及政府与社会之间的信息交互。

八、规划论证和审批

对于省级国土空间规划，省级人民政府负责组织规划成果的专家论证，并及时征求自然资源部等部门意见。规划论证情况在规划说明中要形成专章，包括规划环境影响评价、专家论证意见、部门和地方意见采纳情况等。对存在重大分歧和颠覆性意见的意见建议，行政层面不要轻易拍板，要经过充分论证后形成决策方案。

规划成果论证完善后，经同级人大常委会审议后报国务院审批。规划经批准后，应在一个月内向社会公告。涉及向社会公开的文本和图件，应符合国家保密管理和地图管理等有关规定。

课后习题

1. 下列关于国土空间规划体系中详细规划的表述，正确的是　（　　）
   A. 详细规划的主要内容要纳入相关专项规划
   B. 详细规划要统筹和综合平衡各相关专项领域的空间要求
   C. 详细规划要依据批准的国土空间总体规划进行编制和修改
   D. 详细规划要发挥统领作用
2. 编制国土空间规划应　（　　）
   A. 体现战略性
   B. 提高科学性
   C. 加强协调性
   D. 强化指导性
   E. 注重操作性
3. 报国务院审批的市级国土空间总体规划审查要点，包括　（　　）
   A. 资源环境承载能力和国土空间开发适宜性评价
   B. 用水总量指标
   C. 中心城区商业服务业设施布局
   D. 城市邻避设施布局
   E. 城镇开发边界内通风廊道的格局和控制要求
4. 下列关于详细规划在国土空间规划实施与监管中作用的表述，不准确的是　（　　）
   A. 详细规划是所有国土空间分区分类实施用途管制的依据
   B. 在城镇开发边界内的建设，实行"详细规划＋规划许可"的管制方式
   C. 在城镇开发边界外的建设，实行"详细规划＋规划许可"和"约束指标＋分区准入"的管制方式
   D. 详细规划的执行情况应纳入自然资源执法督查的内容
5. 根据现行《中华人民共和国土地管理法》，国家实行（　　）用途管制制度
   A. 空间　　B. 国土
   C. 国土空间　　D. 土地
6. 在省级国土空间规划编制中，不属于矿产资源保护与利用的内容是　（　　）
   A. 明确禁止、限制矿产资源勘查的空间
   B. 明确禁止、限制矿产资源开采的空间
   C. 明确禁止、限制矿产资源冶炼的空间
   D. 明确矿山生态修复的空间
7. 下列不属于省级国土空间规划向市县级规划传导的指导约束要求是　（　　）
   A. 分区传导　　B. 人口规模
   C. 底线管控　　D. 名录管理

8. 下列关于国土空间规划编制目的的表述，不准确的是 （　　）
A. 促进城乡差异化发展
B. 坚持绿色、可持续发展
C. 优化国土空间结构和布局
D. 提升国土空间开发、保护的质量和效率

9. 在国土空间规划中，不属于海洋功能区划必须遵循的原则是 （　　）
A. 保障海上交通安全
B. 保障各有关行业用海
C. 保护和改善生态环境
D. 保障海域可持续利用

10. 关于"三条控制线"的调整，下列表述中错误的是 （　　）
A. 涉及永久基本农田占用的，报国务院审批
B. 涉及生态保护红线占用的，报国土空间规划原审批机关审批
C. 涉及城镇开发边界调整的，报国土空间规划原审批机关审批
D. 对于生态保护红线内允许的、对生态功能不造成破坏的有限人为活动，由政府制定具体监管办法

11. 下列不应当纳入城镇开发边界的是 （　　）
A. 独立于中心城区外的开发区
B. 都市圈内为中心城区服务的乡村休闲设施
C. 中心城区内的留白区
D. 中心城区内不得违法违规侵占的河道、湖面、滩地

12. 省级国土空间规划图件中，不属于规划成果图的是 （　　）
A. 主体功能分区图　　B. 农业生产适宜性等级
C. 重要产业集群布局规划图　　D. 生态修复和国土综合

13. 下列有助于实现经济可持续发展目标的是 （　　）
A. 在城市郊区建设大型购物中心
B. 在适宜的城市地区和郊区采取公共交通导向的紧凑布局
C. 加大城市拆旧建新力度
D. 严格限制城市扩张，完善职住平衡

14. 根据《自然资源部办公厅关于加强国土空间规划监督管理的通知》，不属于国土空间规划许可管理核发的证书是 （　　）
A. 建设项目预审与选址意见书
B. 建设用地批准书与建设用地规划许可证
C. 建设工程规划许可证
D. 乡村建设规划许可证

第五章

国土空间总体规划

第一节　国土空间总体规划概述

一、国土空间总体规划的基本概念与作用

国土空间规划是对国土空间的保护、开发、利用、修复做出的总体部署与统筹安排。这里的国土空间，是指国家主权与主权权利管辖下的地域空间，包括陆地国土空间和海洋国土空间。国土空间保护，是对承担生态安全、粮食安全、资源安全等国家安全的地域空间进行管护的活动。国土空间开发，是指以城镇建设、农业生产和工业生产等为主的国土空间开发活动。国土空间利用，是指根据国土空间特点开展的长期性或周期性使用和管理活动。生态修复和国土综合整治，是指遵循自然规律和生态系统内在机理，对空间格局失衡、资源利用低效、生态功能退化、生态系统受损的国土空间，进行适度人为引导、修复或综合整治，维护生态安全、促进生态系统良性循环的活动。

国土空间总体规划涉及国土空间利用的政治、经济、文化、社会、生态等各个领域，在指导有序发展、提高建设和管理水平等方面发挥着重要的先导和统筹作用。国土空间总体规划具有公共政策属性，是指导与调控城市发展建设的重要手段。

经法定程序批准的总体规划文件，是详细规划、相关专项规划和实施规划行政管理的法定依据，具有法定的约束性。各类涉及城乡发展和建设的行业发展规划，都应符合总体规划的要求。

国土空间总体规划具有战略性、协调性、综合性，不仅是专业技术，也是引导和调控建设、保护和管理空间资源的重要依据和手段，因此也是参与综合性战略部署的工作平台。它是一定时期国土空间保护、开发、利用、修复的政策总纲，是各类开发保护建设活动、国土空间用途管制的基本依据。

编制国土空间总体规划，应当以全国国土空间规划、国家经济社会发展规划、专项规划等上层次法定规划为依据，根据经济社会发展需求、人口资源环境承载能力，从区域经济社会发展的角度研究规划区域的定位和发展战略；控制人口规模、提高人口素质；合理配置城乡各项基础设施和公共服务设施；充分发挥中心城市的区域辐射和带动作用，合理确定城乡空间布局，促进区域经济社会全面、协调和可持续发展；改善人居环境、健全城市综合防灾体系，保证城市安全；保护历史文化资源，延续城市历史文脉。

二、规划层次

国土空间总体规划一般分为市域和中心城区规划两个层次。市域与中心城区，要落实

重要管控要素的系统传导和衔接。

市域要统筹全域全要素规划管理，侧重国土空间开发保护的战略部署和总体格局。

市域层次的主要内容有提出市域城乡融合、区域协调发展战略；确定资源环境底线，提出生态优先、绿色发展的策略；提出国土空间政治与修复策略；划定三区三线；完善区域公共服务设施和基础设施支撑体系；原则确定市域交通、能源、供水、排水、防洪、垃圾处理等重大基础设施和重要社会服务设施的布局；提出实施规划的措施和有关建议。

中心城区要细化土地使用和空间布局，侧重功能完善和结构优化。中心城区规划的主要内容有分析确定城市性质、职能和发展目标；划定禁建区、限建区、适建区，并制定空间管制措施；根据人口规模预测，确定建设用地规模，划定建设用地范围；确定建设用地的空间布局，优化空间结构和提升连通性；提出主要公共服务设施的布局；确定住房建设标准和居住用地布局；确定绿地系统的发展目标及总体布局，划定绿地的保护范围（绿线），划定河湖水面的保护范围（蓝线）；确定历史文化保护及地方传统特色保护的内容和要求；确定交通发展战略和城市公共交通的总体布局，确定主要对外交通设施和主要道路交通设施布局；确定供水、排水、供电、电信、燃气、供热、环卫发展目标及重大设施总体布局；确定生态环境保护与建设目标，提出污染控制与治理措施；确定综合防灾与公共安全保障体系，提出防洪、消防、人防、抗震、地质灾害防护等的规划原则和建设方针；提出地下空间开发利用的原则和建设方针；确定城市空间发展时序，建立规划实施保障机制，提出实施步骤和政策建议。

三、规划原则

1. 生态优先、绿色发展

要贯彻生态文明思想和新发展理念，践行绿水青山就是金山银山的理念，坚持节约资源和保护环境的基本国策，落实最严格的生态环境保护制度、耕地保护制度和节约用地制度，严守生态、粮食、能源资源等安全底线。坚持人与自然和谐共生，积极协调人、地、产、城、乡关系，通过优化国土空间开发保护格局加快形成绿色发展方式和生活方式。

要根据建设节约型社会的要求，把节地、节水、节能、节材和资源综合利用落实到规划建设和管理的各个环节中去。要以水的供给能力为基本出发点，考虑产业发展和建设规模，落实各项节水措施，加快推进中水回用，提高水的利用效率。

2. 以人民为中心、高质量发展

以人民对美好生活的向往为目标，坚持增进人民福祉，改善人居环境，提升国土空间品质。建设美丽国土，促进形成生产、生活、生态相协调的空间格局，实现高质量发展，满足高品质生活。

规划要优先满足普通居民基本住房需求，为不同收入水平的城镇居民提供适宜的住房条件。要坚持公交优先，加强城市道路网和公共交通系统建设，着重解决交通拥堵问题。要突出加强城市各项社会事业建设，完善教育、科技、文化、卫生、体育和社会福利等公共设施，健全社区服务体系，提高人民群众的生活质量。要保护好历史文化遗产、地方文化、民俗风情，保护好城市风貌体现民族和区域特色。

3. 区域协调、融合发展

落实主体功能区等国家重大战略，推动国家区域协调发展战略在省域协同实施。完善统筹协调机制，协调解决国土空间矛盾冲突。加强陆海统筹，促进城乡融合。形成主体功能约束有效、国土开发有序的空间发展格局。在积极稳妥地推进城镇化的同时，注重城镇化的质量和区域健康发展。

编制国土空间总体规划，必须坚持城乡融合、乡村振兴、城市支持农村的战略方针。要统筹规划城乡建设，增强城市辐射带动功能，协调城乡基础设施、商品和要素市场、公共服务设施的建设。要加强城市与周边地区的经济社会联系，协调土地和资源利用、交通设施、重大项目建设、生态环境保护，推进区域范围内基础设施相互配套、协调衔接和共建共享。

4. 因地制宜、特色发展

立足规划区域的资源禀赋、发展阶段、重点问题和治理需求，尊重客观规律，因地制宜开展规划。规划要体现地方特色，发挥比较优势，确定规划目标、策略、任务和行动，走合理分工、优化发展的路子。如国土资源利用中最为常见的土地征收，涉及多方切身利益，因此首先要保证土地征收过程透明化，充分发挥市场在资源配置中的作用，鼓励失地农民实现转型就业，并结合土地所属质量片区及土地性质，制定合理化的土地征收补偿方案。编制总体规划要求规划师能够运用自己的专业知识和技能寻找并发现影响物质空间形成的动因，进而提出有效的政策，制定出最小风险的规划方案。

5. 数据驱动、创新发展

收集整合覆盖陆海全域、涵盖各类空间资源的基础数据，充分利用大数据等技术手段分析研判，夯实规划基础。打造国土空间基础信息平台，实现互联互通，为国土空间规划“一张图”提供支撑。

国土空间规划的最终目的在于，通过对国土资源的规划与整合，保障其较高的利用率，杜绝国土资源浪费，实现国土资源效用发挥最大化。而基于现代化技术手段，是实现这一目的的重要途径，依托技术建立健全完善的规划管理体系，实现规划编制实施的科学化、高效化。

6. 共建共治、共享发展

加强社会协同和公众参与，充分听取公众意见，发挥专家作用，实现共商共治，让规划编制成为凝聚社会共识的平台。发挥市场配置和政府引导作用，推进空间治理体系和治理能力现代化，实现经济效益、社会效益、环境效益相统一，使发展成果更多更公平惠及全体人民。

四、规划编制程序

市级（包括副省级和地级城市）国土空间总体规划编制应该坚持党委领导、政府组织、部门协同、专家领衔、公众参与的工作方式。市级人民政府负责市级总规组织编制工作，市级自然资源主管部门承担具体编制工作。

国土空间总体规划的工作程序主要包括基础准备工作、专题研究、规划编制、规划设计（多）方案论证、规划公示、成果报批、规划公告等。

在基础工作上：第一，统一底图底数；第二，分析自然地理格局；第三，重视规划实施和灾害风险评估；第四，加强重大专题研究；第五，总体城市设计研究。

主要编制内容分为九个方面：

第一，落实主体功能定位，明确空间发展目标战略。强化总体规划的战略引领和底线管控作用，促进国土空间发展更加绿色安全、健康宜居、开放协调、富有活力并各具特色。

第二，优化空间总体格局，促进区域协调、城乡融合发展。落实国家和省的区域发展战略、主体功能区战略，以自然地理格局为基础，形成开放式、网络化、集约型、生态化的国土空间总体格局。

第三，强化资源环境底线约束，推进生态优先、绿色发展。基于资源环境承载能力和国土安全要求，明确重要资源利用上限，划定各类控制线，作为开发建设不可逾越的红线。

第四，优化空间结构，提升连通性，促进节约集约、高质量发展。依据国土空间开发保护总体格局，注重城乡融合、产城融合，优化城市功能布局和空间结构，改善空间连通性和可达性，促进形成高质量发展的新增长点。

第五，完善公共空间和公共服务功能，营造健康、舒适、便利的人居环境。结合不同尺度的城乡生活圈，优化居住和公共服务设施用地布局，完善开敞空间和慢行网络，提高人居环境品质。

第六，保护自然与历史文化，塑造具有地域特色的城乡风貌。加强自然和历史文化资源的保护，运用城市设计方法，优化空间形态，突显本地特色优势。

第七，完善基础设施体系，增强城市安全韧性。统筹存量和增量、地上和地下、传统和新型基础设施系统布局，构建集约高效、智能绿色、安全可靠的现代化基础设施体系，提高城市综合承载能力，建设韧性城市。

第八，推进国土整治修复与城市更新，提升空间综合价值。针对空间治理问题，分类开展整治、修复与更新，有序盘活存量，提高国土空间的品质和价值。

第九，建立规划实施保障机制，确保一张蓝图干到底。保障规划有效实施，提出对下位规划和专项规划的指引；衔接国民经济和社会发展五年规划，制定近期行动计划；提出规划实施保障措施和机制，以“一张图”为支撑完善规划全生命周期管理。

第二节 “双评价”及其案例分析

“双评价”指的是资源环境承载能力评价和国土空间开发适宜性评价。

资源环境承载能力是基于特定发展阶段、经济技术水平、生产生活方式和生态保护目标，一定地域范围内资源环境要素能够支撑农业生产、城镇建设等人类活动的最大合理规模。资源环境承载能力评价是一定国土空间内，自然资源、环境容量和生态服务功能对人类活动的综合支撑水平。

国土空间开发适宜性，是在维系生态系统健康和国土安全的前提下，综合考虑资源环境等要素条件，在特定国土空间进行农业生产、城镇建设等人类活动的适宜程度。国土空间开发适宜性评价是国土空间对生态保护、农业生产、城镇建设等不同开发保护利用方式的适宜程度。

“双评价”是编制国土空间规划的前提和基础，也是国土空间规划编制过程中系列研究分析的重要组成部分。各省（区、市）依据工作方案组织开展省级“双评价”工作。参照全国“双评价”成果，结合本地实际情况，形成本行政区“双评价”初步成果。在通过专家论证的基础上，修改完善形成“双评价”成果，支撑省级国土空间规划，指导市县级“双评价”工作。编制县级以上国土空间总体规划，应先行开展“双评价”，形成专题成果，随同级国土空间总体规划一并论证报批入库。县级国土空间总体规划可直接使用市级评价运算结果，强化分析，形成评价报告，也可有针对性地开展补充评价。

一、评价目标

“双评价”是编制国土空间规划、完善空间治理的基础性工作，通过“双评价”，分析区域资源禀赋与环境条件，研判国土空间开发利用问题和风险，认识区域资源环境禀赋特点，找出其优势与短板，识别生态保护极重要区(含生态系统服务功能极重要区和生态极脆弱区)，明确农业生产、城镇建设的最大合理规模和适宜空间，为编制国土空间规划，优化国土空间开发保护格局，完善区域主体功能定位，划定生态保护红线、永久基本农田、城镇开发边界等三条控制线，实施国土空间生态修复和国土综合整治重大工程提供基础性依据，促进形成以生态优先、绿色发展为导向的高质量发展新路子。

二、评价原则

1. 底线约束

坚持最严格的生态环境保护制度、耕地保护制度和节约用地制度，维护国家生态安全、粮食安全等国土安全。在优先识别生态保护极重要区基础上，综合分析农业生产、城镇建设的合理规模和适宜等级。

2. 问题导向

充分考虑陆海全域水、土地、气候、生态、环境、灾害等资源环境要素，定性定量相结合，客观评价区域资源禀赋与环境条件，识别国土空间开发利用现状中的问题和风险，有针对性地提出意见和建议。

3. 因地制宜

充分体现不同空间尺度和区域差异，合理确定评价内容、技术方法和结果等级。下位评价应充分衔接上位评价成果，并结合本地实际，开展有针对性补充和深化评价。

4. 简便实用

在保证科学性的基础上，抓住解决实际问题的本质和关键，选择代表性要素和指标，采用合理方法工具，结果表达简明扼要。紧密结合国土空间规划编制，强化操作导向，确保评价成果科学、权威，适用、管用、好用。

三、评价工作流程

1. 工作准备

结合同级国土空间规划编制需求，明确评价目标，合理制定评价工作方案，组建综合性与专业化相结合的多领域技术团队和专家咨询团队，明确工作组织、责任分工、工作内容、进度安排等。开展具体评价工作前，进行资料收集，充分利用各部门、各领域已有相关工作成果，结合实地调研和专家咨询等方式，系统梳理当地资源环境生态特征与突出问题，在此基础上确定评价内容、技术路线、核心指标及计算精度，并开展相关数据收集工作。要保证数据的权威性、准确性、时效性，数据时间与同级国土空间规划要求的基期年保持一致，如缺失基期年相关数据，应采用最新年份数据，并结合实际进行适当修正。市县层面如缺乏优于省级精度数据，可直接应用省级评价结果。

评价统一采用2000国家大地坐标系(CGCS2000),高斯-克吕格投影,陆域部分采用1985国家高程基准,海域部分采用理论深度基准面高程基准。制图规范、精度等参考同级国土空间规划要求。根据评估方法,按照数据清单搜集评估所需的各类数据,如基础地理信息数据、土地利用现状及年度调查监测数据、水文监测数据、气象观测数据、遥感影像、地表参量、灾害类型与分布数据、交通路网分布与规划数据等。市县层面,着重补充收集精细尺度的区域数据,如小流域水文监测数据、市县内气象自动站观测数据、高精度遥感影像数据、市县灾害监测数据等。

2. 本底评价

将资源环境承载能力和国土空间开发适宜性作为有机整体,主要围绕水资源、土地资源、气候、生态、环境、灾害等要素,针对生态保护、农业生产(种植、畜牧、渔业)、城镇建设三大核心功能开展本底评价。

1) 生态保护重要性评价

省级评价上,从区域生态安全底线出发,在陆海全域,评价水源涵养、水土保持、生物多样性维护、防风固沙、海岸防护等生态系统服务功能重要性,以及水土流失、石漠化、土地沙化、海岸侵蚀及沙源流失等生态脆弱性,综合形成生态保护极重要区和重要区。

市县评价上,在省级评价结果基础上,根据更高精度数据和实地调查进行边界校核。从生态空间完整性、系统性、连通性出发,结合重要地下水补给、洪水调蓄、河(湖)岸防护、自然遗迹、自然景观等进行补充评价和修正。

2) 农业生产适宜性评价

省级评价上,在生态保护极重要区以外的区域,开展种植业、畜牧业、渔业等农业生产适宜性评价,识别农业生产适宜区和不适宜区。

市县评价上,省级评价内容和精度已满足市县国土空间规划编制需要的,可直接在省级评价结果基础上进行综合分析。根据农业生产相关功能的要求,可进一步细化评价单元、提高评价精度、补充评价内容。可结合特色村落布局、重大农业基础设施配套、重要经济作物分布、特色农产品种植等,进一步识别优势农业空间。

3) 城镇建设适宜性评价

省级评价上,在生态保护极重要区以外的区域,优先考虑环境安全、粮食安全和地质安全等底线要求,识别城镇建设不适宜区。沿海地区针对海洋开发利用活动开展评价。

市县评价上,进一步提高评价精度,对城镇建设不适宜区范围进行校核。根据城镇化发展阶段特征,增加人口、经济、区位、基础设施等要素,识别城镇建设适宜区。结合海洋资源优势,识别海洋开发利用适宜区。

结合当地实际,可针对矿产资源、历史文化和自然景观资源等,开展必要的补充评价。

4) 承载规模评价

基于现有经济技术水平和生产生活方式,以水资源、空间约束等为主要约束,缺水地区重点考虑水平衡,分别评价各评价单元可承载农业生产、城镇建设的最大合理规模。各地可结合环境质量目标、污染物排放标准和总量控制等因素,评价环境容量对农业生产、城镇建设约束要求。按照短板原理,取各约束条件下的最小值作为可承载的最大合理规模。

对照国内外先进水平,在技术进步、生产生活方式转变的情景下,评价相应的可承载农业生产、城镇建设的最大合理规模。

一般地，省级以市级（或县级）行政区为单元评价承载规模，市级以县级（或乡级）行政区为单元评价承载规模。

3. 综合分析

1）资源环境禀赋分析

分析水、土地、森林、草原、湿地、海洋、冰川、荒漠、能源矿产等自然资源的数量（总量和人均量）、质量、结构、分布等特征及变化趋势，结合气候、生态、环境、灾害等要素特点，对比国家、省域平均情况，对标国际和国内，总结资源环境禀赋优势和短板。

2）现状问题和风险识别

将生态保护重要性、农业生产及城镇建设适宜性评价结果与用地用海现状进行对比，重点识别以下冲突（包括空间分布和规模）：生态保护极重要区中永久基本农田、园地、人工商品林、建设用地以及用海活动；种植业生产不适宜区中耕地、永久基本农田；城镇建设不适宜区中城镇用地；地质灾害高危险区内农村居民点。

对比现状耕地规模与耕地承载规模、现状城镇建设用地规模与城镇建设承载规模、牧区实际载畜量与牲畜承载规模、渔业实际捕捞和养殖规模与渔业承载规模等，判断区域资源环境承载状态。对资源环境超载的地区，找出主要原因，提出改善路径。

可根据相关评价因子，识别水平衡、水土保持、生物多样性、湿地保护、地面沉降、土壤污染等方面问题，研判未来的变化趋势和存在的风险。

3）潜力分析

根据农业生产适宜性评价结果，对种植业、畜牧业不适宜区以外的区域，根据土地利用现状和资源环境承载规模，分析可开发为耕地、牧草地的空间分布和规模。根据渔业生产适宜性评价结果，在渔业生产适宜区内，根据渔业养殖、捕捞现状和渔业承载规模，分析渔业养殖、捕捞的潜力空间和规模。

根据城镇建设适宜性评价结果，对城镇建设不适宜区以外的区域（市县层面可直接在城镇建设适宜区内），扣除集中连片耕地后，根据土地利用现状和城镇建设承载规模，分析可用于城镇建设的空间分布和规模。

4）情景分析

针对气候变化、技术进步、重大基础设施建设、生产生活方式转变等不同情景，分析对水资源、土地资源、生态系统、自然灾害、陆海环境、能源资源、滨海城镇安全等的影响，给出相应的评价结果，提出适应和应对的措施建议，支撑国土空间规划多方案比选。

四、成果表达形式

评价成果包括报告、表格、图件、数据集等。

1. 评价报告

评价报告（图 5-2-1）是对双评价技术路线、评价过程、评价结果的系统表述。报告应重点说明评价方法及过程、评价区域资源环境优势及短板、问题风险和潜力，对国土空间格局、主体功能定位、三条控制线、规划主要指标分解方案等提出建议。

评价报告提纲

一、前言

简要介绍区域基本情况、评价工作情况和论证情况。

二、评价方法和过程

简要介绍评价技术路线、指标选择、评价方法和主要评价过程。在《指南》基础上进行补充、细化或修改的地方要重点说明。

三、资源环境禀赋特征

水、土地、森林、草原、湿地、海洋、能源矿产等自然资源的数量、质量、结构、空间分布、变化规律等特征，结合生态、环境、灾害等特点，总结区域资源环境禀赋优势和短板。

四、本底评价结果

(一)生态保护重要性

以表格、图片形式分别表达生态保护重要性评价结果。简要概括区域生态保护重点方向及空间格局特征。

(二)农业生产适宜性与承载规模

以表格、图片形式分别表达农业生产适宜性评价结果。简要概括区域农业生产空间格局特征。明确不同约束条件下农业生产承载规模。

(三)城镇建设适宜性与承载规模

以表格、图片形式分别表达城镇建设适宜性评价结果。明确不同约束条件下城镇建设承载规模。

五、现状问题和风险

将生态保护重要性、农业生产及城镇建设适宜性评价结果与用地用海现状进行对比，识别空间冲突。判断区域资源环境承载状态，识别因生产生活利用方式不合理、自然资源过度开发粗放利用等引起的问题，研判未来的变化趋势和存在的风险。

六、潜力分析

根据农业生产、城镇建设适宜性和承载规模结果，结合土地利用现状结构和管理要求，分析可开发为耕地的空间分布和规模，以及可用于城镇建设的空间分布和规模。分析技术进步、生产生活方式转变等对资源环境承载能力的影响和可能的提升潜力。

七、结论建议

基于评价结果对国土空间格局优化、主体功能分区完善、三条控制线划定、规划指标确定和分解、重大工程安排，以及相应的空间政策和措施提出相关结论和建议。

针对国土空间开发保护中的资源环境突出问题和风险，提出转变生产生活方式、提升资源环境承载能力的路径及具体措施。

图 5-2-1　评价报告提纲

2. 评价表格

省级以市级行政单元进行统计，市级以县级行政单元进行统计，县级以乡镇（街道）行政单元进行统计，各地根据需要可以细化统计单元。主要数据表体例参见表 5-2-1～表 5-2-8。

表 5-2-1　××省、市、县生态保护重要性评价结果汇总表

单位：面积，km²；比重，%

区域		极重要		重要	
		面积	比重	面积	比重
陆域	××				
	⋮				
	小计				
海域	××				
	⋮				
	小计				

表 5-2-2　××省、市、县农业生产适宜性评价结果汇总表

单位：面积，km²；比重，%

区域	种植业				畜牧业（仅牧区）				渔业（仅水域或海域）			
	适宜		不适宜		适宜		不适宜		适宜		不适宜	
	面积	比重	面积	比重	面积	比重	面积	比重	面积	比重	面积	比重
××												
××												
⋮												
小计												

表 5-2-3　××省（区、市）城镇建设不适宜区结果汇总表

单位：面积，km²；比重，%

区域	不适宜	
	面积	比重
××		
××		
⋮		
小计		

表 5-2-4　××城镇建设不适宜区结果汇总表　　单位：面积，km^2；比重，%

区域	不适宜	
	面积	比重
××		
××		
⋮		
小计		

表 5-2-5　土地资源约束下××省、市、县可承载耕地规模评价结果汇总表

区域	可承载耕地规模		现状耕地规模	
	(km^2)	(万亩)	(km^2)	(万亩)
××				
××				
⋮				
合计				

表 5-2-6　水资源约束下××省、市、县可承载耕地规模评价结果汇总表

情景	农业用水量（亿 m^3）	农田灌溉水有效利用系数	亩均耕地灌溉用水量（m^3/亩）	可承载的耕地规模				现状耕地面积	
				合计		其中：灌溉耕地面积（km^2）	其中：雨养耕地面积（km^2）	(km^2)	(万亩)
				(km^2)	(万亩)				
一									
二									
⋮									

注：需明确每种情景的具体约束条件。

表 5-2-7　土地资源约束下××省、市、县城镇建设承载规模评价结果汇总表　　单位：km^2

区域	可承载建设规模	现状城镇建设用地面积
××		
××		
⋮		
合计		

表 5-2-8　水资源约束下××省、市、县城镇建设承载规模评价结果汇总表

情景	城镇可用水量（亿 m^2）	城镇人均需水量（m^3/年）	可载城镇人口规模（万人）	人均城镇建设用地（m^2/人）	可承载城镇建设用地规模（km^2）	现状城镇建设用地面积（km^2）
一						
二						
⋮						

注：要明确每种情景的具体约束条件。

3. 评价图件

评价图件是用图纸形式表达“双评价”的主要内容结果，一般包括基础图、成果图两个类型。基础图是对评价区的概貌以及对区位、行政区划、地形地貌等内容进行绘制；成果图是对资源环境评价结果进行规范性表达。图面内容应完整、明确、清晰、美观。图件制图图例、颜色与色值规范标准如表 5-2-9～表 5-2-10。

表 5-2-9　主要图件清单

类型	图件名称
基础图	行政区划图
	地形地貌图
成果图	生态保护重要性评价结果图
	农业生产适宜性评价结果图
	城镇建设适宜性评价结果图
	生态保护极重要区内开发利用地类分布图
	种植业生产不适宜区内耕地分布图
	城镇建设不适宜区内城镇建设用地分布图
	耕地空间潜力分析图
	城镇建设空间潜力分析图
	生态系统服务功能重要性分布图
	生态脆弱性分布图
	多年平均降水量分布图
	人均可用水资源总量分布图
	地质灾害危险性分区图
	地下水超采与地面沉降分布图

表 5-2-10 主要图件制图图例、颜色与色值说明

内容			图例样式	CMYK 值	RGB 值
生态保护重要性	极重要			78,0,100,0	28,197,2
	重要			33,0,66,0	170,255,87
农业生产适宜性	生态保护极重要			78,0,100,0	28,179,2
	种植业	适宜		0,40,80,0	250,167,74
		不适宜		0,10,70,0	255,224,106
	牧业	适宜		60,58,100,14	117,101,23
		不适宜		0,10,70,0	255,224,106
	渔业	适宜		80,38,1,0	0,138,213
		不适宜		0,10,70,0	255,224,106
城镇建设适宜性	生态保护极重要			78,0,100,0	28,179,2
	适宜			0,100,100,0	189,4,38
	不适宜			0,50,30,0	235,157,147

4. 数据集

评价数据表是用表格形式表达双评价主要结果,对重要参数、指标值、阈值等在地域功能和行政区划单元下进行分解细化。评价数据表主要包括现状数据集、单项评价数据集、集成与模拟数据集等系列。数据表汇编内容应层次鲜明、简洁明了、清晰美观。

五、成果应用

当前阶段(2020 年版指南要求)开展“双评价”工作具有一定的相对性,生态评价方面应基于科学评价确定保护底线,对农业生产、城镇建设评价结果具有多宜性的,应结合资源禀赋、环境条件和发展目标、治理要求进行综合权衡,并与上位评价成果衔接,做出合理判断,整体流程示意如图 5-2-2。

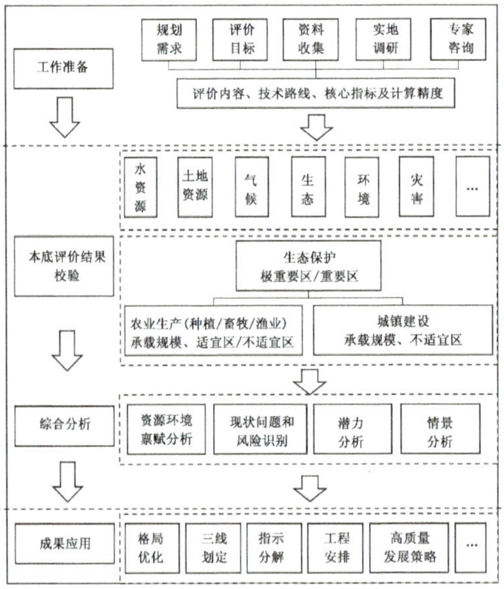

图 5-2-2 评价工作流程

评价成果具体从以下方面支撑国土空间规划编制：

支撑国土空间格局优化。生态格局应与生态保护重要性评价结果相匹配；农业格局应与农业生产适宜性评价结果相衔接。

支撑完善主体功能分区。生态保护、农业生产、城镇建设单一功能特征明显的区域，可作为重点生态功能区、农产品主产区、城市化发展区备选区域。两种或多种功能特征明显的区域，按照安全优先、生态优先、节约优先、保护优先的原则，结合区域发展战略定位，以及在全国或区域生态、农业、城镇格局中的重要程度，综合权衡后，确定其主体功能定位。

支撑划定三条控制线。生态保护极重要区，作为划定生态保护红线的空间基础。种植业生产适宜区，作为永久基本农田的优选区域；退耕还林还草等应优先在种植业生产不适宜区内开展。城镇开发边界优先在城镇建设适宜区范围内划定，并避让城镇建设不适宜区，无法避让的需进行专门论证并采取相应措施。

支撑规划指标确定和分解。耕地保有量、建设用地规模等指标的确定和分解，应与农业生产、城镇建设现状及未来潜力相匹配，不能突破区域农业生产、城镇建设的承载规模。

支撑重大工程安排。国土空间生态修复和国土综合整治重大。工程的确定与时序安排，应优先在生态极脆弱、灾害危险性高、环境污染严重等区域开展。

支撑高质量发展的国土空间策略。在坚守资源环境底线约束、有效解决开发保护突出问题的基础上，按照高质量发展要求，提出产业结构和布局优化、资源利用效率提高、重大基础设施和公共服务配置等国土空间策略的建议。

支撑编制空间类专项规划。海岸带、自然保护地、生态保护修复、矿产资源开发利用等专项规划的主要目标任务，应与评价成果相衔接。

六、“双评价”案例

重庆市作为资源环境承载能力和国土空间开发适宜性评价的试点城市，较早地开展了试评价工作，评价方法依具体项有所调整，大致流程是：首先，对基础的评价因素进行确定。例如，重庆市农业功能指向的灾害评价的基础数据因素为累年年均最大风速和累年年均日最大降雨量两个。其次，确定数据的来源，进行数据搜集。风速与降雨量的数据来源于国家气象信息中心。然后，运用不同数据算法进行数据分级，得出具体的分级可视图。最后，进行数据的集成。

重庆市对以下十三项内容进行了评价：农业功能指向的环境评价、农业功能指向的土地资源评价、农业功能指向的灾害评价、农业生产适宜性评价、农业功能指向的承载等级、水资源评价、重庆市城镇功能指向的土地资源评价、重庆市城镇功能指向的灾害评价、重庆城镇建设适宜性评价、重庆市城镇功能指向的承载等级、重庆市生态系统服务功能重要性评价、重庆市生态敏感性评价和重庆市生态保护的承载等级。这是双评价的案例成果，值得思考与借鉴。

第三节　总体规划的实施评估

区域和国土空间规划是一个动态过程，包括规划的制定和实施，整个过程应当适应城市有机体中物质和文化的不断变化。因此，国土空间总体规划需要一个动态的规划实施评估机制。

国土空间规划实施评估是指在规划实施过程中，对规划实施效果、实施环境的趋势和变化进行持续的监测，利用事先约定的评价指标对规划实施监测的结果进行评价，以衡量规划实施的效果，对规划目标、策略和实施手段提出调整建议，其包括城市体检评估、实施内容评估和实施效果评估。

在国土空间规划城市体检评估规程中，国土空间规划城市体检评估（city examination & evaluation in spatial planning）指按照"一年一体检、五年一评估"的方式，对城市发展阶段特征及总体规划实施效果定期进行分析和评价，是促进城市高质量发展、提高国土空间规划实施有效性的重要工具，分为年度体检和五年评估。年度体检（annual examination）聚焦当年度规划实施的关键变量和核心任务，对国土空间总体规划实施情况进行年度监测和评价；五年评估（five-year evaluation）对照总体规划确定的总体目标、阶段目标和任务措施等，系统分析城市发展趋势，对国土空间总体规划实施情况进行阶段性综合评估。

一、规划实施评估的目的

国土空间规划实施定期评估，为修改城乡规划奠定良好的基础，是总体规划修改的前置条件，是政府指导和调控城乡建设发展的基本手段之一，也是政府在一定时期内履行经济调节、市场监管、社会管理和公共服务职能的重要依据。国土空间规划需要结合当地经济社会发展的情况，定期对规划目标实现的情况进行跟踪评估，及时监督规划的执行情况，及时调整规划实施的保障措施。对国土空间规划进行全面科学的评估，有利于及时研究规划实施中出现的新问题，及时发现和总结规划的优点和不足，为继续贯彻实施规划或者对其进行修改提供可靠的依据，提高规划实施的科学性。

二、规划实施评估的要求

规划的实施是城市政府依据制定的规划，运用多种手段合理配置城市空间资源，保障城市建设发展有序进行的一个动态过程。通过评估，监督检查总体规划的执行情况，及时发现规划实施过程中存在的问题，提出新的规划实施应对措施，提高规划实施的绩效，并为规划的动态调整和修编提供依据。

规划评估中要系统性回顾上版规划的编制背景和技术内容，研究城市与区域发展的阶段特征，把握好城市发展的自身规律，全面总结现行总体规划各项内容的执行情况，包括城市的发展方向和空间布局、人口与建设用地规模、综合交通、绿地、生态环境保护、自然与历史文化遗产保护、重要基础设施和公共服务设施等规划目标的落实情况以及强制性内容的执行情况。

结合现状与未来经济社会发展，通过对照、检查和分析，总结成功经验，查找规划实施过程中存在的主要问题，深入分析问题的成因，研究提出改进规划制定和实施管理的具体对策措施建议，以指导和改进总体规划的实施工作，同时对总体规划修编的必要性进行分析。

国土空间规划城市体检评估，按照"一年一体检、五年一评估"的方式，其年度体检和五年评估要求分为内容要求、成果构成两项。

1. 年度体检要求

1）内容要求

年度体检报告基于六个方面的内容分析，聚焦年度规划实施中的关键变量和核心任务，总结当年城市运行和规划实施中存在的问题和难点，并从年度实施计划、规划应对措施、配套政策机制等方面有针对性地提出建议。

2）成果构成

年度体检成果由体检报告及附件组成。报告主要包括总体结论、规划实施成效、存在问题及原因分析、对策建议等。体检成果要对上一年体检发现问题的整改情况进行说明。

附件包括城市体检指标表、年度重点任务完成清单、年度规划实施分析图、年度规划实施社会满意度评价报告、年度体检基础数据库建设情况说明等。

2. 五年评估要求

1）内容要求

五年评估报告应全面对照国土空间总体规划和上级政府对国土空间总体规划的批复要求，以六个方面的规划实施情况为重点，开展阶段性的全面评估和总结，对国土空间规划各项目标和指标落实情况、强制性内容执行情况、各项政策机制的建立和对规划实施的影响等方面进行系统深入分析，结合规划面临的新形势和新要求，对未来发展趋势做出判断，并对规划的动态维护及下一个五年规划实施措施、政策机制等方面提出建议。

2）成果构成

五年评估成果由评估报告及附件组成。报告主要包括总体结论、规划实施成效、存在问题及原因分析、对策建议等。

附件包括评估指标表、五年重点任务完成清单、五年规划实施分析图、五年规划实施社会满意度评价报告、五年评估基础数据库建设情况说明等。

三、规划实施评估的主要方法

国内的实践通常运用定量和定性两种方法。通过数据、模型、数理统计等方法对实施结果与目标蓝图的契合度进行实证分析。通过定性描述来说明规划是否为决策提供依据以及是否坚持公正与理性。而对于定量方法，近年来又出现了多源数据、互联网大数据等先进技术，揭示研究以人类活动为主导因素的城市运行内在客观规律具有重要意义。

在国土空间规划城市体检评估工作中，实践的主要方法必须坚持目标导向、坚持问题导向、注重可操作性和注重全过程应用。

1. 工作组织

体检评估工作由城市人民政府负责组织实施，城市自然资源主管部门结合国土空间规划编制、审批、动态维护、实施监督等职责，牵头具体组织开展。可采取自体检评估和第三方体检评估相结合的方式。

2. 工作流程

1）概述

体检评估工作流程包括制定工作方案、构建指标体系、收集资料、分析评价、编制成果、汇交成果、成果应用等。

2）制定工作方案

各城市每年结合规划实施的重点难点、突出问题和新的发展要求，制定年度体检或五年评估工作方案，明确总体要求、主要任务、进度计划、责任分工、组织保障等内容，有序指导体检评估工作开展。

3）构建指标体系

各城市按安全、创新、协调、绿色、开放和共享六个维度建立指标体系，包括基本指标、推荐指标和自选指标。在基本指标的基础上，可结合本地发展阶段选择推荐指标，也可与地方实际紧密结合另行增设城市发展中与时空紧密关联，体现质量、效率、结构和品质的自选指标。

4）收集资料

收集全国国土调查及年度变更调查、自然资源专项调查、地理国情普查和监测、航空航天遥感影像、国土空间规划编制与审批、土地供应、执法督察等自然资源主管部门空间数据，经济社会发展统计数据，各部门专项调查统计数据，以及公开发布或合法获取的手机信令数据、POI 数据、交通 IC 卡数据、企业信息、位置服务、夜间灯光遥感、市民服务热线数据等城市运行大数据。

对于体检评估指标，可收集多年连续数据，反映指标的变化趋势；对于突出问题，可开展实地专题调研，掌握第一手资料；对于公众需求，可采取问卷调查等多种方式了解在住房保障、公共服务设施、城市基础设施、公共空间、城市安全韧性等方面的问题及意见和建议。

5）分析评价

体检评估采用空间分析、差异对比、趋势研判、社会调查等方法，倡导大数据、人工智能等新技术和新方法的应用，对城市发展现状及规划实施效果进行分析和评价。推动国土空间规划“一张图”实施监督信息系统建设，将体检评估指标数据纳入信息系统，增强分析评价的智能化水平，使体检评估工作效能和信息系统建设得到同步提升。

6）编制成果

体检评估成果由体检评估报告及附件组成，报告应简明扼要，重点突出，篇幅宜控制在 20 000 字以内。

7）汇交成果

体检评估成果以省级为单位，经省级自然资源主管部门汇总，通过国土空间规划“一张图”实施监督信息系统在线汇交至自然资源部。汇交文件成果需为文本文档，体检评估指标表需另提交表格文件。成果汇交后，应形成公众版，适时将报告及附件中非涉密内容向社会公开。

8）成果应用

各省、自治区和城市应结合实际，将体检评估成果应用于规划编制实施与动态监测评估预警、执法督察等自然资源管理工作中，支撑国民经济和社会发展规划及政府工作报告编制等综合事务决策。

3. 时间安排

年度体检应当每年开展一次，五年评估原则上与国民经济和社会发展五年规划周期保持一致。开展五年评估的当年不单独开展年度体检。因重大战略实施或规划实施中的重大调整等确需体检评估的，可适时开展。

四、规划实施评估的内容

国外的国土空间规划实施评估发展包括内容、方法、人员、机制等方面。评估内容，从简单的方案评估扩展到对规划价值标准、规划方案、政策落实、规划实施过程、实施效果等各方面的全面评估与分析，并更加注重分析规划实施过程中公共政策对规划目标的影响等。评估方法，逐步向定性与定量相结合、指标细化评价方向发展，主要采用以目标为导向和以政策分析为基础的评价方法，其中制定阶段实施目标和选择评价指标是这一方法中的核心环节。评估人员，从政府部门、专业人士扩大到市民大众。评估机制，建立较为完善的信息系统和评估实施机制。

在国土空间规划城市体检评估规程上，城市体检评估的具体内容如下。

1. 总体要求

围绕战略定位、底线管控、规模结构、空间布局、支撑体系、实施保障等六个方面的评估内容（各城市可根据具体情况进行调整），采取全局数据与典型案例结合、纵向比较与横向比较结合、客观评估与主观评价结合等分析方法，对各项指标现状年与基期年、目标年或未来预期进行比照，分析规划实施率等进展情况。同时结合政府重点工作实施情况、自然资源保护和开发利用、相关政策执行和实施效果、外部发展环境及对规划实施影响等，开展成效、问题、原因及对策分析。

2. 战略定位

分析实施国家和区域重大战略、落实城市发展目标、强化城市主要职能、优化调整城市功能等方面的成效及问题。

3. 底线管控

分析耕地和永久基本农田、生态保护红线、城镇开发边界、地质洪涝灾害、文化遗产保护等底线管控，以及全域约束性自然资源保护（包含山水林田湖草沙海全要素）目标落实等方面的成效及问题。

4. 规模结构

分析优化人口、就业、用地和建筑的规模、结构和布局，提升土地使用效益，推进城市更新等工作的成效及问题。

5. 空间布局

分析区域协同、城乡统筹、产城融合、分区发展、重点和薄弱地区建设等空间优化调整方面的成效及问题。

6. 支撑体系

分析生态环境改善、住房保障、公共服务、综合交通、市政基础设施、城市安全韧性、城市空间品质等方面的成效及问题。

7. 实施保障

分析实施总体规划所开展的行动计划、执法督察、政策机制保障、信息化平台建设，以及落实总体规划的详细规划、相关专项规划及下层次县级或乡镇级总体规划的编制、实施等方面的成效及问题。

五、国土空间规划体系评估

国土空间规划按照谁牵头编制谁组织实施的基本原则，落实规划实施责任，完善监测评估，强化分类实施，提升规划实施效能。规划编制部门要组织开展规划实施年度监测分析、中期评估和总结评估，鼓励开展第三方评估，强化监测评估结果应用。国家发展规划中期评估要结合国内外发展环境的新变化新要求，重点评估实施进展情况及存在的问题，提出推进规划实施建议，评估报告报国务院审定后提请全国人民代表大会常务委员会审议。国家级专项规划、区域规划、空间规划的评估结果向审批主体报告的同时，抄送国务院发展改革部门。

第四节 国土空间用地分类

一、市域城乡空间的划分

在国土规划之前，市域城乡空间一般可以划分为建设空间、农业开敞空间和生态敏感空间三大类。这种分类方法常常用于粗分辨率的遥感区域研究，或较为宏观的区域研究。另外一种细分为城镇建设用地、乡村建设用地、交通用地、其他建设用地、农业生产用地、生态旅游用地等。城镇建设用地，指为城镇各种建设行为所占据的用地；乡村建设用地，指集镇建设用地及乡村居民点建设用地；交通用地，指区域性交通线路及其附属设施所占用的土地；其他建设用地，主要指独立工矿、独立布局的区域性基础设施用地及特殊用地等；农业生产用地，指各种农业（广义大农业）生产活动所占用的土地；生态旅游用地，指各级自然生态环境保护区及其他具有生态意义的山体、水面、水源保护涵养区，具有旅游功能的区域等。

根据国家关于主体功能区的提法及目标要求，市域城乡空间可划分为优化调整区、重点发展区、适度发展区。优化调整区，主要是指发展基础、区位条件均最为优越，但由于发展过度或发展方式问题导致资源环境支撑条件相对不足的地区。未来发展的方向是转变经济增长方式，增强科技发展能力，调整空间布局，提高发展的质量与效率。重点发展区，主要是指发展基础厚实、区位条件优越、资源环境支撑能力较强的地区，是区域未来工业化、城市化的最适宜扩展区和人口集聚区。适度发展区，主要是指发展基础中等，区位条件一般，资源环境支撑能力不足，工业化、城市化发展条件一般的地区；或者是虽然各方面发展条件较好，但由于受到土地开发总量的限制或者由于景观生态角度的考虑而无法列入重点发展区的地区。控制发展区，主要是指工业化、城市化的不适宜区，包括各类生态脆弱区，以及各方面发展潜力不够，工业化、城市化发展条件最差的地区。

三区三线，是国土空间规划根据城镇空间、农业空间、生态空间三种类型的空间，分别对应划定的城镇开发边界、永久基本农田保护红线、生态保护红线三条控制线。城镇空间：以城镇居民生产、生活为主体功能的国土空间，包括城镇建设空间、工矿建设空间以及部分乡级政府驻地的开发建设空间。农业空间：以农业生产和农村居民生活为主体功能，承担农产品生产和农村生活功能的国土空间，主要包括永久基本农田、一般农田等农业生产用地以及村庄等农村生活用地。生态空间：具有自然属性的，以提供生态服务或生态产品为主体功能的国土空间，包括森林、草原、湿地、河流、湖泊、滩涂、荒地、荒漠等。生态保护红线：是在生态空间范围内具有特殊重要的生态功能、必须强制性严格保护的区域，是保障和维护国家生态安全的底线和生命线。永久基本农田保护红线：是按照一定时期人口和社会经济发展对农产品的需求，依法确定的不得占用、不得开发、需要永久性保护的耕地空间边界。城镇开发边界：在一定时期内，可以进行城镇开发和集中建设的地域空间边界，包括城镇现状建成区、优化发展区，以及因城镇建设发展需要必须实行规划控制的区域。

根据规划的空间管制，分为已建区、禁建区、限建区、适建区。空间管制作为一种有效而适宜的资源配置调节方式，日益成为区域规划尤其是城镇体系规划的重要内容。通过划定区域内不同建设发展特性的类型区，制定其分区开发标准和控制引导措施，可协调社会、经济与环境可持续发展。禁建区：一般在规划中为了起到保护、安全、景观等目的而实施的一种规划手段。禁建区原则上禁止任何建设活动，包括永久基本农田保护区、地表水饮用水源一级保护区、自然保护地的核心区。限建区：指生态重点保护地区，根据生态、安全、资源环境等需要控制的地区，城市建设用地需要尽量避让，包括水源地二级保护区、地下水防护区、自然保护地的非核心区、文物地下埋藏区、机场噪声控制区、市政走廊预留和道路红线外控制区、生态保护区、采空区外围、地质灾害低易发区、行洪河道外围一定范围等。适建区：指已经划定为城市建设发展用地的范围，需要合理确定开发模式和开发强度。

二、市域城镇空间组合的基本类型

市政城镇空间由中心城区及周边其他城镇组成，主要有集中型、条带型、放射型、组团型、分散型五大种组合类型。

1. 集中型

集中型是城市最常见的基本空间形态。城市建成区主体轮廓的长短轴之比小于 4∶1，因长期集中紧凑以同心圆式向外发展所致。集中型城市包括若干子类型，如网格状(图 5-4-1)、环形放射状(图 5-4-2)等。主要城市活动中心多处于平面几何中心附近，属于一元化的城市格局，建筑高度变化不突出而比较平缓，市内道路网为较规整的格网状。这种空间形态便于集中设置市政基础设施，合理有效利用土地，也容易组织市内交通系统。但是随着城市的发展，如果不能通过快捷的交通系统及时把人口和产业疏散出去，那么集中型城市会在原有基础上蔓延，呈“摊大饼”发展。

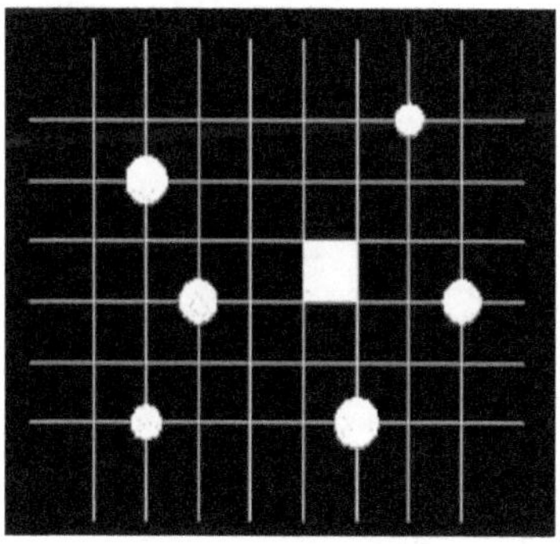

图 5-4-1　网格状(集中型一)

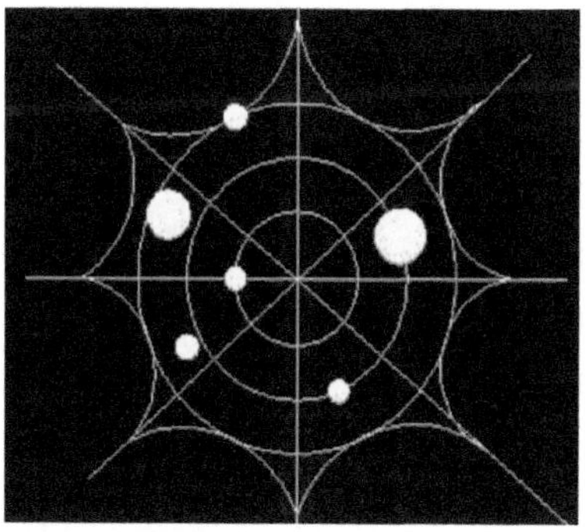

图 5-4-2　环形放射状(集中型二)

2. 条带型

条带型城市主要是在沿交通线或地形，或外部引力发展的轴向力作用下形成的一种城市空间形态，例如兰州市。建成区主体平面形状的长短轴之比大于 4∶1，并明显呈单向或双向发展，其子型有 U 型、S 型等(图 5-4-3)。交通路网组织多采用链式路网结构，空间形态布局除了一个全市活动中心，往往需要形成分区次一级的中心，呈多元化结构。这些城市往往受自然条件所限，完全适应或依赖区域主要交通干线而形成，城市组织有一定优势，但不宜过长，否则交通物耗过大。

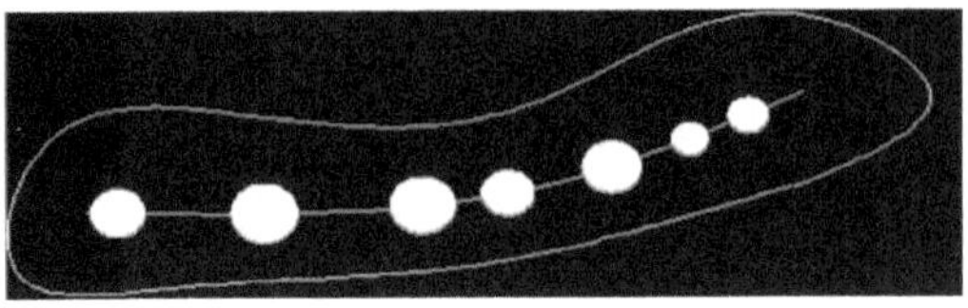

图 5-4-3　条带型

3. 放射型

当城市的主要发展轴由 3 条以上相互交叉的轴线构成时，就会形成放射型城市形态，包括指状、星状、环状等子型(图 5-4-4)。放射型是最不稳定的空间形态，多出现于地形平坦的地区，在一定规模时一般只有一个主要中心，属于一元化结构，而形成大城市后往往又发展出多个次级副中心，形成多元结构，以易于组织多向交通流向及各种城市功能。

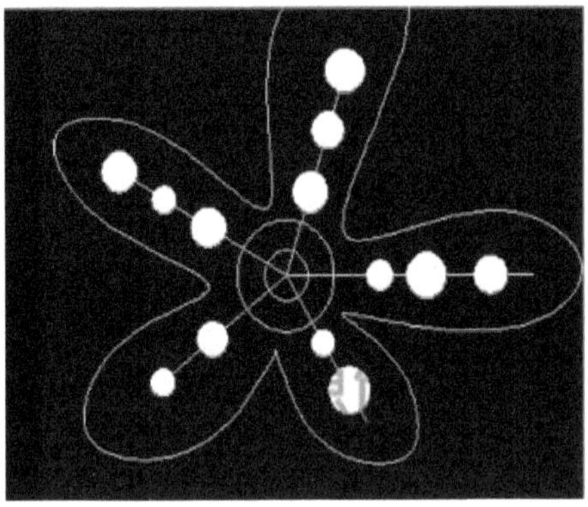

图 5-4-4　放射型

4. 组团型

组团型指城市分成具有一定规模的若干块不连续用地，每块地之间被农田、山地、较宽的河流(湖泊)或铁路站场、大片森林等分隔(图 5-4-5)。此类城市布局重在处理好集中与分散的度，既要合理分工，又要加强联系，创造一定的就地生产和生活的条件，从而减少不必要的交通压力。这种形态属于多元复合结构，如果城市布局合理，团组距离适当，可使效率提升与良好生态环境保护并重。

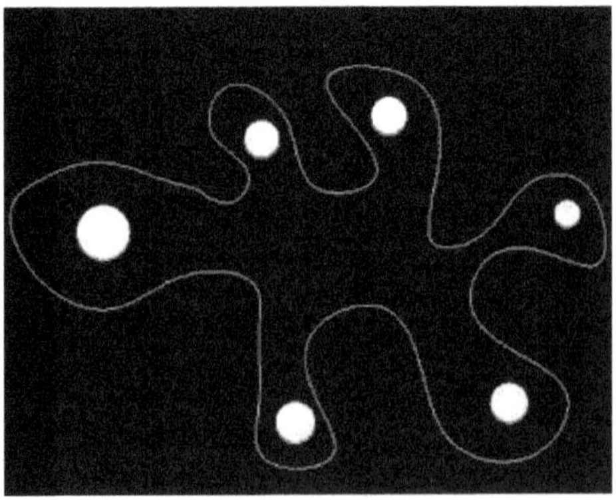

图 5-4-5　组团型

5. 分散型

分散型城市没有明确的主体团块，各个基本团块在较大区域内呈散点状分布(图 5-4-6)。这种形态往往出现在资源较分散的矿产业城市，或者地形复杂的山地丘陵、广阔平原。分散型城市通常因交通联系不便，难以组织较合理的城市功能和生活服务设施，每一组团需分别进行因地制宜的规划布局。

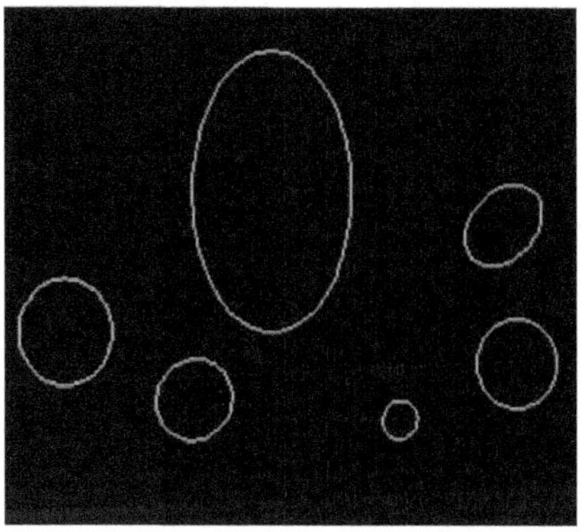

图 5-4-6 分散型

三、用地分类标准

目前，国家空间规划体系正在重构，生态文明建设正成为新趋势，为实施全国自然资源统一管理，科学划分国土空间用地用海类型、明确各类型定义，统一国土调查、统计和规划分类标准，合理利用和保护自然资源，需要国土空间分类指南为基准。

1. 现行分类标准

住建部于 2018 年发布了《城乡用地分类与规划建设用地标准》征求意见稿，该标准一般规定用地分类包括城乡用地分类、城市建设用地分类、镇建设用地分类、村庄建设用地分类四部分，应按土地使用的主要性质进行划分。

使用该分类时，可根据工作性质、工作内容及工作深度的不同要求，采用本分类的全部或部分类别。其中，城市、县人民政府所在地镇和其他具备条件的镇使用城市建设用地分类；一般镇和具备条件的乡使用镇建设用地分类；一般乡政府驻地所在村庄、行政村、自然村等农村居民点使用村庄建设用地分类。

鼓励城市、镇进行合理的用地兼容与混合用地设置，并应符合保障公共服务、营造宜居环境、避免功能冲突等原则，以及相关技术条件和政策要求。

1) 城乡用地分类

城乡用地分为 2 个大类、10 个中类、25 个小类，城乡用地分类和代码如表 5-4-1。

表 5-4-1 城乡用地分类和代码

类别代码		类别名称
大类	中类	
H（建设用地）	H1	城乡居民点建设用地
	H2	区域交通设施用地
	H3	区域公用设施用地
	H4	特殊用地
	H5	采矿用地
	H6	盐田
	H9	其他建设用地
E（非建设用地）	E1	农林用地
	E2	水域
	E9	其他非建设用地

2）城市建设用地分类

城市建设用地应分为 9 个大类、36 个中类、47 个小类，城市建设用地分类和代码如表5-4-2。

表 5-4-2 城市建设用地分类和代码

类别代码		类别名称
大类	中类	
R(居住用地)	R1	一类居住用地
	R2	二类居住用地
	R3	三类居住用地
A(公共管理与公共服务设施用地)	A1	行政办公用地
	A2	文化设施用地
	A3	教育用地
	A4	体育用地
	A5	医疗卫生用地
	A6	社会福利用地
	A7	文物古迹用地
	A8	科研用地
	A9	其他公共管理与公共服务设施用地

（续表）

类别代码		类别名称
大类	中类	
B(商业服务业设施用地)	B1	商业用地
	B2	商务用地
	B3	娱乐康体用地
	B4	公用设施营业网点用地
	B9	其他服务设施用地
M(工业用地)	M1	一类工业用地
	M2	二类工业用地
	M3	三类工业用地
W(物流仓储用地)	W1	一类物流仓储用地
	W2	二类物流仓储用地
	W3	危险品物流仓储用地
S(道路与交通设施用地)	S1	城市道路用地
	S2	城市轨道交通用地
	S3	交通枢纽用地
	S4	交通场站用地
U(公用设施用地)	U1	供应设施用地
	U2	环境设施用地
	U3	安全设施用地
	U4	殡葬设施用地
	U9	其他公用设施用地
G(绿地与广场用地)	G1	公园绿地
	G2	防护绿地
	G3	广场用地
X(待深入研究用地)		待深入研究用地

3）镇建设用地分类

镇建设用地应分为 8 个大类、29 个中类、4 个小类，镇建设用地分类和代码如表 5-4-3。

表 5-4-3 镇建设用地分类和代码

类别代码		类别名称
大类	中类	
R(居住用地)	R1	一类居住用地
	R2	二类居住用地
	R3	四类居住用地
A(公共管理与公共服务设施用地)	A1	行政办公用地
	A2	文化设施用地
	A3	教育用地
	A4	体育用地
	A5	医疗卫生用地
	A6	社会福利用地
	A7	文物古迹用地
	A9	其他公共管理与公共服务设施用地
B(商业服务业设施用地)	B1	商业商务用地
	B2	公用设施营业网点用地
	B9	其他服务设施用地
M(工业用地)	M1	一类工业用地
	M2	二类工业用地
	M3	三类工业用地
W(物流仓储用地)	W1	一类物流仓储用地
	W2	二类物流仓储用地
	W3	三类物流仓储用地
S(道路与交通设施用地)	S1	道路用地
	S2	交通设施用地
U(公用设施用地)	U1	供应设施用地
	U2	环境设施用地
	U3	安全设施用地
	U4	殡葬设施用地
G(绿地与广场用地)	G1	公园绿地
	G2	防护绿地
	G3	广场用地

4）村庄建设用地分类

村庄建设用地应分为 6 个大类、14 个中类、17 个小类，村庄建设用地分类和代码如表 5-4-4。

表 5-4-4　村庄建设用地分类和代码

类别代码		类别名称
大类	中类	
R(村庄住宅用地)	R1	一类住宅用地
	R2	二类住宅用地
	R3	混合式住宅用地
A(村庄公共服务用地)	A1	村庄公共服务设施用地
	A2	农业生产服务设施用地
B(村庄产业用地)	B1	村庄商业设施用地
	B2	村庄旅游设施用地
	B3	村庄工业生产用地
	B4	村庄物流仓储用地
U(村庄基础设施用地)	U1	村庄道路用地
	U2	村庄交通设施用地
	U3	村庄公用设施用地
G(村庄绿地与公共空间用地)	G1	村庄绿地
	G2	村庄公共空间用地
X(村庄其他建设用地)	X	村庄其他建设用地

在不断的探讨之下，学者们认为现有的用地分类标准及相关研究仍存在不足之处：一是尚未真正全域覆盖；二是尚未厘清全要素统筹；三是现有研究重点关注土规与城规的用地分类技术衔接，但缺乏对管理衔接的关注；四是现有用地分类在“五级三类”国土空间规划的应用缺少系统研究。目前，上海市基于当前国土空间规划新形势和上海现有分类问题，借鉴已有的理论研究成果和发达国家、地区的经验，按照全域覆盖、城乡统筹，多规合一、分级适用，对应事权、衔接管理，传承创新、刚柔并济的原则开始构建上海市国土空间规划用地分类标准体系。

2. 上海市国土空间规划用地分类标准体系案例

上海市的总体思路和分类体系是基于“政策目标、功能用途”两个维度构建上海国土空间规划用地分类体系，在这两个维度基础上形成“基础分类＋二次分类”的规划用地分类标准体系。

1）基础分类标准构建

在顶层设计上，按照自然资源统一管理和用途管制要求、落实生态文明建设国家战略要求，调整原有的“农用地、建设用地、未利用地”三大类，搭建“农业用地、建设用地、生态用地”

全域顶层分类框架。

在大类划分上，优化调整原有大类的归属，并对规划或土地专有的地类进行单列，以“控规编码—土地编码”字母和数字组合编码的方式，反映衔接关系。最后将耕地（N-01）、种植园地（N-02）、设施农用地（N-1202）和其他农用地（N-1006/1107/1203）4 个大类归入农业用地（N）；将居住用地（R-07/08/05）、公共设施用地（C-08/05/09）等 15 个大类归入建设用地（H）；将湿地（N/E-03/04/0603/11）、林地（N-03）、草地（N-04）、水域（E-11）和其他生态用地（E-12）5 个大类归入生态用地（E）。与现有标准相比，新标准将部分地类由原来的中类调整至大类；同时，新标准将规划和土地无法衔接的地类单列出，保证分类的完整性。

中类在大类划分的基础上进行优化、细化：一是将原来的中类进一步细分成若干中类；二是概括原来小类相似性提炼形成中类；三是进一步梳理矛盾地类，尽量取消其他类用地；四是调整中类归属，衔接专项管理要求。

小类主要针对建设用地中类进行细分和完善：一是调整部分矛盾或不合理的地类；二是衔接土地和相关行业要求，切分原来的建设用地；三是为了促进城乡公共服务均等化，有利于乡村振兴，增加镇村建设用地的内容；四是增加新类型地类；五是修正原有不准确的概念和定义。

2）二次分类标准构建

二次分类区别于基础分类的刚性，采用开放模式，是一个弹性的分类体系，更具有灵活性和适应性。二次分类主要体现规划和自然资源管理各专项条线的政策意图和管理需求，是用地分类政策引导的集中体现和对用地政策的空间落实。二次分类可以通过合并基础分类中的若干地类形成政策区分类，对不同政策区的功能导向、开发或保护内容、开发或保护模式、开发或保护形式开展不同的管理，促进规划意图的实现；二次分类可以选取基础分类中的若干地类，组合形成专项管理的若干要素，也可以对基础分类中的小类按照条线要求进一步细分。由此，二次分类与基础分类可以是一对多的关系，也可以是多对一的关系，视管理需求而定。

上海市先行探索的分类标准在分类方法、分类理念和思路方面进行了创新，对我国其他城市分类标准的编制具有一定的参考价值。

3. 用地用海分类指南

自然资源部于 2020 年 11 月出台了《国土空间调查、规划、用途管制用地用海分类指南》。该指南在整合原《土地利用现状分类》《城市用地分类与规划建设用地标准》《海域使用分类》等分类基础上，建立全国统一的国土空间用地用海分类。

用地用海分类采用三级分类体系，本指南共设置 24 种一级类、106 种二级类及 39 种三级类，分类名称、代码如表 5-4-5。

表 5-4-5　用地用海分类名称和代码

一级类		二级类		三级类	
代码	名称	代码	名称	代码	名称
01	耕地	0101	水田		
		0102	水浇地		
		0103	旱地		

（续表）

一级类		二级类		三级类	
代码	名称	代码	名称	代码	名称
02	园地	0201	果园		
		0202	茶园		
		0203	橡胶园		
		0204	其他园地		
03	林地	0301	乔木林地		
		0302	竹林地		
		0303	灌木林地		
		0304	其他林地		
04	草地	0401	天然牧草地		
		0402	人工牧草地		
		0403	其他草地		
05	湿地	0501	森林沼泽		
		0502	灌丛沼泽		
		0503	沼泽草地		
		0504	其他沼泽地		
		0505	沿海滩涂		
		0506	内陆滩涂		
		0507	红树林地		
06	农业设施建设用地	0601	乡村道路用地	060101	村道用地
				060102	村庄内部道路用地
		0602	种植设施建设用地		
		0603	畜禽养殖设施建设用地		
		0604	水产养殖设施建设用地		
07	居住用地	0701	城镇住宅用地	070101	一类城镇住宅用地
				070102	二类城镇住宅用地
				070103	三类城镇住宅用地
		0702	城镇社区服务设施用地		
		0703	农村宅基地	070301	一类农村宅基地
				070302	二类农村宅基地
		0704	农村社区服务设施用地		

（续表）

一级类		二级类		三级类	
代码	名称	代码	名称	代码	名称
08	公共管理与公共服务用地	0801	机关团体用地		
		0802	科研用地		
		803	文化用地	080301	图书与展览用地
				080302	文化活动用地
		0804	教育用地	080401	高等教育用地
				080402	中等职业教育用地
				080403	中小学用地
				080404	幼儿园用地
				080405	其他教育用地
		0805	体育用地	080501	体育场馆用地
				080502	体育训练用地
		0806	医疗卫生用地	080601	医院用地
				080602	基层医疗卫生设施用地
				080603	公共卫生用地
		0807	社会福利用地	080701	老年人社会福利用地
				080702	儿童社会福利用地
				080703	残疾人社会福利用地
				080704	其他社会福利用地
09	商业服务业用地	0901	商业用地	090101	零售商业用地
				090102	批发市场用地
				090103	餐饮用地
				090104	旅馆用地
				090105	公用设施营业网点用地
		0902	商务金融用地		
		0903	娱乐康体用地	090301	娱乐用地
				090302	康体用地
		0904	其他商业服务业用地		
10	工矿用地	1001	工业用地	100101	一类工业用地
				100102	二类工业用地
				100103	三类工业用地
		1002	采矿用地		
		1003	盐田		

（续表）

一级类		二级类		三级类	
代码	名称	代码	名称	代码	名称
11	仓储用地	1101	物流仓储用地	110101	一类物流仓储用地
				110102	二类物流仓储用地
				110103	三类物流仓储用地
		1102	储备库用地		
12	交通运输用地	1201	铁路用地		
		1202	公路用地		
		1203	机场用地		
		1204	港口码头用地		
		1205	管道运输用地		
		1206	城市轨道交通用地		
		1207	城镇道路用地		
		1208	交通场站用地	120801	对外交通场站用地
				120802	公共交通场站用地
				120803	社会停车场用地
		1209	其他交通设施用地		
13	公用设施用地	1301	供水用地		
		1302	排水用地		
		1303	供电用地		
		1304	供燃气用地		
		1305	供热用地		
		1306	通信用地		
		1307	邮政用地		
		1308	广播电视设施用地		
		1309	环卫用地		
		1310	消防用地		
		1311	干渠		
		1312	水工设施用地		
		1313	其他公用设施用地		

（续表）

一级类		二级类		三级类	
代码	名称	代码	名称	代码	名称
14	绿地与开敞空间用地	1401	公园绿地		
		1402	防护绿地		
		1403	广场用地		
15	特殊用地	1501	军事设施用地		
		1502	使领馆用地		
		1503	宗教用地		
		1504	文物古迹用地		
		1505	监教场所用地		
		1506	殡葬用地		
		1507	其他特殊用地		
16	留白用地				
17	陆地水域	1701	河流水面		
		1702	湖泊水面		
		1703	水库水面		
		1704	坑塘水面		
		1705	沟渠		
		1706	冰川及常年积雪		
18	渔业用海	1801	渔业基础设施用海		
		1802	增养殖用海		
		1803	捕捞海域		
19	工矿通信用海	1901	工业用海		
		1902	盐田用海		
		1903	固体矿产用海		
		1904	油气用海		
		1905	可再生能源用海		
		1906	海底电缆管道用海		
20	交通运输用海	2001	港口用海		
		2002	航运用海		
		2003	路桥隧道用海		
21	游憩用海	2101	风景旅游用海		
		2102	文体休闲娱乐用海		

（续表）

一级类		二级类		三级类	
代码	名称	代码	名称	代码	名称
22	特殊用海	2201	军事用海		
		2202	其他特殊用海		
23	其他土地	2301	空闲地		
		2302	田坎		
		2303	田间道		
		2304	盐碱地		
		2305	沙地		
		2306	裸土地		
		2307	裸岩石砾地		
24	其他海域				

四、城区范围确定

城区范围确定首先要区别城区与建成区这两个概念。城区指在市辖区和不设区的市，区、市政府驻地实际建设连接到的居民委员会所辖区域和其他区域；建成区指在指城市行政区内实际已成片开发建设、市政公用设施和公共设施基本具备的地区。

考虑到实际统计数据的获取问题，城区范围将城区实体地域范围落实到行政统计单元这一尺度，为统计局等部门提供一个统一的“数据接口”，能够使得不同部门的数据在同一层面上汇总、交流、使用。城区实体地域范围的最小单位是符合最小面积要求和城区特征的实体地物，城区范围的最小单位是行政统计范围，两者的差异主要体现在边缘地区（图5-4-7）。

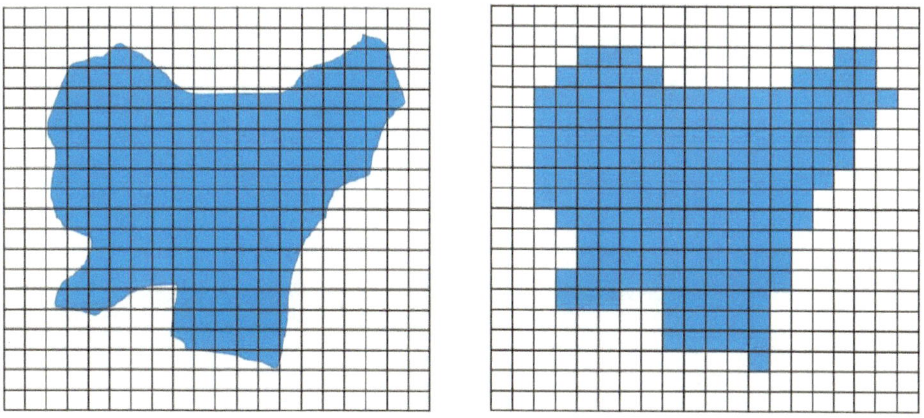

a 某城区实体地域范围实例　　b 某城区范围实例

图 5-4-7　城区实体地域范围与城区范围

城市总体评估一般分为两个范围，即主城区与中心城区。中心城区是针对行政区域城镇体系中处于首位的城市而言的，是这个首位城市所具备的区域性和主导性功能的集中承载地区。现行法律法规中并未对中心城区概念做出过明晰界定，总体而言，中心城区是一个目前范围和界定尚无定论的地域概念，而且这一概念经常用在城市规划中，也经常被地方政府指定为某一与若干区级行政区划范围吻合的地域范围。主城区是中心城区内的核心发展片区，对城市的经济发展起到重要作用。很多城市的主城区以某一环路所围区域为基准（如南京、义乌、北京等），也有的主城区与行政区域吻合（如武汉）。由于中心城区和主城区概念尚未明确，因此不将其与城区范围作进一步的比较。

由此可以明确城区范围所确定的相关概念。城区范围（urban built-up area）指在市辖区和不设区的市，区、市政府驻地的实际建设连接到的居民委员会所辖区域和其他区域，一般是指实际已开发建设、市政公用设施和公共服务设施基本具备的建成区域范围；城区实体地域范围（physical urban built-up area）指城区实际建成的空间范围，是城市实际开发建设、市政公用设施和公共服务设施基本具备的空间地域范围；城区初始范围（preliminary urban built-up area）指城区实体地域范围确定过程中的初始区域，是自然资源主管部门核定的相关城区国土调查城市图斑数据覆盖区域；城区最小统计单元（minimum statistical unit of urban built-up area）指城区范围划定过程中涉及到的街道办事处（镇）所辖区域，可依据城市统计调查等管理工作需要，在居（村）民委员会所辖区域四至边界清楚的情况下，将城区最小统计单元细化至居（村）民委员会所辖区域；地物（physical object）指地球表面上各种固定性物体，可分为自然地物和人工地物；图斑（land patch）是指地图上被行政区、城镇、村庄等调查界线、土地权属界线、功能界线以及其他特定界线分割的单一地类地块。

1. 城区范围确定的基本原则

第一，客观真实。城区实体地域范围及其对应的城区范围的确定应以客观反映城市建成现状为前提，以真实可信的数据为基础；

第二，科学合理。城区实体地域范围及其对应的城区范围的确定应采用科学的理论方法，避免主观性较强的指标或技术方法；

第三，定量准确。城区实体地域范围及其对应的城区范围的确定应在明确行政隶属关系的基础上，使用定量化的标准，明确结果中包含的城区最小统计单元的数量和空间范围。

2. 城区实体地域范围确定的技术方法

1）技术流程

城区实体地域范围确定技术流程如图 5-4-8。

2）数据准备

① 基础数据

城区实体地域范围的确定过程需要以下两种基础数据作为支撑。第一，影像数据：最新的行政区内不低于 2 m 分辨率的遥感影像；第二，矢量数据：最新的行政区划矢量边界数据、全国国土调查或年度变更调查数据（主要包括地类图斑、城镇村等用地、行政区、村级调查区等数据）等。

② 数据基础

城区实体地域范围的确定过程中涉及的基础数据需满足以下条件。第一，投影：高斯—克吕格投影 3°分带；第二，坐标系统：2000 国家大地坐标系；第三，高程基准：1985 国家高程

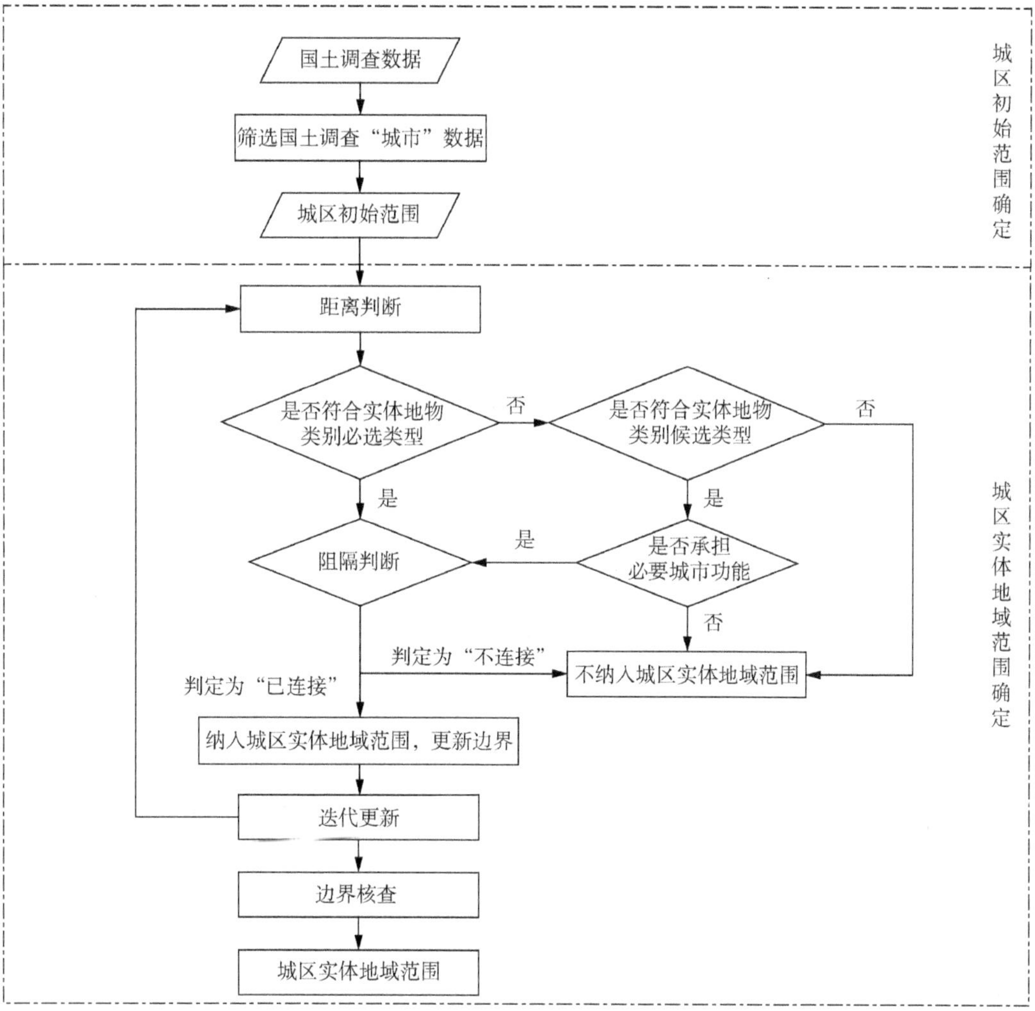

图 5-4-8　城区实体地域范围确定技术流程

基准。

③ 计量单位

长度单位采用米(m)；面积计算单位采用平方米(m^2)；面积统计汇总单位采用公顷(hm^2)。

3）具体确定方法

① 城区初始范围确定方法

首次确定城区初始范围时，以第三次全国国土调查(以下简称“三调”)数据为基底，从中选取三调属性代码为 201 及 201A 的图斑数据所明确的空间范围作为城区初始范围。以国土调查过程数据为城区初始范围的，完整使用，不作取舍；待该次国土调查成果发布后，替换更新。

② 确定待纳入城区实体地域范围的图斑

以城区初始范围为基础，依次判断向外缓冲 100 m 范围内(含与 100 m 范围相交)的图斑地类是否符合规定的城区实体地物必选类别或候选类别，若符合必选类别，则进行连接条件判断；反之，若符合候选类别，则综合考虑城市实际情况，选择具备城市居住和承担城市休闲游憩、自然和历史文化保护及其他城市相关必要功能（如公共管理与公共服务功能、商业服务功能、交通运输功能、市政公用功能、生态绿化功能、文化展示功能、物流仓储功能）的地物，进行连接条件判断。

③ 连接条件判断

对于待纳入城区实体地域范围的图斑，按照连接条件的规定，逐个判断其与由城区初始范围和已纳入城区实体地域范围的图斑构成的、当前城区实体地域范围的连接状态，符合条件的纳入城区实体地域范围。

④ 迭代更新判断

重复确定待纳入城区实体地域范围的图斑以及连接条件判断这两个步骤。当没有新的、符合条件的图斑纳入城区实体地域范围时，停止迭代。迭代次数原则上不超过 5 次，纳入图斑的空间范围，不宜超出与最后一次迭代边界相交的城区最小统计单元管辖范围边界。最后一次迭代结束后，将延伸在集中连片面状城区实体地域范围外的道路和沟渠等线状特征地物进行截断删除，仅保留当前城区实体地域范围内的部分。

其中，不应参与迭代的有：第一，通过确定待纳入城区实体地域范围的图斑以及连接条件，判断这两个步骤纳入城区实体地域范围中的湿地、林地、草地、水域及水利设施用地图斑；第二，铁路用地、轨道交通用地、公路用地、城镇村道路用地、管道运输用地、沟渠等线状特征图斑；第三，城区初始范围内部的空洞。注意城区初始范围中独立在外且小的图斑不宜参与迭代。

⑤ 特殊情况判断

对于已是城市的重要组成部分且承担必要城市功能的地类图斑，若其通过上述步骤无法纳入城区实体地域范围，分以下四类进行判断。

第一，与国家或城市未来发展战略对应的各类国家级或省级开发区、工业园区：经过国家、省两级自然资源主管部门参与审定确定的建成或部分建成并运行的，其建成运行部分纳入城区实体地域范围；

第二，重大交通基础设施：直接与城市交通干线连通，已建成且承担旅客、物流运输等城市经济发展功能的交通枢纽，如以市级行政区划地名命名的机场、火车站、港口等，纳入城区实体地域范围；

第三，已建成的城市级或为更大范围内区域服务的功能区、市政公用设施：纳入城区实体地域范围；

第四，承担城市必要功能且不可被城区实体地域范围具备同类功能的区域替代的相邻镇区，可结合城市体检评估佐证，局部或整体纳入城区实体地域范围，原则上不超过两处。

以上新纳入的地类图斑仅考虑集中连片的图斑，不纳入散落在集中连片之外的零星建成区，且均不参与迭代。当镇区图斑作为特殊情况参与判断时，纳入区域不可超出通过迭代更新判断形成的城区实体地域范围外相邻镇的镇区范围。

⑥ 边界核查

城区实体地域范围不得跨越市级行政区边界，不得与生态保护红线、永久基本农田相冲突，不宜超出城镇开发边界。

4）范围更新

当城区初始范围更新时，根据最新的自然资源主管部门核定的相关城区国土调查数据确定城区初始范围；当城区实体地域范围更新时，利用最新的国土调查数据，根据上文②至⑥规定的步骤进行更新。

5）成果提交

城区实体地域范围确定后，需要提交以下成果。第一，矢量数据：城区初始范围矢量数据、城区实体地域范围矢量数据，以及涉及城区实体地域范围边界的城区最小统计单元内部所有矢量数据；第二，栅格数据：城市行政区域遥感影像数据；第三，其他相关材料：举证材料、城区实体地域范围确定报告等。

3. 城区范围确定技术方法

1）技术流程

在识别城区实体地域范围的基础上，延伸确定城区范围（图 5-4-9）。

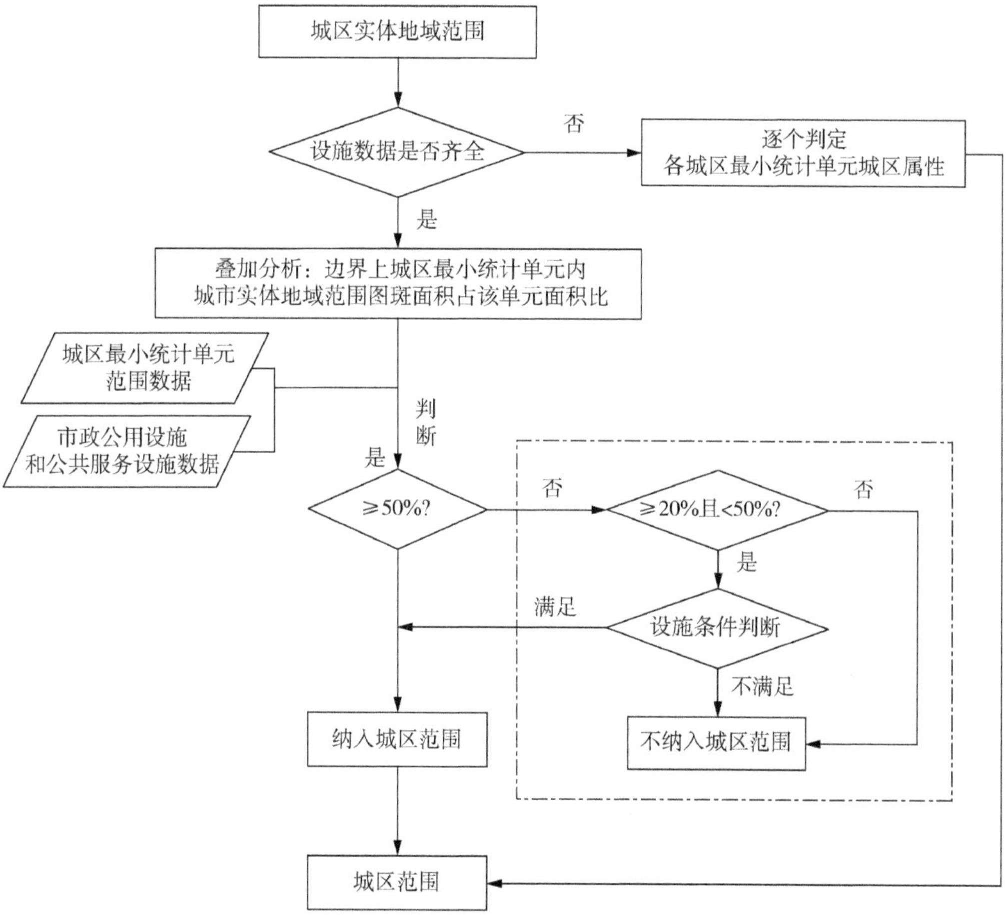

图 5-4-9　城区范围确定技术流程

2）补充数据

城区范围的确定过程还需要补充基础数据作为支撑，如为矢量数据，还需满足数据基础的要求：第一，最新的城区最小统计单元管辖范围数据；第二，最新的城区最小统计单元市政公用设施和公共服务设施空间数据等。

3）具体确定方法

① 不具备市政公用设施和公共服务设施数据的城市

结合四至边界清楚的城区最小统计单元行政管理现状，逐个判定各单元城区属性，汇总形成相对合理的、集中连片的城区范围。

② 具备市政公用设施和公共服务设施数据的城市

按下述方法判定形成城区范围：叠加城区最小统计单元管辖范围数据和城区实体地域范围。将区、市政府驻地所在城区最小统计单元、城区实体地域范围边界内的城区最小统计单元直接纳入城区范围；筛选出城区实体地域范围边界上的城区最小统计单元作为待纳入城区范围的单元，并按下述步骤进行判断。

第一，若该城区最小统计单元中城区实体地域范围面积占比小于20%，则不纳入城区范围；

第二，若该城区最小统计单元中城区实体地域范围面积占比大于等于50%，则将其直接纳入城区范围；

第三，对于城区实体地域范围面积占比小于50%且大于等于20%的城区最小统计单元，开展市政公用设施和公共服务设施建设情况调查，按照下列要求判定：若其属于生活居住功能为主的居住型城区最小统计单元，同时满足5项市政公用设施和3项公共服务设施条件后，纳入城区范围；若其属于非生活居住功能为主的非居住型城区最小统计单元，如商业金融、商务办公、工业生产、生态绿化、文化展示等，满足5项市政公用设施条件后，纳入城区范围；若其属于国家级、省级历史文化名城的历史文化街区，或由省、自治区、直辖市人民政府核实公布的历史文化街区，经出具相关举证材料后，纳入城区范围。

4）范围更新

城区范围更新时，利用城区最小统计单元管辖范围数据和更新后的城区实体地域范围，按照城区范围确定方法规定的步骤进行更新。

第五节　城市空间形态与发展方向

一、城市空间形态概念

1. 城市形态定义

城市空间结构往往指的是城市内部空间结构，就是城市系统中各组成部分或各要素之间的关联方式。目前关于城市形态的定义有两种：广义的城市形态是指城市各组成部分的有形表现，是城市用地在空间上呈现的几何形状，而且是一种复杂的经济、文化现象和社会过程，是人们通过各种方式认识、感知并反映城市整体的意向总体，它由物质形态和非物质形态两部分组成；狭义的城市形态是指城市实体表现出来的具体空间物质形态。本书的城市空间形态变化，是指城市系统中各组成部分或各要素之间的关联方式，以及它们在空间要素上的投影变化，包含由此带来的城市形态变化。

2. 城市形态的类型

城市规划学术界多采用比较直观的、简单易行的“图解式分类法”，以行政区划边界以内主体建成区总平面外轮廓形状为差别标准，城市主体周围距离较远或面积规模较小的相对独立的分区或村镇不参与差别判断。城市形态大体分为集中型、条带型、放射型、组团型、分散型五大类。

集中型城市形态最常见，这种空间形态便于集中设置市政基础设施，合理有效利用土地，也容易组织市内交通系统，但随意蔓延会呈现“摊大饼”的发展形态；条带型城市形态是沿交通线、或地形、或外部引力发展的轴向力作用下形成的，呈单向或双向发展；放射型城市形态最不稳定，往往由3条以上的城市主要发展轴相互交叉，结构多元；组团型城市形态重在处理好集中与分散的度，布局合理，团组距离适当，可以效率提升与良好生态环境保护并重；分散型城市形态没有明确的主体团块，各个基本团块在较大区域内呈散点状分布，每一组团需分别进行因地制宜的规划布局。

二、城市空间形态演变的主要影响因素

城市形态、城市发展理论、城市政策及管理体制、城市设计及其实践理论等方面的研究构成了城市研究的总体脉络。其中，城市形态的研究既是发展理论的基础，亦是政策管理理论的依据。对城市空间形态演变进行研究，可以梳理城市发展变迁的脉络，为未来城市区域空间发展与规划提供依据。

1. 社会因素

社会的组织性和分离性是空间互动和分离的根本原因，城市空间形态的形成和演变是社会活动的需要，也是社会生活的反映，其空间关系与社会关系密切相关；从城市产生开始，社会结构就影响着城市空间结构，并对其以后的演变产生着深远的影响，如在中国古代的宗族制社会体制的影响下，形成了都城、州府、县城等级严明的城市空间布局。

2. 自然因素

自然环境是人类赖以生存的基础，是城市形态演化的重要基础，它直接影响城市形态变化的潜力、速度、方向、模式和空间结构。我国古代城市的形成多与周围的地理环境有着密切的联系，它们大多聚集在水路交通中心、江河渡口或者物产丰富的区域，可以说城市的发展史就是一部人类对自然资源利用和改造的历史，因此城市空间形态必然会受到环境因素的影响。

3. 经济因素

经济因素是城市形态演化的根本原因。在城市形态演化中，始终伴随着集聚与扩散两个基本作用力的此消彼长。经济的增长是生产关系和生产力的共同发展，它们包括生产方式、经济制度、产业结构、经济流通等诸多方面，无一不对城市空间形态产生影响。一般而言，经济的加速发展使城市用地快速增加，城市空间扩展出现跳跃式和轴向扩展，城市形态的紧凑度也下降。不同的生产方式产生不同的城市空间结构的观念已普遍被国内外学者所接受，中国早期的井田制，体现在土地划分和分配制度上就是方格网状，与其相适应的军事制度、宅居制度等对早期城市形态的影响较大，因为聚落方位的壕沟和城内整齐的划分构成了中国古代城市的基本空间特征。

4. 政治因素

城市从产生到发展，每一个过程都与政治、政策有关，从行政区划、投资区位、城市化战略、城建政策、经济政策到意识背景、权力干预等无不带有政治色彩。它对城市格局的影响主要体现在两方面：一是政权统治的功能需要；二是思想意识的空间体现。政策因素在城市形态演变中起到了引导作用，包括政治、经济、制度、城市规划等层面。在城市形态的演化过程中，政策因素对城市的发展无疑是很重要的催化剂，它对城市的发展起到了很大的促进作用。例如国务院确定把滨海新区作为综合配套改革实验区，对城市形态的演化起到很大作用。

城市规划的本质在于其公共政策的属性，在城市形态的演化中也是一个导向作用，它主要是通过关注城市土地使用的分配、布局和组织而发挥作用的。城市规划与城市发展之间，是一种"发展影响规划，规划引导发展，规划适应发展的良性循环关系"。2005 年天津市城市总体规划，把东部作为工业区，提出天津市发展要重视双城双港，使得滨海新区城市形态迅速发展，其中海运港口有力地带动了城市形态迅速发展。

三、城市空间形态的演进历程

1. 城市形态演化一般规律

1）离散阶段

自给自足式的农业为主导产业，以小城镇发展为主，缺少核心的大城市，尚未构成等级系统。

2）原始核心形成阶段

在地理条件优越的河流和道路等交汇处首先形成原始聚落核心或者先修筑城墙作为界定城市实体的物质分界标志，在连接南北和东西城门的主干道交叉点处形成中心区，该阶段城市外部空间按形态呈紧凑的团块状，发展轴尚未形成。

3）极化阶段

随着工业化兴起，城市功能的不断增加，城市用地结构发生分化，城市内部开始"膨胀"，原始核心城市得到强化，工业成了主导产业，城市空间形态由中心向四周扩展，占据城墙内耕地和空地，构成环带状结构。该阶段，城市的发展轴初步形成，并沿发展轴向外延伸，迅速吞没乡村，城市核心的带状延伸增加了城市核心的影响范围，带状核心改变了单核形态的向心特征，功能结构具有良好的均衡感。

4）外延阶段

当城市进一步发展时，城市用地必然扩展到城外地区，城市中心由两个或者多个方向向外扩展而呈现出放射性指状形态。当城市沿发展轴延伸到一定程度时，城市扩展便进入相对稳定的阶段，并在较长时间内保持星状形态。

5）扩散阶段

随着城市一次次扩展，工业结构愈发复杂与完善，城市规模越来越大，产生了分散的要求，城市呈不连续的跳跃式扩展，中心城市与道路形成点—轴系统，通过轴向扩散带动中小城市的发展，通常在距离老城区一定距离的铁路站附近形成新的城区，成为近代工业和城市经济活动的中心，这种新的中心具有一定的独立性，与城市中心保持较为方便的联系。

6）成熟阶段

城市继续向外扩展，信息化和产业高技术化城市发展的推动力、区域生产力向均衡化发展，以致两个或两个以上城市组群日趋接近，直到“吞没”中间空地而连成一片，形成点-轴-网络系统，整个区域成为一个高度发达的城市化区域。

2. 特殊城市类型的城市形态演化

每种城市都有其特殊的城市形态演化规律，需要根据城市发展一般规划和特殊情况进行认真研究。纵观历史上港口城市的兴衰与成长，发现其具有普遍规律性，城市空间形态演化具有典型的过程—格局—机理的规律特征，其经历四个发展时期（图 5-5-1）：第一，单核生长，在港口交通优越的区位首先集中扩展。第二，组团扩展，港区工业集聚带动城市次优区位组团扩展。第三，轴带扩张，源于交通的带动、工业体系与配套设施完善。第四，区域填充，城市功能与城市形态自我发展。

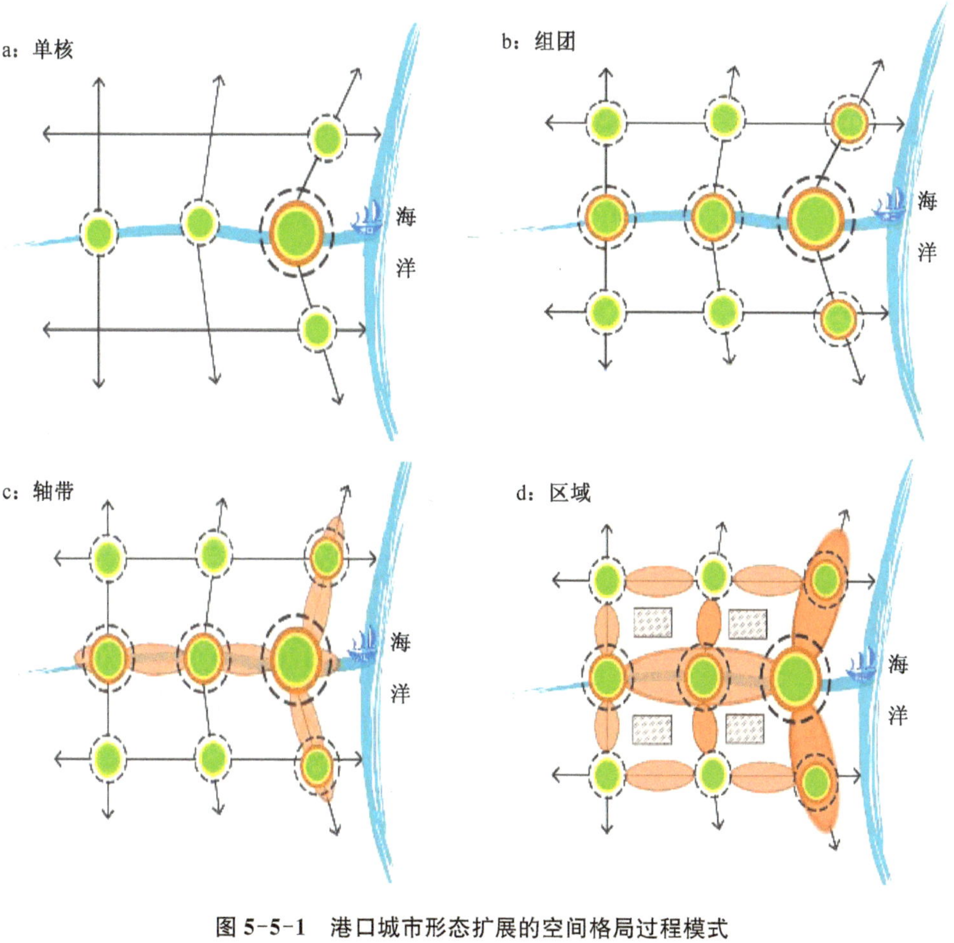

图 5-5-1　港口城市形态扩展的空间格局过程模式

四、城市空间形态规划内容

规划应把握城市空间形态演化的过程—格局—机理，结合城市形态演化逐渐脱离外部依赖性的规律，合理布局城镇体系、合理进行空间管控。根据城市空间形态模拟预测结果，科学地分析城市空间发展阶段特征，在有效时空范围内适当地运用规划调控政策，从整体上控制具有全局意义的关键区域和节点，并进行相应的防灾空间预留和调整。

规划还应提出全域山水人文格局的空间形态引导和管控原则，对滨水地区（河口、海岸）、山麓地区等城市特色景观地区提出有针对性的管控要求。

明确空间形态重点管控地区，提出城市开发强度分区和容积率、密度等控制指标，以及高度、风貌、天际线等空间形态控制要求。明确有景观价值的制高点、山水轴线、视线通廊等，严格控制新建超高层建筑。

对乡村地区分类分区提出特色保护、风貌塑造和高度控制等空间形态管控要求，发挥田野的生态、景观和间隔等功能，营造田园风光，体现地域特色。

五、城市空间发展方向

1. 基本概念

城市空间发展方向、城市形态、城市空间结构在国土空间规划中需要一起研究，三者各有侧重。城市结构的研究侧重于城市空间整体功能的合理，城市空间形态侧重于空间实体的外在形态，而城市发展方向更侧重于城市空间发展的可能性及合理性。城市空间发展方向是城市发展战略中重点研究的问题之一，国土空间总体规划中应对此进行专门的分析、研究和论证。对城市发展方向做出重大调整时一定要经过充分的论证。

2. 相关理论

城市空间发展方向选择的理论有主要经济方向联系论与腹地论两大基本认识。第一个是以周一星教授为代表的主要经济联系方向理论，其认为城市的实体地域会沿着它的对外联系方向而延伸，当几个方向的引力不均衡时，城市会偏重于主要对外联系方向而发展，该理论在许多城市规划中得到了应用。

第二个理论是腹地论，以城市及其联系的区域整体理论为依据，也就是城市空间方向选择应偏向其辐射和服务的腹地地区。城市空间发展方向的选择都会偏向腹地广阔的空间方位，不同的外在要素对于不同发展等级、规模的城市的影响和作用力也有所区别，应当充分结合城市自身特征进行相应的调整。

3. 城市发展方向分析方法

定量分析，这种方法的重要性随着城市规划专业的进步迅速上升。它主要通过空间数据、经济数据、人口社会发展情况等对不同发展方向进行比较进而明确方向。一是从城市内部，通过 GIS 用地适宜性评价对多种限制和发展方向比较，分析得出城市中最有利的拓展空间；二是从区域角度，通过分析区域与城市相互影响作用，明确城市发展的主要影响力与方向，通过引力模型计算主要因素。

定性分析，这种方法是城市规划的传统方法。通常从城市发展动力角度分析城市发展的影响因素，分析城市不同空间方向的发展潜力与发展内涵。城市空间拓展方向的影响要素分为自然条件、经济发展、社会文化、组织制度和物质空间五大类，不同城市这五类影响因素的权重不同。

4. 不同类型城市的空间发展方向选择

不同等级、规模、类型城市经济联系的内涵不一样，因此空间发展方向影响要素也不尽相同。规划中需要针对各城市特点进行引导，而不应当盲目地借鉴案例和理论，同一而论。

区域性中心城市通常规模大且功能综合，其经济联系方向多样化，城市空间方向选择主要特征是不同的发展方向上承担不同的城市功能。这些城市一般承担区域性中心城市功能，对空间方向的要求和偏向也不同，区域服务职能往往与城市区域联系方向直接相关，又与城市发展的腹地和城市特色空间紧密关联。本地服务的职能更多集中于城市中心以及人口重点拓展的新城、新区等重点空间。

地区性中心城市，辐射限于一定区域范围内，通常是二、三线城市。城市的实体地域会沿着它的对外联系方向而延伸，当几个方向的引力不均衡时，城市会偏重于主要对外经济联系方向而发展；区域在外部有明显的主导对外联系方向时，中心城市常在区域偏于主要对外联系方向的门户位置上形成发展。城市空间方向选择区域经济联系方向成为城市主导方向，符合空间经济学原理。

小城市由于规模小，功能相对简单，其空间方向选择往往又存在多元化可选择的趋势，各个方向都有其利弊。高速公路选线、高铁站的设置、大型企业选址等不确定因素，都有可能直接影响到一个小城市空间方向的选择。因此，在国家建设快速发展期，小城市空间方向选择也很容易发生不确定性摇摆。由于小城市功能有限，经济联系自主性较差，发展容易受外力影响，且具有难以恢复性，空间方向选择的失误对这些城市造成资源的极大浪费，故这种不确定的空间方向选择对小城市发展十分不利。小城市的发展方向选择更需要明确方向，如何综合各方面影响因素的利弊，慎重选择城市空间方向并坚持下去对城市的发展至关重要。同时由于小城市本身财力等限制，通常需要明确一个主要方向，集中全力进行发展。

第六节　城市用地布局

一、居住用地规划布局

居住用地是城市建设用地中占比最大的用地类型。居住区规划在不同的阶段有不同的要求，例如总体规划阶段，要选择居住用地、控制开发强度、预测居住人口规模、配套基础设施和公共设施，合理布局居住生活空间；控制性详细规划阶段要确定城市居住区建筑容量和人口规模，配置各项基础设施及公共绿地，有效管控居住用地建设。居住区的城市设计要求塑造特色、优化形态、集约用地，能够有效控制居住区的公共空间系统、绿地景观系统以及建筑高度、体量、风格、色彩等，创造宜居生活空间，提升城市环境质量。图 5-6-1 为天津市某居住区经典规划设计。

1. 居住用地选址

居住区应选择在安全、适宜居住的地段进行建设。选择自然环境优良的地区，有适合的地形与工程地质条件，不得在有滑坡、泥石流、山洪等自然灾害威胁的地段进行建设。山洪、滑坡和泥石流灾害是我国自然灾害造成人员伤亡的重要灾种，发生频率十分频繁，每年都会造成大量人员伤亡和财产损失。因此居住区应避开有上述自然灾害威胁的地段进行建设。

与危险化学品及易燃易爆品等危险源的距离，必须满足有关安全规定。危险化学品及

图 5-6-1　天津市某居住区规划设计

易燃易爆品等危险源是城市的重要危险源，一旦发生事故，影响范围广、居民受灾程度严重。因此居住区与周围的危险化学品及易燃易爆品等危险源，必须保持一定的距离并符合国家对该类危险源安全距离的有关规定，可设置绿化隔离带确保居民安全。

居住用地的选择要十分注重用地自身及用地周边的环境污染影响。存在噪声污染、光污染的地段，应采取相应的降低噪声和光污染的防护措施。噪声和光污染会对人的听觉系统、视觉系统和身体健康产生不良影响，降低居民的居住舒适度。临近交通干线或其他已知固定设备产生的噪声超标、公共活动场所某些时段产生的噪声、建筑玻璃幕墙日间产生的强反射光或夜景照明对住宅产生的强光，都可能影响居民休息、干扰居民正常生活。因此，建筑的规划布局应采取相应的措施加以防护或隔离，降低噪声和光污染对居民产生的不利影响。如尽可能将商业、停车楼等对噪声和光污染不敏感的建筑邻靠噪声源、遮挡光污染，可采用设置土坡绿化、种植大型乔木等隔离措施，降低噪声和光污染对住宅建筑的不利影响。

居住用地选择应有适宜的规模与用地形状，从而合理地组织居住生活，经济有效地配置公共服务设施等。合适的用地形状将有利于居住区的空间组织和建设工程经济。在污染的地段，必须采取有效措施进行无害化处理，并应达到居住用地土壤环境质量的要求。

在城市外围选择居住用地，要考虑与现有城区的功能结构关系，利用旧城区公共设施、就业设施，有利于密切新区与旧区的关系，节省居住区建设的初期投资。

居住用地的选择应协调与城市就业区和商业中心等功能地域的相互关系，以减少居住—工作、居住—消费的出行距离与时间。5 分钟(图 5-6-2)、10 分钟社区生活圈(图 5-6-3)的建立，保证了居住社区生活的品质，能够进一步提升公共资源的精细化配置与全生命过程的人性关怀，让居住在此的人拥有更多的获得感、幸福感、安全感。

图 5-6-2　"5 分钟"社区生活圈

图 5-6-3　"10 分钟"社区生活圈

2. 布局方式

在城市总体布局中，居住用地的分布形式主要有集中式、分散式、轴向式三种。

1）集中式布局

该种模式适合于规模不大的城市，有足够的集中用地可以成片紧凑地组织。集中布置可以节约城市市政建设投资，密切城市各部分在空间上的联系，最终获得较好绿色出行效果。但在城市规模较大、居住用地过于大片密集布置，可能会造成上下班出行距离增加、疏远居住与自然的联系、影响居住生态质量等问题。

2）分散式布局

当城市规模较大、用地受到地形等自然条件的限制、城市的产业分布较散时，这类布局多见于相对高度不超过 200 m 的丘陵，由各种岩类组成的坡面组合体，起伏不大，坡度较缓，地面崎岖不平，由连绵不断的低矮山丘组成的地形，居住和城市分布较为分散。在矿区城市，受矿产资源的空间分布和开采点的影响，居住用地与之相伴分散布置。

3）轴向式布局

城市空间格局受交通带动影响，从城市中心地区沿着多条由中心向外围放射的交通干线发展时，居住用地可依托交通干线布局。居住用地布置要控制在合理的出行范围内，以一定的空间组合形态进行布置。如许多城市沿轨道交通的建设，带动了沿线房地产业的发展，居住区在沿线集结，呈轴线发展态势。

3. 居住用地指标

居住用地在城市建设用地结构（表 5-6-1）有一定的比例要求，对于不同气候区的人均居住用地面积（表 5-6-2）也做了相关规定。在具体地块设计时，安排不同的规划指标，同一地块可呈现不同效果（图 5-6-4 和图 5-6-5）。

表 5-6-1　规划城市建设用地结构

用地名称	占城市建设用地比例/%
居住用地	25.0～40.0

表 5-6-2　人均居住用地面积指标

建筑气候区划	Ⅰ、Ⅱ、Ⅵ、Ⅶ气候区	Ⅲ、Ⅳ、Ⅴ气候区
人均居住用地面积/(m^2·人$^{-1}$)	28.0～38.0	23.0～36.0

图 5-6-4　沈阳市于洪区赤山路南(1、2)北(1、2)地块规划设计方案一

方案二主要技术经济指标一览

地块名称	用地面积(单位:公顷)	建筑面积(单位:平方米)		容积率	建筑密度	绿地率	建筑底面积(单位:平方米)	停车率	平均层数
		居住面积	公建面积						
南一	18.23	402099	19014	2.31	13.2%	42.3%	24062	60%	17.5
南二	18.10	415080	8460	2.34	14.5%	45.7%	26242	80%	16.1
南	36.33	817179	27474	2.32	13.8%	44.6%	50304	70%	16.8
北一	18.50	396239	21861	2.26	15.7%	11.2%	28965	60%	14.4
北二	19.80	431768	7592	2.32	13.1%	38.6%	25862	80%	17.7
北	38.30	848007	29453	2.29	14.3%	40.7%	54827	70%	16.0
总计	74.63	1665186	56927	2.31	14.1%	43.1%	105131	70%	16.4

图 5-6-5　沈阳市于洪区赤山路南(1、2)北(1、2)地块规划设计方案二

二、商业服务业用地规划布局

1. 用地特征及选址要求

城市中商业服务业用地的功能除满足购物活动、商务交往外，还可以满足大多数市民的多种活动需求。这类用地通常高度集中在城市中交通便利、人流集中、各种配套服务设施齐全的地区，往往位于交通方便、人流集中的城市中心地区，在一些大城市中形成中央商务区。由于在该类用地中活动的人员是非特定的，其活动内容带有不同程度的公共性，并且容纳这些公共活动的建筑物通常体量较大、特点明显，因此一般也是形成城市景观风貌及城市印象的重要地区。在该类用地中，商务办公、商业服务等一部分用地承载着高强度的城市经济活动，通常伴随着较高的土地利用强度，比较直观地反映为明显高于周围地区的容积率与建筑物高度。商业服务业用地选址需要考虑城市中人口的分布与密度分布现状。

2. 用地布局组织

商业服务业用地，多是按照中心等级进行用地聚集布置。在规模较大的城市，往往有全市性、地区性以及居住区、小区等分层级的集聚设置，形成商业中心的相应等级系列。按照专业化程度和居民利用的频率，也可分别构成相应级别商业中心等级。

不同交通模式城市中的商业服务用地分布形态具有较大的差异。在以汽车交通为主的城市中，大型商业服务设施靠近城市干道或郊外的主要交通干线、高速公路等；而在以轨道公共交通为主的城市中，全市性的商业服务设施大多位于靠近城市中心的交通枢纽附近，地区性的商业服务设施则更多围绕轨道交通线上的站点布局。

商业设施用地不仅与城市人口有关，更与城市性质、城市规模、城市经济发展水平、居民生活习惯、城市布局等有密切的关系。因此该类用地的预测难以准确，通常根据人口规模、专业部门和地方的特殊需要进行布局组织。商业用地布局应结合居住考虑，以免在夜晚出现中心“空城”现象。一些大城市通过建立城市副中心，可以分解市级中心的部分职能，使城市主、副中心相辅相成。上述内容在具体商业服务业用地布局规划和公共服务设施规划图(图 5-6-6)中可充分体现。

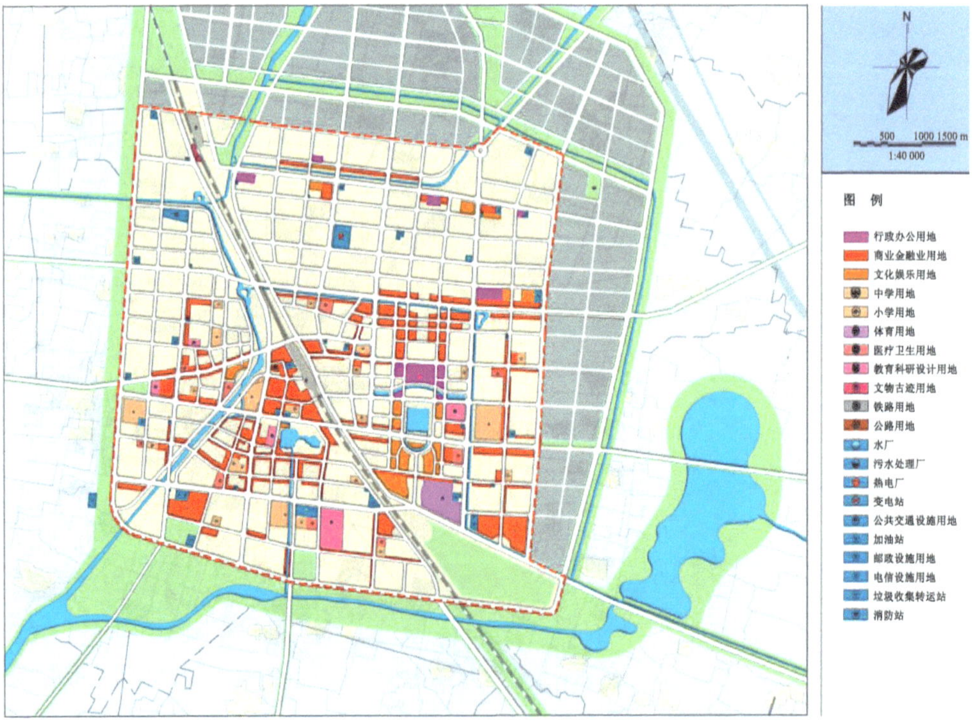

图 5-6-6　山东省平原县中心城区公共服务设施规划

三、工业用地的规划布局

1. 工业用地选址

工业用地选址需考虑工业生产自身的要求和相关企业间协作关系，需能够利于生产、方便生活，具体考虑用地条件、交通运输条件、能源条件、水源条件以及获得劳动力的条件等。

工业用地应与周围的用地互相兼容并预留出进一步发展的空间。居住用地对工业污染的敏感程度最高，所以居住用地应远离工业用地，但工业用地与居住用地之间又存在着因大量职工通勤而需要相对接近的关系。城市中的工业用地较为分散，与其他种类的用地相混合，通常无污染、运量小、劳动力密集、附加价值高。位于城市边缘的工业用地，对城市有一定污染和干扰。为避免与其他种类的城市用地之间产生矛盾，占地与运输量较大的工业更多地选择城市边缘地区，形成相对集中的工业区。

2. 工业用地布局的原则

工业用地布局需满足生产发展的原则，应有足够的用地面积，符合工业的具体特点和要求，有方便的交通运输条件，能解决给排水问题，如河北省昌黎工业园的用地布局案例（图 5-6-7）。

职工的居住用地应分布在卫生条件较好的地段上，尽量靠近工业区，并有方便的交通联系。工业用地的合理布局，可减少工业生产给城市环境所带来的干扰与影响，协调城市经济与环境的发展。因此，将易造成大气污染的工业用地布置在城市下风向，或者将水体污染的工业用地布置在城市下游，或者在工业用地周围设置绿化隔离带。

协调与其他用地的平衡原则。在各个发展阶段中，工业区和城市各部分保持紧凑集中，互不妨碍，并充分注意节约用地。当前我国特大城市中有不少城市存在职住分离的情况。职住分离加大了交通负担，也影响了城市生产与生活，降低了城市的运营效率，引起城市浪费。因此，必须合理布局工业用地，适当增加工业用地生产与人们生活的接触。同时，相关企业之间应取得较好的联系，开展必要的协作，考虑资源的综合利用，减少市内运输。

3. 工业用地在城市中布局的形式

1）工业用地位于城市特定地区

工业用地的相对集中地，位于城市中某一方位上形成工业区，或者分布于城市周边。通常中小城市中的工业用地多呈此种形态布局，其特点是总体规模较小，与生活居住用地之间具有较密切的联系。但容易造成污染，并且当城市进一步发展时，有可能形成工业用地与生活居住用地相间的情况。

2）工业用地与其他用地形成组团

工业用地与生活居住等其他种类的用地一起形成相对明确的组团，这在一定程度上平衡了组团内的就业和居住，但由于不同程度地存在工业用地与其他用地交叉布局的情况，不利于局部污染的扩散和污染的防范。

3）工业园或独立的工业卫星城

通常有相关的配套生活居住用地，各项配套设施较为完备，有时可做到基本上不依赖主城区，但与主城区有快速便捷的交通相连。

图5-6-7　河北省昌黎工业园区控制性详细规划土地利用

四、空间结构优化相关内容

1. 城市布局结构概念

结构是指物质系统的各组成要素之间的相互联系、相互作用的方式。在城市规划中结构与功能、形态有着密不可分的联系。从词意上说，功能指物质系统所具有的作用、能力和功效等，而形态指事物在一定条件下的表现形式。城市空间结构主要是从空间角度来探索城市形态和城市相互作用网络在理性的组织原理下的表达方式。

城市结构可以分为显性和隐性两个大的方面。城市显性结构是指城市物质形体所显现出的概括性的相互关系，这些物质形体包括建筑、道路、绿化以及它们所围合的空间等人工建造的设施、场所。而城市隐性结构主要是指城市的政治、经济、文化、社会等隐性因素的概括性分布及其相互关系。

城市布局结构是由城市中的各类主要用地构成的。城市用地分居住用地、公共设施用地、工业用地、仓储用地、对外交通用地、道路广场用地、市政公用设施用地、绿地。城市布局结构具有节点、廊道、网络、区域等要素构成。人们对城市发展、城市空间演化的干预几乎是伴随着城市一起产生的。当人的组织力与城市空间自组织力耦合同步时，会加速空间的发展，否则会阻碍或延缓空间自组织的演化过程。城市中多种因素构成一个相互作用、相互影响的系统，某一要素的变化会引起整体要素组合的变化，从而导致城市布局结构的变化。

2. 优化区域空间结构

落实国家和省的区域发展战略、主体功能区战略，以自然地理格局为基础，形成开放式、网络化、集约型、生态化的国土空间总体格局，促进区域协调与城乡融合发展。

1）城镇体系规划

城镇体系规划指在一定地域范围内，以区域生产力合理布局和城镇职能分工为依据，确定不同人口规模等级和职能分工的城镇分布和发展规划。城镇体系是指一定区域内在经济、社会、空间发展上具有有机联系的城镇群体，由一定数量的城镇组成，它们之间存在职能、规模和功能方面的差别。其概念最本质的特点是相互联系，形成一个有机整体。城镇体系的核心是中心城市，否则无法形成现代意义的城镇体系。

在省级国土空间规划中需要注意都市圈和城镇圈两个概念。都市圈是以中心城市为核心，与周边城镇在日常通勤和功能组织上存在密切联系的一体化地区，是区域产业、生态和设施等空间布局一体化发展的重要空间单元，一般为一小时通勤圈。城镇圈是以多个重点城镇为核心，空间功能和经济活动紧密关联、分工合作可形成小城镇整体竞争力的区域，是空间组织和资源配置的基本单元，体现城乡融合和跨区域公共服务均等化，一般为半小时通勤圈。

省级城镇体系规划要制定全省城镇化和城镇发展战略。落实国家重大交通、能源、水利等基础设施项目，明确空间布局和规划要求。预测新增建设用地要求，明确省级重大基础设施项目、建设时序安排、确定重点项目表。按照区域一体化要求，构建与国土空间开发保护格局相适应的基础设施支撑体系。按照高效集约的原则，统筹各类区域基础设施布局，线性基础设施尽量并线，明确重大基础设施布局要求，减少国土空间的分割和过度占用。城镇密集地区的城市要提出跨行政区域的都市圈、城镇圈协调发展的规划内容，促进多中心、多层次、多节点、组团式、网络化发展，防止城市无序蔓延。

市县层面的城镇体系规划提出了市域城乡统筹的发展战略；确定各城镇人口规模、职能分工、空间布局和建设标准；提出重点城镇的发展定位；确定市域交通发展策略、原则；确定重大基础设施和重要社会服务设施的布局；其他地区在培育区域中心城市的同时注重发挥县城、重点特色镇等城镇的节点作用，形成多节点、网络化的协同发展格局。确定生态环境、土地和水资源、能源、自然和历史文化遗产等方面的保护与利用的综合目标和要求，以及提出空间管制原则和措施。

2）区域基础设施支撑布局

按照城镇人口规模300万人以下、300万～500万人、500万～1 000万人、1 000万～2 000万人、2 000万人以上等层级，分别确定城镇空间发展策略，促进集中集聚集约发展，将建设用地规模分解至各市（地、州、盟）。针对不同规模等级城镇提出基本公共服务配置要求，优化教育、医疗、养老等民生领域重要设施的空间布局。加强产城融合，完善产业集群布局，为战略性新兴产业预留发展空间。发挥综合交通体系对区域网络化布局的引领和支撑作用，重点解决资源和能源、生态环境、公共服务设施和基础设施、产业空间和邻避设施布局等区域协同问题。

落实国家重大交通、能源、水利等基础设施项目，明确空间布局和规划要求。预测新增建设用地需求，明确省级重大基础设施项目、建设时序安排，确定重点项目表。按照区域一体化要求，构建与国土空间开发保护格局相适应的基础设施支撑体系。按照高效集约的原则，统筹各类区域基础设施布局，线性基础设施尽量并线，明确重大基础设施廊道布局要求，减少对国土空间的分割和过度占用。

3）统筹三区三线

将生态保护红线、永久基本农田、城镇开发边界等三条控制线作为调整经济结构、规划产业发展、推进城镇化不可逾越的红线。结合生态保护红线和自然保护地评估调整、永久基本农田核实整改等工作，陆海统筹，确定省域三条控制线的总体格局和重点区域，明确市县划定任务，提出管控要求，将三条控制线的成果在市县乡级国土空间规划中落地。实事求是解决历史遗留问题，协调解决划定矛盾，做到边界不交叉、空间不重叠、功能不冲突。各类线性基础设施应尽量并线、预留廊道，做好与三条控制线的协调衔接。

明确自然保护地等生态重要和生态敏感地区，构建重要生态屏障、廊道和网络，形成连续、完整、系统的生态保护格局和开敞空间网络体系，维护生态安全和生物多样性。

优化农业（畜牧业）生产空间布局，引导布局都市农业，提高就近粮食保障能力和蔬菜自给率，重点保护集中连片的优质耕地、草地，明确具备整治潜力的区域，以及生态退耕、耕地补充的区域。沿海城市要合理安排集约化海水养殖和现代化海洋牧场空间布局。

4）历史文化与自然保护地

落实国家文化发展战略，深入挖掘自然和历史文化资源，系统建立包括国家文化公园、世界遗产、各级文物保护单位、历史文化名城名镇名村、传统村落、历史建筑、非物质文化遗产、未核定公布为文物保护单位的不可移动文物、地下文物埋藏区、水下文物保护区等在内的历史文化保护体系，编撰名录。全面评价山脉、森林、河流、湖泊、草原、沙漠、海域等自然景观资源，保护自然特征和审美价值。构建历史文化与自然景观网络，统一纳入省级国土空间规划。梳理各种涉及保护和利用的空间管控要求，制定区域整体保护措施，延续历史文脉，突出地方特色，做好保护、传承、利用。

5）融合城乡发展空间

围绕新型城镇化、乡村振兴、产城融合，明确城镇体系的规模等级和空间结构，提出村庄布局优化的原则和要求。完善城乡基础设施和公共服务设施网络体系，改善可达性，构建不同层次和类型、功能复合、安全韧性的城乡生活圈。

6）矿产资源开发与城市发展协调

提出地下空间和重要矿产资源保护开发的重点区域，处理好地上与地下、矿产资源勘查开采与生态保护红线及永久基本农田等控制线的关系。提出城市地下空间的开发目标、规模、重点区域、分层分区和协调连通的管控要求。

7）陆海空间

沿海城市应按照陆海统筹原则确定生态保护红线，并提出海岸带两侧陆海功能衔接要求，制定陆域和海域功能相互协调的规划对策。

3. 城市空间结构优化

依据区域国土空间资源开发潜力与城镇现状，优化城市功能布局和空间结构，促进形成高质量发展的区域增长点，如针对扬州经济技术开发区的总体发展战略及空间布局规划（图 5-6-8）。

确定中心城区各类建设用地总量和结构，制定中心城区城镇建设用地结构规划表。提

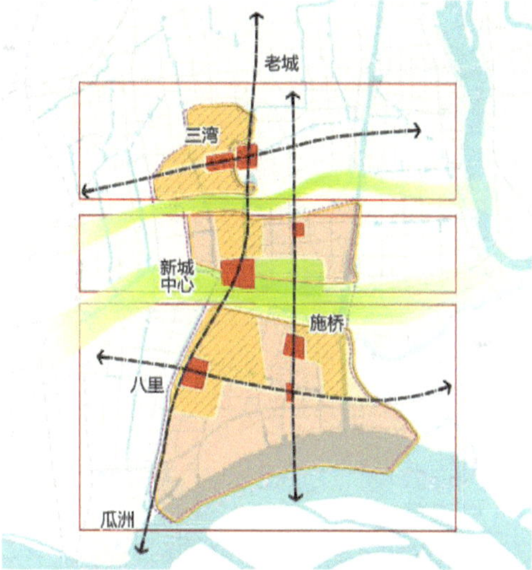

图 5-6-8　扬州经济技术开发区总体发展战略及空间布局规划研究方案

出不同规划分区的用地结构优化导向，鼓励土地混合使用。

优化建设用地结构和布局，促进人、城、产、交通一体化发展，融合产业园区与城市服务功能的关系，保障发展实体经济的产业空间，在确保环境安全的基础上引导发展功能复合的产业社区，促进产城融合、职住平衡。

按照主体功能定位和空间治理要求，优化城市功能布局和空间结构，划分规划分区。

第七节　综合交通规划

城市综合交通是指涵盖了存在于城市中及城市有关的所有交通形式的总称。城市综合交通，也简称"城市交通"，应包括出行的两端都在城区内的城市内部交通和出行至少有一端在城区外的城市对外交通（包括两端均在城区外，但通过城区组织的城市过境交通）。按照城市综合交通的服务对象可将城市综合交通划分为城市客运与货运交通。

中国现代城市交通的发展迅速，加强了城市交通与城市对外交通的联系，利用对外交通拓展了城市发展空间。城市交通的机动化成为现代城市交通发展的必然趋势。

一、城市综合交通规划的基本内容和要求

城市综合交通规划，是将城市对外交通和城市内的各类交通与城市的发展和用地布局结合起来进行系统性综合研究的规划。从规划层次分为三级：宏观（区域及城市综合交通）、中观（城市道路交通规划）、微观（道路系统及设施设计）。

城市综合交通规划应建立与城市用地发展相匹配的、相完善的城市交通系统，协调城市道路交通系统与城市用地布局的关系、与城市对外交通系统的关系，协调城市中各种交通方式之间的关系。同时，还需全面分析城市交通问题产生的原因，提出综合解决城市交通问题的根本措施。最终该规划能够有效地支撑城市的经济、社会发展以及城市建设，并获得最佳效应。

城市内部客运交通中由步行与集约型公共交通、自行车交通组成，其承担的出行比例不应低于75%。城市内部出行中，95%的通勤出行的单程时耗，规划人口规模100万人及以上的城市应控制在60分钟以内（规划人口规模超过1 000万人的超大城市可适当提高），100万人以下城市应控制在40分钟以内。通过交通需求管理与交通设施建设保障城市道路运行的服务水平。

城市综合交通体系应与城市空间布局、土地使用相互协调，城市综合交通的各子系统之间，以及城市内部交通与城市对外交通之间应在发展目标、发展时序、建设标准、服务水平、运营组织等方面进行协调。城市综合交通体系的规划应符合城市所在地和城市不同发展分区的发展特征和发展阶段，充分满足城市发展的需求，适应规划期内城市不同发展阶段空间组织的要求。城市综合交通体系规划必须符合城市防灾减灾的要求。

二、城市综合交通调查与分析

城市综合交通调查是为城市综合交通体系规划编制、交通模型标定与校验等提供基础数据而开展的主要针对城市交通需求和运行特征的调查。城市综合交通调查项目，包括居民出行调查、流动人口出行调查、公共交通调查、出租车调查、出行生成源调查、城市道路交通调查、出入境道路交通调查、道路货运调查和停车调查等。城市综合交通调查应以城市规划区为重点调查范围。调查范围可根据实际需要扩大至对城市交通影响显著的区域。

在居民出行调查设计与实施前，应收集和分析下列资料：历次居民出行调查及其他交通调查资料人口资料，包括最新人口普查资料、人口统计资料等；交通出行信息数据，包括交通模型等；能够用于住户抽样的基础数据库；用于出行地址地理编码的基础数据库。居民出行调查对象应为研究区域内按一定抽样原则确定的居民住户，并应包括家庭户和集体户。居民出行调查统计分析应包括下列内容：出行率、出行量、交通方式、出行目的、出行时耗、出行距离、出行时间分布以及出行空间分布等。

在公共交通调查设计与实施前，应收集和分析下列资料：公共交通基础设施资料；公共交通运营线路资料；公共交通运营线路行车组织资料；公共交通站点配套交通设施资料；公共交通客流统计资料和信息化数据。公共交通调查对象应包括城市公共汽（电）车乘客和城市轨道交通乘客等。公共交通调查时段应包括早高峰、午间时段、晚高峰和晚间时段，必要时可为全日运营时段。公共交通调查统计分析有两个封面内容：一是公共交通客流调查，应包括公共交通客运量、客运周转量、平均乘距、公交核查线和客运走廊客流量、公交枢纽客流量、轨道换乘车站换乘量、站间客流OD、换乘系数、乘客出行空间分布、客流时间分布等；二是公共交通乘客出行特征调查，应包括性别比例、年龄结构、职业结构等基本属性特征和出行目的、出行时间分布、出行空间分布、平均出行时耗、换乘次数、接驳方式结构等出行特征。

城市道路交通调查设计与实施前应进行现场踏勘，应收集和准备下列资料：拟调查路段的道路等级、横断面形式、车道数和设计速度等；拟调查交叉口的形式、道路等级、车道数、信号控制情况等；划定道路核查线①。城市道路交通调查应包含流量调查、车速调查、延误调查

① 核查线，即为结合交通分析和交通模型的需要在研究区域内设置的交通流量调查的分隔线，一般结合天然或人口障碍（铁路、河流等）设置。

等。流量调查应为核查线道路流量调查，必要时可包括典型道路流量调查和交叉口流量调查等。核查线道路流量调查内容应为一定时间间隔内（不宜大于 15 分钟）通过核查线道路断面的全方式、分车型车辆数和人数。

道路货运调查设计与实施前，应收集和分析下列资料：货运车辆保有量、货运场站规模和分布等数据；货运车辆道路流量数据；货运车辆交通管理措施；城市物流配送中心和网点信息、末端配送车辆类型等。

三、综合交通与城市空间布局

在城市快速发展时期，综合交通体系与城市空间、用地布局协同形成健康的城市活动体系是城市总体规划的重要任务，也是从源头管理交通需求，形成良好的交通与城市用地关系的关键。

在综合交通体系与城市空间布局协同中，重点是对出行距离的优化。城市交通量是出行次数与出行距离的乘积，出行距离是城市交通需求管理的核心。缩短居民的出行距离，首先，可以降低城市的交通总量，缓解城市交通拥堵问题；其次，可以提升步行与自行车等绿色交通的比例，大幅度降低城市交通对机动交通的依赖；最后，可以提升居民的生活品质，提升城市的宜居品质。因此，缩短居民出行距离是城市可持续发展和用地优化绩效的关键指标。

出行距离优化主要体现在两个方面：第一，是通勤出行距离的控制。第二，是生活出行距离的控制。城市综合交通体系应与城市空间布局协同规划，通过用地布局优化引导城市职住空间的匹配、合理布局城市各级公共与生活服务设施，将居民出行距离（表 5-7-1）控制在合理范围内，并应符合下列规定：

表 5-7-1　居民通勤出行（单程）平均出行距离的控制要求

规划人口规模/万人	≥500	300～500	100～300	50～100	<50
通勤距离/km	≤9	≤7	≤6	≤5	≤4

注：城区内生活出行，采用步行与自行车交通的出行比例不宜低于 80%。规划人口规模超过 1 000 万人及以上的超大城市可适当提高。

城市交通系统主要承载城市的交通功能，同时，也是城市空间和城市风貌、环境的一部分，城市综合交通体系规划要协调好城市交通设施的交通功能与体现城市风貌、特色等方面的作用。按照城市特色和环境要求塑造城市交通系统是交通系统规划需要考虑的内容，但不能因此弱化和削减城市交通系统承载的交通功能，在规划中必须做好两者的协调。

城市的空间结构反映了城市活动的组织意图，交通网络作为承载交通活动的载体，应与城市的空间结构一致。一方面，交通走廊、枢纽要与城市发展的轴带、中心体系契合；另一方面，城市的公共交通走廊作为公共交通设施布局的主要空间，要体现公共交通引导城市开发（TOD）的意图与理念。公共交通骨干系统既要串联起城市中联系密切的功能地区，提高城市主要联系活动中的公共交通分担比例，促进城市高效运行；又要在城市规划中将带来高强度交通需求的城市高强度开发围绕公共交通骨干系统和客运枢纽布局，实现公共交通引导城市的空间结构和土地开发。

城市中不同的空间承载不同的功能，城市土地使用强度也有高有低，交通设施供应和服务也应根据城市功能与土地使用强度差异化提供。在城市土地使用高强度地区，交通活动的强度大，应提高综合交通体系的承载力，并更加突出集约和绿色交通优先。首先，应提高总体交通设施的密度，缩小交通设施的服务半径，如道路、公交、停车、步行与非机动车，特别是通过实施街区开放等措施，提高步行、非机动车交通网络的密度；其次，通过交通需求管理和交通设施的建设，保障公共交通优先，缩短公共交通的站距、加密公共交通设施，如加大公共充电车站点、轨道交通站点出入口等的密度。

在城市用地与交通建设接近或已经完成的城市建成区，交通体系规划的内容不能再以基础设施建设为主，而应以既有交通系统的空间和路权资源再分配以及交通运行组织优化为重点。城市建成区的更新地区，交通系统规划与建设应符合以下规定：应根据交通系统承载力确定城市更新的规模与用途；应优先落实规划预留的各类交通设施及空间；应结合街区改造，提高城市次干路和支路的密度；应增加步行、城市公共交通与非机动车交通空间；应完善城市货物配送的交通设施及空间。

在地理障碍和对外交通设施对城市空间分隔严重的交通瓶颈地区，应考虑城市长远发展要求并集约布局城市交通设施。这些交通瓶颈地区一般作为城市空间分区的界限，在城市用地布局规划中，城市分区应引导瓶颈两侧各自的人口与就业岗位基本平衡，从源头上减少跨越瓶颈的交通活动；城市综合交通体系规划中要通过需求管理、路权资源分配、交通设施布局等尽量降低跨越瓶颈地区的交通出行总量，减轻瓶颈地区的交通压力。

瓶颈地区布局交通基础设施的空间受限，在穿越瓶颈的交通设施规划上，应从城市长远发展考虑，合理布局和控制不同层次、功能的交通设施的相互空间关系，如间距、功能、桥隧搭配等。由于瓶颈地区是交通供应紧缺地区，交通设施的布局和路权资源分配上要优先保障公共交通的空间，满足城市公共交通组织要求，引导跨越瓶颈地区交通出行更多地选择公共交通，提高瓶颈地区交通设施客运能力。瓶颈地区也是城市交通组织上比较脆弱的地区，交通运行可靠性要成为规划的重要内容，主要通过提高通道数量，建设不同类型通道（如跨江河的桥梁与隧道）和提供多种交通方式，保障跨瓶颈交通的可靠性。

四、城市对外交通规划

1. 城市对外交通规划的规划思想

对外交通衔接是城市职能发挥的重要支撑，特别是对于承担国家和区域职能较多的大城市和大城市中心区更是如此，它也是城市居民交通出行便捷的重要保障，因此在规划中应保障城市中的所有居民、各类城市功能区都享有便捷和高效的对外交通服务，避免将对外交通与城市的衔接集中布局，或仅布局于城市的边缘，造成城市对外联系不便，居民对外交通出行时间过长。对于城市发展而言，城市对外交通规划，既要充分利用国家和区域交通设施规划建设条件发展自我，又要协调城市的发展方向、城市布局、城市干路走向、城市环境以及城市景观。

2. 铁路规划

铁路客运站设置在中、小城市的市区边缘，大城市必须深入市中心边缘（距市中心 2～3 km）。数量方面，特大城市分设几个与城市干道连接，直接通达市中心及其他联运点（汽车站、码头）。铁路客运站布局方式：通过式、尽端式和混合式。中小城市采用通过式，大城市、特大城市采用尽端式或混合式。高、快速铁路：主要客站应布置在中心城区内，并宜与普通铁路客运站结合设置，中心城区外规划人口规模50万人及以上的城市地区，宜设置高、快速铁路客运站。

小城市设一个综合性货运站或货场即可，大城市分设若干个综合性专业性货运站。到发为主的综合性货站，一般应深入市区接近货源或消费地区。专业性货站应接近其供应的工业区、仓储区等大宗货物集散点，一般应在市区外围。中转货站应在郊区，接近编组站或码头。危险品货站设在郊区，并有一定的安全隔离区。

铁路编组站、动车段(所)等设施宜布局在中心城区边缘或之外。编组站应布置于铁路干线汇合处，并与铁路干线顺畅连接，可与铁路货运站结合设置。该类设施占地大(到发场、出发场、编组场、驼峰、机务段和通过场)，对城市、交通分割严重，昼夜不断作业对城市环境有较大污染和干扰。

3. 公路规划

公路分为国道、省道、县道高速公路。高速公路不得直接与城市生活性道路、交通性次干道相连；对于特大城市，高速公路可以直接引到城市中心地区边缘，连接城市外围高速公路环路，再由此环路与城市快速路相连；规划人口规模500万人及以上的城市主要对外，高速公路出入口宜根据城市空间布局，靠近城市承担区域服务职能的主要功能区设置。对于较大城市，通过立体交叉引出联络交通干道与城市快速路网连接；对于小城镇，通过立体交叉引出联络交通干道与小城镇的主干道连接。

大城市宜与城市交通密集地区相切而过，不宜深入区内；特大城市利用中心区外围环路，不必穿越市中心区。公路与城市道路各成系统，互不干扰，从城市功能分区之间通过，与城市不直接接触，而在一定的入口处与城市道路连接。不能将公路当城市干道。

干线公路应与城市主干路及以上等级的道路衔接。规划人口规模500万人及以上的城市，一般都是区域性的中心城市，因城市面积较大，城市交通拥堵严重，承担城市和区域服务主要职能的城市主要功能区，特别是城市中心区，常常由于对外公路的远离而造成对外交通组织的效率下降，进出城的时间过长，影响到这些功能区对区域的服务。因此，应将重要的对外高速公路出入口设置在距离城市的区域职能功能区较近的地方，从而方便城市发挥区域服务职能和组织对外交通。

长途汽车站包括客运站、货运站、技术站和混合站。客运站，在大城市设置多个，与货运站、技术站分设；设在城市中心区边缘，用城市交通性干道与公路相连。中小城市设一个，或与其他站合并设置。技术站，担负清洗、检修汽车的功能，占地较大，对居民有一定干扰，市区外围靠近公路线。公路过境车辆服务站，可与城市边缘的小城镇结合设置，以带动小镇发展。

规划的城市道路与交通设施用地面积应占城市规划建设用地面积的15%～25%，人均道路与交通设施面积不应小于12 m^2。城市综合交通体系规划与建设应集约、节约用地，并应优先保障步行、城市公共交通和自行车交通运行空间，合理配置城市道路与交通设施用地资源。

4. 港口规划

港口选址与规划原则应遵循五个原则：第一，港口选址应与城市总体规划布局相互协调；第二，港口建设应与区域交通综合考虑；第三，港口建设与工业布置紧密结合；第四，合理进行岸线分配与作业区布置；第五，加强水陆联运组织。

大型货运港口应优先发展铁路、水路集疏运方式，并应规划独立的集疏运道路，其集疏运道路应与国家和省级高速公路网络顺畅衔接。

客运港应选在与城市生活性用地相近、交通联系方便的位置，综合考虑港口作业、站房设施、站前广场、站前配套服务设施等的布置及与城市干路相衔接。城市客运港口宜与城市公共交通枢纽、公路客运站等交通枢纽结合设置。

旅游码头，应根据旅游线路组织、旅游交通道路安排选定旅游码头的位置。要注意避免与高峰小时拥挤的地段和道路相近。

5. 机场规划

衔接机场的铁路与道路系统布局应与机场的客货运服务腹地范围一致。年旅客吞吐量2 000万人次及以上的机场宜与城际铁路、高速铁路衔接，年旅客吞吐量1 000万人次及以上的机场，应布局与主要服务城市之间的机场专用道路，并宜设置城市航站楼。

年旅客吞吐量1 000万人次及以上的机场应规划城市公共汽电车、出租汽车、机场专线巴士等衔接设施；年旅客吞吐量20万人次及以上的机场，宜规划机场专线巴士、出租汽车等衔接设施；年旅客吞吐量小于20万人次及货运为主的机场、通用机场，应结合货邮吞吐量、旅客吞吐量和服务水平标准等规划衔接设施。

航空港布局规划位置选址需保证飞机安全起降的自然地理和气象条件，良好的工程地质和水文地质条件；尽可能使机场跑道轴线方向避免穿过市区，最好是位于与城市侧面相切的位置，机场跑道中心与城区边缘的最小距离为5～7 km。如跑道轴线方向通过城市，则跑道一端与城市边缘的距离至少应为15 km。若受地形条件限制，则应设于远郊。还需注意要避免通信干扰。

五、城市道路系统规划

1. 城市道路系统的基本要求

1）满足组织城市用地的“骨架”要求

第一，城市各级道路应成为划分城市各组团、各片区地段、各类城市用地的分界线。第二，城市各级道路应成为联系城市各组团、各片区地段、各类城市用地的通道。第三，城市道路的选线应有利于组织城市的景观，并与城市绿地系统和主体建筑相配合，形成景观骨架。

2）满足城市交通运输的要求

第一，道路的功能必须同毗邻道路的用地性质相协调。第二，城市道路系统要完整，交通要均衡分布。第三，要有适当的道路网密度和道路用地面积率。第四，城市道路系统要有利于实现交通分流。第五，城市道路系统要为交通组织和管理创造良好的条件。第六，城市道路系统应与城市对外交通有方便的联系。

3）因地制宜的要求

城市道路系统应在充分考虑客观自然条件和交通发展需求的基础上，因地制宜地进行规划。具体在规划中应主要做到以下几点：

第一，城市道路系统的布局要与城市空间组织的布局和意图相一致，实现城市交通与城市空间的协调，引导城市空间的形成与优化。

第二，城市道路两侧的用地不仅是城市道路的服务对象，用地的开发情况、道路与用地的关系也直接决定了道路的运行效率，因此道路与两侧用地的关系必须符合道路的功能。

第三，城市道路系统要体现城市交通中绿色交通优先的组织原则，在空间配置上公共交通与步行、非机动车的空间要优先布局，运行上要保障行人、非机动车与公共交通的安全和通行优先。

第四，随着城市建成区越来越完善，城市道路系统的规划和建设要充分考虑新旧城区的规划差异。对于新城区，道路系统的建设可以充分考虑城市交通需求与风貌的塑造，对于旧区要避免大拆大建，关注规划的实施性，尊重原有的道路格局，体现城市的历史文化传统，侧重城市公共交通系统和地方性活动的改善，特别是对于历史城区更要保护道路系统的历史格局与风貌。

第五，道路系统规划中要尽量满足交通出行路线组织的多样性、距离最短和道路网络容量的最大化，并为城市交通组织提供尽可能多的选择。道路系统要按照不同地区城市活动的特征落实“窄马路、密路网”的理念，特别是在人口与就业密集的城市中心。

此外，城市道路系统还要满足工程管线、市政公用设施的布设，以及城市的日照、通风等要求。

最后，城市道路系统也是城市防灾救灾最重要的设施，必须满足相关要求。

2. 城市道路的功能等级

城市道路按照其功能划分为三大子系统：干线道路系统、集散道路系统和支线道路系统。干线道路是城市的骨架，主要服务城市的长距离机动交通需求，连通城市的主要功能区；支线道路则相反，是城市交通的“毛细血管”，主要承担城市功能区内部的短距离地方性活动组织，同时也是城市街道活动组织的主要空间，更加注重街道活动的保障和特色塑造；集散道路将两者联系起来，同时也承担城市中、短距离的交通出行，里程比重较少，但功能重要，不可或缺。

城市道路类型划分与城市功能连接、城市用地服务的关系应符合表 5-7-2 的规定，不同城市应根据城市规模、空间形态和城市活动特征等因素确定城市道路类别的构成（表 5-7-3）。

干线道路系统在城市交通中起到“通”的作用，对效率要求较高。在大城市及以上规模的城市中，城市空间尺度大，路网复杂，出行者容易形成依赖少数几条干线道路的现象，从而造成整个路网资源使用不均匀，干线道路网络反而拥堵，这在城市道路布局中应当避免，干线道路系统布局应促进出行者形成多样化的路径选择，提高道路网络整体的使用效率，互联互通。集散道路与支线道路主要起到“达”的作用，方便居民长距离出行的集散及本地活动的组织。城市的不同功能地区由于集散组织与本地活动特征不同，集散道路与支线道路的布局应差异化规划，例如居住功能地区、商业区和就业集中的商务区、工业区，等等，其本地活动特征不尽相同，应区别对待。

城市道路的分类与统计应符合下列规定：第一，城市快速路统计应仅包含快速路主路，快速路辅路应根据承担的交通特征，计入Ⅲ级主干路或次干路。第二，公共交通专用路应按照Ⅲ级主干路计入统计。第三，承担城市景观展示、旅游交通组织等具有特殊功能的道路，应按其承担的交通功能分级并纳入统计。第四，Ⅱ级支路应包括可供公众使用的非市政权属的街坊内道路，根据路权情况计入步行与非机动车路网密度统计，但不计入城市道路面积统计。第五，中心城区内的公路应按照其承担的城市交通功能分级，纳入城市道路统计。如河北省昌黎工业园的道路分析（图 5-7-1），其将道路分为省道、交通性主干道、生活性主干道、次干道和支路不同等级，形成该工业区的系统骨架。

表 5-7-2　不同连接类型与用地服务特征所对应的城市道路功能等级

连接类型	用地服务			
	为沿线用地服务很少	为沿线用地服务较少	为沿线用地服务较多	直接为沿线用地服务
城市主要中心之间连接	快速路	主干路	—	—
城市分区(组团)间连接	快速路/主干路	主干路	主干路	—
分区(组团)内连接	—	主干路/次干路	主干路/次干路	—
社区级渗透性连接	—	—	次干路/支路	次干路/支路
社区到达性连接	—	—	支路	支路

表 5-7-3　城市道路功能等级划分与规划要求

大类	中类	小类	功能说明	设计速度/($km\cdot h^{-1}$)	高峰小时服务交通量推荐/双向 pcu
干线道路	快速路	Ⅰ级快速路	为城市长距离机动车出行提供快速、高效的交通服务	80～100	3 000～12 000
		Ⅱ级快速路	为城市长距离机动车出行提供快速交通服务	60～80	2 400～9 600
	主干路	Ⅰ级主干路	为城市主要分区(组团)间的中、长距离联系交通服务	60	2 400～5 600
		Ⅱ级主干路	为城市分区(组团)间中、长距离联系以及分区(组团)内部主要交通联系服务	50～60	1 200～3 600
		Ⅲ级主干路	为城市分区(组团)间联系以及分区(组团)内部中等距离交通联系提供辅助服务,为沿线用地服务较多	40～50	1 000～3 000
集散道路	次干路	次干路	为干线道路与支线道路的转换以及城市内中、短距离的地方性活动组织服务	30～50	300～2 000
支线道路	支路	Ⅰ级支路	为短距离地方性活动组织服务	20～30	—
		Ⅱ级支路	为短距离地方性活动组织服务的街坊内道路、步行、非机动车专用路等服务	—	—

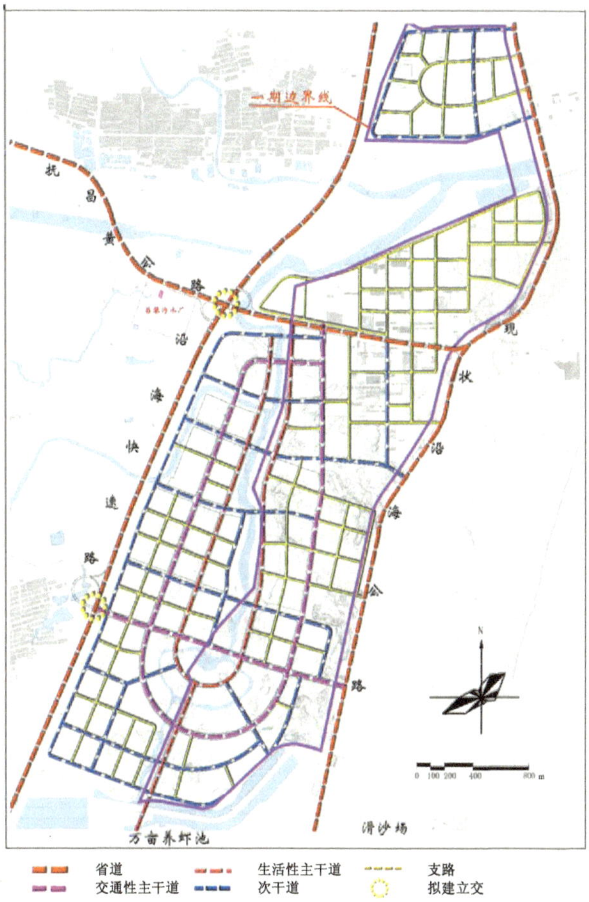

图 5-7-1　河北省昌黎工业园区控制性详细规划道路分析

3. 城市道路网布局

1）常见的道路网类型

常见的道路网类型大致有四类：第一，方格网式道路系统。适用于地形平坦的城市，有利于建筑的布置，交通分散，灵活性大；第二，环形放射式道路系统。多用于大城市，放射形干路有利于市中心与外围市郊相互联系，环形干路有利于中心城区外围的市区、郊区相互联系；第三，自由式道路系统。道路结合自然地形呈不规则布置而形成；第四，混合式道路系统。由于历史原因，城市发展经历了不同的阶段，一般为方格网加上环形放射式，而链式道路网多用于带形城市。

2）带形城市路网布局

带形城市是城市集中建设地区形态呈“狭长带状”的一类城市，具体而言其城市建设用地的长度与宽度之比应大于 3∶1，我国大部分带形城市的建设用地长度在 3～20 km 之间，建设用地宽度在 1～4 km 之间。带形城市由于其特殊形态，导致交通需求在长轴方向的干线道路上汇集，因此应尽量确保其贯通。

3）水网与山地城市路网布局

水网与山地城市，受河道或（和）山体限制较为显著。河道与山体是城市交通组织的瓶颈，穿越的成本高，空间局促。一方面要控制跨越通道的等级，至少是城市分区间的连接道路；另一方面跨越通道资源约束大，需加强桥梁及隧道的规划控制。同时应注重通道的集约使用，结合地形建设连通不同地形标高的双层桥梁或轨道、道路共用桥梁。本条所指河道宽度指该河道 20 年一遇洪水位时的河面宽度；若采用隧道形式穿越河道，可参照跨河桥梁设置要求。

水网与山地城市道路网络规划应符合以下规定：道路宜平行或垂直于河道布置；滨水道路应保证沿线人行道、非机动车道的连续；跨越通航河道的桥梁，应满足桥下通航净空要求；跨河通道与穿山隧道布局应符合城市的空间布局和交通需求特征，集约使用，布局宜符合表 5-7-4 与表 5-7-5 的规定。

表 5-7-4　规划（预留）跨河通道的道路等级规定

河道宽度 D/m	应跨越的道路等级
$D \leqslant 50$	次干路及以上
$50 < D \leqslant 150$	Ⅲ级主干路及以上
$150 < D \leqslant 300$	Ⅱ级主干路及以上
$300 < D \leqslant 500$	Ⅰ级主干路及以上
$D > 500$	快速路

表 5-7-5　规划（预留）穿山隧道的道路等级规定

隧道长度 L/m	应穿越的道路等级
$L \leqslant 100$	Ⅲ级主干路及以上
$100 < L \leqslant 500$	Ⅱ级主干路及以上
$500 < L \leqslant 1\ 000$	Ⅰ级主干路及以上
$L > 1\ 000$	快速路

4）道路走向与通风

城市道路的走向要充分考虑城市风向，通过城市道路引导城市布局和建筑建设形成城市通风廊道。同时城市道路也要充分考虑城市建筑的日照朝向，根据不同地区建筑的建议朝向布局路网。例如，北京地区建筑的最佳朝向为正南至南偏东 30°以内，哈尔滨地区为南偏东 15°～20°，福州地区为南、南偏东 5°～10°。

此外，道路选线应避开泥石流、滑坡、崩塌、地面沉降、塌陷、地震断裂活动带等自然灾害易发区；当不能避开时，必须在科学论证的基础上提出工程和管理措施，保证道路的安全运行。

4. 城市道路红线宽度与断面空间分配

1）道路红线

道路红线是道路用地和两侧建设用地的分界线。道路红线内的用地包括：车行道、步行道、绿化带、分隔带。一般道路红线就是建筑红线，即为建筑不可逾越线。城市道路的红线宽度要统筹道路所承载的交通功能以及管线、地下空间、景观风貌等方面的布设要求。对于城市建成区内受两侧用地开发限制无法拓宽以满足规定红线宽度的道路，应根据城市的实际开发状况，在充分考虑拆迁等成本的基础上，确定道路的红线宽度，避免在建成区内大拆大建式拓宽道路。

城市道路红线宽度(快速路包括辅路),规划人口规模 50 万人及以上城市不应超过 70 m,20 万～50 万人的城市不应超过 55 m,20 万人以下城市不应超过 40 m。无特殊要求的城市道路红线宽度取值见表 5-7-6。

表 5-7-6　无特殊要求的城市道路红线宽度取值

道路分类	快速路(不包括辅路)		主干路			次干路	支路	
	Ⅰ	Ⅱ	Ⅰ	Ⅱ	Ⅲ		Ⅰ	Ⅱ
双向车道数/条	4～8	4～8	6～8	4～6	4～6	2～4	2	—
道路红线宽度/条	25～35	25～40	40～50	40～45	40～45	20～35	14～20	—

2) 道路横断面类型

道路横断面类型(图 5-7-2)分为一块板(又称单幅路)、两块板(两幅路)、三块板(三幅路)、四块板(四幅路)。一块板道路横断面,用于机动车专用道、自行车专用道以及混合使用

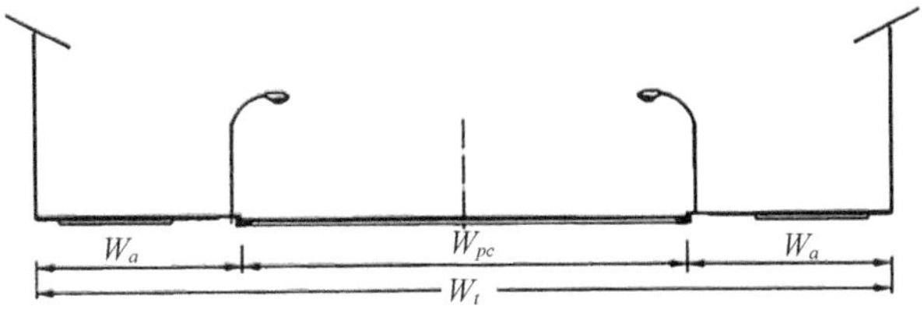

(a) 单幅路

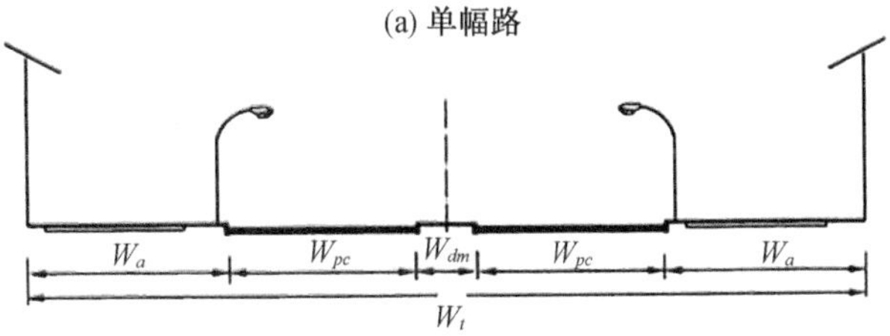

(b) 两幅路

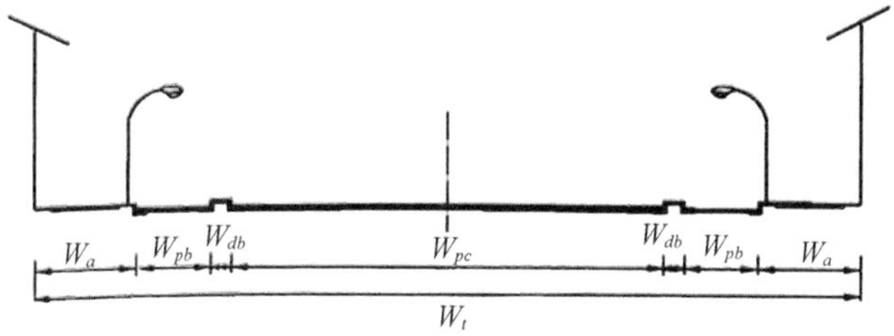

(c) 三幅路

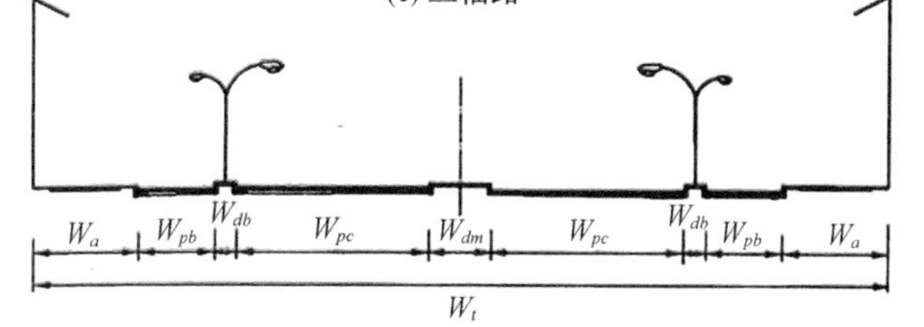

(d) 四幅路

图 5-7-2　不同道路横断面类型

的次干路及支路;两块板道路横断面,有较高的景观、绿化要求,以及设计车速大于50 km/h时,可以采用;三块板道路横断面,适用于机动车交通量不十分大而又有一定的车速和车流畅通要求,自行车交通量较大的生活性道路或交通性客运干道;四块板道路横断面,当道路上机动车和非机动车都比较多时采用这种形式。

道路横断面布置应符合所承载的交通特征,并应符合下列规定:第一,道路空间分配应符合不同运行速度交通的安全行驶要求。第二,城市道路的横断面布置应与道路承担的交通功能及交通方式构成相一致;当道路横断面变化时,道路红线应考虑过渡段的设置要求。第三,设置公交港湾、人行立体过街设施、轨道交通站点出入口等路段,不应压缩人行道和非机动车道的宽度,红线宜适当加宽。第四,城市Ⅰ级快速路可根据情况设置应急车道。

5. 干线道路系统

道路系统规划中,在道路初步功能分类确定后,应结合交通预测要求,进行干线道路系统分类的评估与调整,使干线道路承担的交通周转量比例和里程规模比例符合相应的指标。条文指标,借鉴了美国道路功能分类手册,并结合我国城市人口规模的差异性进行规定。一般而言,城市规模越大,长距离通过性交通需求越多,干线道路级别越高、里程比例相对较高,但依旧是以相对较少的里程比例承担了较多的机动性交通需求。例如:美国道路功能分类手册中,干线道路系统以15%～20%的里程比例承担了75%～80%的周转量。带形城市由于形态上使交通组织具有一定的汇集作用,导致交通组织过多依赖长轴方向的干线道路,因此在相同的干线道路里程比例下,带形城市承担的周转率比例要稍高。因此干线道路规划应以提高城市机动化交通运行效率为原则。干线道路承担的机动化交通周转量(车·km)应符合表5-7-7的规定,带形城市取高值,组团城市取低值。

表5-7-7　干线道路的规模及承担的机动化交通周转量比例

规划人口规模/万人	<50	50～<100	100～<300	≥300
周转量(车·km)比例/%	45～55	50～70	60～75	70～80
干线道路里程比例/%	10～20	10～20	15～20	15～25

道路系统规划中,在初步确定道路功能分类后,需结合本条进行干线道路功能分类的调整,使其密度符合本条要求。不同城市的干线道路网络平均间距差异较小,一方面考虑到不同城市的机动化出行本质差异不大,为了确保城市的通过性交通的机动化服务,避免在城市边缘区干线道路过于稀疏,设定了1.5 km的干线道路间距上限;另一方面,干线道路过密会压缩街区尺度,影响地方性交通,难以组织,并且也会造成道路资源的浪费,所以干线道路也不宜过密。因此,城市干线道路网络平均间距基本在0.9～1.5 m范围内,波动较小。

由于城市干线道路网络平均间距差异不大,一般而言,随着城市规模的增大,城市的机动化出行需求不断增多,出行距离增加,交通需求增长主要通过增加道路红线宽度、提高干线道路的服务能力和提高公共交通分担率来保障;城市扩大后,交通效率主要通过道路等级(速度提高)的提升来保障。对于规划人口20万人以上的城市,随着城市人口规模增加,道路红线宽度增加,干线道路里程比例增加,干线道路网络平均密度也相应增加,但道路密度提高有限。对于规划人口 100 万人以上的城市，城市空间尺度相对较大，机动出行距离较长，需要通过城市快速路来实现机动交通效率的进一步提高，即通过提高干线道路等级来保障机动交通出行。同时由于增加了城市快速路，干线道路网络密度也相应有所提升。

对于规划人口 20 万人以下的城市，居民生活以及城市交通组织与 20 万人以上城市有着较大的区别。该类城市的居民活动范围较小，机动交通与非机动交通混合度较高。交通组织方面，干线道路与集散道路的差异不明显。

不同规划人口规模城市的干线道路网络密度可按表 5-7-8 规划。

表 5-7-8　不同规模城市的干线道路网络密度

规划人口规模/万人	干线道路网络密度/($km \cdot km^{-2}$)
≥200	1.5～1.9
100～200	1.4～1.9
50～100	1.3～1.8
20～50	1.3～1.7
≤20	1.5～2.2

6. 城市停车设施的布置

一般规定，停车场是调节机动车拥有与使用的主要交通设施，停车位的设置应结合交通需求管理与城市建设情况，分区域差异化供给。停车场按停放车辆类型可分为非机动车停车场和机动车停车场；按用地属性可分为建筑物配建停车场和公共停车场。停车位按停车需求可分为基本车位和出行车位。停车场规划布局与规模应符合城市综合交通体系发展战略，与城市用地相协调，集约、节约用地。机动车停车场应规划电动汽车充电设施。公共建筑配建停车场、公共停车场应设置不少于总停车位 10％的充电停车位。

1）非机动车停车场

非机动车停车场应满足非机动车的停放需求，宜在地面设置，并与非机动车交通网络相衔接。可结合需求设置分时租赁非机动车停车位。公共交通站点及周边，非机动车停车位供给宜高于其他地区。非机动车路内停车位应布设在路侧带内，但不应妨碍行人通行。非机动车停车场可与机动车停车场结合设置，但进出通道应分开布设。非机动车的单个停车位面积宜取 1.5～1.8 m^2。

2）机动车停车场

机动车停车场应根据城市综合交通体系协调要求确定机动车基本车位和出行车位的供给，调节城市的动态交通。应分区域差异化配置机动车停车位，公共交通服务水平高的区域，机动车停车位供给指标应低于公共交通服务水平低的区域。机动车停车位供给应以建筑物配建停车场为主、公共停车场为辅。

建筑物配建停车位指标的制定应符合以下规定：第一，住宅类建筑物配建停车位指标应与城市机动车拥有量水平相适应；第二，非住宅类建筑物配建停车位指标应结合建筑物类型与所处区位差异化设置。医院等特殊公共服务设施的配建停车位指标应设置下限值，行政办公、商业、商务建筑配建停车位指标应设置上限值。

机动车公共停车场规划应符合以下规定：第一，规划用地总规模宜按人均 0.5～1.0 m^2 计算，规划人口规模 100 万人及以上的城市宜取低值；第二，在符合公共停车场设置条件的城市绿地与广场、公共交通场站、城市道路等用地内可采用立体复合的方式设置公共停车场；第三，规划人口规模 100 万人及以上的城市公共停车场宜以立体停车楼(库)为主，并应充分利用地下空间；第四，单个公共停车场规模不宜大于 500 个车位；第五，应根据城市的货车停放需求设置货车停车场，或在公共停车场中设置货车停车位(停车区)。

机动车路内停车位属临时停车位，其设置应符合以下规定：第一，不得影响道路交通安全及正常通行；第二，不得在救灾疏散、应急保障等道路上设置；第三，不得在人行道上设置；第四，应根据道路运行状况及时、动态调整。

六、城市公共交通规划

1. 城市公共交通规划的主要内容

城市公共交通作为城市综合交通系统的重要组成部分，其发展与城市的发展相辅相成。优先发展公共交通是缓解城市交通拥堵、转变城市发展方式和交通结构、提升人民群众生活品质、提高城市基本公共服务水平的必然要求，是构建资源节约型、环境友好型社会的战略选择。城市公共交通系统作为政府公共服务的重点内容，应为城市中的各类人群提供与其需求相适应的多样化、高品质公交服务，增强与私人小汽车交通之间的竞争力。由于不同城市的出行需求特征不同，因而城市公交发展应坚持因地制宜的原则，不同的城市要发展适合自身特点的城市公交系统，要适应城市定位和规模，符合当地地理区位条件和经济社会发展水平。同时在交通情况比较复杂的情况下，各种交通系统之间的连接成为重中之重，公交系统则成为整个交通系统的媒介，城市内可形成系统而便捷的道路交通系统。例如沈北新区道义地区的交通换乘规划(图 5-7-3)，在沈阳新北站的综合交通枢纽规划，通过交通合理组织地上二层的高铁、地下一层的城铁和地下二层的地铁，结合步行交通，实现真正的无缝衔接，为城市居民带来舒适和便捷。

具体内容为：第一，确定城市轨道交通网络和车辆基地的布局原则及控制要求。第二，确定大运量快速公共汽车(BRT)网络，提出线位控制原则及控制要求，以及停车场、保养场规划布局和用地规模控制标准。第三，确定公共汽(电)车停车场、保养场规划布局和用地控制规模标准，提出首末站规划布局原则。第四，确定公共交通专用道设置原则和技术要求，规划公共交通专用道网络布局方案，提出港湾式公交站点的设置原则和规划建议。第五，提出出租汽车发展策略和出租汽车驻车站规划布局原则。

2. 城市公共汽电车

根据城市的公共交通客流组织特征和公共交通运营的要求，宜将城市公共汽电车线路分为干线、普线和支线三个层级，不同的城市根据城市客流特征选择合适的层级布局(表 5-7-8)。一般大城市公共交通客流丰富、出行距离长，公共交通线路的层级丰富，而中小城市客流规模小、出行距离短，应根据自身的客流特征和公共交通运营组织，选择其中的部分层级，如普线与支线，组成城市公共交通线网。

图 5-7-3　沈北新区道义地区总体发展规划——交通换乘

表 5-7-8　不同层级城市公共汽电车线路功能与服务要求

线路层级	干线	普线	支线
线路功能	沿客流走廊，串联主要客流集散点	大城市分区内部线路，或中小城市内部的主要线路	深入社区内部，是干线或普线的补充
运送速度/(km·h⁻¹)	≥20	≥15	—
单向客运能力/(千人次·h⁻¹)	5～15	2～5	<2
高峰期发车间隔/min	<5	<10	与干线协调

车辆规模是公共汽电车系统健康发展的重要保障，也是公共汽电车场站用地规划控制的基本依据，其配置数量既需考虑城市公共汽电车系统发展的基本需求，也需要满足一定水平的运输效率，以实现资源的有效配置。城市公共汽电车场站总用地规模应根据城市公共

汽电车车辆发展的规模和要求确定，场站用地总面积按照每标台 150～200 m² 控制。各类公共汽电车场站应节约用地，鼓励立体建设。可根据需求与用地条件，整合停车场与保养场。各类场站用地指标应符合以下规定：停车场、保养场用地指标宜按照每标台 120～150 m² 控制；当城市公共汽电车场站建有加油、加气设施时，其用地应按现行国家标准《汽车加油加气站设计与施工规范》(GB 50156)的规定另行核算面积后加入场站总用地面积中；电车整流站用地规模应根据其所服务的车辆类型和车辆数确定，单座整流站用地面积不应大于 500 m²；充换电站应结合各类公共汽电车场站设置；单个首末站的用地面积不宜低于 2 000 m²。在用地紧张地区，首末站可适当简化功能、缩减面积，但不应低于 1 000 m²。

公共汽电车保有量用城市单位标准车万人拥有量作为控制指标，规划人口规模 300 万人及以上的城市一般不应小于 15 标台/万人，规划人口规模 100 万～300 万人的城市不应小于 12 标台/万人，规划人口规模 50 万～100 万人的城市不应小于 10 标台/万人，规划人口规模小于 50 万人的城市不宜小于 8 标台/万人。旅游城市和其他流动人口较多的城市可适当提高，有轨道交通的城市可适当降低。

3. 轨道交通

轨道交通作为快速、集约、准时的公共交通方式，在引导城市空间发展、改善出行结构、提高交通运行效率等方面具有重要作用。将轨道交通出行时间要求作为协调城市轨道交通和城市空间关系的核心要素。乘客总出行时间分为轨道交通系统内部出行时间和站外出行时间两部分，以总出行时间不超过 1 h 为目标，合理控制轨道交通系统内部出行时间和站外出行时间。

城市轨道交通系统布局应符合下列规定：第一，城市轨道交通线路走向应与客流走廊主方向一致。第二，城市轨道交通快线宜布局在中客流及以上等级客流走廊，客流密度不宜小于 10 万人·km/(km·d)。干线 A 宜布局在大客流及以上等级客流走廊，干线 B 宜布局在大、中客流走廊。第三，城市轨道交通线路长度大于 50 km 时，宜选用快线 A；30～50 km 时，宜选用快线 B；干线宜布局在中心城区内。第四，根据客流走廊的客流特征和运量等要求，可在同一客流走廊内布设多条轨道交通线路。第五，城市轨道交通主要换乘站应与城市各级中心结合布局，并方便乘客的换乘需求和轨道交通的组织。城市土地使用高强度地区，应提高轨道交通站点的密度。第六，城市轨道交通快线宜进入城市中心区，并应加强与城市轨道交通干线的换乘衔接。

城市轨道交通线网规划应具有经济可行性，按照既适度超前，又可持续(特别是财政可持续)的原则，充分论证线网规模，避免盲目建设。城市轨道交通线网规划应与城市空间布局、用地规划协同进行，实现轨道交通覆盖目标和轨道交通与城市空间协调发展，引导城市空间合理布局的目标。一方面，轨道交通线路应符合城市空间组织，沿客流走廊布设；另一方面，城市开发应充分利用轨道交通站点周边的发展机会，鼓励轨道交通站点 800 m 范围内高强度开发和优先开展城市更新，引导人口和岗位在轨道交通站点周边集聚。

七、城市货运交通系统

1. 城市货运交通系统内容

城市货运交通系统包括城市对外货运枢纽及其集疏运交通、城市内部货运、过境货运和特殊货运交通。城市货运交通系统布局应保障城市生产、生活及商业活动的正常运转，并能适应技术发展、产业组织和商业模式改变带来的货运需求变化。重大件货物、危险品货物以及海关监管等特殊货物应根据货物属性、运输特征和货运需求规划专用货运通道。

2. 城市对外货运枢纽及其集疏运交通

对外货运枢纽包含三类：第一，各种运输方式的货运场站，如港口、机场、铁路货运场站、公路货运场站。第二，各种运输方式货运场站延伸的地区性货运中心，如港口延伸的货运中心、大型机场延伸的货运中心、铁路货运场站延伸的货运中心。第三，内陆城市规划的内陆港，内陆港主要是沿海港口的延伸，是货物的集散中心。

城市对外货运枢纽布局应依托港口、铁路和机场货运枢纽或者仓储物流用地设置，并应符合下列规定：地区性货运中心应临近对外货运交通枢纽，或设置与其相连接的专用货运通道；内陆港应贴近货源生成地或集散地，并与铁路货运站、水运码头或高速公路衔接便捷；地区性货运中心和内陆港与居住区、医院、学校等的距离不应小于 1 km。

货运枢纽用地会有大量的货运车辆进出，同时，货运枢纽也提供了一定的就业机会，人员的集聚将会进一步增加周边交通设施的承载压力。因此，一般单个规模不宜超过 1 km^2。若单个货运枢纽的用地规模超过 1 km^2，则必须要针对用地周边的交通基础设施进行集疏运系统的专项研究。

城市对外货运枢纽的集疏运系统规划应符合下列规定：第一，依托航空、铁路、公路运输的城市货运枢纽，应设置高速公路集疏运通道，或设置与高速公路相衔接的城市快速路、主干路集疏运通道。第二，依托海港、大型河港的城市货运枢纽应加强水路集疏运通道建设，并与高速公路相衔接。高速公路集疏运通道的数量应根据货物属性和吞吐量确定。年吞吐量超亿吨的货运枢纽宜至少与两条高速公路集疏运通道衔接。大型集装箱枢纽、以大宗货物为主的货运枢纽应设置铁路集疏运通道。第三，油、气、液体货物集疏运宜采用管道交通方式，管道不得通过居住区和人流集中的区域。第四，城市货运枢纽到达高速公路（或其他高等级公路）通道的时间不宜超过 20 min。

3. 城市内部货运交通

城市内部货运交通包括为工业企业服务的生产性货运交通和为城市生活、商业、办公服务的生活性货运交通。城市内部生活性货运交通包括城市应急、救援品储备中心、城市内部生活性货物集散点以及城市货运配送网络。城市应急、救援品储备中心要保障城市在非正常状态下（地震、自然灾害、恐怖袭击等）救援物资的供应；生活性货运集散点包括城市内部各种商业配送节点、快递配送节点。货运配送网络包括连接各级节点的通道及节点到货源点的连接道路。

生产性货物集聚区域，宜设置生产性货运中心，选址与规模应按照生产组织特征、货物属性、货运量确定。选址宜依托工业用地或仓储物流用地设置。

由于生产性货运中心、生活性货物集散点都会有较多的大型货运车辆及配送车辆的进出，会对周边居住环境产生一定影响。为减少货运中心对城市生活的影响，应禁止生产性货运中心和生活性货物集散点设置在居住用地内。

生活性货物集散点应具备与城市对外货运枢纽便捷连接的设施条件，并宜邻近居住用地、商业服务中心，分散布局。生活性货物集散点，如生活性货物中心、物流中心、配送中心、城市中心城区末端配送点等，这些货物集散点应按照各层级设置相应的连接通道；根据货物集散点货物流向设置与对外货运枢纽的连接通道。考虑社区、商业中心需求，特别是随着电子商务的快速发展，人们对货物配送时效性要求越来越高。因此，生活性货物集散点应结合居住用地各级商业服务中心分散布局。

城市内部应根据快递配送需求、商业及办公配送需求，为配送车辆设置专用的装卸车位，如沿街商业的配送车辆装卸车位、末端快递配送点的专用装卸车位等，以缓解配送车辆停车装卸的负面影响。

最后，在城市货运交通系统上坚持公交引导城市发展，提出与城市功能布局相融合的公共交通体系与设施布局。优化公交枢纽和站点（含轨道交通）布局与集约用地要求，提高站点覆盖率，鼓励站点周边地区土地混合使用，引导形成综合服务节点。

提高空间连通性和交通可达性，明确综合交通系统发展目标与分区策略，确定市域综合交通网络布局，完善物流运输系统布局，最终能够增强区域、市域、城乡之间的交通网络服务能力。

第八节　国土空间总体规划的强制性内容

一、防灾减灾

考虑气候变化可能造成的环境风险，如沿海地区海平面上升、风暴潮等自然灾害，山地丘陵地区崩塌、滑坡、泥石流等地质灾害，提出防洪排涝、抗震、防潮、人防、地质灾害防治等防治标准和规划要求，明确应对措施。对国土空间开发不适宜区域，根据治理需求提出应对措施。合理布局各类防灾抗灾救灾通道，明确省级综合防灾减灾重大项目布局及时序安排，并纳入重点项目表。

基于灾害风险评估，确定主要灾害类型的防灾减灾目标和设防标准，划定灾害风险区。明确防洪（潮）、抗震、消防、人防、防疫等各类重大防灾设施标准、布局要求与防灾减灾措施，适度提高生命线工程的冗余度。针对气候变化影响，结合城市自然地理特征，优化防洪排涝通道和蓄滞洪区，划定洪涝风险控制线，修复自然生态系统，减少城镇建设中的地面硬化，因地制宜推进建设海绵城市。沿海城市应强化因气候变化造成海平面上升的灾害应对措施。

二、约束性指标传导

以省城国土空间格局为指引，统筹市县国土空间开发保护需求，实现发展的持续性和空间的合理性。省级国土空间规划通过分区传导、底线管控、控制指标、名录管理、政策要求等方式，对市县级规划编制提出指导约束要求。省级国土空间规划要将上述要求分解到下级规划，下级规划不得突破。

约束性指标落实及分解情况，如生态保护红线面积、用水总量、永久基本农田保护面积等。规划期限内建设用地的发展规模，根据建设用地评价确定的土地使用限制性规定；规划城市各类绿地的具体布局。

三、重要基础设施和公共服务设施

重要基础设施和公共服务设施用地及其控制范围，协调生态保护红线和永久基本农田控制线，为新型基础设施建设留有发展空间。该项内容主要包括：重大交通枢纽、重要线性工程网络、邻避设施城市主干路的走向、城市轨道交通的线路走向、大型停车场布局；取水口及其保护区范围、给水和排水主管网的布局；电厂与大型变电站位置、燃气储气罐站位置、垃圾和污水处理设施位置；文化、教育、卫生、体育和社会福利等主要公共服务设施的布局和标准。

四、自然与历史文化遗产保护

自然与历史文化遗产保护包括：历史文化名城保护规划确定的具体控制指标和规定；明确和整合各级文物保护单位、历史文化名城名镇名村、历史城区、历史文化街区、传统村落、历史建筑等历史文化遗存的保护范围，统筹划定包括城市紫线在内的各类历史文化保护线。

五、生态环境保护

生态环境保护包括：生态屏障、生态廊道和生态系统保护格局、自然保护地体系；生态保护红线、永久基本农田、中心城区城镇开发边界、历史文化保护线等重要控制线；中心城区范围内结构性绿地、水体等开敞空间的控制范围和均衡分布要求。

第九节　国土空间总体规划成果

当前国土空间总体规划成果在大多程度上体现其服务的政策目标，国土空间总体规划作为指引城市发展的纲领性文件，是引导城市经济、社会和环境可持续发展的主要公共政策。

国土空间总体规划作为法定规划，在我国的规划编制体系中，是城市政府实施城乡空间管理、引导空间资源合理配置的最重要的规划层次。由于我国的总体规划制度源于计划经济环境，尽管改革创新始终伴随着 30 多年来的实践工作，但内容体系及运行框架在适应市场化环境方面没有发生实质性改变，在价值理念、事权法理、规划体制、技术方法等各个层面，以及编制、审批、实施等各个环节都存在诸多矛盾，造成总体规划的不适应性越来越突出。对国土空间总体规划的作用、编制内容和方法，以及实施和管理的反思和思考，伴随着中国城市快速发展的整个进程，并且成为每一个城市、每一轮总体规划修编的热点和难点。经过多年的理论探讨和实践反思，现有国土空间总体规划编制的试点突出问题已在规范中明确回答，对总体规划进行改革创新的方向也已形成基本共识。

一、市级国土空间总体规划制图规范

1. 制图一般规定

1）空间参照系统和比例尺

正式图件的平面坐标系统采用“2000 国家大地坐标系”，高程基准面采用“1985 国家高程基准”，投影系统采用“高斯—克吕格”投影，分带采用“国家标准分带”。

市级国土空间总体规划中，市域图件挂图的比例尺一般为 1∶100 000，如辖区面积过大或过小，可适当调整。

市级国土空间总体规划中，中心城区图件挂图的比例尺一般为 1∶10 000～1∶25 000；中心城区规划控制范围较大的，图件比例尺可缩小至 1∶50 000 或根据情况作进一步调整。

2）图件种类

市级国土空间总体规划的图件包括调查型图件、管控型图件和示意型图件三类。此外，各地可根据实际需要增加其他图件。

调查型图件 5 张(类)，包括市域国土空间用地用海现状图、中心城区国土空间用地用海现状图、市域自然保护地分布图、市域历史文化遗存分布图、市域自然灾害风险分布图。

管控型图件 20 张(类)，包括市域国土空间控制线规划图、市域生态系统保护规划图、市域农(牧)业空间规划图、市域历史文化保护规划图、市域综合交通规划图、市域基础设施规划图、市域国土空间规划分区图、市域生态修复和综合整治规划图、市域矿产资源规划图、中心城区土地使用规划图、中心城区国土空间规划分区图、中心城区开发强度分区规划图、中心城区控制线规划图、中心城区绿地系统和开敞空间规划图、中心城区公共服务设施体系规划图、中心城区历史文化保护规划图、中心城区道路交通规划图、中心城区市政基础设施规划图、中心城区综合防灾减灾规划图、中心城区地下空间规划图。

示意型图件 5 张(类)，包括市域主体功能分区图、市域国土空间总体格局规划图、市域城镇体系规划图、市域城乡生活圈和公共服务设施规划图、中心城区城市更新规划图。

3）图件的合并与拆分

同种专题或不同专题内容的现状图件和规划图件，在不影响内容识别的前提下，可合并绘制。综合交通、市政基础设施、综合防灾减灾规划等图件，可根据实际需要按不同专题内容拆分绘制。

2. 基础地理要素

① 行政界线。制图区域内表达到区(县)或乡(镇)行政界线，制图区域外表达到省、市或区(县)行政界线。边境城市应注明国境线。

② 政府驻地。制图区域内表达到区(县)或乡(镇)级政府驻地，制图区域外表达到省、市或区(县)级政府驻地。

③ 高程特征点。包括制图区域内重要的山脉、山峰、山隘等，宜标注名称和高程值。

④ 等高线和等深线。高程、高差对国土空间有较大影响的地区可添加等高线，水底地势对国土空间有影响的地区可添加等深线。

⑤ 其他地物。根据区域情况可选择表达水系、海岸线等其他重要地物，图式可参考地形图相关规范予以表达。

3. 注记

主要注记内容：市(地)、县(区)、乡(镇)政府驻地名称；铁路站场、民用机场、港口码头、公路与铁路(及其不同方向的通达地名)名称；重大水利设施名称；河流、湖泊、水库、干渠、海域的名称；国家公园、自然保护区、自然公园的名称；其他重要地物名称。

同一图形文件内注记文字种类以不超过四种为宜。汉字优先采用宋体，可选用黑体、楷体、仿宋、隶书；英文和数字优先采用 Times New Roman，可选用 Arial Black。底图要素中的注记文字宜以灰色、白色为主，并应与必选要素、可选要素的注记文字在颜色、大小等方面有明显区别。涉海要素表达参照相关规定。

4. 图幅配置

市级国土空间总体规划图件的图幅配置内容包括图名、图廓、指北针与风玫瑰图、比例尺、图例、署名和制图日期。图名宜位于图廓外上方，包括规划名称、主题名称，汉字采用黑体，英文和数字采用 Times New Roman。图廓由外图廓和内图廓构成，外图廓用粗实线绘制，内图廓用细实线绘制。指北针与风玫瑰图可绘制在图幅内右上角或左上角，有风向资料的地区采用 16 方向或 8 方向风向玫瑰图，其他地区采用指北针式样。比例尺可选用直线比例尺，比例尺总长度宜为图廓宽度的 1/10。图例由图形（线条、色块或符号）和文字构成，宜绘制在图廓下方。图件应署规划编制单位的正式名称和规划编制日期，注于图廓外左下角或右下角。

5. 图纸要素

图纸要素包括底图要素、主要表达内容必选要素（必选要素）和主要表达内容可选要素（可选要素）。

底图要素一般包括制图区域的行政边界要素、自然地理要素、交通要素、用地和分区要素。其中，市域底图应表达区（县）级及以上行政界线和政府驻地、制图区域行政界线的晕线，涉海城市还应包括海岸线和市辖海域；中心城区底图应表达乡（镇）级及以上行政界线和政府驻地、制图区域行政界线的晕线，涉海城市还应包括海岸线和市辖海域（图 5-9-1、5-9-2）。除市域、中心城区国土空间用地用海现状图外，其他现状图纸底图应表达现状的机场、铁路及站场、城际轨道、港口码头、公路、城镇骨干路网，不同设施可选择性分类表达，可用相同用地叠加不同符号表达。除市域综合交通规划图、中心城区土地使用规划图、中心城区国土空间规划分区图、中心城区道路交通规划图外，其他规划图纸底图应表达现状和规划的机场、铁路及站场、城际轨道、港口码头、公路、城镇骨干路网，不同设施可选择性分类表达，可用相同用地叠加不同符号表达。

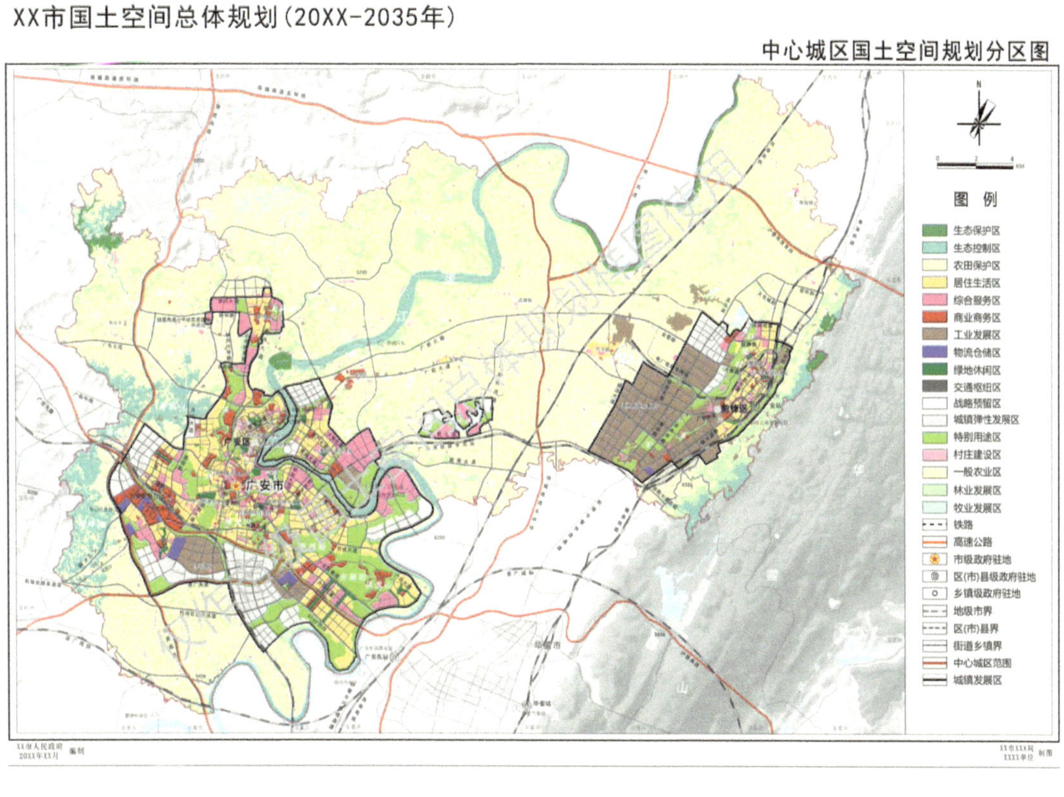

图 5-9-1　中心城区国土空间规划分区图样图

图 5-9-2 中心城区历史文化保护规划图样图

二、市级国土空间总体规划数据库规范

市级国土空间总体规划数据库内容,包括基础地理信息要素、分析评价信息要素和国土空间规划信息要素。

要素分类大类采用面分类法,小类以下采用线分类法(图 5-9-3)。根据分类编码通用原则,依次按大类、小类、一级类、二级类、三级类、四级类划分,分类代码采用十位数字层次码组成。大类码为专业代码,设定为二位数字码,基础地理专业码为 10,土地专业码为 20,其他专业码为 30;小类码为业务代码,设定为二位数字码,空位以 0 补齐,分析评价的业务代码为 80,国土空间规划的业务代码为 90;一至四级类码为要素分类代码,一级类码为二位数字码、二级类码为二位数字码、三级类码为一位数字码、四级类码为一位数字码,空位以 0 补齐。基础地理要素的一级类码、二级类码、三级类码和四级类码引用 GB/T 13923 中的基础地理要素代码结构与代码。各要素类中如含有“其他”类,则该类代码直接设为“9”或“99”。例如基础支撑体系的重大交通基础设施,其要素代码为:2090024100。

××	××	××	××	×	×
大类码	小类码	一级类要素码	二级类要素码	三级类要素码	四级类要素码

图 5-9-3 要素分类代码结构

数据库的地图投影与分带，采用“高斯—克吕格”投影，采用国家标准分带。坐标系统采用“2000 国家大地坐标系”。高程基准采用“1985 国家高程基准”。

数据库结构定义应符合三个基本规则：图层名称采用中文文字命名，一般采用全称，名称较长时可采用关键字名称；属性表采用字母命名，一般采用名称汉语拼音首字母命名，名称较长时采用关键字的汉语拼音首字母命名，如出现属性表名重复，调整其中的一个；属性数据结构字段类型描述中，Char 表示字符型，Float 表示双精度浮点型，Int 表示长整型。

市级国土空间总体规划数据库（全域）采用分层的方法进行组织管理，如下表 5-9-1、5-9-2。空间要素属性数据结构字段名称中，行政区代码、行政区名称是考虑数据管理及应用需要的基础字段，在无特殊注明要求时，默认填写到市级行政区；若地方行政区划管理制度存在特殊情况，可根据实际情况填写并在图层备注中说明。

表 5-9-1 市级国土空间总体规划数据库（全域）要素图层

序号	图层分类	图层名称	几何特征	属性表名	约束条件	备注
1	境界与行政区	市级行政区	面	XZQDS	M	
2		县级行政区	面	XZQXS	M	
3		乡镇级行政区	面	XZQXZ	C	
4	分析评价	生态保护重要性评价结果	面	STBHZYXPJJG	M	
5		农业生产适宜性评价结果	面	NYSCSYXPJJG	M	
6		城镇建设适宜性评价结果	面	CZJSSYXPJJG	M	
7		生态系统服务功能重要性分布	面	STXTFWGNZYXFB	O	
8		生态脆弱性分布	面	STCRXFB	O	
9	基期年现状	现状用地用海	面	XZYDYH	M	
10		现状自然保护地分布	面	XZZRBHDFB	C	
11		现状历史文化遗存分布	面	XZLSWHYCFB	C	
12		现状自然灾害风险分布	面	XZZRZHFXFB	C	
13		城区范围	面	CQFW	C	
14		城区实体地域	面	CQSTDY	C	

表 5-9-2 城区范围、城区实体地域属性结构描述表（属性表名：CQFW、CQSTDY）

序号	字段名称	字段代码	字段类型	字段长度	小数位数	值域	约束条件	备注
1	标识码	BSM	Char	18			M	
2	要素代码	YSDM	Char	10			M	
3	行政区代码	XZQDM	Char	12			M	
4	行政区名称	XZQMC	Char	100			M	
5	面积	MJ	Float	15	2	>0	M	单位：平方米

（续表）

序号	字段名称	字段代码	字段类型	字段长度	小数位数	值域	约束条件	备注
6	年份	NF	Char	4			M	
7	备注	BZ	Char	255			O	

第十节　国土空间总体规划案例——北京总规

《北京城市总体规划(2016 年—2035 年)》(简称“北京总规”)是新时期国土空间总体规划编制的先期实践,是第一个由中共中央、国务院正式批复的总体规划。从中央要求来看,新一版北京城市总体规划实际上是对习近平总书记治国理政新理念、新思想、新战略的重要落实。具体包括:“中国梦”;“两个一百年”奋斗目标;“五位一体”总体布局;“四个全面”战略布局;“五大理念”——创新、协调、绿色、开放、共享;“四个意识”——政治意识、大局意识、核心意识、看齐意识;“一个中心”——以人民为中心。从对北京的要求来看,新总规紧紧扣住迈向“两个一百年”奋斗目标和中华民族伟大复兴的时代使命,围绕“建设一个什么样的首都、怎样建设首都”这一重大课题来开展编制工作。

新一版北京城市总体规划的编制特点包括以下六个方面:一是以习近平总书记两次视察北京重要讲话精神为根本遵循。紧紧扣住迈向“两个一百年”奋斗目标和中华民族伟大复兴的时代主题,围绕“建设一个什么样的首都、怎样建设首都”这一重大课题来开展编制工作,进一步强化“四个中心”的城市战略定位,并从空间布局、要素配置、疏解整治提升等方面做出了具体安排,力求增强首都功能的服务保障能力,提升“四个服务”水平。二是以疏解非首都功能为“牛鼻子”,坚持疏解功能谋发展。规划通篇贯穿了疏解非首都功能这个关键环节和重中之重,同时,统筹考虑疏解与整治、疏解与提升、疏解与发展、疏解与协同的关系,力求在疏解功能中实现更高质量、更可持续的发展。改变了以往聚集资源谋发展的思维定式。三是紧密对接京津冀协同发展,着眼于更广阔的空间来谋划首都的未来。规划跳出北京看北京,放眼京津冀广阔空间来规划北京的未来。强调深入推进京津冀协同发展,并对支持河北雄安新区规划建设做出安排,努力打造以首都为核心的世界级城市群。四是坚持问题导向,积极回应群众关切。本次规划编制以北京市民最关心的问题为导向,集中聚焦人口过多、交通拥堵、房价高涨、大气污染等“大城市病”治理,从源头入手综合施策,对治理“大城市病”做出了规划安排。五是坚持均衡发展。针对北京南北、内外、城乡发展不均衡问题,规划提出以重大基础设施、生态环境治理、公共设施建设和重要功能区为依托,带动优质要素在南部地区聚集,加快南部地区发展;明确各区功能定位,促进主副结合发展,加快外围多点发展,山区和平原地区互补发展;突出城乡统筹,专门用一章对促进城乡均衡发展做了安排。六是实现多规合一。率先实现城市总体规划与土地利用总体规划的两图合一,实现城市规划向城乡规划转变,形成全域空间规划的基础底图。以城市总体规划为统领,整合各种空间规划,统筹各专项规划的核心要素,实现多规底图叠合、数据融合、政策整合,形成一本规划,实现一张蓝图绘到底。

编制内容上,新一版北京城市总体规划主要从以下七个方面回答“建设一个什么样的首都,怎样建设首都”这一重大课题。

第一,落实城市战略定位。本次北京总规以全国政治中心、文化中心、国际交往中心、科技创新中心"四个中心"战略定位为统领，提出了构建"一核一主一副、两轴多点一区"（图5-10-1）的空间布局规划方案，以切实增强首都功能的服务保障能力，不断提高"四个服务"水平，更好地服务党和国家发展大局。

第二，放眼京津冀谋划首都未来。京津冀协同发展是习近平总书记亲自谋划推动的重大国家战略，也是首都发展的重大历史机遇。北京主动融入京津冀协同发展大局，发挥好北

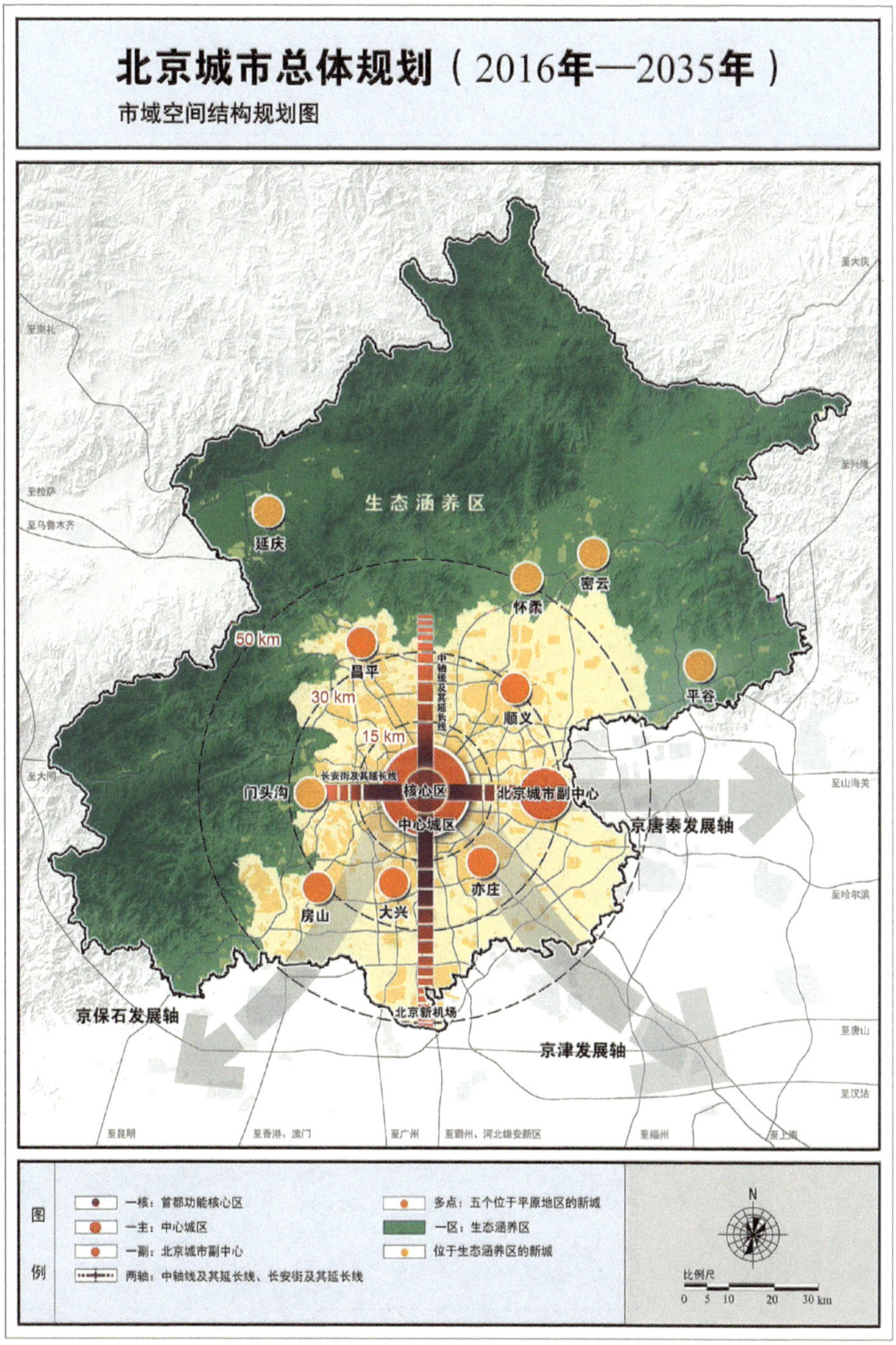

图 5-10-1　北京市域空间结构规划

京“一核”的辐射带动作用，围绕首都形成核心区功能优化、辐射区协同发展、梯度层次合理的城市群体系，建设以首都为核心的世界级城市群。

第三，加强历史文化保护，建设迈向中华民族伟大复兴的大国首都，包括构建全覆盖、更完善的历史文化名城保护体系；加强老城整体保护（图 5-10-2）；加强三山五园地区保护；加强三条文化带的整体保护利用；加强城市设计，塑造传统文化与现代文明交相辉映的城市特色风貌。

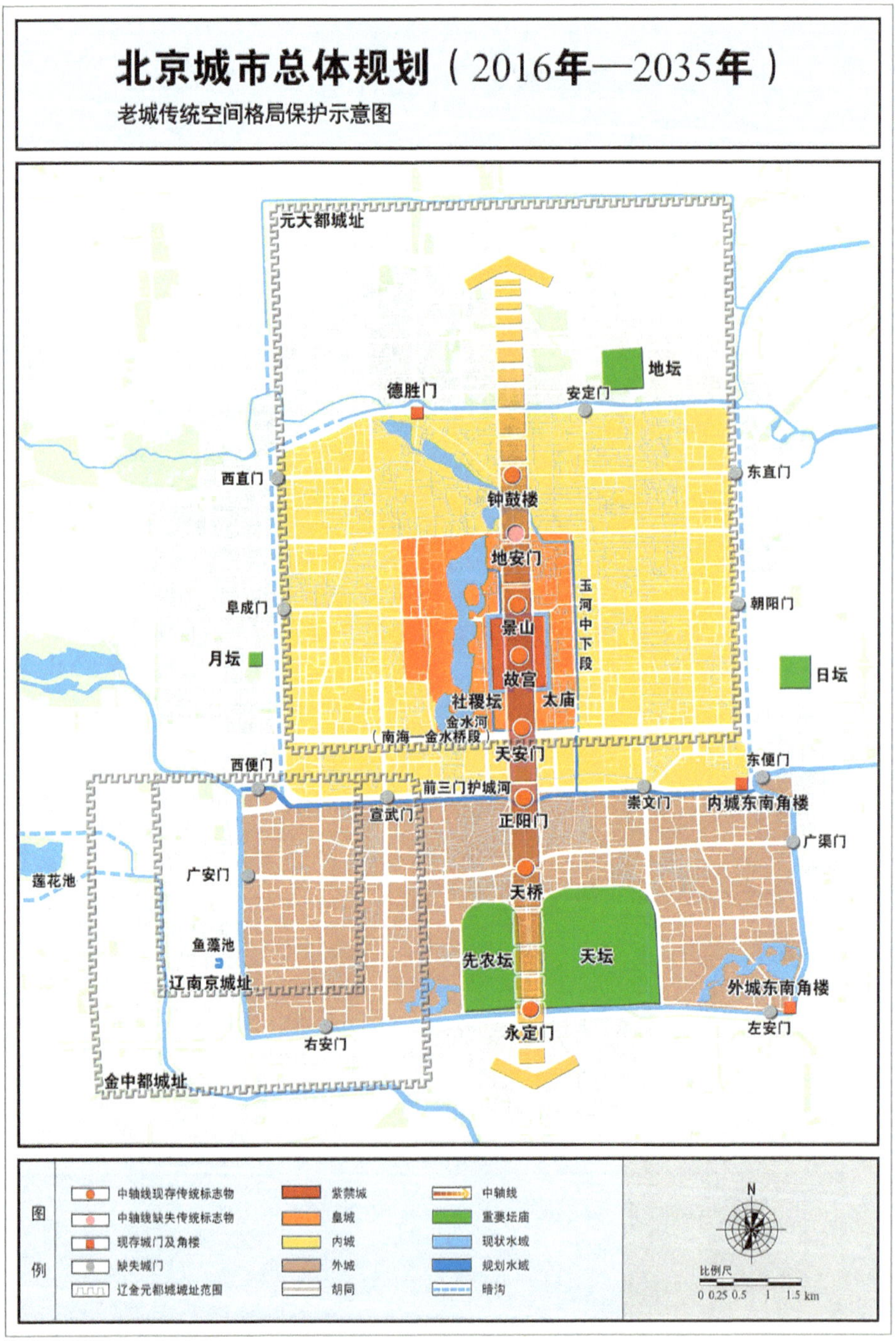

图 5-10-2　北京老城传统空间格局保护示意

第四，划定人口总量上限、生态控制线、城市开发边界三条红线。到 2020 年，城乡建设用地要控制在 2 860 km^2，到 2035 年，城乡建设用地要控制在 2 760 km^2（图 5-10-3）。

第五，加强要素科学配置，统筹三生空间。坚持生产空间集约高效，构建高精尖经济结构。2020 年城乡产业用地占城乡建设用地的比重由现状 27％下降到 25％以内；2035 年下

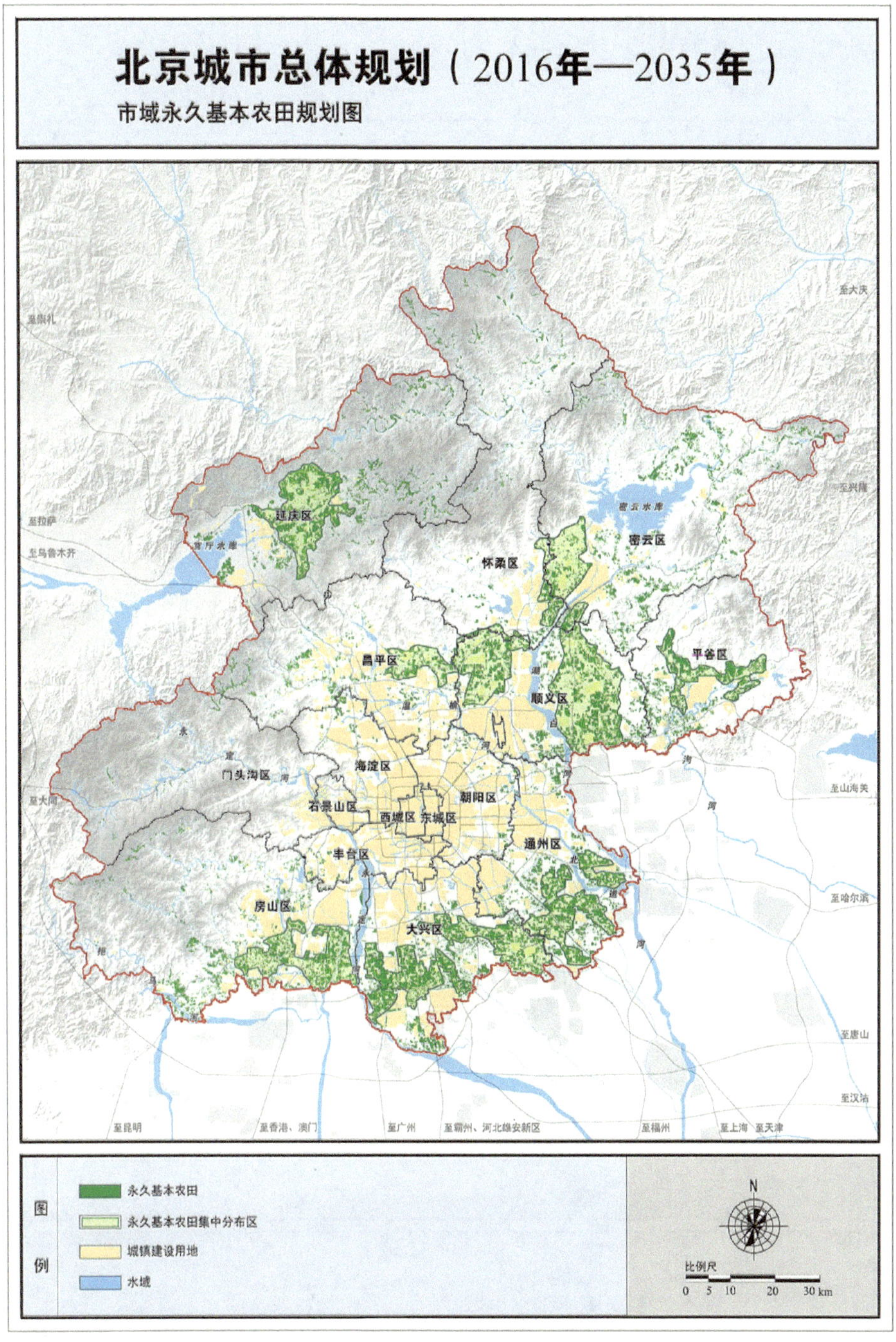

图 5-10-3 北京市域永久基本农田规划

降到20%以内。坚持生活空间宜居适度，提高民生保障和服务水平。2020年全市城乡职住用地比例由现状1∶1.3调整为1∶1.5以上，2035年调整为1∶2以上。形成居民和家庭服务、健康服务、养老服务、旅游服务、体育服务、文化服务、法律服务、批发零售服务、住宿餐饮服务和教育培训服务十大便民服务网络。坚持生态空间山清水秀，大幅度提高生态规模与质量。构建“一屏、三环、五河、九楔”的市域绿色空间结构(图5-10-4)，建设森林城市，2020年全市森林覆盖率达到44%，2035年达到45%以上。

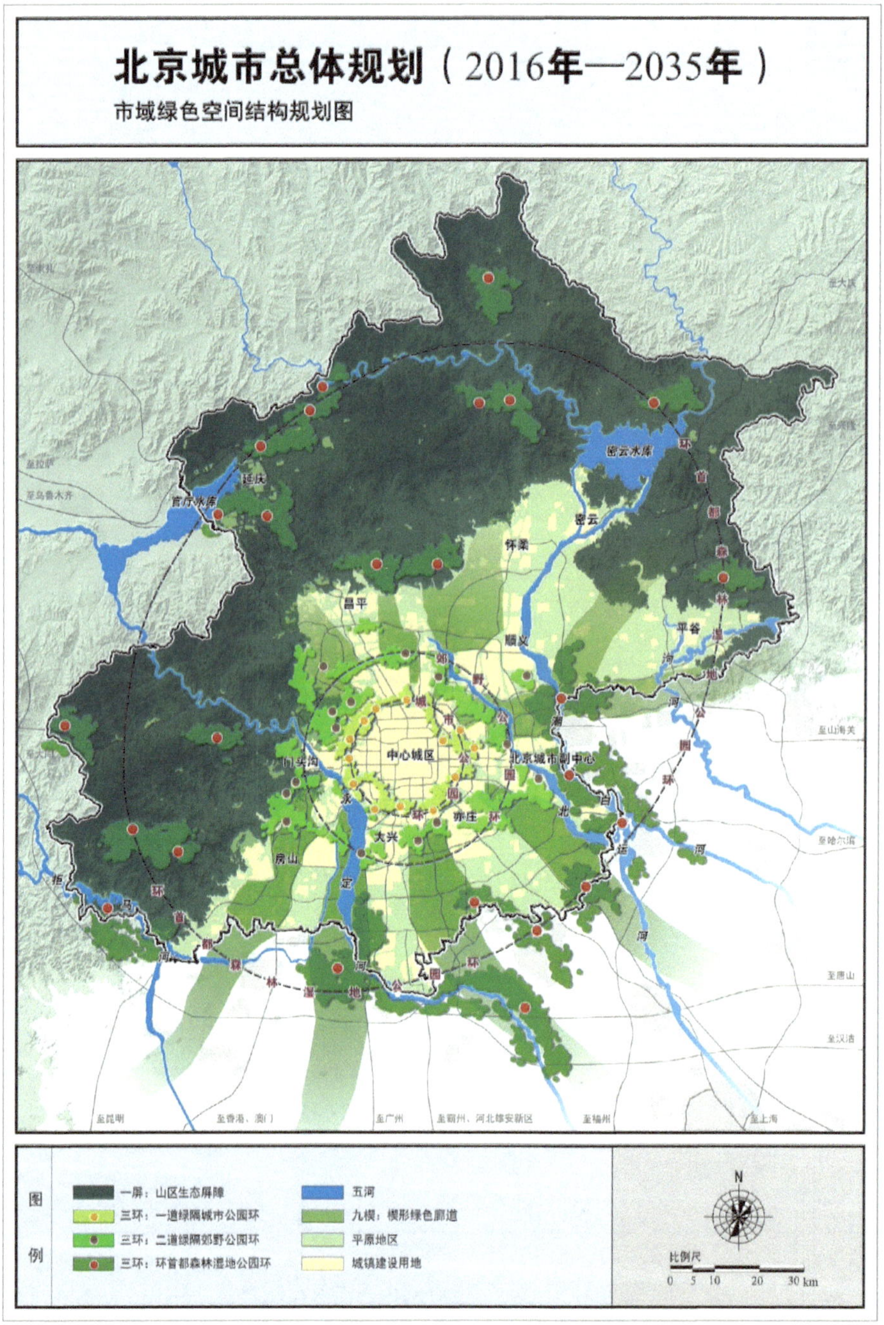

图5-10-4　北京市域绿色空间结构规划

第六，着力改善民生。标本兼治，缓解交通拥堵。2020 年轨道交通里程由现状约 631 km提高到 1 000 km 左右，2035 年不低于 2 500 km。2020 年城市绿色出行比例由现状 70.7%提高到 75%以上，2035 年不低于 80%。完善购租并举的住房体系，实现住有所居。未来五年新供应各类住房 150 万套，平均每年 30 万套。着力攻坚大气污染治理，全面改善环境质量。到 2020 年 PM2.5 年均浓度下降到 56 $\mu g/m^3$ 左右，到 2035 年大气环境质量得到根本改善，到 2050 年达到国际先进水平。

第七，构建规划统筹实施机制。加强分类指导，明确城乡统筹格局和目标任务；加大治理力度，实现城乡接合部减量提质增绿。建立"一年一体检、五年一评估"的实时监测、定期评估、动态维护的城市体检评估机制，完善专家咨询和公众参与长效机制，建立国际一流的和谐宜居之都评价指标体系。加强精细化管理、推动多元治理、坚持依法治理、创新体制机制。

课后习题

1. “双评价”成果应用，对市级国土空间规划编制的支撑不包括 （　　）
   A. 国土空间格局优化　　B. 规划指标确定和分解
   C. 划定城市绿线和蓝线　　D. 重大工程安排
2. 下列不属于城市总体规划的主要作用的是 （　　）
   A. 战略引领作用　　B. 刚性控制作用　　C. 风貌提升作用　　D. 协同平台作用
3. 下列不属于城市总体规划主要任务的是 （　　）
   A. 合理确定城市分阶段发展方向、目标、重点和时序
   B. 控制土地批租、出让，正确引导开发行为
   C. 综合确定土地、水、能源等各类资源的使用标准和控制指标
   D. 合理配置城乡基础设施和公共服务设施
4. 下列属于城市总体规划强制性内容的是 （　　）
   A. 用水量标准　　B. 城市防洪标准
   C. 环境卫生设施布置标准　　D. 用气量标准
5. 下列不属于城市总体规划强制性内容的是 （　　）
   A. 水域内水源保护区的地域范围　　B. 城市燃气储气罐站位置
   C. 重要地下文物埋藏区保护范围和界限　　D. 城市人口规模
6. 下列数据类型中，不属于城市环境质量监测数据的是 （　　）
   A. 大气监测数据　　B. 水质监测数据
   C. 噪声监测数据　　D. 主要工业污染源的污染物排放监测数据
7. (多选题)下列哪些项是城市总体规划实施评估应考虑的内容？ （　　）
   A. 城市人口与建设用地规模情况　　B. 综合交通规划目标落实情况
   C. 自然与历史文化遗产保护情况　　D. 政府在规划实施中的作用
   E. 城市发展方向与布局的落实情况
8. 下列关于城市性质的表述，不准确的是 （　　）
   A. 城市性质应体现城市发展目标
   B. 城市性质应体现其在国家或一定区域内的地位
   C. 城市性质应体现其在国家或一定区域中担负的主要职能
   D. 城市性质应体现城市的个性
9. 下列关于市域城镇发展布局规划的表述，正确的是 （　　）
   A. 经济发达地区可以规划为中心城区、外围新城、中心镇、新型农村社区的城市型居民点体系
   B. 市域城乡聚落体系可以分为中心城市、县城、镇区、中心村四级体系
   C. 市域城镇发展布局规划的主要内容包括确定市域各类城乡居民点产业发展方向
   D. 市域交通和基础设施体系要优先满足本市域发展的需要，不能分担周边城市的发展要求，否则不利于促进城市之间的有机分工

10. 下列可以不划入规划区的是　（　　）

A. 城市生态控制区　　B. 基本农田保护区

C. 区域重大基础设施廊道　　D. 水源保护区

11. 下列关于放射型城市形态的表述，错误的是　（　　）

A. 放射型城市形态主要受山地的影响而形成

B. 放射轴之间的大型绿地，有利于保持城市环境质量

C. 增强放射轴之间的交通联系，有可能出现轴带之间的连绵

D. 放射型城市发展到一定规模，会形成多中心城市

12. 下列关于城市形态的表述，正确的是　（　　）

A. 集中型城市形态是多中心城市　　B. 带型城市形态是多中心城市

C. 组团型城市形态是多中心城市　　D. 散点型城市形态是多中心城市

13. 下列关于市域城乡空间的表述，正确的是　（　　）

A. 市域城乡空间可以划分为建设空间、农业开敞空间、区域重大基础设施空间和生态敏感空间四大类

B. 按照生态敏感性分析对市域空间进行生态适宜性分区，可以分为鼓励开发区、控制开发区、禁止开发区、基本农田保护区四类

C. 市域城镇空间由中心城区及周边其他城镇组成，主要的组合类型有：均衡式、单中心集核式、片区组团式、轴带式等

D. 独立布局的区域性基础设施用地与城乡居民生活具有密切联系，应该纳入城乡人均建设用地进行平衡

14. （多选题）调查城市用地的自然条件时，经常采用的方法包括　（　　）

A. 专项座谈　　B. 现场踏勘　　C. 问卷调查　　D. 地图判读

E. 文献检索

15. （多选题）关于城市用地选择的表述，不准确的是　（　　）

A. 城市中心区用地应选择地质及防洪排涝条件较好且相对平坦和完整的用地，自然坡度小于15%

B. 居住用地应选择向阳、通风条件好的用地，自然坡度宜小于30%

C. 工业、仓储用地宜选择便于交通组织和生产工艺流程组织的用地，自然坡度应小于10%

D. 填方较大的区域宜作为城市开敞空间用地

16. 城市总体布局中，相对于分散式布局，下列哪项不是集中式布局的优点　（　　）

A. 布局紧凑，节约用地，节省建设投资

B. 布局灵活，城市用地发展和城市容量具有弹性，易于处理近远期发展关系

C. 城市居民平均出行距离较短，城市氛围浓郁，利用社会交往

D. 配置建设各项生活服务设施和基础设施的成本较低

17. （多选题）关于城市空间布局的表述，错误的有　（　　）

A. 大型体育场馆应避开城市主干路，减少对交通的干扰

B. 分散布局的专业化公共中心有利于更均衡的公共服务

C. 沿公交干线应降低开发强度，避免人流的影响

D. 居住用地相对集中布置，有利于提供公共服务

E. 公园应布置在城市边缘，以提高城市土地收益

18. 下列关于城市道路系统与城市用地协调发展关系的表述，错误的是 （　　）

A. 水网发达地区的城市可能出现河路融合、不规则的方格网形态路网

B. 位于交通要道的小城镇，可能出现外围放射路与城内路网衔接的形态

C. 大城市按照多中心组团式布局，必然出现出行距离过长、交通过于集中的通病

D. 不同类型的城市干路网是与不同的城市用地布局形式密切相关的

19. 城乡用地竖向与用地布局的说法正确的是 （　　）

A. 城镇中心区用地应选择地质、排水防涝及防洪条件较好且相对平坦和完整的用地，其自然坡度宜小于 20%，规划坡度宜小于 15%

B. 居住用地宜选择向阳、通风条件好的用地，其自然坡度宜小于 25%，规划坡度宜小于 10%

C. 工业、物流用地宜选择便于交通组织和生产工艺流程组织的用地，其自然坡度宜小于 15%，规划坡度宜小于 10%

D. 超过 8 m 的高填方区仅限作绿地、广场、运动场等开敞空间

E. 结合自然地形，规划地面形式分为平坡式、台地式

20. 关于城市综合交通规划中交通调查的表述，不准确的是 （　　）

A. 居民出行调查通常采用抽样调查

B. 车辆出行调查通常采用抽样调查

C. 吸引点调查通常采用抽样调查

D. 交通小区是研究分析居民、车辆出行及分布的空间最小单元

21. 下列关于城市综合交通调查的表述，错误的是 （　　）

A. 交通出行 OD 调查可以得到现状城市交通的流动特性

B. 居民出行调查可以得到居民出行生成与土地使用特征之间的关系

C. 城市道路交通调查包括对机动车、非机动车、行人的流量、流向的调查

D. 查核线的选取应避开对交通起障碍作用的天然地形和人工障碍

22. 下列不属于城市交通发展战略研究的是 （　　）

A. 提出城市交通总体发展方向和目标

B. 提出城市交通发展政策和措施

C. 提出城市交通各子系统功能组织及布置原则

D. 提出城市交通资源分配利用原则和策略

23. 下列关于城市道路系统规划的表述，正确的有 （　　）

A. 道路的功能应与毗邻道路用地的性质相协调

B. 道路路线转折角较大时，转折点宜放在交叉口上

C. 道路要有适当的路网密度和道路面积率

D. 公路兼有过境和出入交通功能时，宜与城市内部道路功能混合布置

E. 道路一般不应形成多路交叉口

24. 下列不属于城市道路系统规划主要内容的是 （　　）

A. 提出城市各级道路红线宽度和标准横断面形式

B. 确定主要交叉口、广场的用地控制要求

C. 确定城市防灾减灾、应急救援、大型装备运输的道路网络方案

D. 提出交通需求管理的对策

25. 道路设计车速大于(　　)km/h,必须设置中央分隔带。

A. 40　　B. 50　　C. 60　　D. 70

26. 下列关于城市道路横断而选择的组合的表述,不准确的是　(　　)

A. 交通性主干路宜布置在为分向通行的一块板横断面

B. 机、非分行的二块板横断面常用于生活性主干路

C. 次干路可布置为一块板横断面

D. 支路宜布置为一块板横断面

27. (多选题)下列关于城市公共交通规划的表述,正确的有　(　　)

A. 城市公共交通系统的形式要根据出行特征进行分析确定

B. 城市公共线路规划应首先考虑满足通勤出行的需要

C. 城市公共交通线路的走向应与主要客流流向一致

D. 城市公共交通线网规划应尽可能增加换乘次数

E. 城市公共汽(电)车线网规划应考虑与城市轨道交通线网之间的便捷换乘

28. 下列关于城市用地布局与道路系统关系的表述,不准确的是　(　　)

A. 分散式用地布局的大城市的道路网一般不宜套用方格网状道路网

B. 带状组团式用地布局的城市,一般需要布置联系各组团的交通性干路

C. 中心城市一般不会形成放射状的交通性路网形态

D. 城市公交干线对城市用地形态具有引导性作用

29. 下列关于城市交通系统相关关系的表述,错误的是　(　　)

A. 人的活动是城市交通的主要活动

B. 人在城市中的分布决定了城市交通的流动和分布

C. 城市用地是城市交通的非决定性因素

D. 城市用地性质要与道路功能相协调

30. 下列关于城市货运交通的表述,错误的是　(　　)

A. 地区性货运中心应临近对外货运交通枢纽

B. 生产货运交通中心宜依托工业或仓储物流用地设置

C. 生产性货物集散区域宜设置生产性货运中心

D. 生活性货物集散点宜设置在居住用地内

31. 下列关于城市综合交通规划的表述,不准确的是　(　　)

A. 应与城市空间布局、土地使用相互协调

B. 应优先保障机动化交通的运行空间

C. 应符合城市减灾防灾的要求

D. 应为新型交通方式提供发展条件

32. 下列不属于“公共交通导向开发”模式必须满足的要求是　(　　)

A. 在地铁站上盖开发多功能混合使用的综合体

B. 在公交站点周边安排一定数量的办公、商业等就业岗位

C. 围绕公交站点建立适宜步行的街道网络

D. 公交站点周边应有适宜公共活动的高质量公共空间

33. 下列关于综合规划方法论的表述，不准确的是 （　　）

A. 综合规划方法论强调设计结合自然，其理论基础是可持续发展理论

B. 综合规划方法论通过对城市系统的各个组成要素及其结构的研究，揭示这些要素的性质、功能以及要素之间的相互联系，全面分析城市存在的问题和相应对策，从而在整体上对城市问题提出解决方案

C. 麦克劳林(J. B. McLoughlin)认为规划必然是一种系统的过程，并建立了合理性方法论的过程模型

D. 综合规划方法论在思维方式上强调理性，即运用理性的方式来认识和组织过程中所涉及的各种关系

34. 实际应用思考

某海滨县城用地规划方案如图 5-10-5 所示。规划确定该县的城市性质为风景旅游城市和临港制造业基地，中心城区人口规模为 35 万人，空间结构为组团布局模式。

试指出该规划存在的主要问题，并阐述理由。

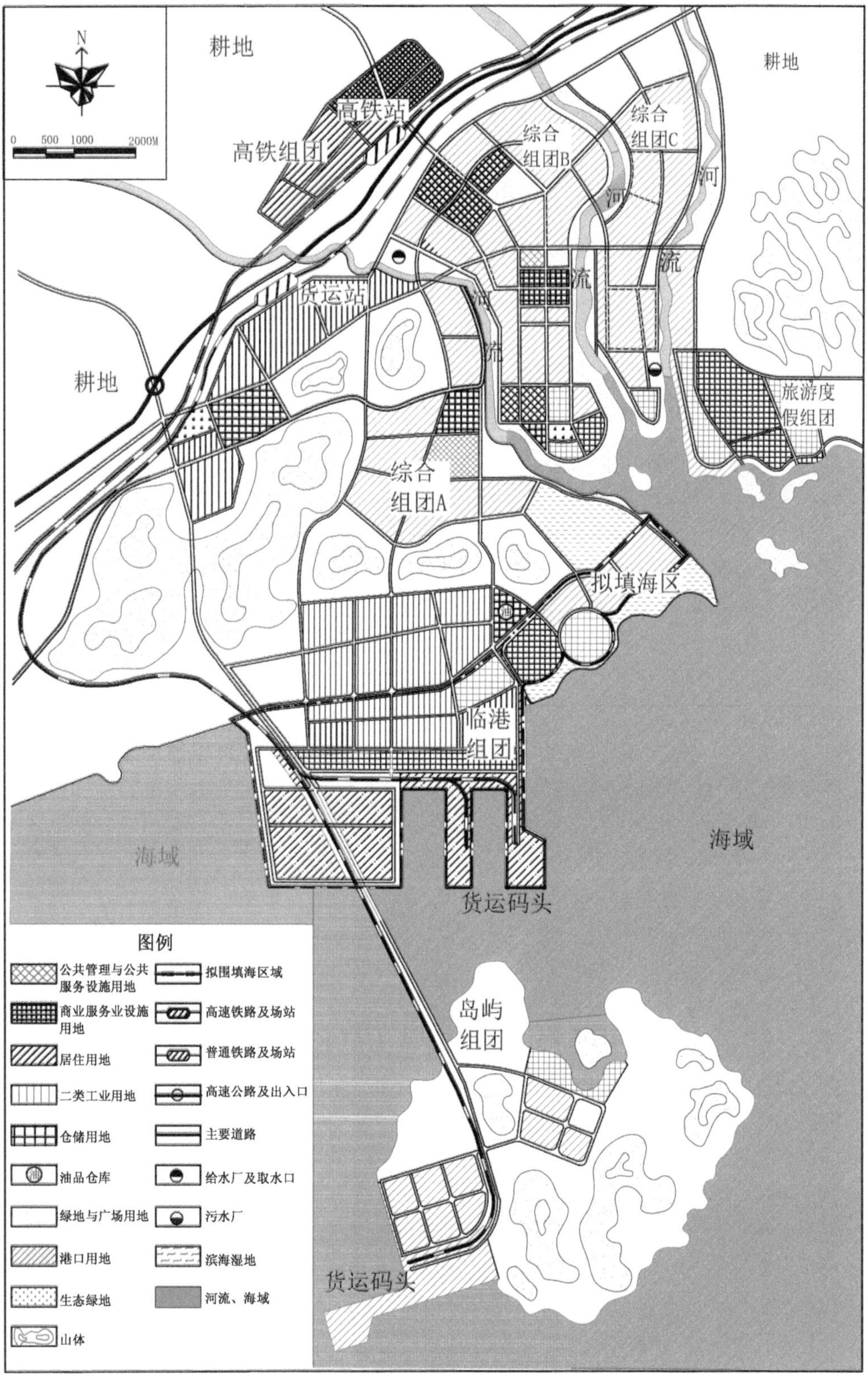

图 5-10-5　某滨海县城用地规划方案示意

第六章

详细规划

第一节　控制性详细规划

一、控制性详细规划的概念与作用

1. 定义

国土空间规划中，详细规划是对具体地块用途和开发建设强度等做出的实施性安排，是开展国土空间开发保护活动、实施国土空间用途管制、核发城乡建设项目规划许可、进行各项建设等的法定依据。

详细规划的编制，分为城镇开发边界内和城镇开发边界外两个部分。在城镇开发边界内的详细规划，由市县自然资源主管部门组织编制，报同级政府审批；城镇开发边界外的乡村地区，以一个或几个行政村为单元，由乡镇政府组织编制"多规合一"的实用性村庄规划，作为详细规划，报上一级政府审批。

在以前的城乡规划体系下，详细规划分为控制性详细规划和修建性详细规划。由于国土空间规划体系下的详细规划尚处于探索阶段，本教材依然介绍城乡规划体系下的详细规划。

2. 详细规划的作用

(1)详细规划是规划与管理、规划与实施之间衔接的重要环节。详细规划将国土空间规划的建设用途控制要点用简练、明确、适合操作的方式表达出来，也是国土空间用途管制、核发城乡建设项目规划许可、进行各项建设等的法定依据。

(2)详细规划处于中观与微观实施性落实层次。详细规划向上衔接省级和市县国土空间总体规划，指导具体建筑设计与开发建设行为。它将数据、指标、图则等量化指标和控制要求转化为对城市建设的三维空间、定量和微观控制。

(3)横向综合性的相关专项规划控制汇总与协调。相关专项规划要遵循国土空间总体规划，其主要内容要纳入详细规划。详细规划中包括生态环境、城乡建设中各纵向系统和各专项规划内容，如土地利用规划、公共设施与市政设施规划、道路交通规划、保护规划、景观规划、城市设计以及其他必要的涉及空间利用内容的规划。详细规划的协调，有利于科学布局生产空间、生活空间、生态空间，加快形成绿色生产方式和生活方式，推进生态文明建设。

(4)详细规划是协调各利益主体的公共政策平台。详细规划对城市建设项目进行具体的定性、定量、定位和定界的控制和引导，直接涉及国土空间建设中各个方面的利益。它是政府、公众、个体利益平衡协调的平台，体现在城市建设中各方角色的责、权、利关系，是实现政府规划意图、保证公共利益、保护个体权利的公共政策载体。

3. 发展历程

中国改革开放后，土地实行有偿使用，从完全的计划模式向市场模式过渡。为了满足土地招投标出让的管理及技术要求，引入与形成了控制性详细规划。随着房地产市场的蓬勃发展，房地产开发管理有了新的任务和要求，使得房地产开发管理不再仅限于批地、审图等工作。为合理利用城市土地、提高土地的效益，由政府以详细规划为依据对房地产开发活动进行有效的干预，形成对房地产开发的支持、引导、制约三者并重的管理模式。

中国的详细规划是在总结实践经验和吸取国外有益经验的基础上，不断完善更新的详细规划的体系。其发展历程经历了从形体设计到形体示意，再到指标抽象，最后实现系统完整。

二、控制性详细规划的编制内容和程序

1. 控制性详细规划的主要内容

控制性详细规划的主要内容是地块的用地使用控制和环境容量控制、建筑建造控制和城市设计引导、市政工程设施和公共服务设施的配套，以及交通活动控制和环境保护规定，并针对不同地块、不同建设项目和不同开发过程，应用指标量化条文规定、图则标定等形式对各控制要素进行定性、定量、定位和定界的控制和引导。

根据《城市规划编制办法》和《城乡规划法》，控制性详细规划应当包括下列内容：

(1) 确定规划范围内不同性质用地的界线，确定各类用地内适建、不适建或者有条件地允许建设的建筑类型；

(2) 确定各地块建筑高度、建筑密度、容积率、绿地率等控制指标，确定公共设施配套要求，确定交通出入口方位、停车泊位、建筑后退红线距离等要求；

(3) 提出各地块的建筑体量、体型色彩等城市设计指导原则；

(4) 根据交通需求分析确定地块出入口位置、停车泊位、公共交通场站用地范围和站点位置、步行交通以及其他交通设施，规定各级道路的红线、断面、交叉口形式及渠化措施、控制点坐标和标高；

(5) 根据规划建设容量，确定市政工程管线位置、管道口径和工程设施的用地界线，进行管线综合，确定地下空间开发利用的具体要求；

(6) 制定相应的土地使用与建筑管理规定。

控制性详细规划的管理是通过指标的制定来实现的。它的指标包括规定性指标和引导性指标两种，其中规定性指标不能改变和调整，主要包括规划地段地块的土地用途、容积率、建筑高度、建筑密度、绿化率、公共绿地面积、规划地段基础设施和公共服务设施配套建设的规定等。但规定性指标与引导性指标的标准不是绝对的，应该根据城市特色、地方传统、规划范围的实际情况、规划控制重点等因素灵活确定。

在控制性详细规划中引入城市设计导则，是借鉴欧美国家经验，强化城市设计内容的尝试。城市设计导则是针对规划区城市环境面貌的指导性准则，对影响空间景观的元素提出具体的设计建议和要求，包括建筑立面风格、材料、颜色、体量、夜间照明及城市家具、环境小品等。

2. 编制过程与工作步骤

(1) 项目调研阶段

了解项目委托方的需求，明确合同中的权利与义务，特别是深入了解规划设计内容、深度、形

式的要求、时间进度安排。然后，根据项目情况安排专业技术人员，要针对规划项目的具体特点和委托方要求、规划项目难易程度有所侧重。确定与委托方的协作关系后，协调组织现场踏勘与调查研究工作。实地考察规划地区的自然条件、土地的使用情况、基础设施状况、文物保护单位情况等。走访有关部门，主要包括房管部门、水务部门、电力电信部门和城乡规划行政主管部门。

控制性详细规划现场踏勘调查应收集以下基础资料：

①已经依法批准的国土空间总体规划或对本规划地段的发展目标定位，相关专项规划对本规划地段的控制要求，相邻地段已批准的相关规划资料；

②三调基础数据，土地利用现状，用地地质水文、地貌、气象等资料，用地性质应分至小类统计；

③人口资料包括人口密度、人口规模、人口职业、年龄构成等；

④建筑物现状，包括房屋用途、产权、布局、建筑面积、层数、建筑质量、保留价值等；

⑤公共设施种类、规模、分布状态、配套服务情况；工程设施及管网现状，老城区应着重调查现有工程管网建设年代、技术类型、走向、规格、使用情况及旧损程度等情况；

⑥历史文化遗产资料，包括历史文化传统、建筑特色、环境风貌特征等资料。

（2）方案设计阶段

控制性详细规划方案设计，一般要经过构思、协调、修改的过程。就规划设计方案而言，需要与项目甲方反馈沟通，不同项目反复的次数不同，一般要经过 2～3 次，在此阶段应初步确定控规单元划分、地块细划与规划控制指标等问题。

在与甲方的方案设计交流初期，通常进行多方案比较，要有至少两个以上方案进行比较和技术经济论证。就方案与委托方进行交流，向委托方汇报规划构思。听取有关专业技术人员、建设单位和规划管理部门的意见，并就一些规划原则问题做深入沟通。在此过程中同时应当采取公示、征询等方式，充分听取规划涉及的单位、公众的意见。根据征求意见情况，与委托方进行沟通，以便深入进行方案修改。修改后的方案提交委托方再次听取意见，对方案进行修改直至双方达成共识，转入成果编制阶段，对公众参与的有关意见采纳结果予以公布。

（3）规划审批阶段

城市控制性详细规划由城市人民政府审批，一般分三步。

成果审查：控制性详细规划项目在提交成果时一般要先开成果汇报会后再上报审批，重要的控制性详细规划项目要经过专家评审会审查和城市规划委员会审议后再上报审批，成果汇报会和专家评审等其他相关审查会议由委托方负责组织。

上报审批：已编制并批准分区规划的城市控制性详细规划，除重要的控制性详细规划由城市人民政府审批外，可由城市人民政府授权城市规划管理部门审批。一般上报审批工作由委托方负责，规划编制单位负责提供规划技术文件；遇重大修改，则由双方协商解决。

成果修改：已批准的城市控制性详细规划若需要进行修改，组织编制机关应当对修改的必要性进行论证，征求规划地段内利害关系人的意见，严格执行城乡规划法，方可编制修改方案。修改后的控制性详细规划，应当依照原审批程序报批控制性详细规划修改涉及城市总体规划、镇总体规划的，应当先修改总体规划的强制性内容。

3. 控制性详细规划的控制方式

（1）指标量化：指标量化控制是指通过一系列控制指标对用地的开发建设进行定量控制，如容积率、建筑密度、建筑高度、绿地率等。这种方法适用于城市一般建设用地的规划控制。量化指标应有一定的依据，应采用科学的量化方法。

（2）条文规定：条文规定是通过控制要素和实施要求的阐述，对建设用地实行的定性或定量的控制，如用地性质、用地使用相容性和一些规划说明要求等。这种方法适用于规划用地的使用说明，开发建设的系统性控制要求以及规划地段的特殊要求。

（3）图则标定：图则标定是在规划图纸上通过一系列的控制线和控制点对用地、设施和建设要求进行的定位控制。如用地边界、“五线”、建筑后退线、控制点及其控制范围等。这种方法适用于对规划建设提出具体的定位的控制。

（4）城市设计引导：城市设计引导是通过一系列指导性的综合设计要求和建议，甚至具体的形体空间设计示意，为开发控制提供管理准则和设计框架，如建筑色彩、形式、体量、空间组合以及建筑轮廓线示意图等。这种方法适宜在城市重要的景观地带和历史保护地带，为获得高质量的城市空间环境和保护城市特色时采用。

（5）规定性与指导性：控制性详细规划的控制内容分为规定性和指导性两大类。规定性是在实施规划控制和管理时必须遵守的，体现为一定的“刚性”原则，如用地界线、用地性质、建筑密度、建筑限高、容积率、绿地率、配建设施等。指导性内容是在实施规划控制和管理时需要参照执行的内容，这部分内容多为引导性和建议性，体现为一定的弹性和灵活性，如人口容量、城市设计引导等内容。

三、修建性详细规划

1. 定义

修建性详细规划是指市和区、县人民政府根据控制性详细规划，对开发地区的各类用地、建筑空间、绿化配置、交通组织、市政基础设施、公共服务设施以及建筑保护等做出具体安排的规划。修建性详细规划是以描绘城市局部的建设蓝图为主，它侧重于具体开发建设项目的安排和直观表达，同时也受控制性详细规划的控制和指导。

修建性详细规划的根本任务是按照总体规划、控制性详细规划的指导、控制和要求，以城市中准备实施开发建设的待建地区为对象，对其中的各项物质要素，如建筑物的用途、面积、体形、外观形象、各级道路、广场、公园绿化以及市政基础设施等进行统一的空间布局。

修建性详细规划以具体、详细的建设项目为依据，计划性较强。修建性详细规划注重城市空间、形象与环境的形象表达，表现形式更为直观，主要用规划图纸来说明问题，表现规划意图。从编制主体看，修建性详细规划具有多元的编制主体，政府机构、开发商等均可编制。修建性详细规划是城市规划编制体系中的最后一个环节，它与建筑设计和工程设计联系最为紧密，是建筑设计的直接依据，有些内容甚至可能与建筑设计互相交叉。

2. 基础资料搜集

修建性详细规划，一般需要资料见表 6-1-1。

表 6-1-1　修建性详细规划需要的资料

类别	内容
综合资料	政府及有关部门制定的法律、法规、规范、政策文件和规划成果等资料，应由规划、建设等部门提供
电力工程	用电负荷、电源、供电方式、电力工程设施及中低压配网等资料，应由规划、建设等部门及电力公司等企事业单位提供

（续表）

类别	内容
通信工程	通信用户、通信管网、通信工程设施等资料，应由规划、建设、经信等部门及电信、移动、联通、广电、邮政等企事业单位提供
燃气工程	气源、用气量、供气方式、燃气输配系统、燃气管网、燃气场站设施等资料，应由规划、建设等部门及燃气公司等企事业单位提供
供水工程	给水管线、预留接管、给水加压泵站、再生水设施等资料，应由规划、建设、水利等部门及自来水公司、水务集团等企事业单位提供
排水工程	排水体制和污水、雨水设施资料，应由规划、建设、水利等部门及污水处理厂、水务集团等企事业单位提供
自然条件	地形地貌、地下水、工程地质、植被等资料，应由国土、测绘、水利(务)、地震、农林等部门提供
历史文化	规划地块和邻近地区的文物保护单位、历史建(构)筑物、非物质文化遗产、古树名木及城市的文化底蕴、空间肌理、建筑特色等资料，应由文化、文物、园林绿化、规划、建设等部门提供
土地利用	地价、地籍资料，应由国土、规划等部门提供
建(构)筑物	各类建(构)筑物的质量、功能、结构资料，应由建设部门提供
道路交通	规划范围内道路交通规划和城市交通设施布局的相关资料，应由交通、规划、建设等部门提供
防灾设施	防洪、消防、抗震防灾、人防等资料，应由国土、水利、消防、气象、地震、人防、规划、建设等部门提供
供热工程	热源、热负荷、供热方式、供热管网等资料，应由发改、规划、建设等部门及供热公司等企事业单位提供
环卫工程	垃圾转运站、垃圾收集点、公共厕所和餐厨垃圾处理设施等资料，应由规划、建设、城管等部门提供
地下空间利用	交通、市政等基础设施和地下商业、文化娱乐等公共设施的资料，应由人防、交通、市政、规划、建设等部门提供

3. 修建性详细规划的内容

《城市规划编制办法》第四十三条规定修建性详细规划应当包括下列内容：

(1) 建设条件分析及综合技术经济论证；

(2) 建筑、道路和绿地等的空间布局和景观规划设计，布置总平面图；

(3) 对住宅、医院、学校和托幼等建筑进行日照分析；

(4) 根据交通影响分析，提出交通组织方案和设计；

(5) 市政工程管线规划设计和管线综合；

(6) 竖向规划设计；

(7) 估算工程量、拆迁量和总造价，分析投资效益。

4. 成果组成

《城市规划编制办法实施细则》，第三十二条规定修建性详细规划的成果包括说明书和图纸。

规划说明书包括：①现状条件分析；②规划原则和总体构思；③用地布局；④空间组织和景观特色要求；⑤道路和绿地系统规划；⑥各项专业工程规划及管网综合；⑦竖向规划；⑧主要技术经济指标，一般应包括总用地面积、总建筑面积、住宅建筑总面积和平均层数、容积率和建筑密度、住宅建筑容积率，建筑密度、绿地率、工程量及投资估算。

图纸主要包括：①地段位置图，标明规划地段在城市的位置以及和周围地区的关系；②规划地段现状图，图纸比例为 1∶500～1∶2 000，标明自然地形地貌、道路、绿化、工程管线及各类用地建筑的范围、性质、层数、质量等；③规划总平面图，比例尺同上，图上应标明规划建筑、绿地、道路、广场、停车场、河湖水面的位置和范围；④道路交通规划图，比例尺同上，图上应标明道路的红线位置、横断面，道路交叉点坐标、标高、停车场用地界线；⑤竖向规划图，比例尺同上，图上标明道路交叉点、交坡点控制高程，室外地坪规划标高；⑥单项或综合工程管网规划图，比例尺同上，图上应标明各类市政公用设施管线的平面位置、管径、主要控制点标高，以及有关设施和构筑物位置；⑦表达规划设计意图的模型或鸟瞰图。

5. 审批

城市详细规划的组织编制单位在规划设计方案初步形成后，应当组织审批机关、有关单位和有关专家对初步规划设计方案进行评议。在评议通过的基础上，组织有关材料报批。

城市详细规划在报批时，一般应提供下列材料：编制报告及其说明，规划文本，规划图纸，其他有关附件。

因城市详细规划所涉及的区域重要性的不同，城市详细规划的审批权限也可能会有所差异，例如，在上海，重要地区重要道路两侧以及对城市布局有重大影响的建设项目的城市详细规划，由上海市人民政府审批；浦东新区除中央商务区和世纪大道两侧外的城市详细规划，由浦东新区管理委员会审批并报市规划局备案；中心城一般地区的城市详细规划，由市规划局审批；宝山、嘉定闵行、金山松江区和各县人民政府所在地的镇、历史文化名镇、独立工业城镇以及市级工业区的城市详细规划，由市规划局审批；其他建制镇的城市详细规划，由区、县人民政府审批，并报市规划局备案，其中毗邻中心城的建制镇的城市详细规划，如镇域规划或者镇的总体规划正在编制或者调整而直接编制的，由所在地的区、县人民政府征求市规划局的意见后审批。

各审批机关在收到城市详细规划申报材料后，应当征求有关专业管理部门的意见，并且组织有关专家进行论证。参加城市详细规划论证的专家，应当在经规划局认可的专家库中进行选择。

审批机关在受理城市详细规划的报批文件后，一般应当在法定工作日 50 日内予以审批。经审批通过的，审批机关应当制发批复文件，并在批复文件所附的规划文本和规划图纸上加盖证章。审批机关认为报批的城市详细规划文件需要修改的，应当向申报单位提出书面修改意见，规划文件的修改期不计入审批期限。

对于已经批准的城市详细规划，组织编制单位应当在城市详细规划批准后 60 日内向社会公布。

城市详细规划一旦审批通过，不得擅自进行修改或者调整。如果因地区经济社会发展目标和建设条件发生变化，需要对城市详细规划进行修改或者调整的，应当向原审批机关提出申请，经批准后方可修改或者调整，并按规定程序重新报批。

对违法编制或者未按照本办法规定的程序编制的城市详细规划，审批机关不予审批。

违法审批、审批不当或者违法变更城市详细规划的，由市人民政府或者市规划局予以撤销。对直接责任人，由所在单位予以行政处分。

第二节　国土空间规划背景下详细规划的探索

一、北京国土空间规划案例

国土空间规划是国家空间发展的指南、可持续发展的空间蓝图，是各类开发保护建设活动的基本依据。建立国土空间规划体系并监督实施，实现“多规合一”，强化国土空间规划对各专项规划的指导约束，是党中央、国务院做出的重大部署，是国家治理体系和治理能力现代化的重要组成部分。

为贯彻落实《中共中央、国务院关于建立国土空间规划体系并监督实施的若干意见》精神，加快建立北京市国土空间规划体系并监督实施。北京市委、市政府印发《关于建立国土空间规划体系并监督实施的实施意见》，正式确立了北京市“三级三类四体系”国土空间规划总体框架（图 6-2-1）。

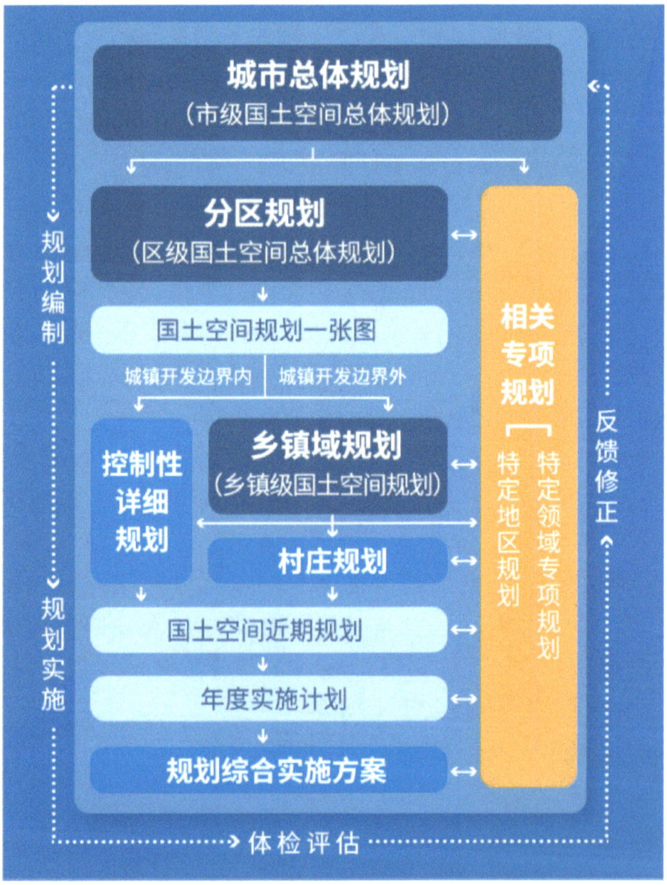

图 6-2-1　北京市国土空间规划体系

二、一个总的指导思想

以习近平新时代中国特色社会主义思想为指导，全面贯彻党的十九大和十九届二中、三中、四中全会精神，深入贯彻习近平总书记重要讲话精神，坚持新发展理念，坚持以人民为中心的发展思想，坚持首都规划权属党中央，牢牢把握首都城市战略定位，以《北京城市总体规划(2016 年—2035 年)》为统领，建立权责清晰、科学高效的国土空间规划体系并监督实施，发挥国土空间规划战略引领和刚性管控作用，加强全域全类型国土空间开发保护和用途管制，坚持一张蓝图干到底，实现国土空间开发保护更高质量、更有效率、更加公平、更可持续。

三、三个分阶段工作目标

1. 到 2020 年

基本建立北京市国土空间规划体系；初步形成面向实施、城乡统管的国土空间规划"一张图"和一套管控机制。

2. 到 2025 年

健全北京市国土空间规划法规政策、管理制度和技术标准；完善国土空间基础信息平台和"多规合一"协同平台；全面实施国土空间规划监测预警和绩效考核机制；形成国土空间规划编制、实施、监督、保障的闭环管理体系。

3. 到 2035 年

建立北京市国土空间治理体系；实现国土空间治理能力现代化；形成生产空间集约高效、生活空间宜居、生态空间山清水秀的国土空间格局。

四、三级三类总体框架

1. 健全规划体系

北京市国土空间规划分为市、区、乡镇三级，总体规划、详细规划、相关专项规划三类。北京市以城市总体规划为依据、分区规划为基础，构建国土空间规划"一张图"。乡镇域规划及详细规划、相关专项规划经批准后纳入国土空间规划"一张图"。

(1) 国土空间总体规划

国土空间总体规划是详细规划的依据、相关专项规划的基础。

(2) 详细规划

详细规划是对具体地块用途和开发建设强度等做出的实施性安排，是开展国土空间开发保护活动、实施国土空间用途管制、核发城乡建设项目规划许可、进行各项建设等的法定依据。

(3) 相关专项规划

相关专项规划是在特定地区、特定领域为实现特定功能对空间开发保护利用做出的专门安排。

2. 强化空间传导

理顺了各级规划的传导约束关系，明确详细规划、相关专项规划要服从总体规划。

(1) 市级国土空间总体规划——城市总体规划

城市总体规划是对党中央、国务院重大决策部署以及全国国土空间规划的落实，对城市发展战略目标和刚性管控要求做出的安排，其他各级各类国土空间规划编制的依据。应由市政府组织编制，按法定程序审议后报党中央、国务院批准。

(2) 区级国土空间总体规划——分区规划

分区规划是对城市总体规划要求的细化落实，对本区域国土空间开发保护做出的具体安排，统筹全域划定各类国土空间规划分区和规划单元。应由区政府或北京经济技术开发区管委会和市规划自然资源委组织编制，按法定程序审议审批。

(3) 乡镇级国土空间规划——乡镇域规划

乡镇域规划是对分区规划要求的细化落实，统筹村庄布局、用地减量和生态治理。应由区政府或开发区管委会组织编制，按法定程序审议审批。

3. 实行全域管控

(1) 城镇开发边界内的区域

编制控制性详细规划，统筹平衡、集约利用、高效配置空间资源，加强城市设计，强化路径推演和成本核算，推动城市修补和生态修复，增强实施的操作性。第一，在首都功能核心区、城市副中心，市政府依据城市总体规划组织编制，按法定程序报党中央、国务院批准。第二，在其他地区，由区政府或开发区管委会和市规划自然资源委依据分区规划组织编制，按法定程序报市政府审批。

(2) 城镇开发边界外的区域

在乡镇域规划基础上编制实用性村庄规划，统筹美丽乡村建设和山水林田湖草综合管控，乡镇政府组织编制，按法定程序讨论审查审批。其中国有用地，应结合土地资源整理和环境综合整治纳入所在区域规划综合实施方案。

4. 推动“多规合一”

根据国土空间总体规划，结合国民经济和社会发展规划相关要求，编制特定地区规划和特定领域专项规划，与其他国土空间规划做好协同和衔接，与国土空间规划“一张图”做好校核。

特定地区规划和特定领域专项规划应根据工作需要确定编制深度，将编制内容扩展到重点领域及实施政策、行动计划等方面，由相关主管部门、区政府或开发区管委会组织编制，按法定程序审批，经审批后将有关内容纳入国土空间总体规划和详细规划。

相关专项规划如属于向党中央请示报告的事项，按程序办理。

五、四个子体系形成管理闭环

1. 规划编制体系

明确国土空间总体规划包括城市总体规划、分区规划、乡镇域规划。详细规划包括控制性详细规划村庄规划和规划实施阶段的规划综合实施方案；相关专项规划包括特定地区规划和特定领域专项规划；明确各级各类国土空间规划编制要求、编制主体、报批程序和编制原则。

构建了刚性管控传导有力、规划事权明确清晰的规划编制体系。确保城市总体规划的战略目标指标和底线约束要求有效传导。

2. 规划实施体系

编制国土空间近期规划和年度实施计划；编制规划综合实施方案；推进“放管服”改革。

构建了统筹空间时间、市区权责清晰的规划实施传导体系，在各个阶段性节点环节统筹把握规划整体性和实施分散性之间的关系，在时间轴上动态解决多规合一过程和经济社会发展过程中可能出现的各种矛盾问题。

3. 规划监督体系

建立预警监测机制；完善体检评估制度；健全监督问责机制。

构建了评估预警反馈及时、督察问责覆盖全面的规划监督体系，在对规划实施的及时反馈修正过程中不断深化完善国土空间规划“一张图”。

4. 规划保障体系

完善法规政策；完善制度机制；完善技术标准；完善信息平台。

构建了规则制度全面完善、支撑保障坚决有力的规划运行保障体系，在一本规划、一张蓝图基础上进一步形成一套运行管控规则，对常态化规划运行维护形成全方位多维度的支撑保证。

六、五方面高标准要求

1. 坚持战略引领

强调国土空间规划要深入落实首都城市战略定位，整体谋划国土空间开发保护格局。

2. 强化空间约束

强调国土空间规划要以资源环境承载能力和国土空间开发适宜性评价为基础，坚持“以水定城、以水定地、以水定人、以水定产”原则。

3. 加强空间协调

强调国土空间规划要统筹三生空间和三大设施布局，注重城市品质，提升城市韧性，要统筹区域、统筹领域、统筹城乡，坚持山水林田湖草生命共同体理念。

4. 落实空间保障

明确国土空间规划要统筹划定生态保护红线、永久基本农田、城镇开发边界三条控制线，维护和保障首都国土安全和生态安全。

5. 推进空间治理

强调国土空间规划要注重目标导向、问题导向并以人民群众的需求为导向，创新治理方式，完善治理机制，以国土空间基础信息平台整合空间大数据，运用智能技术提升规划感知适应能力，不断提高国土空间精治、共治、法治水平。

七、北京案例详细规划层面

一方面，从解决规划与实施的关系出发强化了“分层编制”，将详细规划细分为控规街区层面和规划综合实施方案两个层级，加强规划与实施的有效连接。其中：街区层面控规强调自上而下的刚性承接与传导，统筹控增量、优存量和促减量，统筹街区主导功能和强度形态、品质保障与风貌管控、城市安全和韧性提升、民生保障和补齐三大设施短板等内容，总规的大目标通过分区规划从市级传导到各区，再通过街区控规传导到各街镇，确保上位规划在街区治理层面的深化落实；规划综合实施方案统筹解决时间轴上的不确定性和不确定性带来的各种变量问题，依托“多规合一”平台，统筹规划指标、城市设计要求、市政及交通配置条件、供地方式、建设时序、政策配给等内容，对区域近期建设做出全面具体的实施安排，批准后直接指导规划许可和土地供应。

另一方面，结合总规确定的“一核一主一副，两轴多点一区”城市空间结构强化了“分类编制”，其中：已经党中央国务院批复的首都功能核心区控规以服务保障中央政务功能、更好发挥首都功能为出发点，侧重精细化治理和存量有机更新，城市副中心控规以示范带动非首都功能疏解、推动京津冀协同发展为目标，侧重高标准建设和高品质保障。目前正在推动的中心城、多点新城、生态涵养区新城控规，则按照各圈层差异化发展策略，在既有控规基础上，根据区域规划实施节奏按需滚动编制，按照“以时间换空间”的大思路，探索减量背景下流量式规划、场景式规划的编制方法，同步构建空间维度、时间维度、经济维度、运行维度“四位一体”整体控规框架，计划 3 年逐渐实现街区控规全覆盖，并在实施过程中以“打补丁”的方式动态深化和细化。

八、北京城市副中心控制性详细规划

规划建设北京城市副中心是以习近平同志为核心的党中央做出的重大决策部署，是千年大计、国家大事，对于示范带动非首都功能疏解、优化提升中心城区功能、深入推动京津冀协同发展都具有重要意义。北京城市副中心控制性规划的编制过程，就是贯彻落实习近平总书记重要讲话精神，将中央对城市副中心的各项工作要求不断深入推进的过程。

《北京城市副中心控制性详细规划(街区层面)(2016 年—2035 年)》(简称“城市副中心控规”)的编制从 2014 年开始，历时 5 年完成，主要分为三个阶段。

第一阶段始于 2014 年 2 月 25、26 日，习近平总书记到北京视察工作，指出要结合功能疏解，集中力量打造城市副中心，做强新城核心产业功能区，做优新城公共服务中心区，构建功能清晰、分工合理、主副结合的格局。按照习近平总书记重要讲话精神，北京市规划和自然资源委配合北京城市总体规划和京津冀协同发展规划纲要编制工作，启动了副中心规划的前期研究，构建了北京城市副中心规划框架。

第二阶段始于 2016 年 5 月 27 日，习近平总书记主持召开中央政治局会议，指出要坚持先规划后建设的原则，把握好城市定位，把每一寸土地都规划得清清楚楚后再开工建设。按照习近平总书记重要讲话精神，北京市规划和自然资源委坚持高标准编制规划，全面铺开城市副中心总体城市设计和各层级规划，于 2016 年开展了城市副中心总体城市设计国际方案征集，邀请了 12 个国际知名联合设计团队参与，并通过集中工作营的方式，将征集成果的先进理念、共识、亮点等进行提炼整合，提出 18 点共识，形成了综合汇总方案。

第三阶段始于 2017 年 9 月 13 日，党中央、国务院正式批复《北京城市总体规划(2016 年—2035 年)》，其中明确提出要高水平规划建设北京城市副中心，坚持世界眼光、国际标准、中国特色、高点定位，以创造历史、追求艺术的精神、最先进的理念、最高的标准、最好的质量推进城市副中心规划建设，带动中心城区功能和人口疏解。也提出要进一步贯彻落实城市副中心控规编制工作，坚持做好先行示范，全方位对标河北雄安新区，聚焦与廊坊北三县地区协同发展，不断完善规划成果。2018 年 10 月 29 日，习近平总书记主持召开中央政治局常委会会议，研究审议了城市副中心控规。12 月 27 日，党中央、国务院正式批复《北京城市副中心控制性详细规划(街区层面)(2016 年—2035 年)》，标志着城市副中心规划建设进入了新的时期。

编制过程经历了漫长艰苦的五年，但参与编制工作的各方始终坚持高起点、高标准、高水平，通过专家领衔、部门合作、区域协同、公众参与、改革创新、科学决策等方法，落实世界眼光、国际标准、中国特色、高点定位的要求。

作为城市副中心建设蓝图的城市副中心控规(图 6-2-2 至图 6-2-6)主要包括以下内容。

一是落实城市战略定位，明确发展目标、规模和空间布局。发展目标方面，明确了打造国际一流的和谐宜居之都示范区、新型城镇化示范区和京津冀区域协同发展示范区，建设国际一流的和谐宜居现代化城区的战略定位。提出到 2035 年初步建成具有核心竞争力、彰显人文魅力、富有城市活力的国际一流的和谐宜居现代化城区。建设低碳高效的绿色城市，蓝绿交织的森林城市，自然生态的海绵城市，智能融合的智慧城市，古今同辉的人文城市，公平普惠的宜居城市。空间规模方面，严格落实北京城市总体规划提出的减量发展要求，以资源环境承载能力为硬约束，严格控制城市人口、用地、建设规模，优化人口与用地结构。空间结构方面，以“一带、一轴”作为城市基本骨架，构建城市水绿空间格局，将 12 个民生共享组团和 36 个美丽家园(街区)作为生产生活单元，推动集约紧凑组团化发展，建设职住平衡、宜居宜业的城市社区。

二是紧紧抓住疏解非首都功能这个“牛鼻子”，建设新时代和谐宜居典范城区。首先，规划提出要充分发挥城市副中心对疏解非首都功能的示范带动作用，促进行政功能与其他城市功能有机结合，以行政办公、商务服务、文化旅游为主导功能，形成配套完善的城市综合功能。积极吸纳和集聚高端要素和创新资源，着力构建高精尖经济结构，使城市建设发展与现代化经济体系相辅相成、相互促进。其次，沿生态文明带和创新发展轴，重点培育、建设多个重点功能区，以组团、家园为单元提供均衡优质的城市公共服务，强化组团中心和家园中心建设，建立多层级的公共服务体系，构建 5—15—30 分钟生活圈。最后，考虑到城市副中心城乡建设用地已占总用地一半以上，老城区发展品质和水平还不高，规划提出推进老城区有机更新，实现新老城区空间、功能、社会深度融合。

三是突出水城共融、蓝绿交织、文化传承的城市特色，形成独具魅力的城市风貌。通州位于千年大运河北首、百里长安街东端，自古为京畿咽喉重镇，规划提出坚持大历史观，贯通历史现状未来，明确主副空间秩序，形成长安街东延长线规整有序、端正大气的畿辅门户形象。建设水城共融的生态城市，重构水与城、水与人的和谐关系，营造自然宜人的滨水环境，促进滨水空间回归居民生活。建设蓝绿交织的森林城市，建设大尺度生态绿化，人均绿地面积达到 30 m^2，让蓝绿交织成为城市副中心的底色，让居民享受自然。建设古今同辉的人文城市，构建“一河三城、一道多点”的整体保护格局，重点加强大运河遗产保护，分类实施通州古城、路县故城、张家湾古镇三座古城保护，传承燕山南麓大道文化内涵，全面加强各类历史文化资源的保护与利用，与现代城市文明相映生辉。

四是坚持绿色低碳发展，建设未来没有“城市病”的城区。规划针对交通、职住、环境、公共服务等人民群众关心的热点难点问题，坚持以人民为中心，突出生态优先、绿色发展，科学配置各类资源要素，实现更高质量、更有效率、更加公平、更可持续的发展，为有效治理“城市病”做出示范。

五是推动通州区城乡融合发展，建设新型城镇化示范区。规划围绕打造新型城镇化示范区的战略定位，提出要在通州全区加强城乡统筹，充分发挥城市副中心的核心带动作用，提高与拓展区的整体性与协调性，推进城乡要素平等交换和公共资源均衡配置，形成城乡共同繁荣的良好局面。分类引导小城镇特色化发展，推动建设宋庄艺术创意小城镇、潞城生态智慧小城镇、张家湾文化休闲小城镇、台湖演艺文化小城镇、马驹桥科技服务小城镇、西集生态休闲小城镇、漷县文化健康小城镇和于家务科技农业小城镇，做好永乐店新市镇的战略预留。建设美丽乡村，构建和谐共生的城乡关系。健全城乡融合发展的体制机制和政策体系，创新城镇化实施模式、管理方式和服务手段。

六是推动城市副中心与廊坊北三县地区统筹发展，建设京津冀区域协同发展示范区。规划提出把区域协同发展作为"城市副中心质量"的内生动力，坚持"一盘棋"谋划，打破"一亩三分地"思维定式，充分发挥城市副中心示范引领作用，辐射带动廊坊北三县地区协同发展。强化交界地区规划建设管理，实现统一规划、统一政策、统一标准、统一管控。共同推进空间格局、城乡风貌特色、生态环境、综合交通网络、现代化经济体系、城乡公共服务、市政基础设施、防灾减灾体系、政策保障机制等协同发展。

七是保障规划有序有效实施，实现城市高质量发展。规划提出创新规划编制和管控体系，加强政策集成与创新，推进体制机制改革，建立健全规划实施和城市体检评估机制，率先在推动高质量发展的指标体系、政策体系、标准体系、统计体系、绩效评价和考核体系等方面取得新突破。

图 6-2-2　北京城市副中心控制性详细规划（街区层面）"一核两翼"空间格局

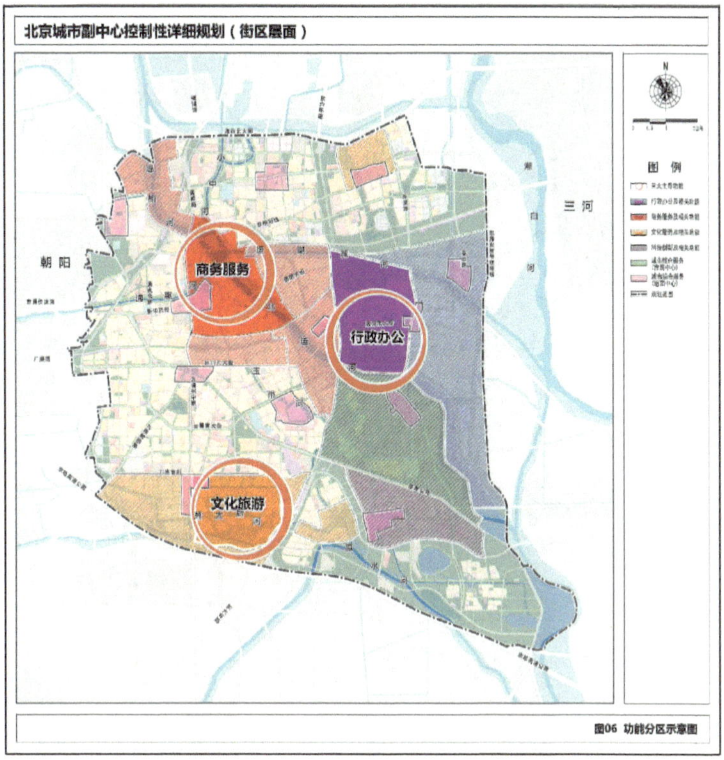

图 6-2-3 北京城市副中心控制性详细规划(街区层面)功能分区

图 6-2-4 北京城市副中心控制性详细规划(街区层面)空间结构规划

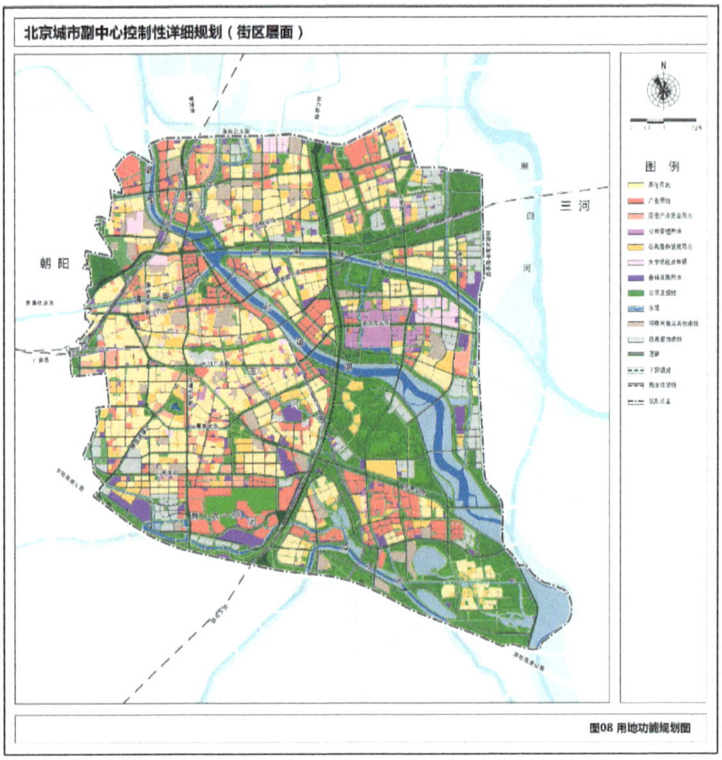

图 6-2-5　北京城市副中心控制性详细规划(街区层面)用地功能规划

图 6-2-6　北京城市副中心控制性详细规划(街区层面)公共服务体系规划

第三节　村庄规划

村庄规划是国土空间规划体系中乡村地区的详细规划，是整合原村庄规划、村庄建设规划、村土地利用规划、土地整治规划等形成的“多规合一”的法定规划，是乡村地区开展国土空间开发保护活动、实施国土空间用途管制、核发乡村建设项目规划许可、进行各项建设等的法定依据。

本节以《长垣市满村镇毛庄村村庄规划(2020—2035)》为实例，详细介绍村庄规划的编制内容。

一、规划期限及范围

此次规划期限为 2020—2035 年。其中，近期规划为 2020—2025 年，远期规划为 2026—2035 年。

规划范围：此次规划范围为毛庄村域，面积总计 159.21 hm^2(详见图 6-3-1)。

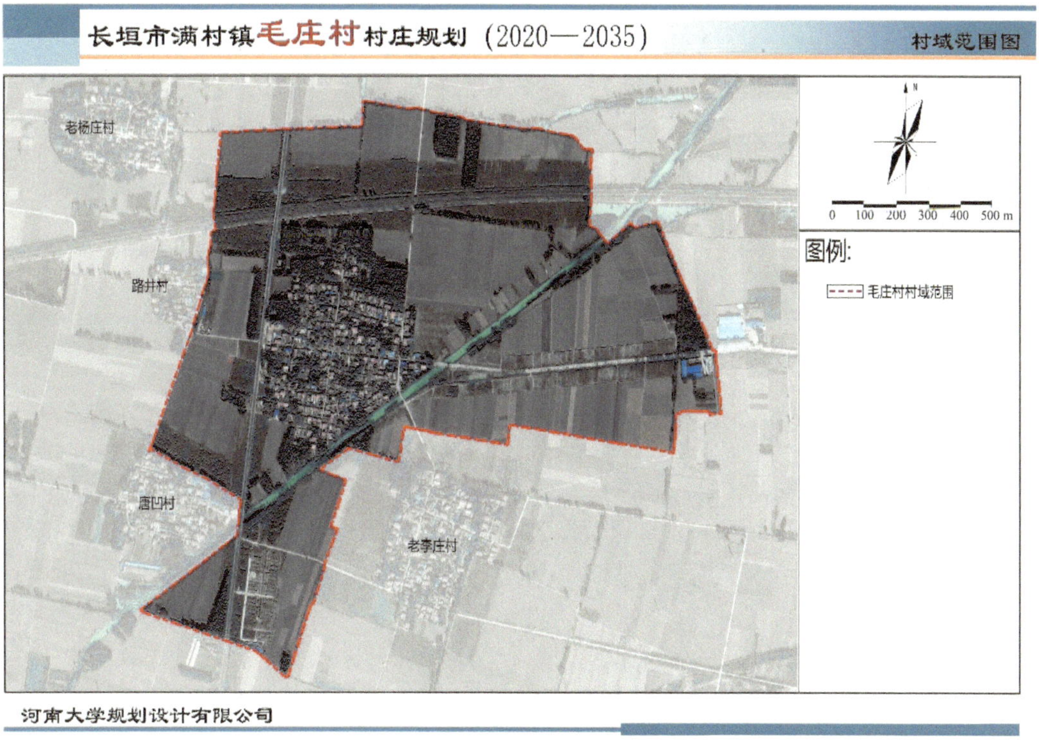

图 6-3-1　毛庄村村庄规划范围

二、村庄综合现状概况

1. 区位条件

毛庄村位于长垣市满村镇西南部，西邻满村镇唐洼村、路井村，北部与满村镇周宜丘村、宜丘村相接，东部与满村镇老李庄村相邻，南部与蒲北街道西梨园村相接。菏宝高速从北部横贯，东距镇区和 S308 约 2.7 km、菏宝高速公路长垣北下路口 3 km，南到城区北环路 1.5 km，西距 S213 约 3.4 km，距大广高速收费站约 5.7 km。文明渠横跨村庄内部，生态条件优越（详见图 6-3-2）。

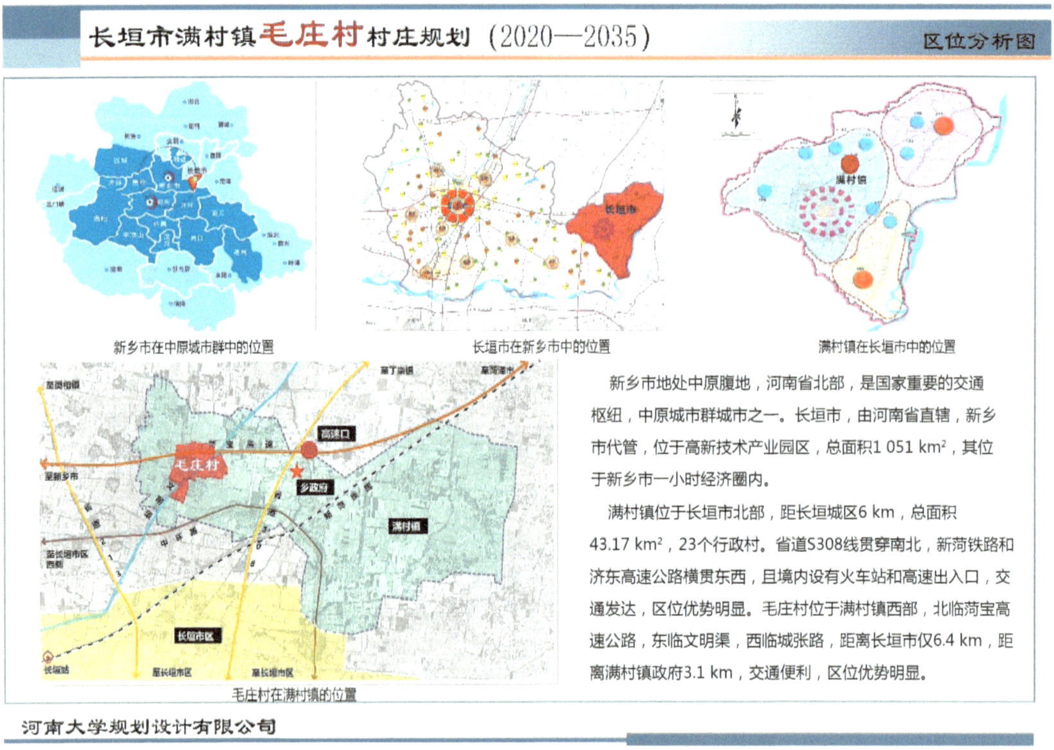

图 6-3-2　毛庄村区位分析

2. 自然环境

毛庄村属暖温带季风气候，四季分明，春季多风少雨，夏季多雨较热，秋季气候凉爽，冬季较冷少雪。年降水量 644.4 mm，无霜期 208 天。村域水资源较丰富，村庄东南侧紧邻文明渠，为耕地浇水提供了便利条件。村内农业卫生、林木保持较好，村落整体生态良好。

3. 社会经济

2018 年，全村共有人口 1 187 人，210 户。

现状主导产业以小麦、玉米等传统种植农业为主，此外还有小型加工企业，主要从事防腐工具及劳保用品加工。除农业收入以外，多数村民主要收入来自年轻劳动力外出务工。

4. 村域土地利用现状

根据毛庄村第三次国土调查数据，毛庄村土地总面积 159.21 hm^2，其中，农用地面积 127.96 hm^2，占村域总面积的 80.37%，包含耕地面积 105.49 hm^2；建设用地面积合计 31.25 hm^2，占村域总面积的 19.63%，居住用地规模最大，面积为 16.83 hm^2。根据长垣市生态红线划定情况，确定毛庄村村域不涉及生态保护红线范围。具体用地规模及占比情况见表 6-3-1。

表 6-3-1　2019 年毛庄村土地利用现状

大类	中类	小类	面积/hm^2	比重/%
农用地		耕地	105.49	66.26
		种植园用地	0.16	0.10
		商品林	3.02	1.89
			13.77	8.65
		其他农用地	0.59	0.37
			1.57	0.99
			2.99	1.88
			0.37	0.23
小计			127.96	80.37
建设用地	居住用地	农村宅基地	16.83	10.60
	公共管理与公共服务设施用地	机关团体新闻出版	0.03	0.01
		科教文卫用地	0.15	0.09
		公用设施用地	0	0
		公园与绿地	0.03	0.01
	工业用地	工业用地	4.35	2.73
	道路与交通设施用地	村庄道路用地	1.12	0.70
	留白用地		0	0
	区域基础设施用地	公路用地	8.74	5.49
小计			31.25	19.63
合计			159.21	100

5. 村庄现状分析

区位：毛庄村地处长垣市满村镇西部，东距镇区约 3 km，南距长垣市城区约 5.3 km，地理区位优越，可依托城区与镇区快速发展。

交通条件：毛庄村周边对外连接交通发达便捷，距离菏宝高速满村镇收费站仅 3 km，西侧距大广高速收费站约 12 km，村内外来往出入快速便利。南侧紧邻长垣市环城北路，增强了与城区之间的联系；东侧距离 S308 约 2.7 km，北连丁栾乡等，西距 S213 约 3.4 km，北通樊相镇等，南达长垣市城区。周边发达的交通为毛庄村发展创造了便利的条件。

农耕资源：现有耕地 105.49 hm^2。

林地资源：毛庄村现有林地包括围村林，沿河、沿高速林带和村庄中的部分林地，为其生态发展做了强有力的支撑。

水资源：受黄河侧渗影响，水资源较丰富。文明渠呈东北—西南走向贯穿村域，从村庄东南部通过，水域、坑塘较多，既为农耕用水提供了便利，也给村庄带来了活力，调节了小气候。

环境资源：毛庄村农业卫生保持较好，未对土壤产生较大程度污染，利于从生态角度进行规划和发展。同时满村镇及周边无重化工企业，大气环境容量较好，为毛庄村及其周边规划建设生态小镇创造了良好环境。

农耕文化资源：我国农耕文化源远流长，农耕文化因地域而有所不同，毛庄村农业发展历史悠久，现建有“村史馆”供人们了解农耕历史，记住乡愁。

基础设施：村庄内的公共基础设施用地已进行了整治，村委会以及村小学等建设较为完好，垃圾处理设施布局以及设备比较完好。

6. 现状问题分析

1）土地利用问题

毛庄村土地利用问题集中于以下四点：

①人均耕地资源较少，不易依靠传统农业实现进一步发展；

②户均宅基地占地面积较大，户均和人均面积均偏大，有较大优化潜力；

③生态用地缺乏，距离生态小镇建设需求有一定差距，尚不能充分承担和发挥生态服务功能；

④非农产业用地发展空间有限。

2）村庄建设与管理问题

村庄在住房、服务设施、基础设施、建设管理等方面存在以下主要问题：

①毛庄村户均和人均住房面积均偏大，同时由于外出打工、经商的农民增多，“一户多宅”和“空心村”现象并存，造成土地资源未能充分合理利用。

②现存部分公共服务设施，但需要进一步完善，与城乡基本公共服务均等化的目标存在差距。

③道路系统与断面不能完全满足当前和以后村庄机动车交通需求；给水、排水有基本条件，需进一步系统化。

④村庄建设涉及面广，村民环境意识、卫生意识、文明意识需要进一步提高。“室内现代化、室外脏乱差”现象还有发生。专业管理人员紧缺，管理手段粗放，缺乏必要的监督。

三、上位规划衔接

目前，与毛庄村密切相关的上位规划有《满村镇土地利用总体规划调整完善（2010—2020 年）》和《长垣县城乡总体规划（2016—2030）》（详见图 6-3-3）。

依据满村镇土地规划，毛庄村村庄性质为中心村。但毛庄村距离镇区仅 1 km 多，且镇区在向西扩张用地，因此，各种服务型的设施会被镇区吸纳。综合考虑，村庄类型定位于整治改善类，产业发展方向为特色农业和生态相关产业。目前，满村镇对镇域所有村庄进行了分区定位，以毛庄村为中心，结合周围吴坡村、老李庄村和唐洼村，共同组成满村镇“生态小镇”。毛庄村在空间上接近“生态小镇”的中心，且有文明渠横穿而过，村内可供整治土地也较多，具有建设“生态小镇”服务中心的良好条件。

因此，毛庄村依托长垣市以及满村镇规划定位与要求，因地制宜，统筹发展，依托良好的生态环境，合理利用自然资源，优化村庄功能布局，使乡村居民住房建设规划有管理、特色产业发展有方向，生产生活空间合理分离，并合理配置环卫、供水、交通、污水处理、居住、商业、基本农田、林地等生产和生活服务设施网点，营造良好的农村人居环境和发展环境，让毛庄村真正实现可持续发展和乡村振兴。

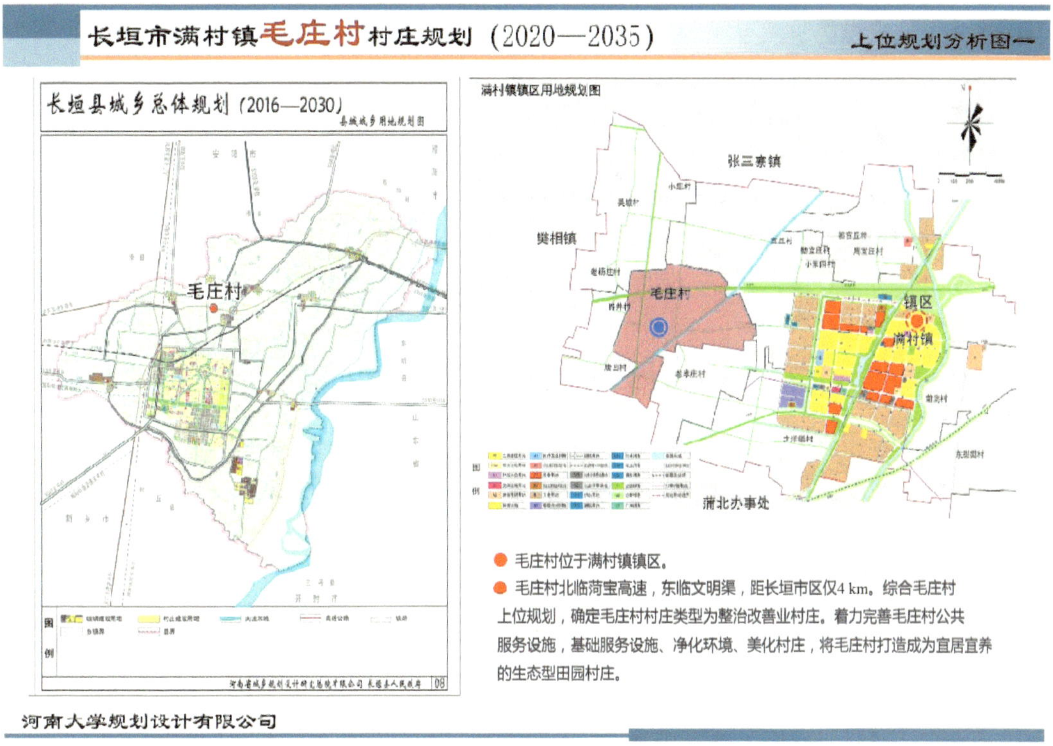

图 6-3-3　毛庄村村庄规划上位规划分析

四、规划定位与发展目标

综合毛庄村上位规划及当前编制乡村规划体系，确定毛庄村村庄类型为整治改善类村庄。对这类村庄按照农民生活和农村生产区域性服务中心功能定位进行规划，着力完善基础公共服务设施、净化环境、美化村庄、建设美丽乡村。

针对其定位及资源确定毛庄村战略发展目标为保持其现有农业基础优势，重点发展生态、高效的特色农业产业，实现农业转型，挖掘其文化和生态优势，打造一个宜居宜游的生态型田园村庄。尽显农村自然生态之美、生产生活之美、文化韵味之美。

总体目标：至 2035 年，乡村振兴取得决定性进展，农业农村现代化基本实现。

国土空间开发保护目标：以三调数据为基础，落实永久基本农田和生态保护红线，严格保护耕地，遵循耕地占补平衡、建设用地增减挂钩、生态保护优先等原则，优化调整村庄各类用地布局，最终形成山清水秀的生态空间、集约高效的农业空间和宜居适度的生活空间。

人居环境整治目标：产业兴旺、设施完善、道路通畅、环境提升、治理体制完善、村民安居乐业。

五、产业发展规划

经全面分析村庄自然禀赋等条件，以及国家、河南省、长垣市等对毛庄村的扶持的外部环境，对村庄现有资源进行整合，对产业结构进行调整，适应新形势下村庄发展的要求，重新认知村庄发展环境，选择适合村庄的产业发展模式。优先选择现状发展潜力大和效益高的产业（详见图 6-3-4）。

①第一产业：通过土地整理，使土地使用趋向集约化，整合现状农业用地，有序组织建设用地，完善产业配套功能设施。在人力组织上，积极引进技术，对村民进行技术培训，建设现代农业生产体系，通过对第一产业的优化提升巩固农业的基础地位，促进农业高效发展，实现土地增产，农民增收。

②第二产业：充分利用现有工业用地和村庄内部整治出的建设用地，对接长垣产业链，发展村庄经济。

③第三产业：利用村庄内部整治出来的公园绿地和留白用地，结合农家小院，打造农家乐等餐饮服务业。同时，在滨河景观休闲区围绕文明渠打造滨河景观生态公园，促进旅游业的发展。

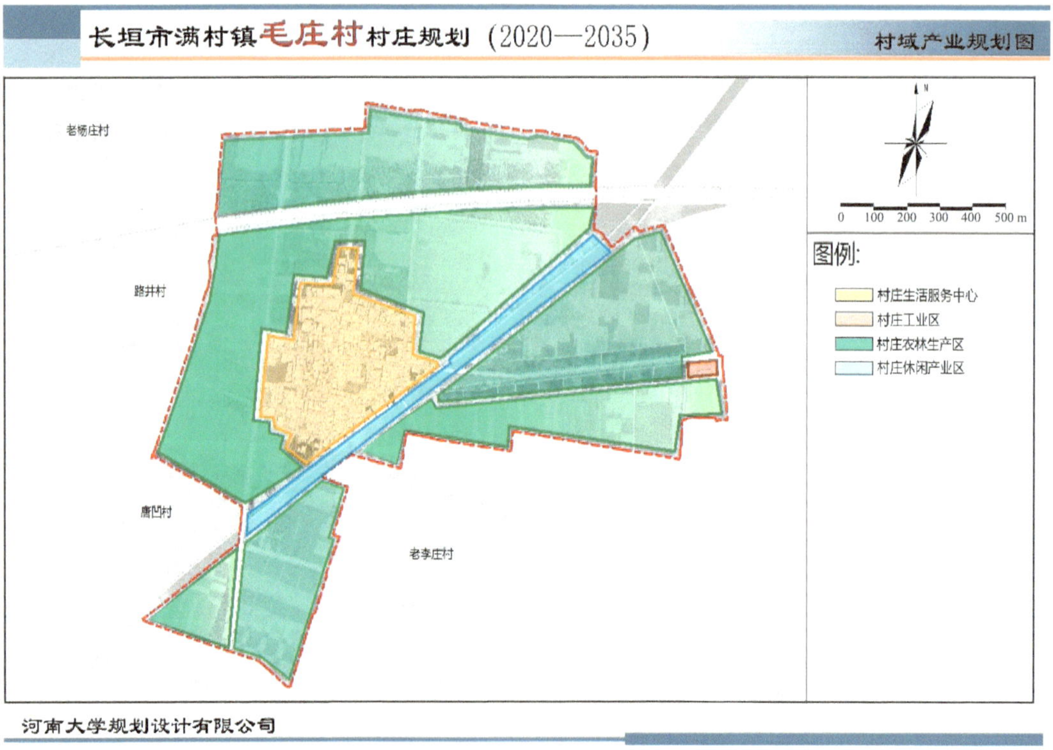

图 6-3-4　毛庄村产业规划

六、村域空间布局规划

1. 规划用地指标

根据上位规划和实地调研与分析，规划毛庄村的用地指标如图 6-3-5 所示。其中，根据现行土地利用总体规划，毛庄基本农田面积为 117.9 hm^2，为了满足此要求，规划毛庄永久基本农田面积由现状 105.49 hm^2 增加为 118.03 hm^2，增加的耕地主要由林地等整治而来。建设用地整体变化不大，仅增加 0.5 hm^2。

长垣市满村镇毛庄村村庄规划（2020—2035）　村域土地利用构成表

村域土地利用规划构成表

大类	中类	小类	基期年 面积/hm^2	基期年 比重/%	目标年 面积/hm^2	目标年 比重/%
农用地		耕地	105.49	66.26	118.03	74.2
		种植园用地	0.16	0.1	0.16	0.1
		商品林	3.02	1.89	0	0
			13.77	8.65	3.8	2.38
		其他农用地	0.59	0.37	0.37	0.23
			1.57	0.99	1.57	0.99
			2.99	1.88	2.99	1.88
			0.37	0.23	0.54	0.3
小计			127.96	80.37	127.48	80.06
建设用地	居住用地	农村宅基地	16.83	10.6	15.1	9.4
	公共管理与公共服务设施用地	机关团体新闻出版	0.03	0.01	0.03	0.01
		科教文卫用地	0.15	0.09	0.15	0.09
		公用设施用地	0	0	0.13	0.08
		公园与绿地	0.03	0.01	1.88	1.18
	工业用地	工业用地	4.35	2.73	4.35	2.73
	道路与交通设施用地	村庄道路用地	1.12	0.7	1.12	0.70
	留白用地		0	0	0.25	0.16
	区域基础设施用地	公路用地	8.74	5.49	8.74	5.49
小计			31.25	19.63	31.75	19.94
合计			159.21	100	159.21	100

河南大学规划设计有限公司

图 6-3-5　毛庄村村域土地利用规划

2. 空间布局规划

重点对原有零星住宅区在远期有条件的情况下引导向中部生活区聚居，村庄公共服务设施以原有居住用地为基础，调整布局结构。产业发展用地在村域西部县道以东区位进行布局。村庄周边及村域菏宝高速等重要交通干道两侧和明渠两侧形成生态防护林带。远期，村域整体形成以中部为生活聚居区，西南部为产业发展区，外围和交通干道两侧为生态防护区，农业生产空间呈组团状分布的用地格局(详见图 6-3-6)。

3. 生态修复和国土综合整治

1）生态修复

针对毛庄村各类具备生态调节功能的土地及其分布情况，确定毛庄村生态修复重点及举措。修复地主要针对已被破坏的沟渠进行。规划期内拟对毛庄村村域已被破坏的沟渠进行工程整治修复，主要采取清淤以及生物修复技术等举措进行修复，降解有机污染物质，恢

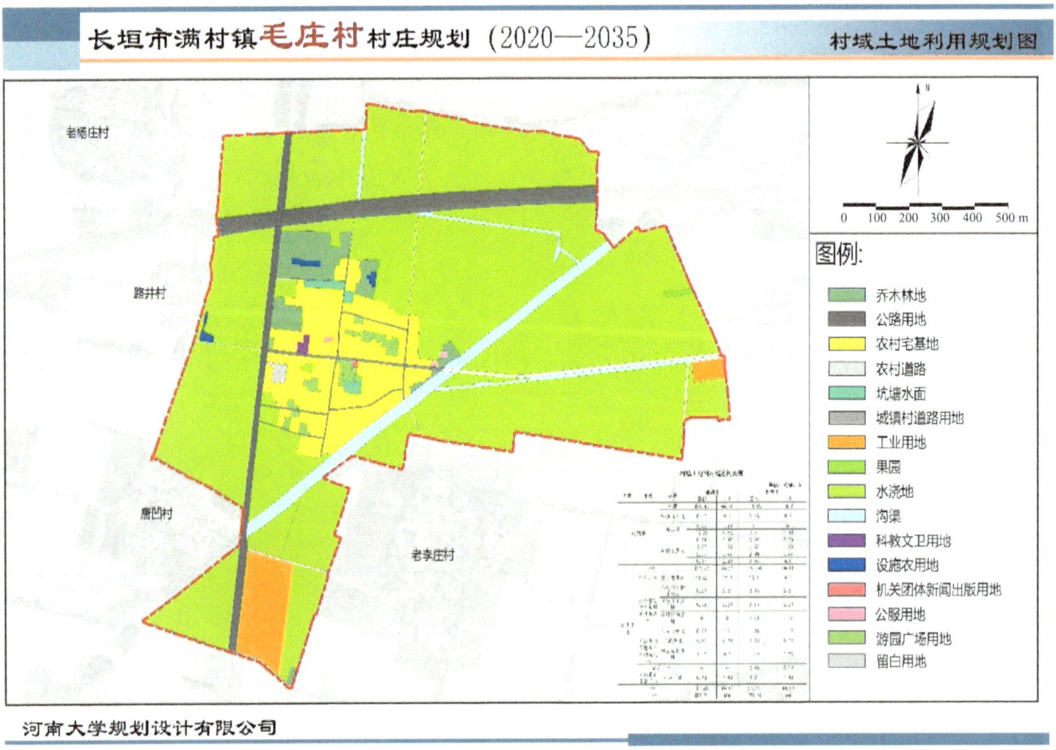

图 6-3-6　毛庄村村域土地利用空间布局规划

复水体功能。

2）农用地整治

农业用地的整治主要体现为内部挖潜，以满足现行土地利用总体规划。主要是通过将分散林地和设施农业用地等整治为耕地，增加面积 12.54 hm^2，使得耕地面积调整为 118.03 hm^2，与现行土地利用总体规划中基本农田面积 117.96 hm^2 基本保持一致。同时，农用地要进一步完善农田水利设施，增加机井数量，修复沟渠，修缮田间道路。规划期内使农用地结构调整保持总体平衡。在村域东部及南部农田道路处整治修建宽度为 3 m 的水泥路面。

3）建设用地整治

建设用地整治主要进行土地利用结构调整，优化建设用地空间布局；增加公共空间和公共基础设施；控制宅基地无序扩张，对村庄内闲置、低效宅基地进行盘活。在村庄中心位置修建养老中心、公厕、停车场、村委会、党建广场，充分利用村内空闲地和低效闲置宅基地，完善当地公共基础设施，改善村庄环境面貌。

通过对现状村内建设用地的逐块核实及潜力分析，确定村内现状闲置及低效用地规模。结合对毛庄村各类建设用地的现状分析及意愿调查，确定毛庄闲置用地再开发区，主要利用方向为拓展公共活动空间、改善生态环境（游园、花园、菜园、果园等绿化用地），面积为 1.57 hm^2。同时，部分低效用地根据实际情况可向建设用地转化，现作为留白用地，面积为 0.25 hm^2（详见图 6-3-7）。

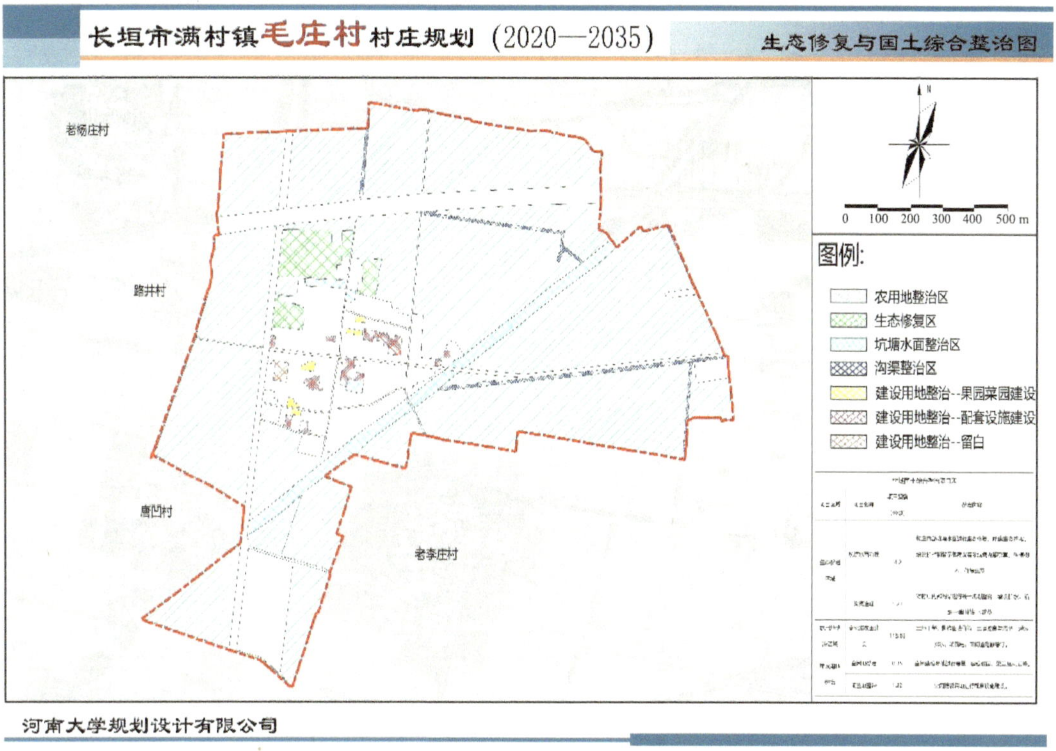

图 6-3-7　毛庄村生态修复与国土综合整治规划

4. 耕地与基本农田保护

1）保护面积与布局

此次规划以第三次国土调查现状数据为基期，经三调核实，毛庄村现状实际耕地面积为105.88 hm²，现状基本农田面积为105.73 hm²。根据正在执行的满村镇土地利用总体规划，毛庄村基本农田面积117.96 hm²，规划至2035年，毛庄村永久基本农田面积为118.03 hm²。超出现状部分由林地等通过“退林还耕”实现。

基本农田划定后的毛庄村耕地集中连片，从东、西和南三个方向围绕村庄，高速公路则北隔林地与村庄相分离（详见图 6-3-8）。

2）管控措施

规划期内应严守永久基本农田红线，严格落实耕地保有量、基本农田保护目标，确保毛庄村实有耕地数量基本稳定、质量有所提高。同时，在耕地调整方面，要依据最新耕地保护政策，做到占一补一、占优补优。

永久基本农田保护要根据规划进行调整，在确定整改措施和保护目标的同时，更注重落实保护责任体系，应设立基本农田标识牌和村级保护档案，建立基本农田保护公众参与制度，向村民及社会宣传基本农田保护条例及相关法规政策。通过完善农田水利基础设施，提升耕地产出能力。

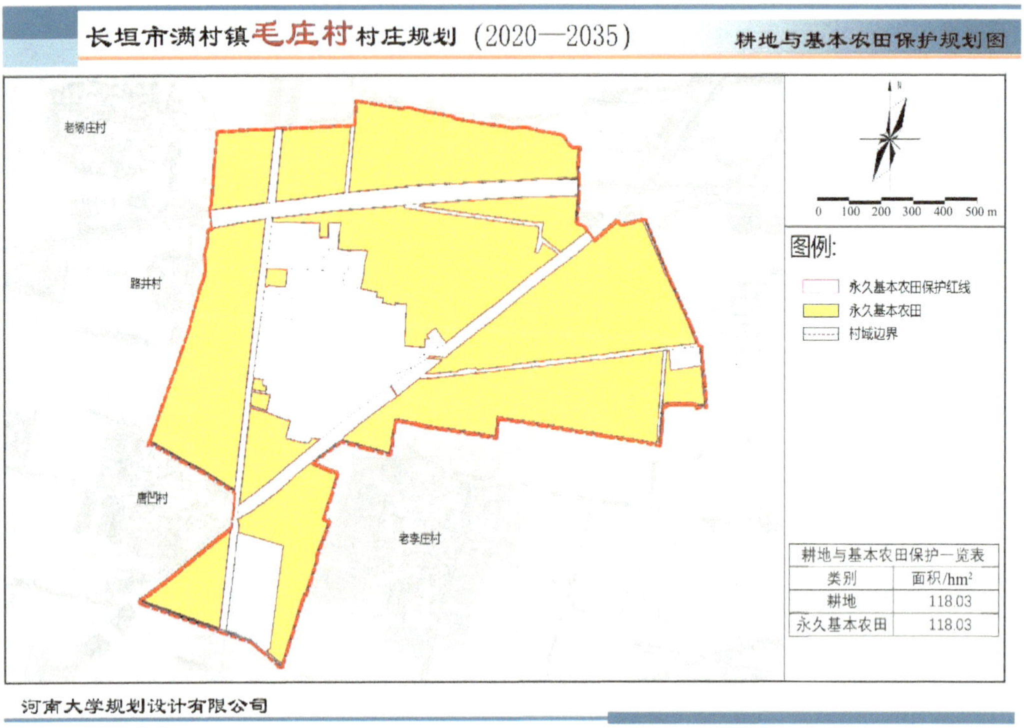

图 6-3-8 毛庄村耕地与基本农田保护规划

七、村庄建设规划

1. 村庄居民点布局

1）总平面布局

村庄基本保持原有占地和形态，基本呈五边形。整合村庄周边独立分散的建设用地，公共服务用地主要布置在村庄中心及东西向干道，包括村委会、养老中心和小学等。村庄内居住用地保持现有格局，对街巷体系进行梳理，满足当代机动车交通出行需求。村庄绿地以村委会周边为核心，点状布局在村庄各处。文明渠从村庄东南部斜向穿过，沿河布局生态绿化景观。市政公用设施方面，污水处理站布置在村东路北文明渠畔，同绿化融为一体。

综合以上布局，村庄用地空间规划结构为“一心、两轴、四片区”（详见图 6-3-9）。

一心：指位于村庄几何中心的村民生活服务中心，包括村委会、养老中心和池塘绿地等公共服务功能。

两轴：指沿东西向和南北向道路形成的村域空间主轴线。目前，东西向主轴线已经进行了道路升级和街景整治。规划南北向道路进行升级改造，并在村庄中心与东西向交汇处放大节点，进行重点规划设计，展示村庄特色，形成村庄多功能中心。

四片区：村庄由横向主干道和纵向主干道将村庄分为四个部分，各部分作为相对独立的居住组团进行绿地、市政管线的布局和敷设，并作为后期建设管理的基本单元。

2）村庄宅基地布局

根据村庄性质与规模预测，毛庄村需保留和规划宅基地共 283 宗。其中由于拓宽道路

图 6-3-9　毛庄村村庄规划总平面布局

和梳理交通系统原因重新规划至村庄内宅基地 7 宗。新建宅基地按照“面积不得突破167 m^2”的标准进行规划。在规划期内需要翻建房屋的住户，原则上在原址按照“每户 167 m^2”的标准进行规划，由地方管理部门依据相应法律法规和政策要求进行建设（详见图 6-3-10）。

3）街坊布置

新规划宅基地按照村庄现状的肌理，采取行列式、联排式建筑布局形式。两排宅基地之间预留 6 m 空间，满足道路（停车）、绿化及管线敷设需要。

每户宅基地上的住宅建筑统一沿宅基地北边界、坐北朝南朝向布置，每幢住宅建筑按 3～4 个开间建造，建筑进深控制在 10 m 左右，建筑高度控制在（2 层半）10 m 以下。鼓励村民新建住宅不设院墙：相邻宅基地之间以树篱、竹篱、藤架、花架等绿化形式分隔；临街以矮花墙、矮栅栏等透绿墙体分隔。

4）村民住宅建筑方案设计

1. 设计原则：注重生活方便宜居，整体风貌保持统一；因地适宜，鼓励在基本户型基础上进行优化，并采用不同层次建筑节能技术，构建绿色生态的居住环境。

2. 建筑方案设计：提供建筑面积为 240 到 260 m^2 的 3 种基本户型，以供村民选择和优化。具体见图 6-3-11、图 6-3-12、图 6-3-13。

第一种户型：基本户型面积 240 m^2；

户型组成：六室四厅。

第二种户型：基本户型面积 245 m^2；

户型组成：五室四厅。

图 6-3-10 毛庄村宅基地管控规划

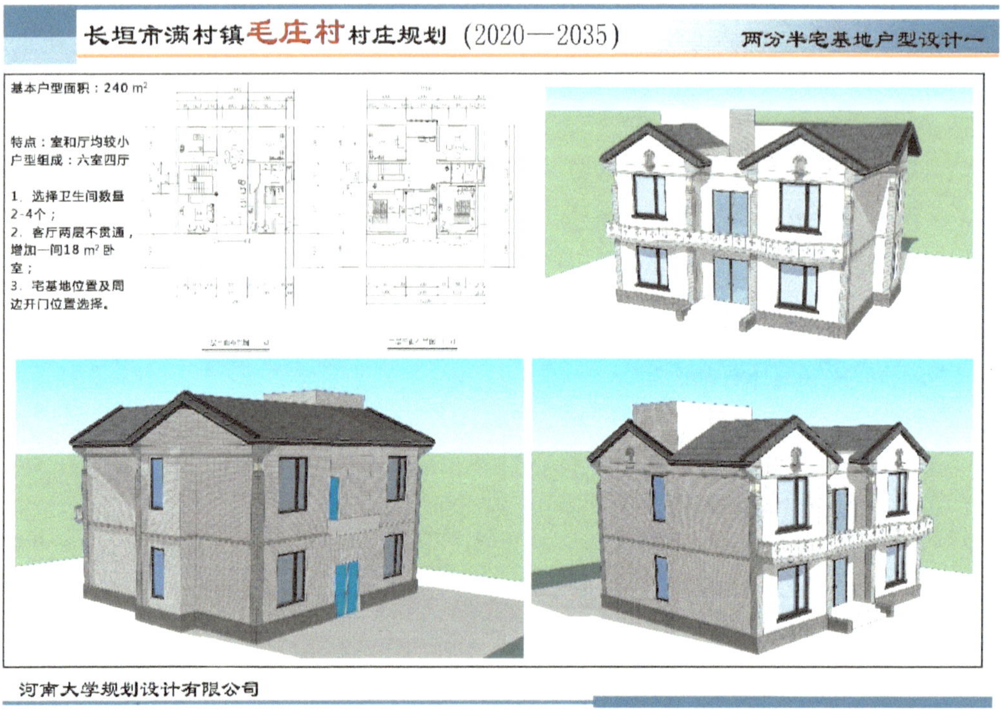

图 6-3-11 宅基地户型设计一

图 6-3-12　宅基地户型设计二

第三种户型：基本户型面积 260 m²；
户型组成：六室五厅。

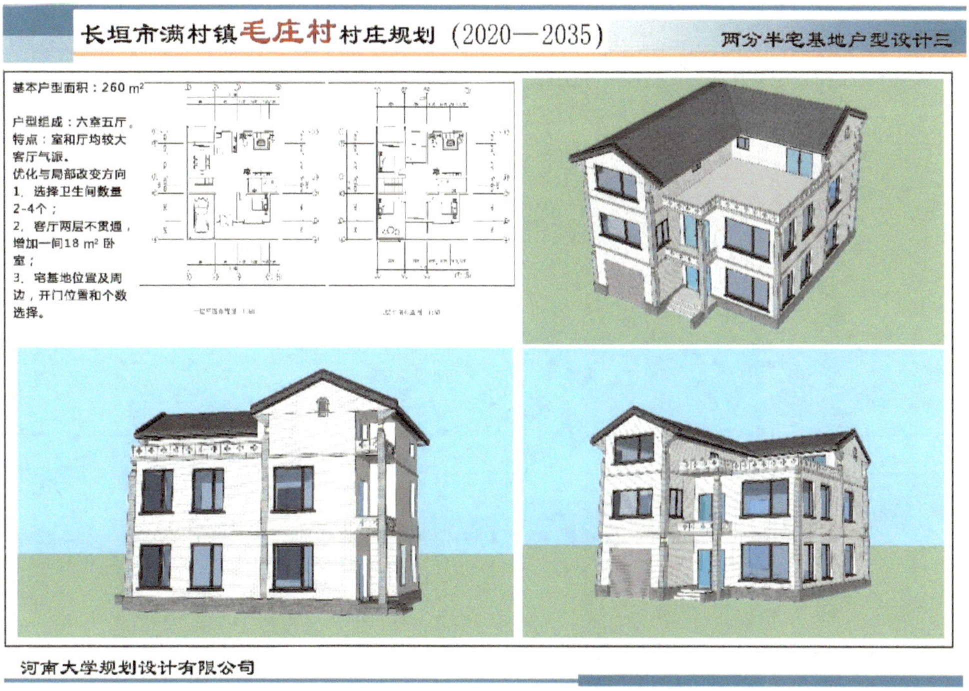

图 6-3-13　宅基地户型设计三

以上户型优化与房间功能调整的方式包括以下三个方面：

1. 选择卫生间数量2～4个不等，可与衣帽间等进行互换；
2. 客厅若上下两层不贯通，可增加一间18 m² 卧室；
3. 根据宅基地位置及周边情况，调整开门位置和数量。

2. 村庄基础设施规划

1）道路交通规划

总体要求：结合现状道路及村庄功能布局，形成各自独立又紧密联系的村庄道路系统（详见图6-3-14）。

村庄对外道路：西侧城张路，规划预留红线宽度15 m，两侧各控制至少10 m绿化用地。

村庄主干道路：道路横断采用“一块板”形式。横向主干道红线宽度为16 m，其中车行道宽度10 m，两侧人行道宽度3 m。

村庄次干道路：道路横断采用“一块板”形式，其红线宽度为8 m及6 m，车行道宽度不低于5 m。

村庄宅间道路：村庄内部南北两排宅基地之间预留6 m空间，其中路面宽度4.5 m。

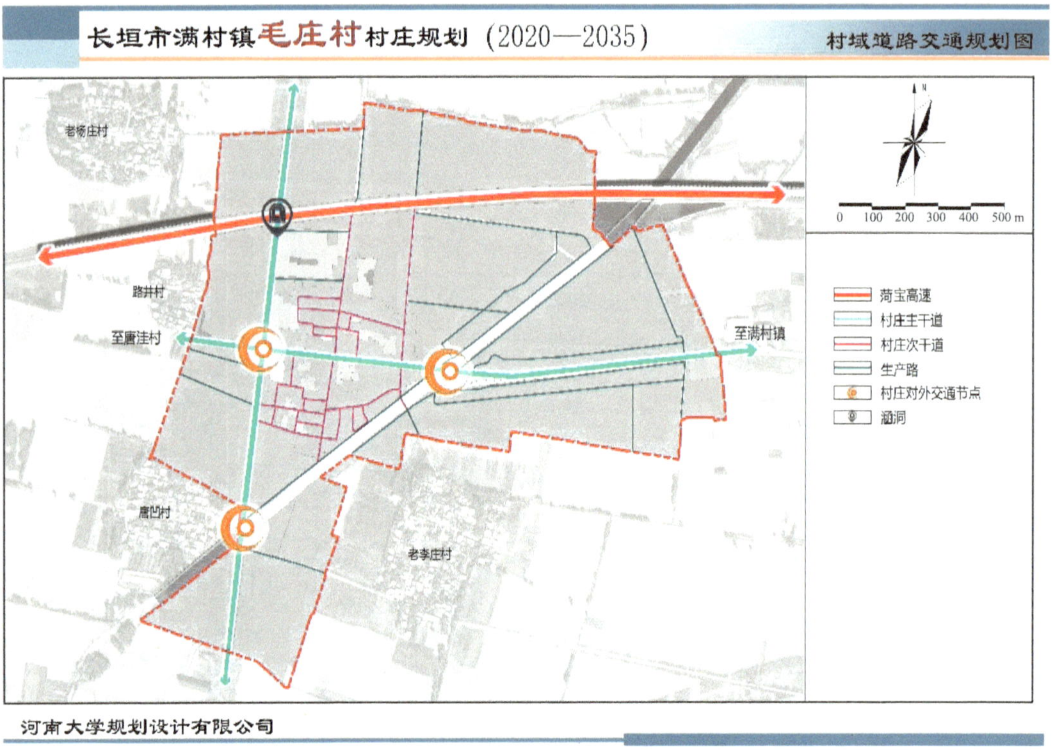

图6-3-14 毛庄村村域道路交通规划

2）供水工程规划

水源规划：采用统一给水系统，村庄输水管由东侧给水管接入宜丘供水站。

水质规划：生活用水水质应达到中华人民共和国卫生部、中国国家标准化管理委员会发布的《生活饮用水卫生标准》(GB 5749—2006)。

管网布置：村庄采用环状与树枝状相结合的配水管网，顺地势铺设。沿村庄干道铺设干管，沿村庄内部道路铺设配水管（详见图 6-3-15）。

图 6-3-15　毛庄村村庄给水工程规划

3）排水工程规划

排水体制：

近期采用截流式合流制，远期采用雨污分流制。雨水充分利用地形，高水高排、低水低排，分散就近排入沟塘、水系中。

污水工程规划：

规划沿村庄内东西向干道铺设污水截流干管，内部其他污水干管及支管沿道路采用枝状管网敷设，经村庄干道污水管收集后，向东汇入规划毛庄村污水处理厂。规划在村庄东部布置小型一体化污水处理设施（详见图 6-3-16）。

雨水工程规划：

雨水管网与污水管网分开布置，按就近原则，以最短距离排入周边坑塘或水渠。雨水管最小坡度不低于 1‰（详见图 6-3-17）。

4）电力、通信工程规划

电力线路：电缆采用架空方式，低压网络为放射式，以室外电缆分支箱配线接户。路灯照明电源就近引自各变配电房。根据村庄建设需求，规划配备变压器（详见图 6-3-18、6-3-19）。

图 6-3-16　毛庄村村庄污水工程规划

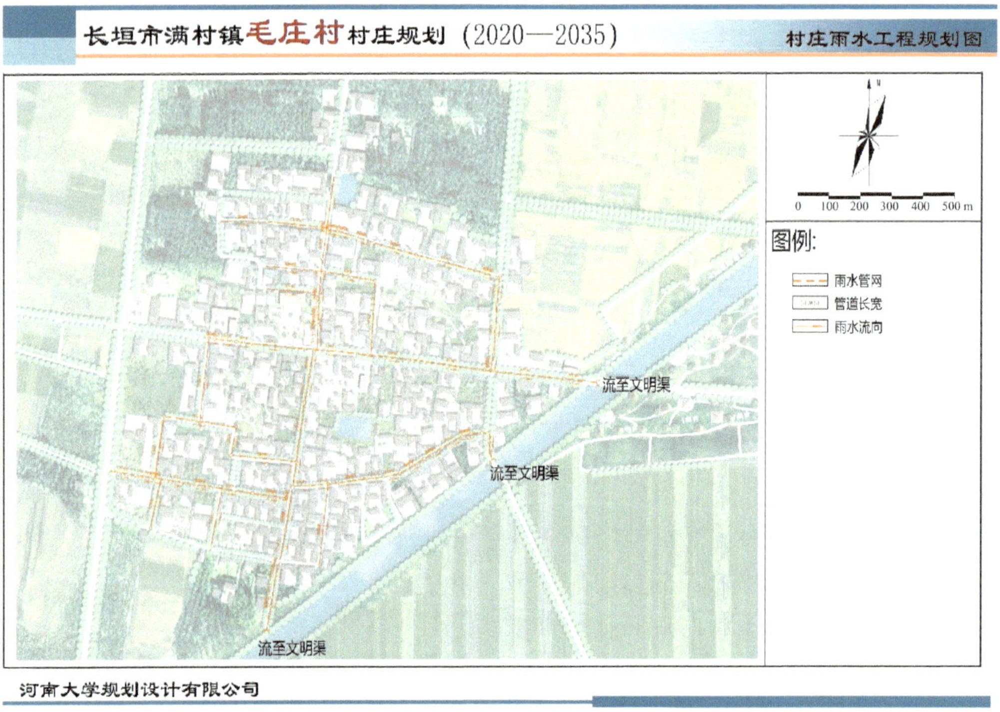

图 6-3-17　毛庄村村庄雨水工程规划

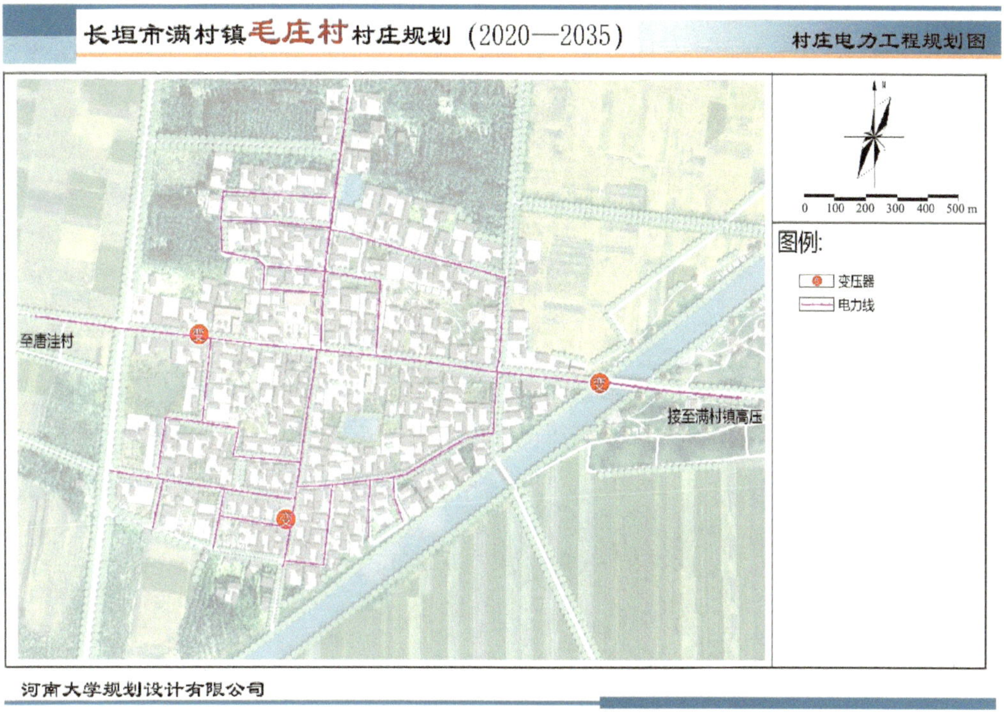

图 6-3-18　毛庄村村庄电力工程规划

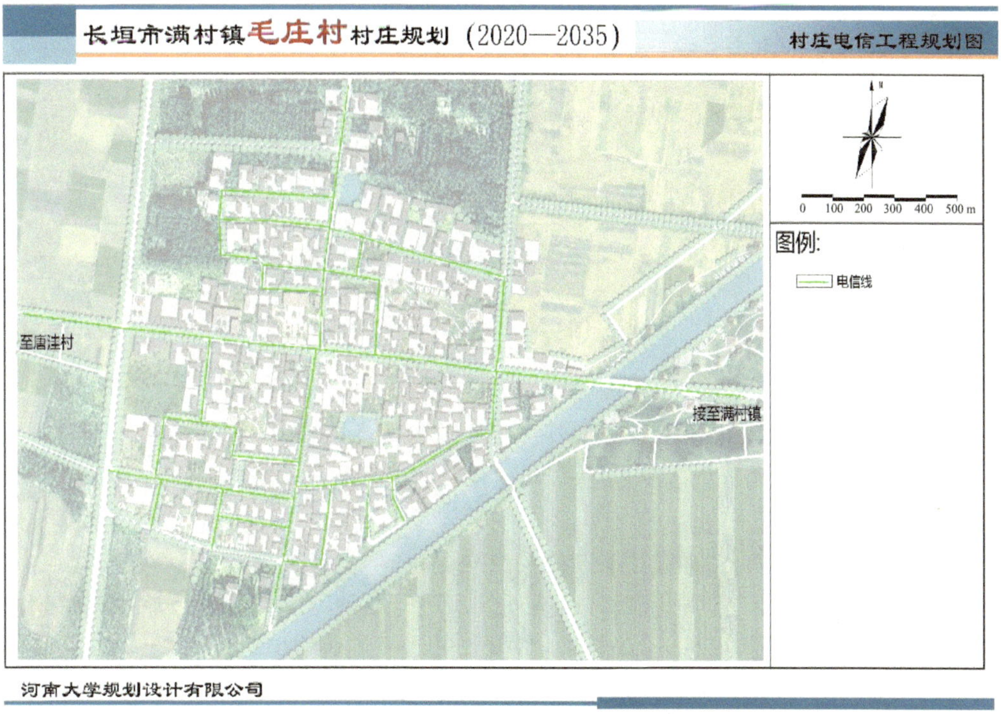

图 6-3-19　毛庄村村庄电信工程规划

5）环卫设施规划

(1)公共厕所：规划在村庄各居住组团内预留的公共空间、村庄主入口和村庄公共中心等处，设置公共卫生间，建筑面积约 80 m^2。

(2)垃圾收集：垃圾桶应美观、耐用、防雨、阻燃，并与村庄整体风格和谐。沿村内主要街道、广场、公共空间以及村庄南侧集中居住区，按间距 50～80 m 设置，方便居民就近投放，并逐步展开垃圾分类收集、处理。沿村庄内部道路按间距 50～80 m 设置垃圾筒。

(3)垃圾转运站：依托村庄对外交通的主要入口设置垃圾转运站一处。

详见图 6-3-20。

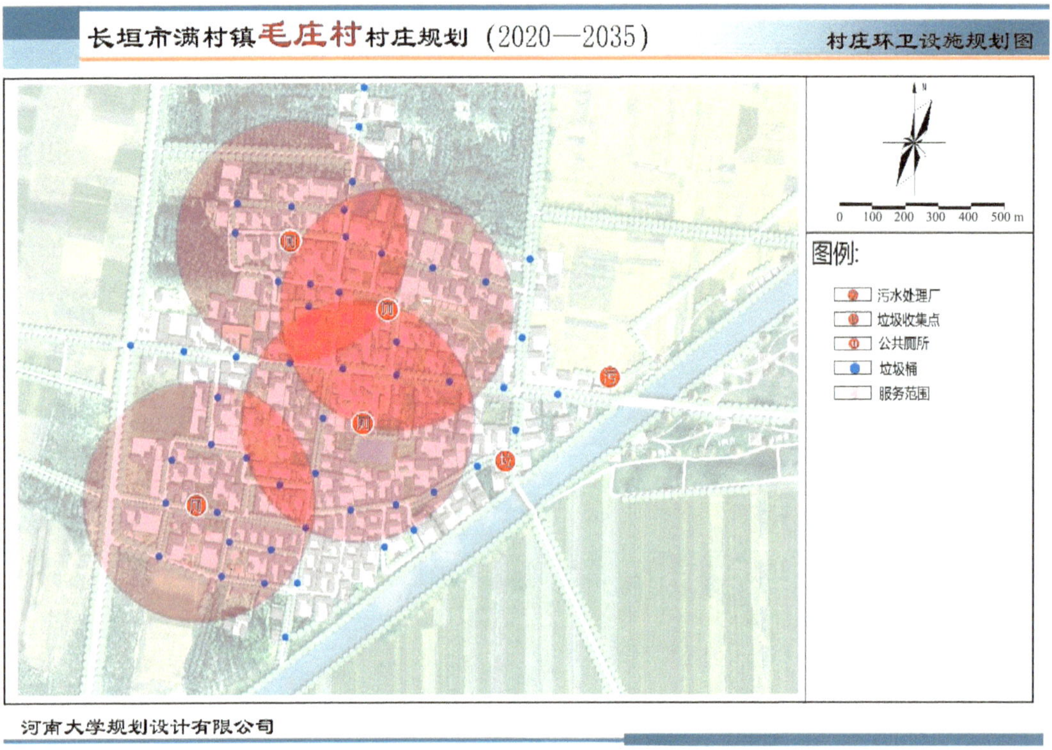

图 6-3-20　毛庄村环卫设施规划

6）燃气工程规划

规划以长输管道引入天然气，村庄采用中、低压二级系统，中压管网主要布设于村庄主干路上，低压管网布设于次干道和宅前路，调压站预留至村委会用地(详见图 6-3-21)。

3. 公共服务设施规划

规划原则：按照"12 有"(即在中心村居民点建设中，要做到老有所养、病有所医、生育有指导、饮水有安全、购物有超市、垃圾有收集、就业有平台、学习有阵地、活动有场所、道路有管护、纠纷有调解、治安有防范)规划要求，在中心村居民点新建公共服务设施中心，覆盖全村，为全村提供舒适服务。围绕 10 分钟乡村生活圈，迎合当地村民的生产生活习惯，突出地域乡土风貌特色，布置村庄公共服务设施。

村庄公共中心规划：依托现状两个坑塘，沿横向干道轴线南侧、纵向干道东侧集中布置

图 6-3-21　毛庄村燃气工程规划

村委会和党建广场形成村公共活动中心。

4. 村庄风貌引导

首先，村庄规划编制要体现乡村特色，注重建房风貌管控和“宜居宜业宜游”的美丽乡村建设主题。

其次，通过技术支持，引导乡村建筑风貌。

再次，通过激励机制，奖励传统风貌农房建设。

最后，应注重乡村建设要坚持风貌引导和违建管控并重。

5. 村庄景观特色规划

以生态原则、人本原则、景观多样性原则和本土特色原则为指导，规划村庄景观系统。

毛庄村依托村庄主要道路、文明渠滨河生态公园及村庄多处游园景观，沿文明渠形成村庄主要景观轴线，沿村庄南北道路形成次要发展轴线（详见图 6-3-22）。

八、村庄综合整治

1. 整治规划原则

（1）征求民意，尊重农民；

（2）因地制宜，符合实际；

（3）保护生态，凸显特色；

（4）优化配置，集约高效；

图 6-3-22　毛庄村景观系统

(5)远近结合,循序渐进。

2. 整治目标

实现农村人居环境明显改善,村庄环境基本干净整洁有序,村民环境与健康意识普遍增强的目标。

3. 整治重点

1) 建筑整治

(1) 建筑分类整治

将毛庄村建筑主要分为时代风貌建筑以及现代建筑,针对不同类型的建筑分类对待。

现代风貌建筑:增加房屋构件,增添整体建筑风貌韵律感,避免过于单一的建筑形式。

时代风貌建筑:整治建筑外环境,不遮挡原有建筑样式,内部功能更新,根据使用需求更新外立面。

(2)建筑材质

针对建筑材质给出选用的优先类别和不建议类别。

优选材质:土、木、砖、石等传统乡土材料,废弃再利用材料。

次优选材质:水刷石、真石漆(添加杂质)、水泥等。

允许材质:轻钢、金属屋顶、玻璃门窗等。

不建议材质:表面光滑的瓷砖、瓷片等(图 6-3-23)。

(3)建筑色彩

依据自然环境色和现状建筑色,拟定村庄色彩规划办法为:以中灰色、砖红色、土木色为主体背景色,可以添加白色、红色系、黄色系、绿色系作为点缀色,点缀色占比不超过 10%。因此拟定了两种村庄色彩整治办法。

改造:用背景色覆盖已有的蓝色调和紫色调;可以采用覆盖和遮挡的方式缩减点缀色的比例。

新建:新建房屋以背景色为主体色调,部分建筑构件可以选用少量点缀色(图 6-3-24)。

(4)建筑屋顶

暗红色屋顶:用于搭配砖红色系房屋。

中灰色屋顶：用于搭配灰色系房屋。

墨绿色屋顶：用于搭配田野中的房屋(图 6-3-25)。

(5) 空心院落整治

现状问题：村内现存空心、荒废宅院，大树布满整个空间，杂草丛生。有些被紧邻居民种植蔬菜，但毫无秩序，影响整个村落环境。

规划策略：实名认领，可盖上房子，融入整个村庄的建设和生活氛围，如若无人认领，则先种上树苗和芍药花，增加村集体收入，后期可结合宅前街道建成游园。

图 6-3-23　建筑材质引导

图 6-3-24　建筑色彩引导

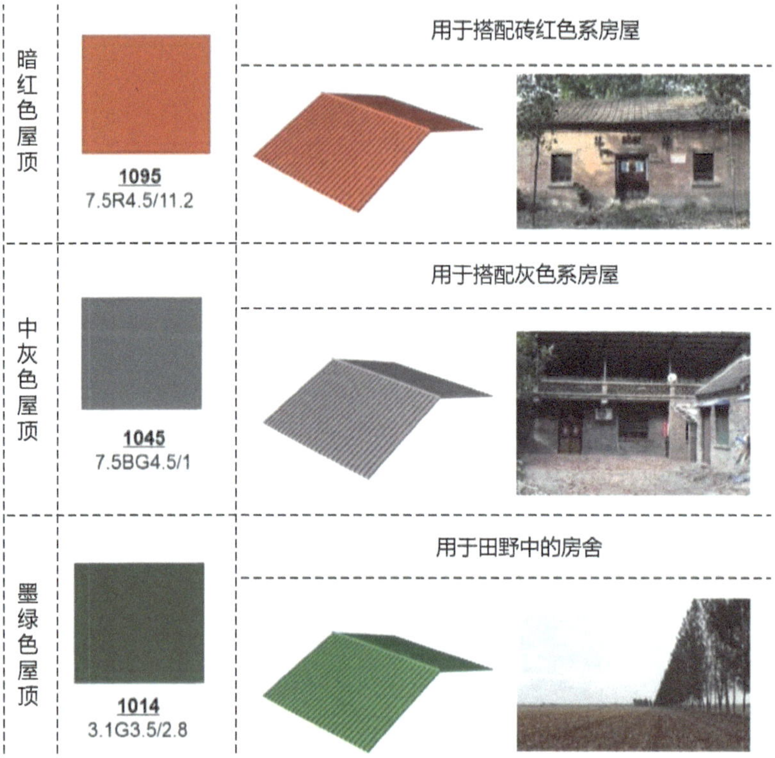

图 6-3-25　建筑屋顶引导

2）基础环境整治与生态环境整治

规划目标：塑造高品质的村庄生活环境，打造宜居宜养特色村庄。

（1）基础环境整治

公共区域垃圾和杂物的清除：尽快清除村庄公共区域内的垃圾和杂物。

民宅庭前屋后杂草的清除：尽快清除村民宅前屋后的绿化杂草，并可以种植芍药、牡丹等花卉，维护好村民生活环境。

近人尺度线路的收纳整理：对于电线凌乱、墙面不整洁的问题，采用金属壳罩的设计方法，将其进行收纳处理，实现居住环境的整洁美观。

（2）生态环境整治——坑塘整治策略

整治坑塘周围生态环境，结合周围空地打造木平台、廊架、座椅等休闲小品，为村民提供娱乐场所。

（3）树林整治策略

村庄居民点附近通常会有或大或小的林地，形成具有乡村特色的树阵空间。于树林中设置一定的休憩娱乐设施，可以充分利用其空间优势，提升土地利用价值的同时丰富人群的乡村体验。

九、近期建设规划

毛庄村近期建设以公共服务配套设施为核心，主要对村庄内部以及对外连接道路整治和修建，并进一步确保给排水等管线在村庄层面的整合和统筹。同时，加快村内主要景观节点的建设，对卫生室、多功能礼堂、零售商业网点、垃圾站、公共厕所、污水处理站等公共服务设施查漏补缺，为村民提供便捷生活服务。

1. 近期实施规划

（1）本着节约用地，对原有村落格局进行保护的原则，在村庄发展的过程中以项目建设促规划落实，近期整治规划以村庄环境整治和提升为主要内容，重点确定项目的位置、规模、投资，改善村庄生产生活环境。

（2）严格遵守国家各项法规、政策和标准，采用适当的建设标准，促进村庄经济发展，使村民生活水平得以改善。

（3）依托村庄现有基础，充分分析村庄面临的困难与矛盾，对村庄建设提出合理化建议。

（4）对于村庄目前存在的突出问题和薄弱环节，近期予以安排，以保证村庄生产、生活的正常进行。近期建设项目综合考虑生态修复、环境提升、基础设施提升和公共服务设施提升四大部分。

2. 建设项目及资金估算

本次村庄规划实施项目主要以基础设施的实施、老村的整治和新村的建设为主，包括生态修复工程、环境提升工程、公服设施工程、基础设施提升工程等（详见图 6-3-26、图 6-3-27）。

长垣市满村镇毛庄村村庄规划（2020—2035）　村庄建设项目表

村庄建设项目表

项目类别	项目名称	建设规模	资金估算(万元)	资金筹措	建设主体	建设方式	建设时序
环境提升	村庄道路硬化	670米	67	政府建设	村集体	升级改造	近期
	村庄道路亮化提升	335米	5	政府拨款	村集体	升级改造	近期
	村庄道路绿化提升	450米	9	政府拨款	村集体	升级改造	近期
公共服务设施	毛庄村中心游园	4000平方米	40	村集体	村集体	新建项目	近期
	毛庄村滨河游园	2处	200	村集体	政府	新建项目	近期
	毛庄村广场游园	32700平方米	26	村集体	村集体	新建项目	近期
	村委会	300平方米	5	政府拨款	村集体	升级改造	近期
	村史馆	1处	10	村集体	村集体	升级改造	近期
基础设施提升	公厕	3处	30	争取政府配套资金	村集体	新建项目	近期
	停车场	3处	40	政府拨款	村集体	新建项目	近期
	污水处理站	400平方米	10	争取政府配套资金	政府	升级改造	近期
	排水管道	670米	50	争取政府配套资金	村集体	升级改造	近期
生态修复	文明渠水系提升	69800平方米	200	政府拨款	政府	升级改造	近中期
合计			692				

河南大学规划设计有限公司

图 6-3-26　村庄建设项目一览

图 6-3-27 近期建设项目规划

十、实施保障

1. 项目管理及资金来源

根据本次毛庄村建设规划的项目特点，创建“部门联动、政策集成、资源整合、多方筹措”的项目运作机制，由县工作小组指导，以满村镇政府为建设责任主体，以毛庄村委会为长效管理的监督主体，在充分尊重村民意愿的前提下，按照规划先行、逐步推进的工作路线推进毛庄村各类项目的建设实施。项目建设资金应多渠道地筹措，积极争取各类财政专项资金，吸引社会资本参与村庄建设和产业发展，鼓励个人投资，建立规范化的资金管理制度，合理安排资金的投入和使用。

2. 村庄建设管理机制

规划建设管理：规划管理必须严格执行节约用地，集约用地，集中财力、物力建设，循序推进的原则，批准用地应落实资金、项目，建设项目量力而行。杜绝不讲经济效益，擅自扩大建设规模，乱占、多占建设用地的行为。

规划审议通过后应予以公示，采取展览、征询、广播等多种形式进行宣传和贯彻，使规划深入民心，使规划实施得到村民的支持。根据保护和利用相结合的原则，规划建设应注重环境效益，把生态环保意识贯穿到整个经济发展和村庄建设的过程之中。

实施组织安排：建议成立由相关部门领导牵头、各部门参与的发展协调小组。该协调小组的职能是：

(1) 协调规划实施过程中各部门和各行业的关系；

(2) 监督工程项目的实施与政策的推行。

村民全程参与规划，规划成果采用“政府报批”与“村民征求意见”两套成果，让村民了解规划、参与规划和实施规划的过程中。

完善现状村庄“一事一议”制度，强化村委会统一管理职能，在公开、公正、公平的基础上，使村民共同参与村庄建设决策。按照村民自愿原则，建立“村民公约”长效管理机制。通过“村民公约”明确村庄公共区域、宅前区域环境卫生、临时建筑、绿化环境等的管理责任、权利、义务，并建立相应的考核制度，通过制度管理村庄。

在毛庄村建立责任规划师制度，随时引导实施过程中的规划调整，规划建议由规划编制单位承担村庄规划的后续服务工作。

在协调小组下设办公室，办公室主任由村委书记或村委会主任担任。办公室主要职责是：

(1) 组织资源，实施规划；

(2) 负责规划实施过程的管理，及时进行相关数据的分析，评估规划实施的效果；

(3) 在办公室领导下，建立农业科技实验基地，诸如果园种植实验基地。与此同时，成立各种行业协会，确保农民的利益，如农业种植协会等。

规划实施管理：毛庄村规划审批后，要在毛庄村建立村庄规划后评估机制，及时评估实施情况，优化村庄规划。发挥规划对村庄建设活动的引导和调控作用，完善农村规划管理机制。

课后习题

1. 下列关于详细规划的表述，错误的是 ( )
   A. 法定的详细规划分为控制性详细规划和修建性详细规划
   B. 详细规划的规划年限与城市总体规划保持一致
   C. 控制性详细规划是20世纪90年代初才正式采用的详细规划类型
   D. 修建性详细规划属于开发建设蓝图型详细规划
2. 下列关于国土空间规划体系中详细规划的表述，正确的是 ( )
   A. 详细规划的主要内容要纳入相关专项规划
   B. 详细规划要统筹和综合平衡各相关专项领域的空间要求
   C. 详细规划要依据批准的国土空间总体规划进行编制和修改
   D. 详细规划要发挥统领作用
3. 不属于控制性详细规划规定性指标的是 ( )
   A. 用地性质
   B. 需要配置的公共设施
   C. 建筑体量要求
   D. 停车泊位
4. 下列关于控制性详细规划编制的表述，不准确的是 ( )
   A. 应当充分听取政府有关部门的意见，保证有关专项规划的空间落实
   B. 应当采取公示的方式征求广大公众的意见
   C. 应当充分听取并落实规划所涉及单位的意见
   D. 报送审批的材料中应附具公示征求意见的采纳情况及理由
5. 下列关于控制性详细规划用地细分的表述，不准确的是 ( )
   A. 用地细分一般细分到地块，地块是控制性详细规划实施具体控制的基本单位
   B. 各类用地细分应采用一致的标准
   C. 细分后的地块可进行弹性合并
   D. 细分后的地块不允许无限细分
6. 下列关于控制性详细规划建筑后退指标的表述，不准确的是 ( )
   A. 指建筑控制线与规划地块边界之间的距离
   B. 应综合考虑不同道路等级的后退红线要求
   C. 日照、防灾、建筑设计规范的相关要求一般为建筑后退的直接依据
   D. 与美国区域规划中的建筑后退(SETBACK)含义一致
7. 下列关于绿地率指标的表述，不准确的是 ( )
   A. 绿化覆盖率大于绿地率
   B. 绿地率与建筑密度之和不大于1
   C. 绿地率是衡量地块环境质量的重要指标
   D. 绿地率是地块内各类绿地面积占地块面积的百分比

8. 下列关于控制性详细规划的表述，正确的有 ( )
A. 控制性详细规划通过图纸控制的方式落实规划意图
B. 控制性详细规划具有法定效力
C. 控制性详细规划采用刚性与弹性相结合的控制方式
D. 控制性详细规划是纵向综合性的规划控制汇总
E. 控制性详细规划是协调各方利益的公共政策平台

9. 容积率赋值方法包括 ( )
A. 回归分析 B. 强度分区 C. 类比法
D. 环境容量 E. 方案论证

10. 修建性详细规划投资效益分析和综合技术经济论证内容不包括 ( )
A. 土地成本估算与工程成本估算
B. 相关税费估算
C. 投融资方式与资金峰值估算
D. 总造价估算

11. 修建性详细规划基本图纸的比例是 ( )
A. 1∶3 000～1∶5 000
B. 1∶2 000～1∶3 000
C. 1∶500～1∶2 000
D. 1∶100～1∶500

第七章

相关专项规划

第一节　历史文化名城、名镇、名村规划

一、名镇和名村申报

1. 申报规定

《历史文化名城名镇名村保护条例》(2017 年修订版)第七条规定，具备下列条件可以申报历史文化名城、名镇、名村：①保存文物特别丰富；②历史建筑集中成片；③保留着传统格局和历史风貌；④历史上曾经作为政治、经济、文化、交通中心或者军事要地，或发生过重要历史事件，或其传统产业、历史上建设的重大工程对本地区的发展产生过重要影响，或能够集中反映本地区建筑的文化特色、民族特色。

申报历史文化名城的，在所申报的历史文化名城保护范围内还应当有 2 个以上的历史文化街区。

2003 年建设部和国家文物局对国务院旧的条例做出了补充，出台了《中国历史文化名镇(村)评选办法》，其中规定：①历史价值和风貌特色：建筑遗产、文物古迹比较集中，能较完整地反映某一历史时期的传统风貌和地方特色、民族风情，具有较高的历史、文化、艺术和科学价值，辖区内存有清末以前或者有重大影响的历史传统建筑群；②原状保存程度：原貌基本保存完好，或已按原貌整修恢复，或骨架尚存、可以整体修复原貌；③具有一定规模：镇现存历史传统建筑总面积 5 000 m^2 以上，或村现存历史传统建筑总面积 2 500 m^2 以上。

2. 申报材料

申报历史文化名城、名镇、名村，应当提交所申报的下列材料：

(一) 历史沿革、地方特色和历史文化价值的说明；

(二) 传统格局和历史风貌的现状；

(三) 保护范围；

(四) 不可移动文物、历史建筑、历史文化街区的清单；

(五) 保护工作情况、保护目标和保护要求。

3. 保护规划的原则

历史文化名城、名镇、名村的保护应当遵循科学规划、严格保护的原则，保持和延续其传统格局和历史风貌，维护历史文化遗产的真实性和完整性，继承和弘扬中华民族优秀传统文化，正确处理经济社会发展和历史文化遗产保护的关系。

因此保护规划的制定与实施必须应保尽保，并应遵循下列原则：保护历史真实载体的原则；保护历史环境的原则；合理利用、永续发展的原则；统筹规划、建设、管理的原则。编制保

护规划应鼓励公众参与，坚持科学论证，广泛征求有关部门、专家的意见，尊重居民和利益相关者的意愿。

二、保护规划的内容

历史文化名城批准公布后，历史文化名城人民政府应当组织编制历史文化名城保护规划。历史文化名镇、名村批准公布后，所在地县级人民政府应当组织编制历史文化名镇、名村保护规划。保护规划应当自历史文化名镇、名村批准公布之日起 1 年内编制完成。

《历史文化名城名镇名村保护条例》(2017 年修订版)第十四条规定，保护规划应当包括下列内容：①保护原则、保护内容和保护范围；②保护措施、开发强度和建设控制要求；③传统格局和历史风貌保护要求；④历史文化街区、名镇、名村的核心保护范围和建设控制地带(图 7-1-1、图 7-1-2)；⑤保护规划分期实施方案。

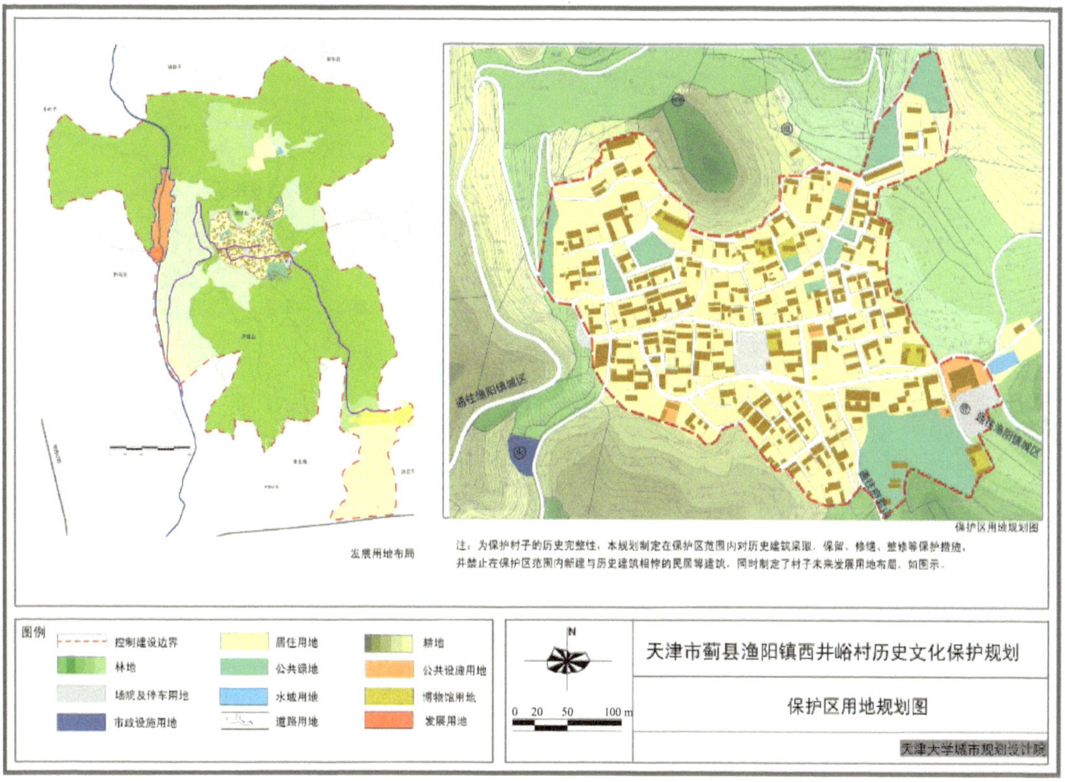

图 7-1-1 历史文化名村保护用地规划

三、保护规划的措施

历史文化名城保护规划应坚持整体保护的理念，建立历史文化名城、历史文化街区与文物保护单位三个层次的保护体系。历史文化名城、名镇、名村应当整体保护，保持传统格局、历史风貌和空间尺度，不得改变与其相互依存的自然景观和环境。历史文化名城、名镇、名村所在地县级以上地方人民政府应当根据当地经济社会发展水平，按照保护规划，控制历史文化名城、名镇、名村的人口数量，改善历史文化名城、名镇、名村的基础设施、公共服务设施

图 7-1-2　历史文化名村重点院落

和居住环境。

在历史文化名城、名镇、名村保护范围内从事建设活动，应当符合保护规划的要求，不得损害历史文化遗产的真实性和完整性，不得对其传统格局和历史风貌构成破坏性影响。在历史文化名城、名镇、名村保护范围内禁止进行下列活动：①开山、采石、开矿等破坏传统格局和历史风貌的活动；②占用保护规划确定保留的园林绿地、河湖水系、道路等；③修建生产、储存爆炸性、易燃性、放射性、毒害性、腐蚀性物品的工厂、仓库等；④在历史建筑上刻画、涂污。

在历史文化名城、名镇、名村保护范围内进行下列活动，应当保护其传统格局、历史风貌和历史建筑；制订保护方案，并依照有关法律、法规的规定办理相关手续：①改变园林绿地、河湖水系等自然状态的活动；②在核心保护范围内进行影视摄制、举办大型群众性活动；③其他影响传统格局、历史风貌或者历史建筑的活动。

历史文化街区、名镇、名村建设控制地带内的新建建筑物、构筑物，应当符合保护规划确定的建设控制要求。对历史文化街区、名镇、名村核心保护范围内的建筑物、构筑物，应当区分不同情况，采取相应措施，实行分类保护。历史文化街区、名镇、名村核心保护范围内的历史建筑，应当保持原有的高度、体量、外观形象及色彩等。

在历史文化街区、名镇、名村核心保护范围内，不得进行新建、扩建活动。但是，新建、扩建必要的基础设施和公共服务设施除外。在历史文化街区、名镇、名村核心保护范围内，新建、扩建必要的基础设施和公共服务设施的，城市、县人民政府城乡规划主管部门核发建设工程规划许可证、乡村建设规划许可证前，应当征求同级文物主管部门的意见。在历史文化街区、名镇、名村核心保护范围内，拆除历史建筑以外的建筑物、构筑物或者其他设施的，应当经城市、县人民政府规划主管部门会同同级文物主管部门批准。审批机关应当组织专家论证，并将审批事项予以公示，征求公众意见，告知利害关系人有要求举行听证的权利。公示时间不得少于20日。利害关系人要求听证的，应当在公示期间提出，审批机关应当在公示期满后及时举行听证。

城市、县人民政府应当在历史文化街区、名镇、名村核心保护范围的主要出入口设置标志牌。任何单位和个人不得擅自设置、移动、涂改或者损毁标志牌。

历史文化街区、名镇、名村核心保护范围内的消防设施、消防通道，应当按照有关的消防技术标准和规范设置。确因历史文化街区、名镇、名村的保护需要，无法按照标准和规范设置的，由城市、县人民政府公安机关消防机构会同同级城乡规划主管部门制订相应的防火安全保障方案。

城市、县人民政府应当对历史建筑设置保护标志，建立历史建筑档案。历史建筑档案应当包括下列内容：①建筑艺术特征、历史特征、建设年代及稀有程度；②建筑的有关技术资料；③建筑的使用现状和权属变化情况；④建筑的修缮、装饰装修过程中形成的文字、图纸、图片、影像等资料；⑤建筑的测绘信息记录和相关资料。

历史建筑的所有权人应当按照保护规划的要求，负责历史建筑的维护和修缮。县级以上地方人民政府可以从保护资金中对历史建筑的维护和修缮给予补助。历史建筑有损毁危险，所有权人不具备维护和修缮能力的，当地人民政府应当采取措施进行保护。任何单位或者个人不得损坏或者擅自迁移、拆除历史建筑。

建设工程选址，应当尽可能避开历史建筑；因特殊情况不能避开的，应当尽可能实施原址保护。对历史建筑实施原址保护的，建设单位应当事先确定保护措施，报城市、县人民政府城乡规划主管部门会同同级文物主管部门批准。因公共利益需要进行建设活动，对历史建筑无法实施原址保护、必须迁移异地保护或者拆除的，应当由城市、县人民政府城乡规划主管部门会同同级文物主管部门，报省、自治区、直辖市人民政府确定的保护主管部门会同同级文物主管部门批准。历史建筑原址保护、迁移、拆除所需费用，由建设单位列入建设工程预算。

对历史建筑进行外部修缮装饰、添加设施以及改变历史建筑的结构或者使用性质的，应当经城市、县人民政府城乡规划主管部门会同同级文物主管部门批准，并依照有关法律、法规的规定办理相关手续。在历史文化名城、名镇、名村保护范围内涉及文物保护的，应当执行文物保护法律、法规的规定。

四、历史文化名城

1. 一般性规划要求

历史文化名城保护的内容可以分为两大类型，即物质性要素和非物质性要素。物质性要素主要包括历史城区的传统格局、历史风貌、城址环境、与名城历史发展和文化传统形成有联系的山川形胜，其中，城址环境的保护对保存古城演化的历史信息具有重要意义；反映城市肌理和传统风貌的历史文化街区和其他历史地段；具有保护价值的各类建筑单体遗存（包括各级文物保护单位、历史建筑、传统风貌建筑等）；反映地域建成环境特征的历史环境要素(包括古井、围墙、石阶、铺地、驳岸、古树名木等)。非物质性要素包括各级非物质文化遗产,以及未列入非物质文化遗产名录的各类优秀传统文化,如地方民俗、民间工艺、节庆活动、传统风俗等。

历史文化名城保护规划必须分析城市的历史、社会、经济背景和现状,对城市的历史沿革、城址变迁、形态演变以及社会经济发展状况进行分析研究,了解名城的历史价值、科学价值、艺术价值和文化内涵,合理确定符合名城历史文化价值特色和实际保存状况的保护重点和保护措施。

历史文化名城保护规划应包括下列内容:城址环境保护;传统格局与历史风貌的保持与延续;历史地段的维修、改善与整治;文物保护单位和历史建筑的保护和修缮。

历史文化名城保护规划应划定历史城区、历史文化街区和其他历史地段、文物保护单位、历史建筑和地下文物埋藏区的保护界线,并应提出相应的规划控制和建设要求。

历史文化名城保护规划应该从城市整体的角度提出有利于名城保护的规划措施建议,包括调整历史城区的不合理功能和用地,调控历史城区的人口容量和结构,改善基础设施和提升公共服务设施水平等。同时,应针对保护的目标,制定切实可行的管理规定,并结合城市近远期规划目标和年度计划,提出保护规划的实施时序,以指导下一层次和阶段的规划编制和项目实施。

历史文化名城保护规划应对地下文物埋藏区保护界线范围内的道路交通设施建设、市政管线建设、房屋建设、绿化建设以及农业活动等提出相应的管控措施,不得危及地下文物的安全。

2. 保护界线

划定历史城区是历史文化名城保护工作的重要内容之一,历史城区是历史文化名城文化空间的集中承载地。历史城区并非完全对应于历史上的城垣范围,而是通过综合分析城市不同历史时期的空间格局,根据保护格局和延续风貌的要求划定的保护控制范围。我国古代城市的建设十分重视选址的科学性,遵循天人合一的营建理念,尊重城市与自然山水格局的和谐关系。众多历史文化名城的城址环境是城市历史文化价值与特色的重要组成部分,如四川阆中古城、江西赣州古城、陕西韩城古城等。因此,如有保护需要,可划定城市环境协调区,以体现古城独特城址环境的山川形胜与河湖水系。

历史文化名城保护规划应划定历史城区范围,可根据保护需要划定环境协调区。历史文化名城保护规划应划定历史文化街区的保护范围界线,保护范围应包括核心保护范围和建设控制地带。对未列为历史文化街区的历史地段,可参照历史文化街区的划定方法确定保护范围界线。历史文化名城保护规划中,文物保护单位保护范围和建设控制地带的界线,应以各级人民政府公布的具体界线为基本依据。历史文化名城保护规划应当划定历史建筑的保护范围界线。历史文化街区内历史建筑的保护范围应为历史建筑本身,历史文化街区外历史建筑的保护范围应包括历史建筑本身和必要的建设控制地带。当历史文化街区的保护范围与文物保护单位的保护范围和建设控制地带出现重叠时,应坚持从严保护的要求,应按更为严格的控制要求执行。

3. 格局与风貌

历史文化名城的城址环境和周边自然山水格局、人文要素是名城形成、发展演变所依赖的基础条件,是传统城市营建的重要依据,是体现名城价值与特色的重要载体,真实和完整地保护城址环境是名城保护的重要目标与内容。名城保护规划不仅应对古城城址环境的自然山水格局和人文环境要素提出保护措施，还应对可能破坏名城城址环境的人工干预活动提出具体管控要求，确保相关变化处在可控的范围之内，不损害城址环境的特征。

城址环境与自然山水格局密切相关，不仅具有独特的山水美学意境，其选址和建设过程蕴含丰富的科学价值和人文内涵。城址环境的保护应秉持整体系统的观念，重视历史上古城选址的特征，以及城址本身与外部环境的整体关系。因此历史文化名城保护规划应对体现历史城区传统格局特征的城垣轮廓、空间布局、历史轴线、街巷肌理、重要空间节点等提出保护措施，并应展现文化内在关联。

历史文化名城保护规划应运用城市设计方法，对体现历史城区历史风貌特征的整体形态以及建筑的高度、体量、风格、色彩等提出总体控制和引导要求，并应强化历史城区的风貌管理，延续历史文脉，协调景观风貌。历史文化名城保护规划应明确历史城区的建筑高度控制要求，包括历史城区建筑高度分区、重要视线通廊及视域内建筑高度控制、历史地段保护范围内的建筑高度控制等。

4. 道路交通

历史城区所形成的道路格局是其历史风貌和文化特色的重要组成部分，与城市格局密切相关。保护、延续历史道路格局是历史文化名城保护的关键措施之一。“窄路密网”是我国古代城市交通系统的普遍特征。历史城区内的街巷系统往往拥有高密度、窄路幅的特点，适于步行、自行车等慢行交通，有利于体验城市传统风貌和文化氛围，因此应重视保护有特色、有价值的街巷系统。需要对历史城区进行充分的历史调查和景观分析，对内涵丰富、特色明显、保存完整和对名城风貌特征起着重要作用的历史街道(巷)，应当最大限度地保护其原有街道尺度、断面形式、两侧建筑界面等，有条件的地区可以公布永不拓宽的街巷名录。

历史城区的交通组织应从城市整体层面进行综合考虑，以疏解为主，应避免由于将穿越性交通引入历史城区而加剧交通拥挤程度。对起讫点均在历史城区以外的穿越性交通，要尽可能从历史城区调整出去，鼓励构建环绕历史城区的外围道路交通系统，减少历史城区的通过性交通压力。历史城区内不宜新建大规模交通设施，如体量较大的道路桥梁、客货运枢纽、社会停车场、机动车加油站等，以免吸引与历史城区无关的外部交通。

历史城区应优先发展公共交通、步行和自行车交通；应选择合适的公共交通车型，提高公共交通线网的覆盖率；宜结合整体交通组织，设置自行车和行人专用道、步行区，营造人性化的交通环境。根据道路和街巷特点，灵活发展中巴、小巴等公交车型，构建公共交通系统良好的可达性，提高对历史城区内部居民出行的服务水平；研究设置自行车和行人专用道，必要时可划定步行区，不断完善人性化的交通环境。

历史城区应控制机动车停车位的供给，完善停车收费和管理制度，采取分散、多样化的停车布局方式。不宜增建大型机动车停车场。历史城区内不应新建大规模的停车场，宜采用分散、小规模、多样化的停车供给方式。结合城市更新，做好交通影响评价，利用地下空间提供停车服务；在不影响传统风貌的情况下，可合理组织路边停车，但应避免对慢行交通、公共交通造成干扰。

历史城区内的道路交叉口需要进行改造时，应以保护历史街道的原有空间特征为重，不以满足机动车交通需求为优先，原则上不得拓宽原有街道，倡导通过好的道路详细设计来改善道路交通条件。

历史城区内道路、桥梁、轨道、公交、停车场、加油站等交通设施的形式应满足历史风貌的管理要求，使其与历史城区传统风貌相协调，对现有风貌不协调的交通设施应予以整治。

5. 市政工程

完善市政设施是保持历史城区合理利用、永续发展的必要前提。提高历史城区生活环境质量及市政基础设施的现代化水平，有利于历史文化名城的保护和发展。随着社会的进步，在历史城区内生活、工作、消费的人们对市政公用服务的要求也逐步提高。若市政公用设施服务水平落后，将导致其吸引力下降或丧失活力。历史城区经历了不同时期的更新建设，市政基础设施不断完善，其中有很大一部分设施至今仍然发挥作用，有些古代营建的设施甚至成为了历史城区的文化记忆和遗存保护的重要内容。不同城市由于其城市建设规模、人口规模、设施需求和覆盖能力等不同，导致其市政基础设施规模存在差异。

历史城区内应积极改善市政基础设施，与用地布局、道路交通组织等统筹协调，并应符合下列规定：历史城区的市政基础设施规划应充分借鉴和延续传统方法和经验，充分发挥历史遗留设施的作用；对现状已存在的大型市政设施，应进行统筹优化，提出调整措施；历史城区内不应保留污水处理厂、固体废弃物处理厂（场）、区域锅炉房、高压输气与输油管线和贮气与贮油设备等环境敏感型设施；不宜保留枢纽变电站、大中型垃圾转运站、高压配气调压站、通信枢纽局等设施；历史城区内不应新设置区域性大型市政基础设施站点，直接为历史城区服务的新增市政设施站点宜布置在历史城区周边地带；有条件的历史城区应以市政集中供热为主，不具备集中供热条件的历史城区宜采用燃气、电力等清洁能源供热；当市政设施及管线布置与保护要求发生矛盾时，应在满足保护和安全要求的前提下，采取适宜的技术措施进行处理。

历史城区市政设施建设应与历史城区整体风貌相协调。对会明显造成视觉干扰和影响的市政设施，如通信、广播、电视等无线电发射接收装置的高度和外观，应提出限制性要求。历史城区市政管线布置和市政管线建设应结合用地布局、道路条件、现状管网情况以及市政需求预测结果确定，并应符合下列规定：应根据居民基本生活需求，合理确定市政管线建设的优先次序；应因地制宜确定排水体制，在有条件的地区推广雨水低影响开发建设模式；管线宜采取地下敷设的方式，当受条件限制需要采用架空或沿墙敷设的方式时，应进行隐蔽和美化处理；当在狭窄地段所敷设管线无法满足国家现行相关标准的安全间距要求时，可采用新技术、新材料、新工艺，以满足管线安全运营管理的要求。

防灾和环境保护工程设施应考虑与历史环境的协调，尽量隐蔽处理；不能隐蔽处理的，应通过外观设计尽量减少对历史风貌的影响和破坏。历史城区必须健全防灾安全体系，实行预防为主、预防与应急相结合的防灾方针，健全防火、防灾安全体系。历史城区的消防组织，可采用消防站与社区消防组织相结合的二级结构方式，社区消防组织主要负责小型火灾及初期火灾的灭火任务。新建或改建的防火、防灾设施在符合相关技术规定的同时，应充分考虑历史城区内景观保护的要求。有条件时，可借鉴和采用一些传统的防火设施和措施。

历史城区内建筑密集，传统建筑多为砖木结构，因此其内不得设置生产、贮存易燃易爆、有毒有害危险物品的工厂和仓库。环境污染特别是有害气体、化学物质、粉尘等污染源，会对文物古迹造成侵蚀和损害的，应制定消除各类污染源的分期实施规划，提出监测、治理以及迁出等措施。历史城区内应重点发展与历史文化名城相匹配的相关产业，不得保留或设置二、三类工业用地，不宜保留或设置一类工业用地。当历史城区外的污染源对历史城区造成大气、水体、噪声等污染时，应提出治理、调整、搬迁等要求。

历史城区防洪堤坝工程设施应与自然环境、历史环境相协调，保持滨水特色。对历史留存下的防洪构筑物、码头等应提出保护与利用措施。历史城区城市竖向规划、防洪规划应相协调。根据地形和排水条件，对汇水分区进行合理划分和调整，尽量避免或减少周边区域的雨水汇入历史城区。历史城区内的内涝防治原则上应以采用源头控制的方式为主，同步完善提升排水管渠、排涝除险设施的建设标准，并制定应急预案等管理措施，提高历史城区内涝防治水平。

五、历史文化街区

1. 一般性规划要求

历史文化街区是名城价值的重要载体，是城市整体历史风貌特色的集中体现，保护历史文化街区的目的是为了在整体上保持和延续名城特色与风貌。因此，历史文化街区应有比较完整的历史风貌，面积不宜过小，具体地说历史文化街区应具备下列条件：应有比较完整的历史风貌；构成历史风貌的历史建筑和历史环境要素应是历史存留的原物；历史文化街区核心保护范围面积不应小于 1 hm^2；历史文化街区核心保护范围内的文物保护单位、历史建筑、传统风貌建筑的总用地面积不应小于核心保护范围内建筑总用地面积的 60%。

历史风貌、肌理、尺度和景观的完整保护与延续是历史文化街区保护规划的重要目标，规划应针对街区的特征确定相应的保护目标和原则，对反映街区价值特色的整体风貌、街巷肌理、空间尺度、景观环境、历史要素等对象应制定相应的保护要求和措施，予以重点保护。

历史文化街区保护规划应达到详细规划的深度要求，并可作为街区的控制性详细规划。历史文化街区的保护范围包括核心保护范围和建设控制地带。两者在保护控制目标上有所不同，前者主要保护真实和完整的历史风貌，后者是为了在核心保护范围与新的建设地区之间，形成景观和风貌必要的缓冲与过渡区。历史文化街区保护规划应对保护范围内的建筑物、构筑物提出分类保护与整治要求。对核心保护范围应提出建筑的高度、体量、风格、色彩、材质等具体控制要求和措施，并应保护历史风貌特征。建设控制地带应与核心保护范围的风貌协调，至少应提出建筑高度、体量、色彩等控制要求，根据实际需要再增加其他的控制要求。

历史文化街区增建设施的外观、绿化景观应符合历史风貌的保护要求。历史文化街区内增设的广告招牌、指示牌、路灯、公用电话、消防栓、果皮箱、太阳能热水器、空调外挂机、充电桩等，其外观设计应在尺度、形式、色彩、材质、风格等方面与历史文化街区的风貌相协调，宜采取隐蔽化设计。街区内的绿化布局、植物配置等应符合地方传统，慎用外来植物，避免景观设计的风格与历史风貌不相协调。

历史文化街区是活态遗产，是城市中具有历史文化特色的功能片区，也是城市居民生活的有机组成部分。因此，历史文化街区保护规划应包括改善居民生活环境、保持街区活力、延续传统文化的内容。过去一个时期，我国部分历史城市的建设重点集中在城市新区，导致位于老城的历史文化街区在基础设施和公共服务的建设维护方面投入不足，历史文化街区内居民的生活质量有待提高，因此，历史文化街区保护规划的一项重要工作就是完善基础设施和公共服务设施，提高城市环境品质，保持和提升街区活力，使历史文化街区的保护发展能够具有可持续性。提升历史文化街区的活力，应避免过度商业化的开发。

2. 保护界线

历史文化街区的保护界线是街区保护与管理的重要依据，分为核心保护范围和建设控制地带，核心保护范围的划定既要保证街区遗产的真实性和完整性，把真实的集中成片的传统建筑区域、重要的历史环境纳入其中，考虑视觉景观的完整性，也应充分考虑管理需求，尽可能与现状用地边界、街道、广场、河流等边界吻合。历史文化街区核心保护范围界线的划定和确切定位应符合下列规定：应保持重要眺望点视线所及范围的建筑物外观界面及相应建筑物的用地边界完整；应保持现状用地边界完整；应保持构成历史风貌的自然景观边界完整。

为保证历史文化街区风貌的完整保护以及与现代建设地区之间的缓冲，街区核心保护范围外还应划出一定范围的建设控制地带。历史文化街区建设控制地带界线的划定和确切定位应符合下列规定：应以重要眺望点视线所及范围的建筑外观界面相应的建筑用地边界为界线；应将构成历史风貌的自然景观纳入，并应保持视觉景观的完整性；应将影响核心保护范围风貌的区域纳入，宜兼顾行政区划管理的边界。此外，文物保护单位的保护范围和建设控制地带应按照《中华人民共和国文物保护法》的相关规定执行。历史文化街区保护规划应以各级人民政府公布的文物保护单位的保护范围和建设控制地带为依据，对文物保护单位的保护区划进行落实。

3. 保护与整治

对历史文化街区内需要保护的对象进行调查统计和分类是保护规划的基础性工作。规划应对历史文化街区内需要保护的建筑物、构筑物的位置信息、建造年代、结构材料、建筑层数、历史使用功能、现状使用功能、建筑面积、用地面积进行逐项调查统计。

历史文化街区内的建筑物、构筑物的保护与整治方式应符合表 7-1-1 的规定。

表 7-1-1　历史文化街区保护与整治

分类	文物保护单位	传统风貌建筑	其他建筑物、构筑物	
			与历史风貌无冲突的其他建筑物、构筑物	与历史风貌有冲突的其他建筑物、构筑物
保护与整治方式	修缮 维修 改善	维修 改善	保留 维修 改善	整治 （拆除重建、拆除不建）

对历史文化街区内风貌不协调的建筑物、构筑物进行整治，必要时可以拆除。拆除可分为拆除重建和拆除不建两类。拆除重建时，新的建设必须与传统风貌相协调，采用传统建筑样式是协调的一种手段。在一些特定环境中也可采用得体的现代建筑形式实现协调，但需充分研究与论证。拆除不建时，应开辟为公共绿地、室外健身场所、小型广场等空间，多增加公共开放空间，提高街区的公共环境品质和设施水平，促进历史文化街区的人口和功能疏解。需要注意的是，公共空间的建设应当遵循传统设计手法，确保历史文脉的延续。

历史环境要素是街区历史风貌的有机组成部分，街区保护规划中应采取有力措施，对构成历史风貌的环境要素予以最大限度的保护。在充分研究史料、测绘、照片等资料的基础上，应根据不同类型的历史环境要素，采取不同的保护措施。应使用原材料、原工艺对构筑物、景观设施等进行有效的修缮和维护，最大限度地保护和展示街区真实丰富的历史信息。

4. 道路交通

宜在历史文化街区以外更大的空间范围内统筹交通设施的布局,历史文化街区内不应设置高架道路、立交桥、高架轨道、客货运枢纽、大型停车场、大型广场、加油站等交通设施。高架道路、立交桥、高架轨道、客货运枢纽、大型停车场和广场等交通设施对历史文化街区保护的负面影响十分严重。城市地下轨道交通建设会对地面建筑遗存造成安全隐患,地下轨道交通选线确实存在选线困难的,也应避让历史文化街区的核心保护范围,并进行充分论证,采取必要的工程措施,确保历史文化街区和各类文化遗存得到保护。

通常历史文化街区内部和外围的街道较为狭窄,出于对传统风貌和格局的保护,机动车交通尤其是穿越性交通要严格限制。历史文化街区宜采用宁静化的交通设计,可结合保护的需要,划定机动车禁行区。历史文化街区的道路交通规划应积极探索多种方式来解决居民出行和车辆停放等问题,机动车交通、车辆停放、交通换乘点等可在历史文化街区以外解决和疏散,不进入历史文化街区内部。

历史文化街区的道路交通组织,应系统设计,宜有利于历史文化氛围的体验。历史文化街区应优化步行和自行车交通环境,提高公共交通出行的可达性。历史文化街区内的原有道路,往往包含城市历史演化和传统工程技术等历史信息,新的道路设计应做好整理、挖掘和继承工作。消防通道的设计也应充分考虑保护的要求。历史街巷的路面材料和铺装铺砌方式对街道景观特征有着很大的影响,应在充分研究的基础上,尽量采用地方传统的街道路面材料及铺砌方式。至今仍保留着传统式样的路面应加强维护,路面已遭破坏的应尽量采用传统路面材料、传统样式和传统工艺加以修复。历史文化街区内的街巷名称和其他地名,记载着街巷形成时期和演进过程中的历史信息,应加以继承和保护。

5. 市政工程

大型市政基础设施应设置在历史文化街区外围。开闭所、配电所、电信模块局、邮政所、燃气中低压调压站、小型垃圾转运站、公厕等该区域必需的小型市政设施,特别是室外的电力电信设施,应加以隐蔽化处理,外观与历史文化街区的历史风貌相协调。

历史文化街区应因地制宜确定排水体制,完善排水设施和污水截流设施,粪便污水应经化粪池处理后排放。历史文化街区的排水体制应当根据实际条件选择合理方案,有条件的地方鼓励采用雨污分流排水体制。在路面狭小的街巷,可采用分流制与合流制并存的排水体制。在具备自流条件排出雨水的路段,宜采用地面径流排水或边沟排水的方式排出雨水。

工程管线种类和敷设方式应根据需求及道路宽度、管线尺寸等因素综合确定,并应符合下列规定:市政工程管线应以地下敷设方式为主,各种工程管线不宜在垂直方向上重叠直埋敷设;排水管道宜选用强度高、接口可靠、便于在狭窄场地施工的管材;当历史文化街区的街巷宽度受到限制以及不符合管线安全防护要求时,不应新建高压、次高压燃气管线;热力管线宜采用直埋敷设,建筑改造应预留出热力管线走廊;电力、通信管线宜采用地下敷设方式,因条件限制可采用架空或沿墙敷设方式,并应进行隐蔽化处理。城市工程管线采用地下敷设的方式安全性相对较高,但是当管线的敷设受历史文化街区街巷宽度的影响以及其他制约条件的限制,无法满足最小净距要求的情况下,应采取增加管材强度、加设保护套管、适当安装截断闸阀及加强管理等措施。在有条件的街巷,宜采用综合管廊、管沟的方式敷设工程管线。

6. 防灾和环境保护

历史文化街区宜设置专职消防场站，并应配备小型、适用的消防设施和装备，建立社区消防机制。在不能满足消防通道及消防给水管径要求的街巷内，应设置水池、水缸、沙池、灭火器及消火栓箱等小型、简易消防设施及装备。在历史文化街区外围宜设置环通的消防通道。

第二节　自然保护地规划

一、自然保护地定义

自然保护地是由各级政府依法划定或确认，对重要的自然生态系统、自然遗迹、自然景观及其所承载的自然资源、生态功能和文化价值实施长期保护的陆域或海域。它是生态建设的核心载体、中华民族的宝贵财富、美丽中国的重要象征，在维护国家生态安全中居于首要地位。

二、自然保护地类型

截至 2017 年年底，我国各类自然保护地总数达 11 412 处，其中国家级 3 922 处。各类陆域自然保护地总面积约占陆地国土面积的 18%，已超过世界 14%的平均水平。其中自然保护区面积约占陆地国土面积的 14.8%，占所有自然保护地总面积的 80%以上，风景名胜区和森林公园约占 3.8%，其他类型的自然保护地面积所占比例相对较小(表 7-2-1)。

我国经过 60 多年的努力，已建立数量众多、类型丰富、功能多样的各级各类自然保护地，在保护生物多样性、保存自然遗产、改善生态环境质量和维护国家生态安全方面发挥了重要作用，但仍然存在重叠设置、多头管理、边界不清、权责不明、保护与发展矛盾突出等问题。

表 7-2-1　自然保护地类型

类型	数量/处	国家级数量	主管部门
自然保护区	2 740	446	国家林业局、国家环保部、国家农业部、国家海洋局、国家水利部
风景名胜区	962	244	城乡建设部
森林公园	3 234	826	国家林业局
地质公园	241	241	国土资源部
水产种质资源保护区	487	487	农业部
湿地公园	979	705	国家林业局
海洋公园	30	30	国家海洋局
海洋特别保护区	26	26	国家海洋局
沙漠公园	55	55	国家林业局

（续表）

类型	数量/处	国家级数量	主管部门
沙漠土地封禁保护区	61	61	国家林业局
矿山公园	72	72	国土资源部
水利风景区	2 500	719	国家水利部
国家公园（试点）	25	10	相关部委、省级人民政府

注：此外，我国还建立了 7 000 多处旅游景区（含 5A 级景区 213 处）。

三、“国家公园—自然保护区—自然公园”体系格局

国家公园是最高等级、最高价值的保护地，相当于保护地中的“5A”，不是所有自然保护区都可以成为国家公园。

以往地质公园、湿地公园、森林公园甚至风景名胜区等保护地，不会被撤销或全部改制成国家公园、自然保护区，而会在科学保护、适度发展的前提下保留。

国家公园、自然保护区、自然公园将会有不同的保护要求，而且不允许交叉，这预示着各类保护区的范围将会迎来大调整。毕竟，如今某些镇区甚至县城都在保护区内、某些自然公园和保护区的范围交叉等，这些在未来都将不再被允许。未来很可能会出现这种情况：某些高等级自然保护区将重新划分范围，切割为若干非保护地的集镇村落（允许开发）、大面积的国家公园（不允许开发）、小面积的自然公园（适度发展）。这样一来，以往有些保护区因为某些原因“过度扩容”，导致合理的开发也被禁止，或者开展的活动实际上违反了保护要求但很难控制。在新的体系下，保护地范围的重新梳理也将避免这种因体系不清晰、缺乏统筹而带来的失控。

四、建立自然保护地体系的目标和原则

1. 总体目标

建成中国特色的以国家公园为主体的自然保护地体系，推动各类自然保护地科学设置，建立自然生态系统保护的新体制、新机制、新模式，建设健康、稳定、高效的自然生态系统，为维护国家生态安全和实现经济社会可持续发展筑牢基石，为建设富强、民主、文明、和谐、美丽的社会主义现代化强国奠定生态根基。

自然保护地体系分三个阶段的目标：到 2020 年，完成国家公园体制试点，构建统一的自然保护地分类分级管理体制。到 2025 年，健全国家公园体制，初步建成以国家公园为主体的自然保护地体系。到 2035 年，规模和管理达到世界先进水平，全面建成中国特色自然保护地体系。

2. 基本原则

（1）坚持严格保护，世代传承。牢固树立尊重自然、顺应自然、保护自然的生态文明理念，把应该保护的地方都保护起来，做到应保尽保，让当代人享受到大自然的馈赠和天蓝地绿水净、鸟语花香的美好家园，给子孙后代留下宝贵的自然遗产。

（2）坚持依法确权，分级管理。按照山水林田湖草是一个生命共同体的理念，改革以部门设置、以资源分类、以行政区划分设的旧体制，整合优化现有各类自然保护地，构建新型分

类体系，实施自然保护地统一设置，分级管理、分区管控，实现依法有效保护。

(3)坚持生态为民，科学利用。践行绿水青山就是金山银山理念，探索自然保护和资源利用新模式，发展以生态产业化和产业生态化为主体的生态经济体系，不断满足人民群众对优美生态环境、优良生态产品、优质生态服务的需要。

(4)坚持政府主导，多方参与。突出自然保护地体系建设的社会公益性，发挥政府在自然保护地规划、建设、管理、监督、保护和投入等方面的主体作用。建立健全政府、企业、社会组织和公众参与自然保护的长效机制。

(5)坚持中国特色，国际接轨。立足国情，继承和发扬我国自然保护的探索和创新成果。借鉴国际经验，注重与国际自然保护体系对接，积极参与全球生态治理，共谋全球生态文明建设。

五、建立自然保护地体系的总体要求

1. 构建科学合理的自然保护地体系

(1) 明确自然保护地功能定位

自然保护地是由各级政府依法划定或确认，对重要的自然生态系统、自然遗迹、自然景观及其所承载的自然资源、生态功能和文化价值实施长期保护的陆域或海域。建立自然保护地的目的是守护自然生态，保育自然资源，保护生物多样性与地质地貌景观多样性，维护自然生态系统健康稳定，提高生态系统服务功能；服务社会，为人民提供优质的生态产品，为全社会提供科研、教育、体验、游憩等公共服务；维持人与自然和谐共生并永续发展。要将生态功能重要、生态环境敏感脆弱以及其他有必要严格保护的各类自然保护地纳入生态保护红线管控范围。

(2) 科学划定自然保护地类型

按照自然生态系统原真性、整体性、系统性及其内在规律，依据管理目标与效能并借鉴国际经验，将自然保护地按生态价值和保护强度高低依次分为 3 类。

国家公园：是指以保护具有国家代表性的自然生态系统为主要目的，实现自然资源科学保护和合理利用的特定陆域或海域，是我国自然生态系统中最重要、自然景观最独特、自然遗产最精华、生物多样性最富集的部分，保护范围大，生态过程完整，具有全球价值、国家象征，国民认同度高。

自然保护区：是指保护典型的自然生态系统、珍稀濒危野生动植物的天然集中分布区、有特殊意义的自然遗迹的区域。具有较大面积，确保主要保护对象的安全，维持和恢复珍稀濒危野生动植物种群数量及其赖以生存的栖息环境。

自然公园：是指保护重要的自然生态系统、自然遗迹和自然景观，具有生态、观赏、文化和科学价值，可持续利用的区域。确保森林、海洋、湿地、水域、冰川、草原、生物等珍贵自然资源，以及所承载的景观、地质地貌和文化多样性得到有效保护。包括森林公园、地质公园、海洋公园、湿地公园等各类自然公园。

(3) 确立国家公园主体地位

确立国家公园在维护国家生态安全关键区域中的首要地位，确保国家公园在保护最珍贵、最重要生物多样性集中分布区中的主导地位，确定国家公园保护价值和生态功能在全国自然保护地体系中的主体地位。

(4) 编制自然保护地规划

落实国家发展规划提出的国土空间开发保护要求，依据国土空间规划，编制自然保护地规划，明确自然保护地发展目标、规模和划定区域，将生态功能重要、生态系统脆弱、自然生态保护空缺的区域规划为重要的自然生态空间，纳入自然保护地体系。

(5) 整合交叉重叠的自然保护地

以保持生态系统完整性为原则，将符合条件的优先整合设立国家公园，其他各类自然保护地按照同级别保护强度优先、低级别服从高级别的原则进行整合。

(6) 归并优化相邻自然保护地

对同一自然地理单元内相邻、相连的各类自然保护地，按照自然生态系统完整、物种栖息地连通、保护管理统一的原则进行合并重组，实现对自然生态系统的整体保护。

2. 建立统一规范高效的管理体制

(1) 统一管理自然保护地

建立统一调查监测体系，建设智慧自然保护地，制定以生态资产和生态服务价值为核心的考核评估指标体系和办法。各地区各部门不得自行设立新的自然保护地类型。

(2) 分级行使自然保护地管理职责

按照生态系统重要程度，将国家公园等自然保护地分为中央直接管理、中央地方共同管理和地方管理 3 类，实行分级设立、分级管理。

(3) 合理调整自然保护地范围并勘界立标

制定自然保护地边界勘定方案、确认程序和标识系统，开展自然保护地勘界定标并建立矢量数据库，与生态保护红线衔接，在重要地段、重要部位设立界桩和标识牌。

(4) 推进自然资源资产确权登记

进一步完善自然资源统一确权登记办法，划清各类自然资源资产所有权、使用权的边界，明确各类自然资源资产的种类、面积和权属性质，逐步落实自然保护地内全民所有自然资源资产代行主体与权利内容，非全民所有自然资源资产实行协议管理。

(5) 实行自然保护地差别化管控

根据各类自然保护地功能定位，既严格保护又便于基层操作，合理分区，实行差别化管控。国家公园和自然保护区实行分区管控，原则上核心保护区内禁止人为活动，一般控制区内限制人为活动。自然公园原则上按一般控制区管理，限制人为活动。

3. 创新自然保护地建设发展机制

加强自然保护地建设。以自然恢复为主，辅以必要的人工措施，分区分类开展受损自然生态系统修复。建设生态廊道，开展重要栖息地恢复和废弃地修复。

分类有序解决历史遗留问题。对自然保护地进行科学评估，将保护价值低的建制城镇、村屯或人口密集区域、社区民生设施等调整出自然保护地范围。

按照标准科学评估自然资源资产价值和资源利用的生态风险，明确自然保护地内自然资源利用方式，规范利用行为，全面实行自然资源有偿使用制度。

建立自然保护地的全民共享机制。在保护的前提下，在自然保护地控制区内划定适当区域开展生态教育、自然体验、生态旅游等活动，构建高品质、多样化的生态产品体系。

4. 加强自然保护地生态环境监督考核

实行最严格的生态环境保护制度，强化自然保护地监测、评估、考核、执法、监督等，形成一整套体系完善、监管有力的监督管理制度。

（1）建立监测体系

建立国家公园等自然保护地生态环境监测制度，制定相关技术标准，建设各类各级自然保护地“天空地一体化”监测网络体系，充分发挥地面生态系统、环境、气象、水文水资源、水土保持、海洋等监测站点和卫星遥感的作用，开展生态环境监测。

（2）加强评估考核

组织对自然保护地管理进行科学评估，及时掌握各类自然保护地管理和保护成效情况，发布评估结果。适时引入第三方评估制度。

（3）严格执法监督

制定自然保护地生态环境监督办法，建立包括相关部门在内的统一执法机制，在自然保护地范围内实行生态环境保护综合执法，制定自然保护地生态环境保护综合执法指导意见。

六、自然保护地十处试点概述

自十八届三中全会提出“建立国家公园体制”，我国相继启动了若干国家公园体制试点。截至目前，全国共有 10 处国家公园体制试点，涉及青海、吉林、黑龙江、四川、陕西、甘肃、湖北、福建、浙江、湖南、云南、海南 12 个省，总面积约 22 万 km^2。

“国家公园体制试点，关键在于试‘体制’，将创新体制和完善机制放在优先位置。”国家林业和草原局国家公园管理办公室副主任唐小平介绍了自 2018 年机构改革以来，国家公园体制试点工作情况。

初步探索管理体制改革。2018 年机构改革后，明确组建国家林业和草原局，加挂国家公园管理局牌子，统一管理国家公园等各类自然保护地，标志着自然保护地领域多头管理的问题得到解决。东北虎豹、祁连山、大熊猫国家公园管理局纷纷成立，实现了跨省区的统一管理，同时与有关省分别成立了协调工作领导小组，共同推进试点工作。青海省、海南省均成立了省级直属的国家公园管理局，统一行使其国家公园范围内的管理事权，明确了主体责任。其他各国家公园体制试点区也分别成立了专门的管理机构。

持续加大生态保护力度。东北虎豹国家公园将珲春、汪清、老爷岭等多个自然保护区连成一个大区域，自然保护地破碎化问题得到较好解决，自然生态系统原真性和完整性进一步提升，野生动物数量稳步增长。祁连山、东北虎豹、三江源、神农架、钱江源等试点区初步搭建了自然资源监测平台，为实现国家公园立体化自然资源及生态环境监管格局打下了基础。国家公园试点区分别启动了林（参）地清收还林、生态廊道建设、外来物种清除、茶山专项整治、裸露山体生态治理等工作。

不断强化基础工作。稳步推进各试点区总体规划和专项规划编制，抓紧制定国家公园标准体系、管理办法等。协调相关部委，推动落实国家公园体制建设资金保障，探索构建财政投入为主、社会投入为辅的资金保障机制。构建支撑体系、加强宣传交流，成立国家公园监测评估研究中心和国家规划研究中心，主办国家公园国际研讨会及国际高端论坛，积极传播国家公园理念。各试点区积极探索社区参与共建共享的保护模式，三江源、神农架、普达措、南山等国家公园设置了生态公益管护岗位，优先吸纳生态移民和当地社区居民参与国家公园保护，社会参与更加广泛，公众影响迅速提升。

中共中央办公厅、国务院办公厅印发了《关于建立以国家公园为主体的自然保护地体系的指导意见》，明确了“建成中国特色的以国家公园为主体的自然保护地体系，建立自然生态系统保护的新体制新机制新模式”的战略目标，特别是进一步明确了国家公园的功能定位、主体地位的内涵和实现路径。

对于国家公园在自然保护地体系中的地位和作用，国家公园的主体地位和功能作用主要体现在质量和价值上，而不是简单的数量规模上。首先，国家公园代表性更强。国家公园以保护具有国家代表性的自然生态系统为目标，是我国自然生态系统中最重要、自然景观最独特、自然遗产最精华、生物多样性最富聚的区域，其保护范围大，生态过程完整，具有全球价值和国家象征，国民认同度高。二是国家公园生态区位最为关键。国家公园将在维护国家生态安全关键区域中居于首要地位，在保护最珍贵、最重要生物多样性集中分布区中居于主导地位，在自然保护地体系的生态功能中居于主体地位。第三，国家公园保护管理最严格。国家公园设立核心保护区和一般管控区两个分区，原则上核心保护区禁止人为活动，一般控制区内限制人为活动。第四，国家公园管理事权最高。国家公园属于国家事权，全部由国家批准设立，中央直接管理、中央与省级政府共同管理，或委托省级政府管理，国家公园建立后不再保留相同区域的其他保护地类型。

下一步，国家林业和草原局将持续推动顶层设计，加快国家公园立法进程，明确国家公园设立标准和程序要求，构建并完善国家公园标准规范体系，推动各类自然保护地整合，符合条件的区域优先设立国家公园。同时，加强体制试点指导，加快推进东北虎豹、祁连山、大熊猫等国家公园总体规划、专项规划的审核、报批，持续加强与各部委的沟通联系，积极争取政策及资金方面的支持。着力开展试点评估，制定《国家公园体制试点评估方案》，组织开展第三方评估。针对各国家公园试点区的矿权退出、生态搬迁、资金使用、项目建设等问题开展督查督导。研究在保护的基础上发挥国家公园科研、教育、游憩、社区发展等功能，处理好保护和发展的关系。

第三节　居住区规划

一、居住区规划的实践及理论发展

1. 邻里单位

1929 年美国社会学家克莱伦斯·佩里首先提出邻里单位(neighbourhood unit)理论，该理论为适应现代城市因机动交通发展而带来的规划结构的变化，改变过去住宅区结构从属于道路划分为方格状而提出的。20 世纪 20 年代，欧美各国城市道路上机动交通日益增长，引发车祸经常发生，严重威胁穿越街道的老弱及儿童的生命安全，以及交叉口过多和住宅朝向不好等问题，引发需要在较大范围内统一规划居住区，使每一个“邻里单位”成为组成居住的“细胞”，并把居住区的安静、朝向、卫生和安全置于重要位置。

邻里单位(图 7-3-1)，以控制居住区内部车辆交通、保障居民的安全和环境安宁为出发点，试图以邻里单位为组织居住区的基本形式和构成城市的“细胞”，从而改变城市中原有居住区组织形式的缺陷。为此他提出了邻里单位的六条原则：(1) 规模，一个居住单位的开发应当提供满足一所小学的服务人口所需要的住房，使小学生不必穿过城市道路，一般邻里单位的规模是 5 000 人左右，规模小的邻里单位 3 000～4 000 人，需要注意的是它的实际面积则由它的人口密度所决定。(2) 边界，邻里单位应当以城市的主要交通干道为边界，这些道路应当足够宽，以满足交通通行的需要，避免汽车从居住单位内穿越。(3) 开放空间，应当提供小公园和娱乐空间的系统，它们被计划用来满足特定邻里的需要。(4) 机构用地，学校和其他机构的服务范围应当对应于邻里单位的界限，它们应该适当地围绕着一个中心或公地进行成组布置。(5) 地方商业，与服务人口相适应的一个或更多的商业区应当布置在邻里单位的周边，最好是处于交通的交叉处或与邻近相邻邻里的商业设施共同组成商业区。(6) 内部道路系统，邻里单位应当提供特别的街道系统，每一条道路都要与它可能承载的交通量相适应，整个街道网要设计得便于单位内运行的同时又能阻止过境交通的使用，一般应采用尽端式道路，以保持内部的安全和安静。

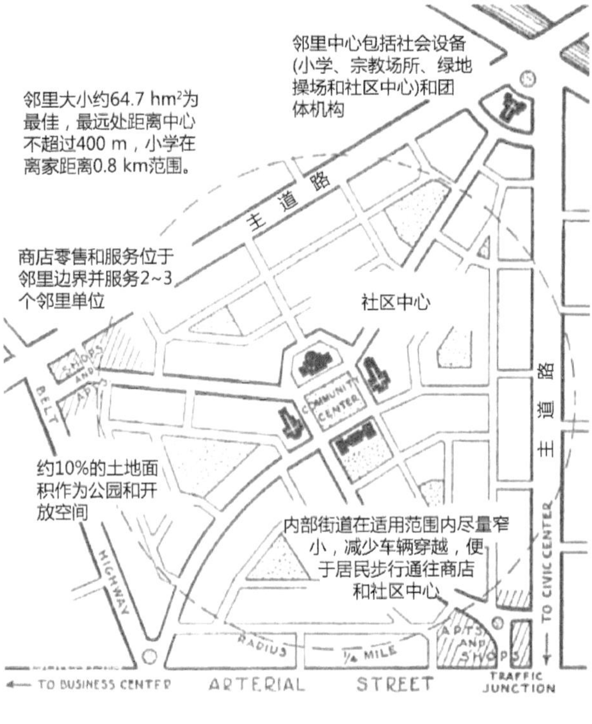

图 7-3-1　邻里单位

因 20 世纪 30 年代的美国经济大萧条，邻里单位理论没有实现。而第二次世界大战后，西方各国住房奇缺，邻里单位理论在英国和瑞典等国的新城建设中得到广泛应用。

2. 居住小区理论

面对相似的社会问题，同时期的英国也进行了积极的探索。伦敦警察 Tripp 为解决伦敦交通拥挤问题而提出“划区”的理论，即在城市中开辟城市干路用以疏通交通，并把城市划分为大街坊的做法。苏联在 Tripp 的基础上，提出了扩大街坊的居住区规划原则，与邻里单位十分相似，只是在住宅的布局上更强调周边式布置。新中国成立后，我国在规划理论体系方面积极学习苏联。20 世纪 50 年代初，北京百万庄居住小区(图 7-3-2)采用了苏联的周边式住宅布局形式。很快发现该方式存在日照通风死角、过于形式化、不利于利用地形等问题，在此后的居住区规划中没有继续采用。

居住小区的基本特征为：①以城市道路或自然界限（如河流）划分，不为城市交通干路所穿越的完整地段；②内部有一套完善的居民日常使用的配套设施；③小区规模与配套设施相对应，一般以小学的最小规模对应的小区人口规模的下限，以公共服务设施的最大服务半径作为控制用地规模上限的依据。随着住宅建设的规模越来越大，小区的概念也随之发展，继而出现了居住区的概念。在居住区规划和建设实践中，逐步形成了居住区—小区—组团的城市居住区组织形式，随着国土空间规划改革的推进，居住区规划有了新的发展。

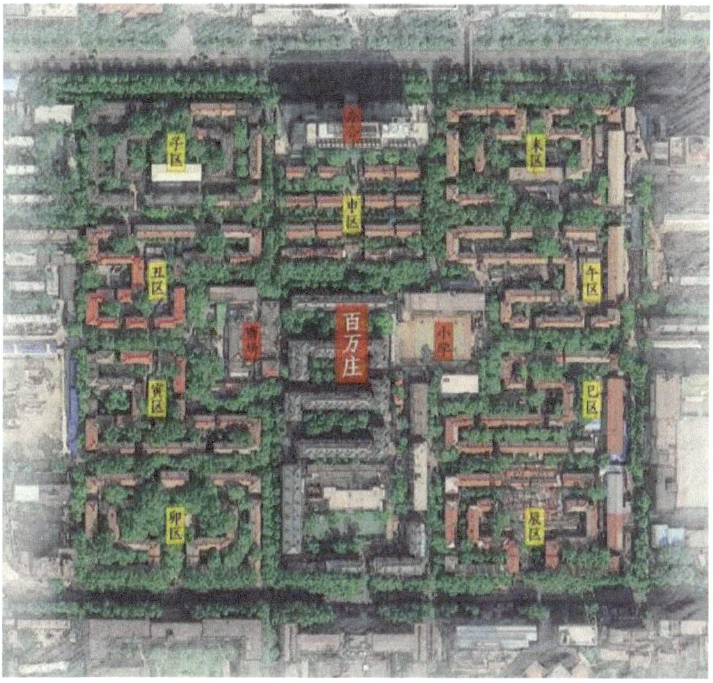

图 7-3-2　百万庄居住小区

二、居住区规划的基本要求

1. 基本概念

城市居住区，简称居住区，是指城市中住宅建筑相对集中布局的地区。2018 年《居住区规划设计标准》规定以时间可达性作为居住区配套设施规划的主要衡量标准之一。

15 分钟生活圈居住区（图 7-3-3），以居民步行 15 分钟可满足其物质与生活文化需求为原则划分的居住区范围；一般由城市干路或用地边界线所围合，居住人口规模为 50 000～100 000 人（约 17 000～32 000 套住宅），配套设施完善。

10 分钟生活圈居住区（图 7-3-4），以居民步行 10 分钟可满足其基本物质与生活文化需求为原则划分的居住区范围；一般由城市干路、支路或用地边界线所围合，居住人口规模为 15 000～25 000 人（约 5 000～8 000 套住宅），配套设施齐全。

图 7-3-3　15 分钟生活圈居住区

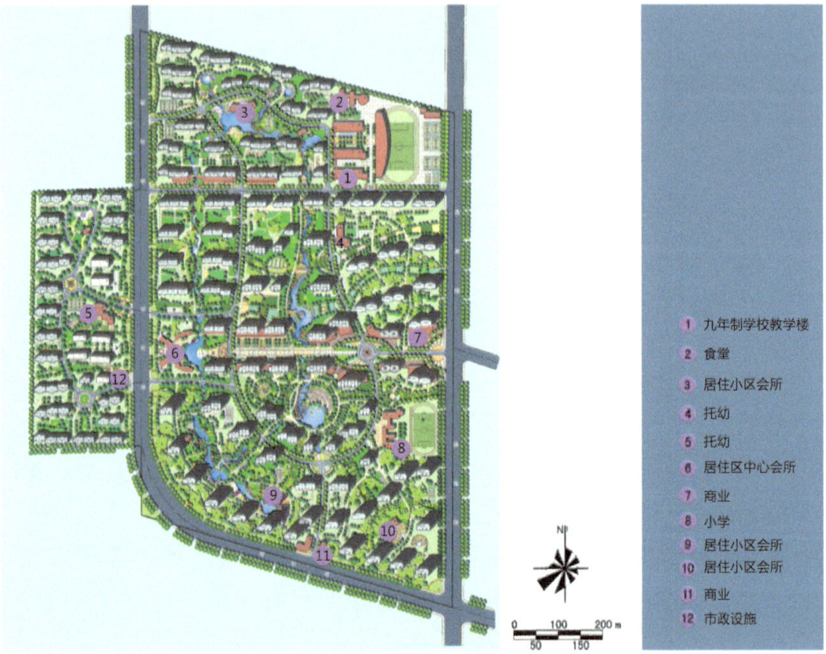

项目时间：2006年
项目地点：烟台市莱山区
项目规模：65.38 hm²

图 7-3-4　10 分钟生活圈居住区

5 分钟生活圈居住区(图 7-3-5),以居民步行 5 分钟可满足其基本生活需求为原则划分的居住区范围;一般由支路及以上级城市道路或用地边界线所围合,居住人口规模为5 000～12 000人(约 1 500～4 000 套住宅),配建有社区服务设施。

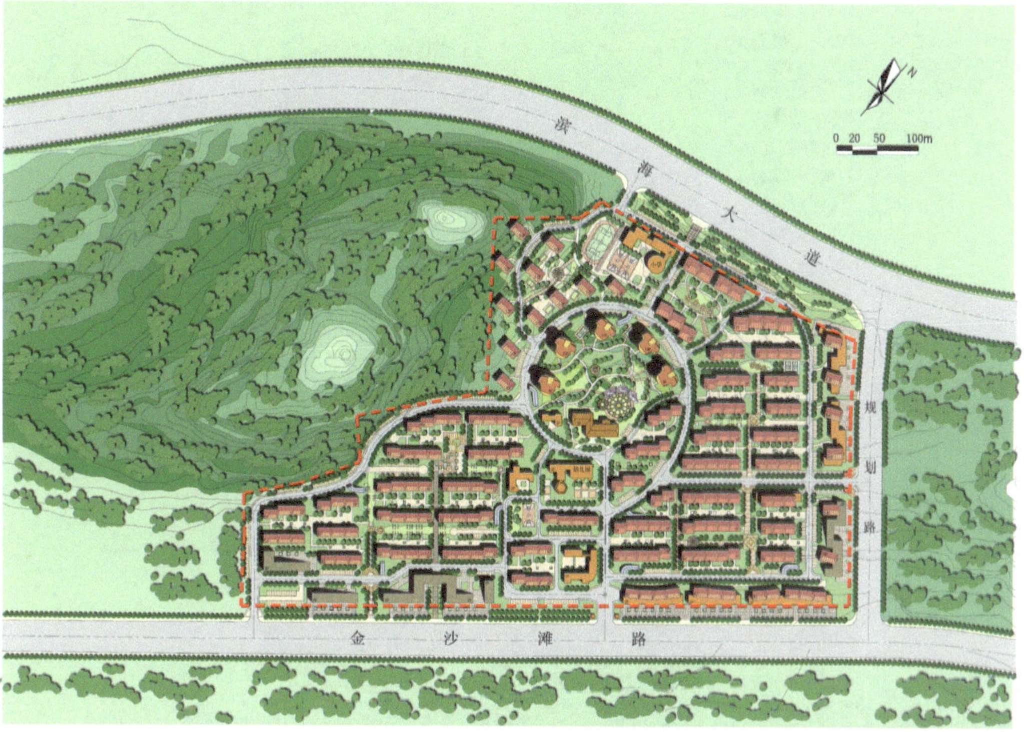

图 7-3-5　5 分钟生活圈居住区

居住街坊(图 7-3-6),由支路等城市道路或用地边界线围合的住宅用地,是住宅建筑组合形成的居住基本单元;居住人口规模在 1 000～3 000 人(约 300～1 000 套住宅,用地面积 2～4 hm^2),并配建有便民服务设施。

配套设施,对应居住区分级配套规划建设,并与居住人口规模或住宅建筑面积规模相匹配的生活服务设施;主要包括基层公共管理与公共服务设施、商业服务业设施、市政公用设施、交通场站及社区服务设施、便民服务设施。

社区服务设施,5 分钟生活圈居住区内,对应居住人口规模配套建设的生活服务设施,主要包括托幼、社区服务及文体活动、卫生服务、养老助残、商业服务等设施。

便民服务设施,居住街坊内住宅建筑配套建设的基本生活服务设施,主要包括物业管理、便利店、活动场地、生活垃圾收集点、停车场(库)等设施。

2. 规划基本要求

居住区规划设计应坚持以人为本的基本原则,遵循适用、经济、绿色、美观的建筑方针。居住区的规划设计及相关建设行为,应符合城市总体规划,并应遵循相关专项规划和控制性详细规划的有关控制要求。居住区规划建设是在一定的规划用地范围内进行,对其各种规划要素的考虑和确定,如建筑布局、住宅间距、日照标准、人口和建筑密度、道路、配套设施和居住环境等,均与所在城市的地理位置、建筑气候区划、现状用地条件及经济社会发展水平、

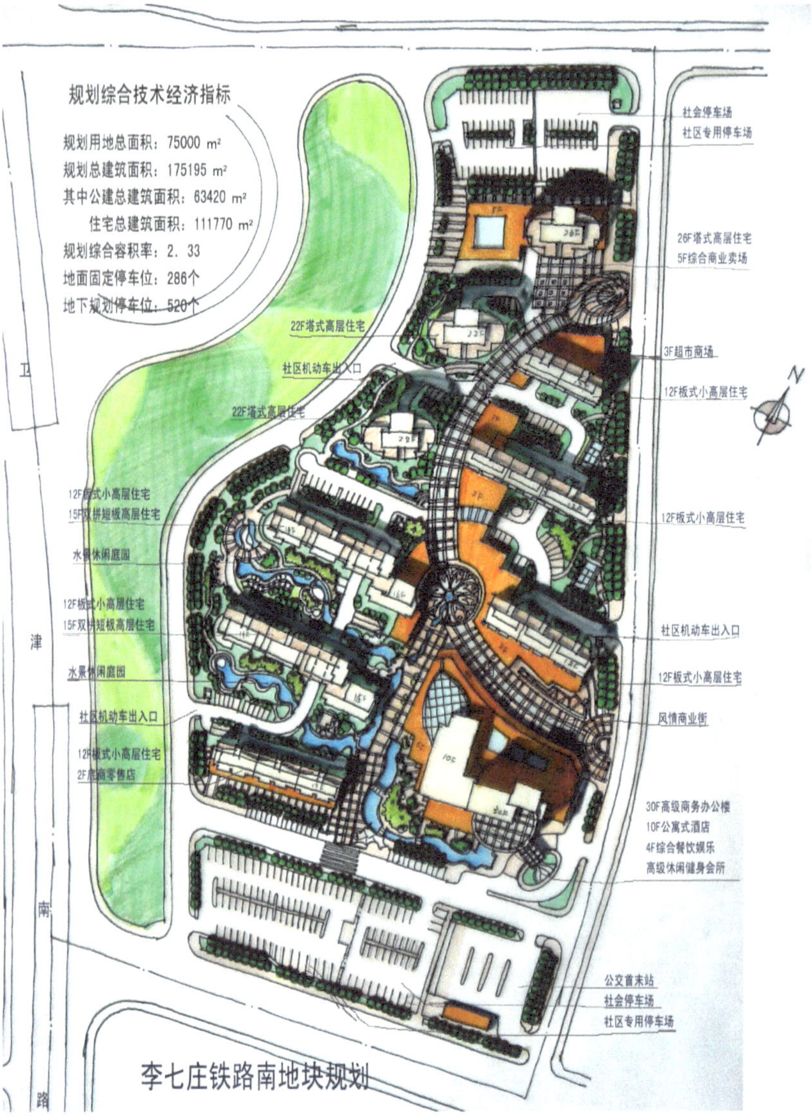

图 7-3-6　居住街坊

地方特色、文化习俗等密切相关。居住区规划应为老年人、儿童、残疾人的生活和社会活动提供便利的条件和场所。如居住区内的康复花园一般利用植物栽培和园艺操作活动，例如栽培活动、植物陪伴、感受植物、采收成果等对来访者实现保健养生的作用。为提升城市在适应环境变化和应对自然灾害等方面的能力，提升城市生态系统功能和减少城市洪涝灾害的发生，居住区规划应充分结合自然条件、现状地形地貌及河湖水域进行建筑布局，充分落实海绵城市有关自然积存、自然渗透、自然净化等建设要求，采用渗、滞、蓄、净、用、排等措施，更多地利用自然的力量控制雨水径流，同时有效控制面源污染。居住用地是城市建设用地中占比最大的用地类型，因此住宅建筑是对城市风貌影响较大的建筑类型。居住区规划建设应符合所在地城市设计的要求，塑造特色、优化形态、集约用地。没有城市设计指引的建设项目应运用城市设计的方法，研究并有效控制居住区的公共空间系统、绿地景观系统以及建筑高度、体量、风格、色彩等，创造宜居生活空间，提升城市环境质量。

居住区是城市居民居住生活的场所，规划选址必须遵守安全性原则。山洪灾害和滑坡、泥石流灾害是我国自然灾害造成人员伤亡的重要灾害种类，发生十分频繁，每年都会造成大量人员伤亡和财产损失，因此不得在有滑坡、泥石流、山洪等自然灾害威胁的地段建设居住区。居住区与周围的危险化学品及易燃易爆品等危险源，必须保持一定的距离并符合国家对该类危险源安全距离的有关规定，可设置绿化隔离带确保居民安全。建筑的规划布局应采取相应的措施加以防护或隔离，降低噪声和光污染对居民产生的不利影响。如尽可能将商业、停车楼等对噪声和光污染不敏感的建筑邻靠噪声源、遮挡光污染，可采用设置土坡绿化、种植大型乔木等隔离措施，降低噪声和光污染对住宅建筑的不利影响。土壤存在污染的地段，必须采取有效措施进行无害化处理，并应达到居住用地土壤环境质量的要求。在符合居住用地土壤环境质量要求的前提下，才可以规划建设居住区。未经治理或者治理后检测不符合相关标准的，不得用于建设居住区。

居住区按照居民在合理的步行距离内满足基本生活需求的原则，可分为 15 分钟生活圈居住区、10 分钟生活圈居住区、5 分钟生活圈居住区及居住街坊四级(见表 7-3-1)。居住街坊是组成各级生活圈居住区的基本单元。通常 3～4 个居住街坊可组成 1 个 5 分钟生活圈居住区，可对接社区服务；3～4 个 5 分钟生活圈居住区可组成 1 个 10 分钟生活圈居住区；3～4 个10 分钟生活圈居住区可组成 1 个 15 分钟生活圈居住区；1～2 个 15 分钟生活圈居住区，可对接 1 个街道办事处。城市社区可根据社区的实际居住人口规模对应本标准的居住区分级，实施管理与服务。居住区分级是便于配套设施和配建公共绿地，落实国家有关基本公共服务均等化的发展要求，满足居民的基本物质与文化生活需求。合理确定公共服务设施建设标准，加强社区服务场所建设，形成以社区级设施为基础，市、区级设施衔接配套的公共服务设施网络体系。配套建设中小学、幼儿园、超市、菜市场，以及社区养老、医疗卫生、文化服务等设施，大力推进无障碍设施建设，打造方便快捷生活圈。

表 7-3-1　居住区分级控制规模

距离与规模	15 分钟生活圈居住区	10 分钟生活圈居住区	5 分钟生活圈居住区	居住街坊
步行距离/m	800～1 000	500	300	—
居住人口/人	50 000～100 000	15 000～25 000	5 000～12 000	1 000～3 000
住宅数量/套	17 000～32 000	5 000～8 000	1 500～4 000	300～1 000

与历史城区、历史文化街区、文物保护单位、历史建筑相关的居住区规划设计、住宅建筑设计，及其新建、改建、扩建工程等行为，必须满足相关保护规划的保护与建设控制规定。地下空间的开发利用是节约集约利用土地的有效方法。根据《中华人民共和国城乡规划法》第三十三条"城市地下空间的开发和利用，应当与经济和技术发展水平相适应，遵循统筹安排、综合开发、合理利用的原则，充分考虑防灾减灾、人民防空和通信等需要，并符合城市规划，履行规划审批手续"。本条规定地下空间的开发利用应因地制宜、统一规划、适度开发，为雨水的自然渗透与地下水的补给、减少径流外排留足相应的土壤透水空间。

三、用地与建筑

1. 生活圈居住用地

各级生活圈居住区用地应合理配置、适度开发，其控制指标应符合下表的规定（表 7-3-2～表 7-3-4）。人均居住区用地面积、居住区用地容积率以及居住区用地构成之间彼此关联，并且与建筑气候区划以及住宅建筑平均层数紧密相关。容积率是生活圈居住区用地内，住宅建筑及其配套设施地上建筑面积之和与居住区用地总面积的比值。注意区别生活圈用地和生活圈居住区用地，前者可能包含与居住功能无关的用地，应注意避免误用。

表 7-3-2　15 分钟生活圈居住区用地控制指标

建筑气候区划	住宅建筑平均层数类别	人均居住区用地面积/（m^2·人$^{-1}$）	居住区用地容积率	居住区用地构成/%				
				住宅用地	配套设施用地	公共绿地	城市道路用地	合计
Ⅰ、Ⅶ	多层Ⅰ类（4～6层）	40～54	0.8～1.0	58～61	12～16	7～11	15～20	100
Ⅱ、Ⅵ		38～51	0.8～1.0					
Ⅲ、Ⅳ、Ⅴ		37～48	0.9～1.1					
Ⅰ、Ⅶ	多层Ⅱ类（7～9层）	35～42	1.0～1.1	52～58	13～20	9～13	15～20	100
Ⅱ、Ⅵ		33～41	1.0～1.2					
Ⅲ、Ⅳ、Ⅴ		31～39	1.1～1.3					
Ⅰ、Ⅶ	高层Ⅰ类（10～18层）	28～38	1.1～1.4	48～52	16～23	11～16	15～20	100
Ⅱ、Ⅵ		27～36	1.2～1.4					
Ⅲ、Ⅳ、Ⅴ		26～34	1.2～1.5					

注：居住区用地容积率是生活圈内，住宅建筑及其配套设施地上建筑面积之和与居住区用地总面积的比值。

表 7-3-3　10 分钟生活圈居住区用地控制指标

建筑气候区划	住宅建筑平均层数类别	人均居住区用地面积/（m^2·人$^{-1}$）	居住区用地容积率	居住区用地构成/%				
				住宅用地	配套设施用地	公共绿地	城市道路用地	合计
Ⅰ、Ⅶ	低层（1～3层）	49～51	0.8～0.9	71～73	5～8	4～5	15～20	100
Ⅱ、Ⅵ		45～51	0.8～0.9					
Ⅲ、Ⅳ、Ⅴ		42～51	0.8～0.9					
Ⅰ、Ⅶ	多层Ⅰ类（4～6层）	35～47	0.8～1.1	68～70	8～9	4～6	15～20	100
Ⅱ、Ⅵ		33～44	0.9～1.1					
Ⅲ、Ⅳ、Ⅴ		32～41	0.9～1.2					
Ⅰ、Ⅶ	多层Ⅱ类（7～9层）	30～35	1.1～1.2	64～67	9～12	6～8	15～20	100
Ⅱ、Ⅵ		28～33	1.2～1.3					
Ⅲ、Ⅳ、Ⅴ		26～32	1.2～1.4					

（续表）

建筑气候区划	住宅建筑平均层数类别	人均居住区用地面积/(m²·人$^{-1}$)	居住区用地容积率	居住区用地构成/%				
				住宅用地	配套设施用地	公共绿地	城市道路用地	合计
Ⅰ、Ⅶ	高层Ⅰ类（10～18层）	23～31	1.2～1.6	60～64	12～14	7～10	15～20	100
Ⅱ、Ⅵ		22～28	1.3～1.7					
Ⅲ、Ⅳ、Ⅴ		21～27	1.4～1.8					

表 7-3-4　5 分钟生活圈居住区用地控制指标

建筑气候区划	住宅建筑平均层数类别	人均居住区用地面积/(m²·人$^{-1}$)	居住区用地容积率	居住区用地构成/%				
				住宅用地	配套设施用地	公共绿地	城市道路用地	合计
Ⅰ、Ⅶ	低层（1～3层）	46～47	0.7～0.8	76～77	3～4	2～3	15～20	100
Ⅱ、Ⅵ		43～47	0.8～0.9					
Ⅲ、Ⅳ、Ⅴ		39～47	0.8～0.9					
Ⅰ、Ⅶ	多层Ⅰ类（4～6层）	32～43	0.8～1.1	74～76	4～5	2～3	15～20	100
Ⅱ、Ⅵ		31～40	0.9～1.2					
Ⅲ、Ⅳ、Ⅴ		29～37	1.0～1.2					
Ⅰ、Ⅶ	多层Ⅱ类（7～9层）	28～31	1.2～1.3	72～74	5～6	3～4	15～20	100
Ⅱ、Ⅵ		25～29	1.2～1.4					
Ⅲ、Ⅳ、Ⅴ		23～28	1.3～1.6					
Ⅰ、Ⅶ	高层Ⅰ类（10～18层）	20～27	1.4～1.8	69～72	6～8	4～5	15～20	100
Ⅱ、Ⅵ		19～25	1.5～1.9					
Ⅲ、Ⅳ、Ⅴ		18～23	1.6～2.0					

2. 居住街坊用地

居住街坊（2～4 hm²）是实际住宅建设开发项目中最常见的开发规模，与容积率、人均住宅用地、建筑密度、绿地率及住宅建筑高度控制指标是密切关联的。居住街坊用地与建筑控制指标应符合表 7-3-5 的规定。

表 7-3-5　居住街坊用地与建筑控制指标

建筑气候区划	住宅建筑平均层数类别	住宅用地容积率	建筑密度最大值/%	绿地率最小值/%	住宅建筑高度控制最大值/m	人均住宅用地面积最大值/(m²·人$^{-1}$)
Ⅰ、Ⅶ	低层（1～3层）	1.0	35	30	18	36
	多层Ⅰ类（4～6层）	1.1～1.4	28	30	27	32
	多层Ⅱ类（7～9层）	1.5～1.7	25	30	36	22
	高层Ⅰ类（10～18层）	1.8～2.4	20	35	54	19
	高层Ⅱ类（19～26层）	2.5～2.8	20	35	80	13

（续表）

建筑气候区划	住宅建筑平均层数类别	住宅用地容积率	建筑密度最大值/%	绿地率最小值/%	住宅建筑高度控制最大值/m	人均住宅用地面积最大值/（m² · 人⁻¹）
Ⅱ、Ⅵ	低层（1～3层）	1.0～1.1	40	28	18	36
	多层Ⅰ类（4～6层）	1.2～1.5	30	30	27	30
	多层Ⅱ类（7～9层）	1.6～1.9	28	30	36	21
	高层Ⅰ类（10～18层）	2.0～2.6	20	35	54	17
	高层Ⅱ类（19～26层）	2.7～2.9	20	35	80	13
Ⅲ、Ⅳ、Ⅴ	低层（1～3层）	1.0～1.2	43	25	18	36
	多层Ⅰ类（4～6层）	1.3～1.6	32	30	27	27
	多层Ⅱ类（7～9层）	1.7～2.1	30	30	36	20
	高层Ⅰ类（10～18层）	2.2～2.8	22	35	54	16
	高层Ⅱ类（19～26层）	2.9～3.1	22	35	80	12

注：1. 住宅用地容积率是居住街坊内的住宅建筑及其便民服务设施地上建筑面积之和与住宅用地总面积的比值；2. 建筑密度是居住街坊内，住宅建筑及其便民服务设施建筑基底面积与该居住街坊用地面积的比率（%）；3. 绿地率是居住街坊内绿地面积之和与该居住街坊用地面积的比率（%）。

当住宅建筑采用低层或多层高密度布局形式时，居住街坊用地与建筑控制指标应符合表 7-3-6 的规定。在城市旧区改建等情况下，建筑高度受到严格控制，居住区可采用低层高密度或多层高密度的布局方式，结合气候区分布，其绿地率可酌情降低，建筑密度可适当提高。多层高密度宜采用围合式布局，同时利用公共建筑的屋顶绿化改善居住环境，并形成开放便捷、尺度适宜的生活街区。

表 7-3-6　低层或多层高密度居住街坊用地与建筑控制指标

建筑气候区划	住宅建筑层数类别	住宅用地容积率	建筑密度最大值/%	绿地率最小值/%	住宅建筑高度控制最大值/m	人均住宅用地面积/（m² · 人⁻¹）
Ⅰ、Ⅶ	低层（1～3层）	1.0～1.1	42	25	11	32～36
	多层Ⅰ类（4～6层）	1.4～1.5	32	28	20	24～26
Ⅱ、Ⅵ	低层（1～3层）	1.1～1.2	47	23	11	30～32
	多层Ⅰ类（4～6层）	1.5～1.7	38	28	20	21～24
Ⅲ、Ⅳ、Ⅴ	低层（1～3层）	1.2～1.3	50	20	11	27～30
	多层Ⅰ类（4～6层）	1.6～1.8	42	25	20	20～22

3. 公共绿地指标

各级生活圈居住区的公共绿地应分级集中设置一定面积的居住区公园，形成集中与分散相结合的绿地系统，创造居住区内大小结合、层次丰富的公共活动空间，设置休闲娱乐体育活动等设施，满足居民不同的日常活动需要。集中设置的公园绿地规模，要以利于形成点、线、面结合的城市绿地系统，同时能够发挥更好的生态效应；有利于设置体育活动场地，为居民提供休憩、运动、交往的公共空间。公共绿地控制指标应符合表7-3-7的规定。

表7-3-7　公共绿地控制指标

<table>
<tr><th rowspan="2">类别</th><th rowspan="2">人均公共绿地面积/(m²·人⁻¹)</th><th colspan="2">居住区公园</th><th rowspan="2">备注</th></tr>
<tr><th>最小规模/hm²</th><th>最小宽度/m</th></tr>
<tr><td>15分钟生活圈居住区</td><td>2.0</td><td>5.0</td><td>80</td><td>不含10分钟生活圈及以下级居住区的公共绿地指标</td></tr>
<tr><td>10分钟生活圈居住区</td><td>1.0</td><td>1.0</td><td>50</td><td>不含5分钟生活圈及以下级居住区的公共绿地指标</td></tr>
<tr><td>5分钟生活圈居住区</td><td>1.0</td><td>0.4</td><td>30</td><td>不含居住街坊的绿地指标</td></tr>
</table>

注：居住区公园中应设置10%～15%的体育活动场地。

当旧区改建确实无法满足规定时，可采取多点分布以及立体绿化等方式改善居住环境，但人均公共绿地面积不应低于相应控制指标的70%。

居住街坊内的绿地应结合住宅建筑布局设置集中绿地和宅旁绿地；绿地的计算方法应符合本标准附录的规定。

居住街坊内集中绿地的规划建设，应符合下列规定：

(1) 新区建设不应低于0.50 m^2/人，旧区改建不应低于0.35 m^2/人；

(2) 宽度不应小于8 m；

(3) 在标准的建筑日照阴影线范围之外的绿地面积不应少于1/3，其中应设置老年人、儿童活动场地。

4. 建筑间距

住宅建筑与相邻建筑物、构筑物的间距应在综合考虑日照、采光、通风、管线埋设、视觉卫生、防灾等要求的基础上统筹确定，并应符合现行国家标准《建筑设计防火规范》(GB 50016)的有关规定(见表7-3-8)。

住宅建筑的间距应符合表7-3-8的规定，对特定情况，还应符合下列规定：

(1) 老年人居住建筑日照标准不应低于冬至日日照时数2 h；

(2) 在原设计建筑外增加任何设施不应使相邻住宅原有日照标准降低，既有住宅建筑进行无障碍改造加装电梯除外；

(3) 旧区改建项目内新建住宅建筑日照标准不应低于大寒日日照时数1 h。

表7-3-8　住宅建筑日照标准

<table>
<tr><td>建筑气候区别/万人</td><td colspan="2">Ⅰ、Ⅱ、Ⅲ、Ⅶ气候区</td><td colspan="2">Ⅳ气候区</td><td>Ⅴ、Ⅵ气候区</td></tr>
<tr><td>城区常住人口/万人</td><td>≥50</td><td><50</td><td>≥50</td><td><50</td><td>无限定</td></tr>
<tr><td>日照标准日</td><td colspan="3">大寒日</td><td colspan="2">冬至日</td></tr>
<tr><td>日照时数/h</td><td>≥2</td><td colspan="2">≥3</td><td colspan="2">≥1</td></tr>
</table>

（续表）

建筑气候区别	Ⅰ、Ⅱ、Ⅲ、Ⅶ气候区		Ⅳ气候区		Ⅴ、Ⅵ气候区
有效日照时间带（当地真太阳时）	8 时～16 时			9 时～15 时	
计算起点	底层窗台面				

注：底层窗台面是指距室内地坪 0.9 m 高的外墙位置。

居住区规划设计应汇总重要的技术指标，并应符合本标准附录的规定。

四、配套设施

居住区配套设施是为居住区居民提供生活服务的各类必需的设施，应以保障民生、方便使用，有利于实现社会基本公共服务均等化为目标，统筹布局，集约节约建设。居住区各项配套设施还应坚持开放共享的原则，例如中、小学的体育活动场地宜错时开放，作为居民的体育活动场地，提高公共空间的使用效率。配套设施布局应综合统筹规划用地的周围条件、自身规模、用地特征等因素，并应遵循集中和分散布局兼顾、独立和混合使用并重的原则，集约节约使用土地，提高设施使用便捷性。

配套设施应符合下列规定：①15 分钟和 10 分钟生活圈居住区配套设施，应依照其服务半径相对居中布局；②15 分钟生活圈居住区配套设施中，文化活动中心、社区服务中心（街道级）、街道办事处等服务设施宜联合建设并形成街道综合服务中心，其用地面积不宜小于 1 hm^2；③5 分钟生活圈居住区配套设施中，社区服务站、文化活动站（含青少年、老年活动站）、老年人日间照料中心（托老所）、社区卫生服务站、社区商业网点等服务设施，宜集中布局、联合建设，并形成社区综合服务中心，其用地面积不宜小于 0.3 hm^2；④旧区改建项目应根据所在居住区各级配套设施的承载能力合理确定居住人口规模与住宅建筑容量，当不匹配时应增补相应的配套设施或对应控制住宅建筑增量。

居住区配套设施的配建水平应以每千居民所需的建筑和用地面积（简称“千人指标”）作为控制指标。由于它是一个包含了多种影响因素的综合性指标，因此具有总体控制作用（见表 7-3-9）。居住人口规模处于居住街坊、5 分钟生活圈、10 分钟生活圈、15 分钟生活圈之间的居住区，在规划配套设施时，如出现居住人口规模与服务人口规模不匹配时，应根据规划用地四周的设施条件，对配套设施项目进行总体统筹。如规划用地周围已有相关配套设施可满足本居住区使用要求时，新建配套设施项目及其建设规模可酌情减少；当周围相关配套设施不足或规划用地内的配建设施需兼顾为附近居民服务时，该配建设施及其建设规模应随之增加以满足实际需求。

表 7-3-9　配套设施控制指标　　单位：m^2/千人

类别	15 分钟生活圈居住区		10 分钟生活圈居住区		5 分钟生活圈居住区		居住街坊	
	用地面积	建筑面积	用地面积	建筑面积	用地面积	建筑面积	用地面积	建筑面积
总指标	1 600～2 910	1 450～1 830	1 980～2 660	1 050～1 270	1 710～2 210	1 070～1 820	50～150	80～90

（续表）

类别		15 分钟生活圈居住区		10 分钟生活圈居住区		5 分钟生活圈居住区		居住街坊	
		用地面积	建筑面积	用地面积	建筑面积	用地面积	建筑面积	用地面积	建筑面积
其中	公共管理与公共服务设施 A 类	1 250～2 360	1 130～1 380	1 890～2 340	730～810	—	—	—	—
	交通场站设施 S 类	—	—	70～80	—	—	—	—	—
	商业服务业设施 B 类	350～550	320～450	20～240	320～460	—	—	—	—
	社区服务设施 R12、R22、R32	—	—	—	—	1 710～2 210	1 070～1 820	—	—
	便民服务设施 R11、R21、R31	—	—	—	—	—	—	50～150	80～90

注：15 分钟生活圈居住区指标不含 10 分钟生活圈居住区指标，10 分钟生活圈居住区指标不含 5 分钟生活圈居住区指标，5 分钟生活圈居住区指标不含居住街坊指标。配套设施用地应含与居住区分级对应的居民室外活动场所用地；未含高中用地、市政公用设施用地，市政公用设施应根据专业规划确定。

居住区相对集中设置且人流较多的配套设施应配建停车场（库）。商场、街道综合服务中心机动车停车场（库）宜采用地下停车、停车楼或机械式停车设施；配建的机动车停车场（库）应具备公共充电设施安装条件（见表 7-3-10）。

表 7-3-10　配建停车场（库）的停车位控制指标　　车位/100 m^2 建筑面积

名称	非机动车	机动车
商场	≥7.5	≥0.45
菜市场	≥7.5	≥0.30
街道综合服务中心	≥7.5	≥0.45
社区卫生服务中心（社区医院）	≥1.5	≥0.45

居住区应配套设置居民机动车和非机动车停车场（库）。应根据当地机动化发展水平、居住区所处区位、用地及公共交通条件综合确定，并应符合所在地城市规划的有关规定；地上停车位应优先考虑设置多层停车库或机械式停车设施，地面停车位数量不宜超过住宅总套数的 10%；机动车停车场（库）应设置无障碍机动车位，并应为老年人、残疾人专用车等新型交通工具和辅助工具留有必要的发展余地；非机动车停车场（库）应设置在方便居民使用的位置；居住街坊应配置临时停车位；新建居住区配建机动车停车位应具备充电基础设施安装条件。

五、道路

居住区道路是城市道路交通系统的组成部分，也是承载城市生活的主要公共空间。居住区道路的规划建设应体现以人为本，提倡绿色出行，综合考虑城市交通系统特征和交通设施发展水平，满足城市交通通行的需要，融入城市交通网络，采取尺度适宜的道路断面形式，优先保证步行和非机动车的出行安全、便利和舒适，形成宜人宜居、步行友好的城市街道。

居住区内道路的规划设计应遵循安全便捷、尺度适宜、公交优先、步行友好的基本原则，并符合现行国家标准《城市综合交通体系规划标准》。居住区应采取“小街区、密路网”的交通组织方式，路网密度不应小于 8 km/km^2；城市道路间距不应超过 300 m，宜为 150～250 m，并应与居住街坊的布局相结合。居住区内的步行系统应连续、安全、符合无障碍要求，应便捷连接公共交通站点。在适宜自行车骑行的地区，应构建连续的非机动车道；旧区改建，应保留和利用有历史文化价值的街道、延续原有的城市肌理。

居住区内各级城市道路应突出居住使用功能特征与要求。两侧集中布局了配套设施的道路，应形成尺度宜人的生活性街道；道路两侧建筑退线距离，应与街道尺度相协调；支路的红线宽度，宜为 14～20 m；道路断面形式应满足适宜步行及自行车骑行的要求，人行道宽度不应小于 2.5 m；支路应采取交通稳静化措施，适当控制机动车行驶速度。

居住街坊内附属道路的规划设计应满足消防、救护、搬家等车辆的通达要求。居住区道路规划要与抗震防灾规划相结合。在抗震设防城市的居住区道路规划必须保证有通畅的疏散通道，并在因地震诱发的如电气火灾、水管破裂、煤气泄漏等次生灾害时，能保证消防、救护、工程救险等车辆的通达。主要附属道路至少应有两个车行出入口连接城市道路，其路面宽度不应小于 4.0 m；其他附属道路的路面宽度不宜小于 2.5 m；人行出入口间距不宜超过 200 m；最小纵坡不应小于 0.3%，最大纵坡应符合下表的规定；机动车与非机动车混行的道路，其纵坡宜按照或分段按照非机动车道要求进行设计（见表 7-3-11）。

表 7-3-11　附属道路最大纵坡控制指标　　单位：%

道路类别及其控制内容	一般地区	积雪或冰冻地区
机动车道	8.0	6.0
非机动车道	3.0	2.0
步行车道	8.0	4.0

道路边缘至建筑物、构筑物之间应保持一定距离，主要是考虑在建筑底层开窗开门和行人出入时不影响道路的通行及行人的安全，以防楼上掉下物品伤人，同时应有利设置地下管线、地面绿化及减少对底层住户的视线干扰等。对于面向城市道路开设了出入口的住宅建筑应保持相对较宽的间距，从而使居民进出建筑物时可以有个缓冲地段，并可在门口临时停放车辆以保障道路的正常交通。因此，居住区道路边缘至建筑物、构筑物的最小距离，应符合表 7-3-12 的规定。

表 7-3-12　居住区道路边缘至建筑物、构筑物的最小距离　　单位：m

与建、构筑物的关系		城市道路	附属道路
建筑物面向道路	无出入口	3.0	2.0
	有出入口	5.0	2.5
建筑物山墙面向道路		2.0	1.5
围墙面向道路		1.5	1.5

注：道路边缘对于城市道路是指道路红线；附属道路分两种情况：道路断面设有人行道时，指人行道的外边线；道路断面未设人行道时，指路面边线。

六、居住环境

居住区用地的日照、气温、风等气候条件，地形、地貌、地物等自然条件，用地周边的交通、设施等外部条件，以及地方习俗等文化条件，都将影响居住区的建筑布局和环境塑造。因而，居住区应通过不同的规划手法和处理方式，将居住区内的住宅建筑、配套设施、道路、绿地景观等规划内容进行全面、系统地组织、安排，使其成为有机整体，为居民创造舒适宜居的居住环境，体现地域特征、民族特色和时代风貌。

公共空间是供人们日常生活和社会活动的公用城市空间，一般包括庭院、街道、广场、公园等。作为居住区内塑造景观环境的重要内容，公共空间在美化居住环境、引导设施布局、组织公共交往等方面有着重要作用。居住区规划设计应统筹庭院、街道、公园及小广场等公共空间形成连续、完整的公共空间系统，从微观到宏观尺度与城市级的公共空间进行衔接，形成由点、线、面等不同尺度和层次构成的城市公共空间系统。建筑的适度围合可形成庭院空间（如L型和U型建筑两翼之间的围合区），应注意控制其空间尺度（如建筑的宽高比等），形成具有一定围合感、尺度宜人的居住庭院空间，避免产生天井式等负面空间效果。

各级居住区公园绿地应构成便于居民使用的小游园和小广场，作为居民集中开展各种户外活动的公共空间，并宜动静分区设置。动区供居民开展丰富多彩的健身和文化活动，宜设置在居住区边缘地带或住宅楼栋的山墙侧边。静区供居民进行低强度、较安静的社交和休息活动，宜设置在居住区内靠近住宅楼栋的位置，并和动区保持一定距离。通过动静分区，各场地之间互不干扰，塑造和谐的交往空间，使居民既有足够的活动空间，又有安静的休闲环境。在空间塑造上，小游园和小广场宜通过建筑布局、绿化种植等进行空间限定，形成具有围合感、界面丰富、边界清晰连续的空间环境。

景观小品是居住环境中的点睛之笔，通常体量较小，兼具功能性和艺术性于一体，对生活环境起点缀作用。居住区内的景观小品一般包括雕塑、大门、壁画、亭台、楼阁等建筑小品，座椅、邮箱、垃圾桶、健身游戏设施等生活设施小品，路灯、防护栏、道路标志等道路设施小品。景观小品设计应选择适宜的材料，并应综合考虑居住区的空间形态和尺度以及住宅建筑的风格和色彩。景观小品布局应综合考虑居住区内的公共空间和建筑布局，并考虑老年人和儿童的户外活动需求，进行精心设计，体现人文关怀。

居住区的绿化是创造健康环境的重要基础，是居民日常生活不可缺少的内容。居住区的绿化景观营造应充分利用现有场地自然条件，宜保留和合理利用已有树木、绿地和水体。植物配置应选用适宜当地条件和适于本地生长的植物种类，以易存活、耐旱力强、寿命较长的地带性乡土树种为主。同时，考虑到保障居民的安全健康，应选择病虫害少、无针刺、无落果、无飞絮、无毒、无花粉污染、不易导致过敏的植物种类，不应选择对居民室外活动安全和健康产生不良影响的植物。绿化应采用乔木、灌木和草坪地被植物相结合的多种植物配置形式，并以乔木为主，群落多样性与特色树种相结合，提高绿地的空间利用率，增加绿量，达到有效降低热岛强度的作用。注重落叶树与常绿树的结合和交互使用，满足夏季遮阳和冬季采光的需求。同时也使生态效益与景观效益相结合，为居民提供良好的景观环境和居住环境。居住区规划建设可结合气候条件采用垂直绿化、退台绿化、底层架空绿化等多种立体绿化形式，增加绿量，同时应加强地面绿化与立体绿化的有机结合，形成富有层次的绿化体系，进而更好地发挥生态效用，降低热岛强度。居住区绿地内的步行道路、休闲场所等公共活动空间，应符合无障碍设计要求，并与居住区的无障碍系统相衔接。步行道经过车道以及与不同标高的步行道相连接时应设路缘坡道，坡道坡度不宜大于2.5%；当大于2.5%时，变坡点应予以提示，并宜在坡度较大处设扶手；绿地应结合场地雨水排放进行设计，并宜采用雨水花园、下凹式绿地、景观水体、干塘、树池、植草沟等具备调蓄雨水功能的绿化方式。

居住区的微气候是影响居住环境舒适度和居民环境健康的重要背景环境变量，它是多种因素相互作用的共同结果。居住区规划布局应充分考虑自身所处的气候区，以及所在区域冬季、过渡季和夏季主导风向和典型风速，以及地形变化而产生的地方风，使居住区的微气候满足防寒、保温的要求，有利于居民室外行走、活动的舒适和建筑的自然通风。对于严寒和寒冷地区以及沿海地区的不利主导风，应通过多种技术措施削弱和阻挡其对于居住区的不利影响。通常可以通过树木绿化、山体土堆布置建筑物及构筑物等方法阻挡不利风的影响。对于过渡季和夏季主导风向，可通过合理设置区域或用地内的微风通廊，有效控制建筑形体和宽度，在适当位置采用过街楼或首层架空等技术措施引导或加强通风，使居住街坊内保持适宜的风速，不出现涡旋或无风区，减少气流对区域微环境和建筑本身的不利影响。同时，高层住宅建筑群的规划布局应避免产生风洞效应，避免人行高度上产生“旋涡风”等不安全因素。

课后习题

概念注意区分:修缮(preservation),是对文物古迹的保护方式,包括日常保养、防护加固、现状修整、重点修复等。维修(refurbishment),对建筑物、构筑物进行的不改变外观特征的维护和加固。改善(improvement),对建筑物、构筑物采取的不改变外观特征,调整、完善内部布局及设施的保护方式。整治(rehabilitation),为历史文化名城和历史文化街区风貌完整性的保持、建成环境品质的提升所采取的各项活动。

1. 佩里提出的“邻里单位”用地规模约为 65 hm^2,主要目的是 (　　)
   A. 为了降低建筑密度,保证良好的居住环境
   B. 为了社区更加多样化
   C. 为了保证上小学不穿越城市道路
   D. 可以形成规模适宜的社区
2. 我国早期小区的周边式布局没有继续采用的主要原因不包括 (　　)
   A. 存在日照通风死角
   B. 受交通噪声影响的沿街住宅数量较多
   C. 难以解决停车问题
   D. 难以适应地形变化
3. 邻里单位理论提出人口规模建议值的主要原因是 (　　)
   A. 为了降低居住密度,保证良好的居住环境
   B. 为了适应城市管理的要求
   C. 为了保证良好的居民交往
   D. 为了适应配套设施规模
4. 下列关于居住区道路的表述,正确的是 (　　)
   A. 居住区内的道路不能承担城市交通功能
   B. 居住区道路等级越高越适合采用人车混行模式
   C. 人车分流的目的是确保机动车交通不受干扰
   D. 人行系统可以不考虑消防车通行要求
5. 下列关于居住区配套服务设施布局的表述,正确的是 (　　)
   A. 宜分散布局,使服务更加均衡
   B. 居住区周边已有的设施,该居住区不再配置
   C. 人防设施可用作停车等配套服务设施使用
   D. 宜避开公交站点以免人流过于集中
6. 下列关于居住区综合技术指标的表述,正确的是 (　　)
   A. 居住总人口是指实际入住人口数
   B. 容积率＝住宅建筑及其配套设施地上建筑面积之和÷居住区用地面积
   C. 容积率＝建筑密度×建筑高度
   D. 绿地率＋建筑密度＝100%

7. 下列关于居住区规划的说法,正确的是 ( )
   A. 城市居住区分为住宅用地、道路用地、配套设施用地、公共绿地
   B. 分为居住区、小区、组团和街坊四级结构
   C. 空间结构是各类用地关系的组合,与生活属性无关
   D. 公共服务设施分级配置,各级完善
   E. 居住区道路分为居住区级道路、小区级道路、组团级道路、街坊级道路
8. 中国历史文化名村现存历史传统建筑的最小规模是 ( )
   A. 建筑总面积 500 m^2
   B. 建筑总面积 1 500 m^2
   C. 建筑总面积 2 500 m^2
   D. 建筑总面积 5 000 m^2
9. 属于历史文化名镇(村)保护规划成果基本内容的有 ( )
   A. 村镇历史文化价值概述、保护原则和工作重点
   B. 村镇文化旅游资源评价及保护利用要求
   C. 各级文保单位保护范围、建设控制地带
   D. 村镇全域产业发展策略研究
   E. 重点保护、整治地区的详细规划意向方案
10. 不属于历史文化名村保护规划必要内容的是 ( )
   A. 开发强度和建设控制要求
   B. 传统格局与历史风貌保护要求
   C. 核心保护范围和建设控制地带
   D. 非物质文化遗产的保护措施
11. 历史文化名镇名村的保护范围包括 ( )
   A. 核心保护范围和建设控制地带
   B. 核心保护范围和风貌协调区
   C. 核心风貌区和环境协调区
   D. 核心风貌区和建设控制地带
12. 实际应用思考

东南沿海某县级市,乡镇经济发达,耕地资源紧张。该市正在开展国土空间总体规划的编制(图 7-3-7)。规划提出,按照自然保护地差别化管理要求,将国家公园中的核心保护区划入生态保护红线;在国家公园核心保护区内搬迁部分居民点,复垦增补一定数量的耕地;对国家公园一般控制区制定具体监管办法,明确对不破坏生态功能的适度参观旅游和相关必要公共设施建设的要求;同时,为了促进经济发展和乡镇工业用地整合,在中心城区南部规划填海建设热电厂和产业园区。试指出该规划存在的主要问题,并阐述理由。

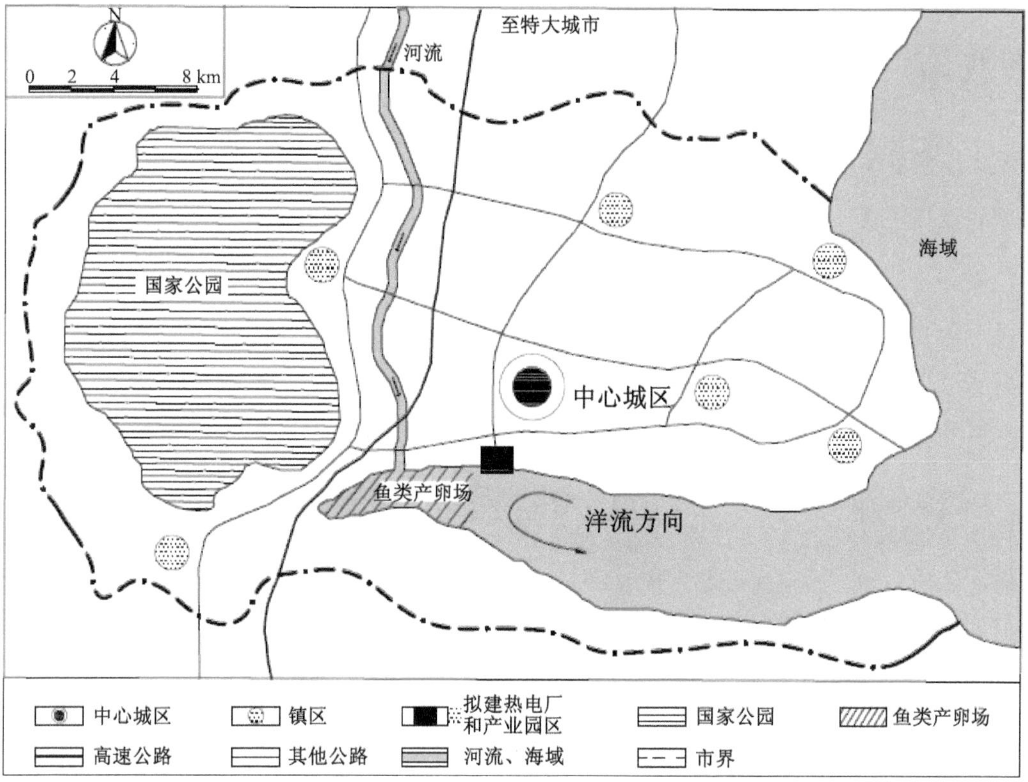

图 7-3-7 某县级市空间布局规划示意

第八章

国土空间规划实施

第一节 国土空间规划实施的基本概念

一、国土空间规划实施的定义

国土空间规划实施是一个综合的概念，它是将预先协调好的行动纲领和确定的计划付诸行动，并最终得到实现。从理想的角度讲，城市规划实施包括了城市发展和建设过程中的所有建设性行为。城市建设和发展是全社会的事业，需要政府进行公共投资、商业性投资，公共部门和企业、私人部门在城市规划实施中都担当着重要的作用。

国土空间规划实施的目的在于实现规划对城乡建设和发展的引导和控制作用，保证城市社会、经济及建设活动能够高效、有序、持续地进行。规划的制定目的在于规划能够得到实施，也即在城市建设和发展的过程中能够起到作用。

国土空间规划实施监督是对规划的整个实施过程的监督检查，包括对规划实施的组织、规划实施的管理以及法定规划的执行情况等所实行的监督检查。在规划实施的监督检查中，主要包括行政、立法机构、社会三方。其中，行政监督检查是指各级人民政府及城乡规划主管部门对规划实施的全过程实行的监督管理，对各项建设活动的开展及其与城市规划实施之间的关系进行监督管理。立法机构的监督检查，地方各级人民政府应当向本级人民代表大会常务委员会或者乡、镇人民代表大会报告国土空间规划的实施情况，并接受监督；城市人民代表大会或其常委会有权对规划的实施情况进行定期或不定期的检查，就实施规划的进展、规划实施管理的执法情况提出批评和意见，并督促城市人民政府加以改进或完善。社会监督，城市中的所有机构、单位和个人对规划实施的组织和管理等行为的监督，任何单位和个人都有权就涉及其利害关系的建设活动是否符合规划的要求向规划主管部门查询。规划主管部门或者其他有关部门对举报或者控告，应当及时受理并组织核查、处理。

二、国土空间规划实施的行为

国土空间规划实施的行为可以分为政府行为和非政府行为。

对于政府实施国土空间规划，是政府根据法律授权实施的法定行为，负责城市规划实施的组织和管理，包括三种行为。

(1) 规划与政策行为。规划严格说是政府的政策性行为，由于其特殊性往往将其单独分开。本书将此部分放在一起，是为了便于读者和实践工作者理解。政府依据法律授权，运用规划编制和实施的行政权力，通过各级各类规划的编制来推进国土空间规划的实施。如政府根据国民经济社会发展规划、专项规划、流域规划等制定其他相关计划，如土地出让计划、各项市政公用设施的实施计划等，使国土空间规划所确定的目标和基本的布局得以具体落实。政府根据国土空间总体规划，进一步组织编制详细规划，落实总体规划所确立的目标、原则和基本布局，保证一张蓝图干到底。政府根据国土空间规划的目标和内容，从实施的角度制定相关政策来引导城乡的发展。例如，根据规划确定的城市性质和职能，制定产业发展鼓励与限制政策，促使城市产业结构的调整和完善。

(2) 经济行为。政府运用财政手段，通过公共财政调节、影响甚至改变城市建设的需求和进程，保证国土空间规划目标的实现。主要分为两种类型：一是政府运用公共财政直接参与到建设活动中，包括政府通过市政公用设施和公益性设施的建设，如道路、给排水、学校等。政府实施规划基础性设施项目，既可保证城市的有序运行，又可引导土地利用布局开发建设，保证城市健康有序地发展。政府也可采用与私人开发企业合作的形式(如 PPP 项目)，进行特定地区和类型的开发建设活动，如旧城改造、基础设施建设等。二是政府通过对特定地区或类型的建设活动进行财政奖励，从而使城市规划所确定的目标和内容为私人开发所接受和推进，包括容积率奖励、减免税收、土地使用补偿、信贷保证等。

(3) 管理行为。根据法律法规授权，要依法依监督实施规划，防止出现擅自调整、违规许可、未批先建、监管薄弱以及服务意识不强、作风不实等问题，切实"严起来"。政府依法对国土空间建设项目进行管理，其中包括对用地预审与选址意见书、建设用地规划许可证、乡村规划许可证、建设工程的规划管理等来实现的，同时通过对建设活动、建设项目的结果及其使用等的监督检查等，保证城市中的各项建设不偏离城市规划所确立的目标。

非政府组织实施国土空间规划的行为。虽然政府承担主要城市规划实施的组织与管理，但大量的建设性活动是由城市中的各类组织、机构、团体甚至个人来开展的。特别是私人部门的建设性活动是基于自身的利益而进行的，但只要遵守国土空间规划及其相关政策要求，客观上就是在实施国土空间规划。有时私人部门和其他非政府组织，也会对一些公益性的和公共设施项目的投资与开发，可以起到影响和引导其他开发建设的作用。各类组织、机构、团体或者个人通过对各项建设活动的监督，也有助于及时纠正建设活动中所出现的偏差，发挥公众参与的积极作用，保证规划目标的实现。

三、国土空间规划实施的作用

规划实施的首要作用就是使依法批准的国土空间规划在建设和发展过程中发挥作用，保证各项建设和发展活动之间协同行动，提高建设和发展中的决策质量，推进发展目标的有效实现。规划实施是保障国家战略有效实施、促进国家治理体系和治理能力现代化、实现"两个一百年"奋斗目标和中华民族伟大复兴中国梦的必然要求。

实施国土空间规划，是加快形成绿色生产方式和生活方式、推进生态文明建设、建设美丽中国的关键举措，是坚持以人民为中心、实现高质量发展和高品质生活、建设美好家园的重要手段。

实施国土空间规划，可不断地协调国土空间的功能与物质性设施及空间组织，适应经济社会的不断发展。实施国土空间规划，是为国家发展规划落地实施提供空间保障的要求。根据城乡发展的需要，在空间和时序上有序安排城市各项物质性设施的建设，使功能与设施的建设相互之间能够协调、相辅相成，促进城乡融合协调发展。根据公共利益，适时建设满足各类活动所需的公共设施，推进城乡一体化不断优化发展；在不损害城市公共利益的前提下，满足不同人群和不同利益集团的需求，处理好物质性设施建设与防灾的关系，协调保护城市的自然和人文环境等关系，推进国土空间开发的可持续发展。

第二节　国土空间规划实施的机制

一、动态评估预警和实施监管机制

《中共中央、国务院关于建立国土空间规划体系并监督实施的若干意见》，要求依托国土空间基础信息平台，建立健全国土空间规划动态监测评估预警和实施监管机制。

健全资源环境承载能力监测预警长效机制，建立国土空间规划定期评估制度，结合国民经济社会发展实际和规划定期评估结果，对国土空间规划进行动态调整完善。按照“一年一体检、五年一评估”要求，开展城市体检评估并提出改进规划管理意见，市县自然资源主管部门要适时向社会公开城市体检评估报告，省级自然资源主管部门要严格履行监督检查责任。

上级自然资源主管部门要会同有关部门组织对下级国土空间规划中各类管控边界、约束性指标等管控要求的落实情况进行监督检查，将国土空间规划执行情况纳入自然资源执法督察内容。

省级自然资源主管部门会同有关部门动态监测省级国土空间规划实施情况，定期评估省级国土空间规划主要目标、空间布局、重大工程等执行情况，以及各市县对省级国土空间规划的落实情况，对规划实施情况开展动态监测、评估和预警。

二、国土空间规划的全周期管理制度

依托完善的国土空间基础信息平台，形成国土空间规划“一张图”，作为统一国土空间用途管制、实施建设项目规划许可、强化规划实施监督的依据和支撑。不得擅自更改底图、数据，确保数据规范、上下贯通、图数一致。

建立规划编制、审批、修改和实施监督全程留痕制度，要在国土空间规划“一张图”实施监督信息系统中设置自动强制留痕功能；尚未建成系统的，必须落实人工留痕制度，确保规划管理行为全过程可回溯、可查询。

三、国土空间规划“编”“审”分离机制

建立健全国土空间规划“编”“审”分离机制。规划编制实行编制单位终身负责制。规划审查应充分发挥规划委员会的作用，实行参编单位专家回避制度，推动开展第三方独立技术审查。该项制度是对国土空间规划编制质量的重要保证，充分发挥了切断利益链条的作用。

四、国土空间规划的用途管制制度

以国土空间规划为依据，对所有国土空间分区分类实施用途管制。在城镇开发边界内的建设，实行“详细规划＋规划许可”的管制方式；在城镇开发边界外的建设，按照主导用途分区，实行“详细规划＋规划许可”和“约束指标＋分区准入”的管制方式。对以国家公园为主体的自然保护地、重要海域和海岛、重要水源地、文物等实行特殊保护制度。因地制宜制定用途管制制度，为地方管理和创新活动留有空间。

第三节　规划管理许可制度

规划许可和用地审批与广大企业和群众利益直接相关。国土空间规划是以“多规合一”为基础，统筹规划、建设、管理三大环节，推动“多审合一”“多证合一”。优化现行许可审批流程，提高审批效能和监管服务水平。严格按照国土空间规划核发建设项目用地预审与选址意见书、建设用地规划许可证、建设工程规划许可证和乡村建设规划许可证。

除法定的批准文件和证书以外，地方自行设立的各类通知书、审查意见等一律取消。加快信息化建设，可以通过政府内部信息共享获得的有关文件、证书等材料，不得要求行政相对人提交；对行政相对人前期已提供且无变化的材料，不得要求重复提交。支持各地探索以互联网、手机APP等方式，为行政相对人提供在线办理、进度查询和文书下载打印等服务。

一、用地预审与选址意见书

新版的建设项目用地预审与选址意见书，实质是过去的项目选址意见书、建设项目用地预审意见。建设项目用地预审与选址意见书有效期为三年，自批准之日起计算（见图8-3-1）。

涉及新增建设用地，用地预审权限在自然资源部的，建设单位向地方自然资源主管部门提出用地预审与选址申请，由地方自然资源主管部门受理；经省级自然资源主管部门报自然资源部通过用地预审后，地方自然资源主管部门向建设单位核发建设项目用地预审与选址意见书。用地预审权限在省级以下自然资源主管部门的，由省级自然资源主管部门确定建设项目用地预审与选址意见书办理的层级和权限。

二、建设用地规划许可证

自然资源主管部门统一核发新的建设用地规划许可证，实质是过去建设用地规划许可证、建设用地批准书的合并。

以划拨方式取得国有土地使用权的，建设单位向所在地的市、县自然资源主管部门提出建设用地规划许可申请，经有建设用地批准权的人民政府批准后，市、县自然资源主管部门向建设单位同步核发建设用地规划许可证、国有土地划拨决定书（见图8-3-2）。

以出让方式取得国有土地使用权的，市、县自然资源主管部门依据规划条件编制土地出让方案，经依法批准后组织土地供应，将规划条件纳入国有建设用地使用权出让合同。建设单位在签订国有建设用地使用权出让合同后，市、县自然资源主管部门向建设单位核发建设用地规划许可证。

三、乡村建设规划许可证

实行乡村建设规划许可证管理制度是《中华人民共和国城乡规划法》对乡村建设的要求。中华人民共和国住房和城乡建设部《关于贯彻实施〈城乡规划法〉的指导意见》提出，我国将建立乡村建设规划许可证制度。乡村建设规划许可证制度要充分体现农村特点，体现便民利民和以人为本，满足农民生产和生活需要，遏制农村无序建设和浪费土地现象的发生。

《中华人民共和国城乡规划法》第四十一条规定：在乡、村庄规划区内进行乡镇企业、乡

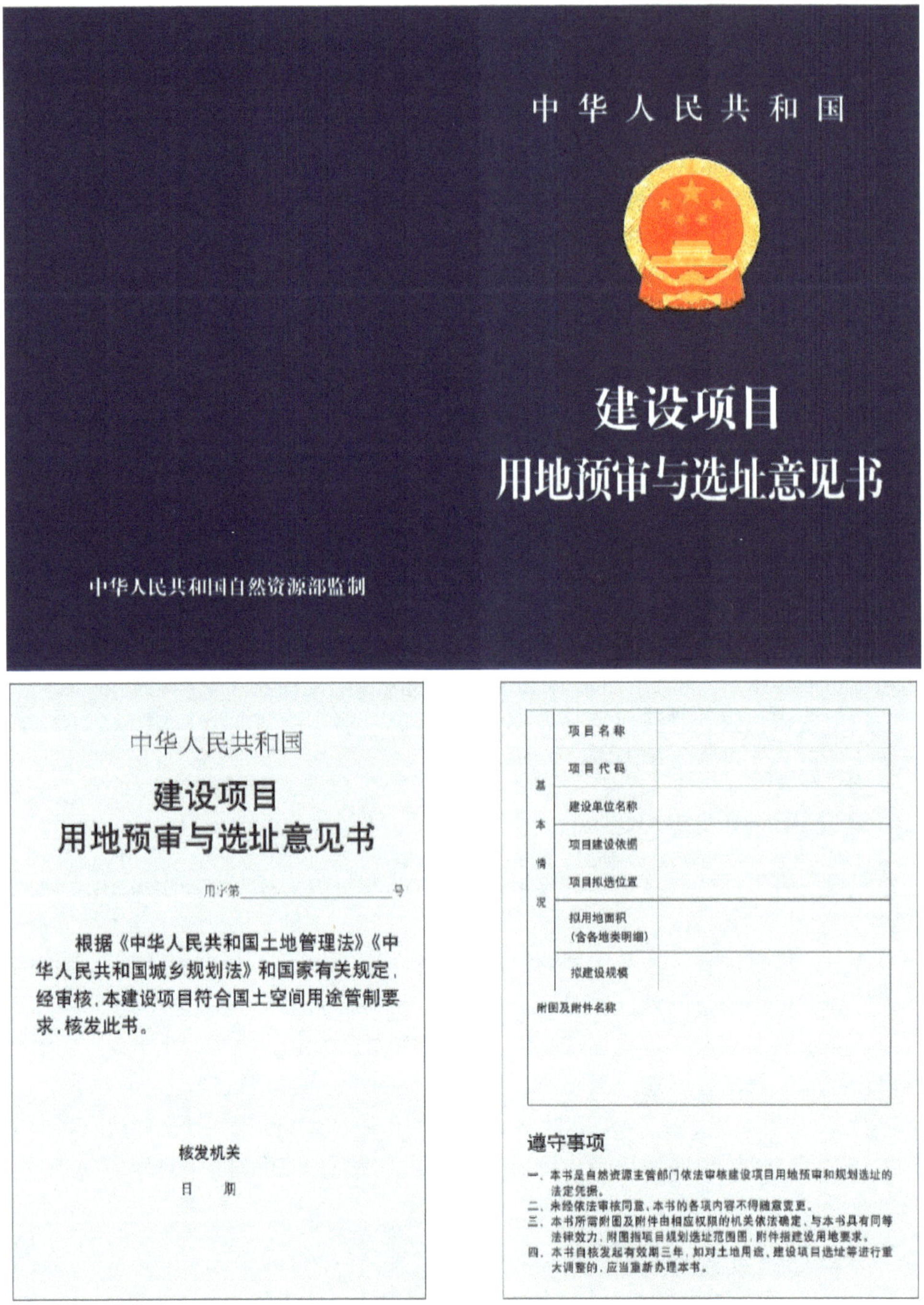

图 8-3-1 建设项目用地预审与选址意见书封面及内页

村公共设施和公益事业建设的，建设单位或者个人应当向乡、镇人民政府提出申请，由乡、镇人民政府报城市、县人民政府城乡规划主管部门核发乡村建设规划许可证。

在乡、村庄规划区内使用原有宅基地进行农村村民住宅建设的规划管理办法，由省、自治区、直辖市制定。

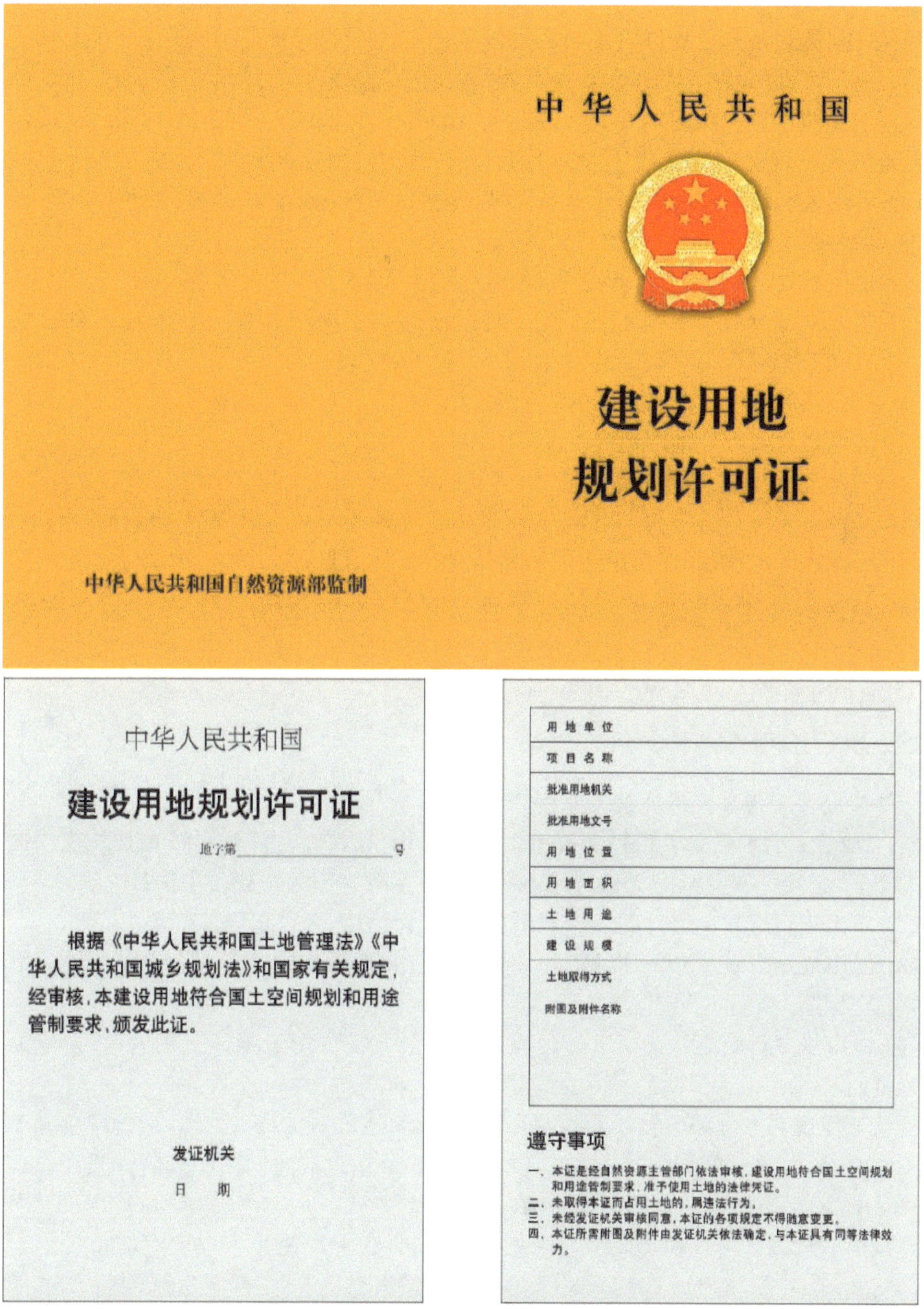

图 8-3-2 建设用地规划许可证封面及内页

在乡、村规划区内进行乡镇企业、乡村公共设施和公益事业建设以及农村村民住宅建设，不得占用农用地；确需占用农用地的，应当依照《中华人民共和国土地管理法》有关规定办理农用地转用审批手续后，由城市、县人民政府城乡规划主管部门核发乡村建设规划许可证。

建设单位或者个人在取得乡村建设规划许可证后，方可办理用地审批手续。

申请乡村建设规划用地许可证的一般程序：

(1) 凡在乡、村规划区内进行乡镇企业、乡村公共设施和公益事业建设的，建设单位或者个人应当持批准建设项目的有关文件，向乡、镇人民政府提出建设用地申请，由乡、镇人民政府报县级人民政府建设规划主管部门核发乡村建设规划许可证；

(2) 县级人民政府建设规划行政主管部门按照乡、村规划的要求和项目的性质，核定用地规模等，确定用地项目的具体位置和界限；

(3) 根据需要，征求有关行政主管部门对用地位置和界限的具体意见；

(4) 规划建设行政主管部门根据乡、村规划的要求向用地单位和个人提供规划设计条件；

(5) 审核用地单位和个人提供的规划设计图；

(6) 核发乡村建设规划用地许可证。

在原有宅基地上建房的申请程序：

(1) 经乡级人民政府核实，向县级人民政府规划建设行政主管部门提出建房申请；

(2) 根据需要，征求四邻对用地位置和界限的具体意见；

(3) 县级规划建设行政主管部门根据乡、村规划的要求，向用地建房人提出设计要求；

(4) 核发乡村建设规划用地许可证。

四、建设工程规划许可证

申请建设工程规划许可证的一般程序：

(1) 凡在城市规划区内新建、扩建和改建建筑物、构筑物、道路、管线和其他工程设施的单位与个人，必须持有关批准文件向城市规划行政主管部门提出建设申请；

(2) 城市规划行政主管部门根据城市规划提出建设工程规划设计要求；

(3) 城市规划行政主管部门征求并综合协调有关行政主管部门对建设工程设计方案的意见，审定建设工程初步设计方案；

(4) 城市规划行政主管部门审核建设单位或个人提供的工程施工图后，核发建设工程规划许可证。

建设工程规划许可证所包括的附图和附件，按照建筑物、构筑物、道路、管线以及个人建房等不同要求，由发证单位根据法律、法规规定和实际情况制定。附图和附件是建设工程规划许可证的配套证件，具有同等法律效力。

建设用地规划许可证和建设工程规划许可证，设市城市由市人民政府城市规划行政主管部门核发；县人民政府所在地镇和其他建制镇，由县人民政府城市规划行政主管部门核发。

严格依据规划条件和建设工程规划许可证开展规划核实。规划核实必须由两人以上的工作人员现场审核并全过程记录，核实结果应及时公开，接受社会监督。无规划许可或违反规划许可的建设项目不得通过规划核实，不得组织竣工验收。

五、验收测绘

以统一规范标准、强化成果共享为重点，将建设用地审批、城乡规划许可、规划核实、竣工验收和不动产登记等多项测绘业务整合，归口成果管理，推进“多测合并、联合测绘、成果共享”。不得重复审核和要求建设单位或者个人多次提交对同一标的物的测绘成果；确有需要的，可以进行核实更新和补充测绘。在建设项目竣工验收阶段，将自然资源主管部门负责的规划核实、土地核验、不动产测绘等合并为一个验收事项。

第四节　国土空间规划实施内容

一、影响规划实施内容的因素

城市规划的实施涉及城市中的各个方面，甚至可以说，组成城市的各项要素的变化都会给城市规划的实施带来影响。就影响城市规划实施最为直接的要素来看，大致可以将这些因素分为以下几个方面：政府组织管理，各级政府的机构组织、管理行为的方式方法以及政府间的相互关系等都会对城市规划的实施产生影响。中央政府的政策变动和新的行政管理措施的施行等，都会对城市规划实施的内容以及组织等产生影响。

城市规划实施要考虑城市发展所处的阶段，它决定了城市规划实施的基本途径和可能。这主要是因为城市规划的实施都是需要通过一定的社会经济手段才能进行的。城市所处的发展阶段决定了城市发展的基本方式和内在机理，从而对城市规划实施的时序、内容和要求就完全不同，城市规划实施的组织必须针对城市发展的具体情况，依据城市发展的内在规律和逻辑来积极应对。全球、国家、城市社会经济的发展状况也会对政府的财政状况产生影响，从而直接影响到公共设施、城市基础设施方面的投资。

公众参与影响规划的实施，国土空间规划坚持开门编规划，倡导汇集多方智慧，鼓励公众参与。规划是一项全社会的事业，社会中各个方面的参与及其态度、意愿等，是城市规划得到有效实施的关键。规划的实施需要社会共同的遵守和共同参与，社会公众对规划的认知程度和参与程度及其作用等，往往决定了公众是否有意愿来遵守和执行规划。在规划实施阶段，由于不同的利益团体从自身的利益出发来认识公共利益和集体利益；除了自身所从事的建设性活动之外，还会通过对规划实施管理、对具体项目建设的监督等途径参与到规划实施的过程之中，从而对规划实施产生影响。

从规划的审查来看，国土空间规划实施分级审查备案，简化审查内容。按照谁审批、谁监管的原则，分级建立国土空间规划审查备案制度，同时按照权责一致的原则，由国务院审批的规划，国家层面只对国家需要管控的内容进行审查，主要包括以下四个方面：一是规划的目标定位；二是生态保护红线、永久基本农田、城镇开发边界等控制线的划定和落实情况，体现地方特色的自然、历史、文化保护体系；三是建设用地的规模、开发的强度、用水的总量以及强度、基础设施、公共服务设施以及公共空间等主要控制性指标分解落实情况；四是城市、区域间的空间格局以及相邻关系等。其他内容由地方负责审查。

二、国土空间规划具体实施内容

严格按照中央精神，依法依规编制和审批国土空间规划，不在国土空间规划体系之外另行编制审批新的土地利用总体规划、城市（镇）总体规划等空间规划，不再出台不符合新发展理念和“多规合一”要求的空间规划类标准规范。

制定实施规划的政策措施，提出下级国土空间总体规划和相关专项规划、详细规划的分解落实要求，健全规划实施传导机制，确保规划能用、管用、好用。

城市规划实施的管理主要是指对城市建设项目进行规划管理，即对各项建设活动实行审批或许可、监督检查以及对违法建设行为进行查处等管理工作。通过对各项建设活动进行规划管理，保证各项建设能够符合城市规划的内容和要求，使各项建设对城市规划实施做出贡献，并限制和杜绝超出经法定程序批准的规划所确定的建设内容，保证法定规划得到全面和有效的实施。

建设用地的管理、建设工程管理、建设项目实施的监督检查。在城镇开发边界内的建设：“详细规划＋规划许可”的管制方式；在城镇开发边界外的建设：按照主导用途分区，实行“详细规划＋规划许可”和“约束指标＋分区准入”的管制方式。对以国家公园为主体的自然保护地、重要海域和海岛、重要水源地、文物等实行特殊保护制度。

三、规划实施与开发建设的关系

国土空间规划与开发建设的关系，主要分为公共设施的开发和商业性开发两个部分（表8-4-1）。

表 8-4-1　规划实施与开发建设的关系

公共设施开发	城市规划实施	商业性开发	城市规划实施
项目设想	纳入政府部门建设计划	项目构想与策划	引导并具有公开性
项目可研	规划选址，提出规划条件	建设用地的获得	出让前提出规划条件
项目决策	城市规划为决策依据	项目投融资	依据规划条件
项目实施	符合规划条件	项目实施	成果控制保障规划条件实施
项目投入使用	不得随意更改用途	销售与经营	执行延续规划条件

公共性设施开发与城市规划实施的关系。公共性设施，是指社会公众所共享的设施，主要包括公共绿地、公立的学校和医院、城市道路等市政基础设施。公共性设施的开发建设是政府有目的地、积极地实施城市规划的重要内容和手段，公共性设施的开发建设对私人的商业性开发具有引导作用，保证商业性开发计划与城市规划所确定的内容相一致，从整体上保证城市规划的实施。这些设施的开发建设通常是由政府或公共投资进行的，这些公共物品具有非排他性和非竞争性。公共性设施开发的过程中与规划在不同阶段产生的关系内容不同：项目设想阶段要纳入政府部门的建设计划，公共设施开发有两种，一种是弥补性的（被动型，如有必要纳入规划中），另外一种是发展型的（主动型）。可行性研究阶段，通过投入产出分析对项目建设以及运营的可行性进行研究，对项目进行规划选址，确定项目建设用地的位置和范围，提出规划条件。项目决策阶段，政府对是否投资建设、何时投资建设等做出决策，

按时间分类安排建设项目，有步骤地统筹考虑实施批准的国土空间规划项目实施阶段，是根据预算所确定的投资额和相应的财政安排，根据国家的有关规定，委托具有相应资质的机构完成项目设计并经法定程序批准，项目实施过程中必须遵守确定的规划条件，如需更改，应按照相关法定程序，此阶段需要办理建设用地规划许可证、建设工程规划许可证。项目投入使用阶段，经验收通过即可投入使用，但不得随意更改用途。

商业性开发过程的各个阶段，它们与城市规划之间都存在着密切的关联。商业性开发是以对私人利益的追求为出发点和核心，国土空间规划关注的核心是公共利益，国土空间规划的重要作用就是要通过开发控制等手段，将对个体的、私人的利益追求引导到对城市发展和公共利益的贡献上来，既保证私人利益的实现，同时又不造成对公共利益的侵害。项目构想与策划阶段，商业性开发的大量内容都限于私人公司内部，主要探讨其所设想的项目是否符合政策或者如果申报是否会得到批准，这就需要充分研究项目所在地的规划和引导政策，充分考虑公共性设施的负荷能力。在建设用地获得的阶段，《中华人民共和国城乡规划法》规定，城市、县人民政府城乡规划主管部门应当依据控制性详细规划，提出出让地块的位置、使用性质、开发强度等规划条件，作为国有土地使用权出让合同的组成部分。项目投融资阶段，依据规划条件合理计算资金需求量，及其项目实施的先后顺序，做到整体效益最大化。项目实施阶段，首先城市规划部门通过对项目设计的成果进行控制，保证规划的意图在项目的设计阶段能够得到体现，然后行政主管部门对实施中的项目进行监督管理，以确保规划设计条件不发生改变。销售与经营阶段，城乡规划行政主管部门需对建设项目是否符合规划条件进行竣工验收，项目销售的合同应当执行和延续规划条件，避免因使用功能发生改变，影响到周边配套设施和整体效益的变化。比如，将办公设施改作居住使用就会导致学校、医疗等日常生活设施的配套不足甚至缺乏，基础设施供应不足等。

四、国土空间规划的行政审批内容

国土空间规划的行政审批内容的管理，按照“管什么就批什么”的原则。国土空间规划体系构建中将更加注重处理好政府和市场的关系，中央政府和地方政府的关系，以及国土空间总体规划和详细规划、相关专项规划的关系。为提高行政效能，国务院审批的城市数量相对较少，只有 50 个左右。对省级和市县国土空间规划从目标定位、空间格局、底线约束、要素配置、实施传导机制、技术标准、信息平台等方面进行实质性审查，从程序及成果的合法合规性等方面进行程序性审查。对地方的国土空间规划审批留了弹性空间，对于国务院审批范围以外的城市和县、乡镇国土空间规划，由省级人民政府根据当地实际明确编制审批内容和程序要求。乡镇国土空间规划编制审批较为灵活，各地可以因地制宜，将市县与乡镇国土空间规划合并编制，也可以以几个乡镇为单元编制乡镇级国土空间规划。省级和国务院审批城市的国土空间规划报批前需经同级人大常委会审议，以便更好发挥人大参与监督、规划编制和实施的作用。核对相关专项规划与国土空间规划的衔接及“一张图”，避免规划打架的老问题，切实发挥国土空间规划对各专项规划的指导约束作用，批复后纳入同级国土空间规划“一张图”实施监督信息系统中。

五、现代化技术手段支持

目前在国家审查层面，基本上取消了纸质报件，都是用远程系统进行报送，减少了大量的人力、物力、财力的浪费。各地也要按照系统建设的要求，尽快实现电子化远程报送，进一步提高效率。同时，要通过互联网、手机 APP 等手段，在做好保密处理的情况下，使相对人在线办理和查询更加便捷。这是在“多审合一、多证合一”方面地方相关部门要做的。

规划批准和编完以后，监督规划的执行可以采用多种技术方法，比如遥感监测、卫星遥感现在可以做到一年两次到三次的循环，一旦发现违反规划的行为，马上严肃查处。此外，我们要进一步明确管控的规则，为下一步规划的实施和规划的许可打下基础，真正通过监管减少微观层面具体的审查。通过“一张图”，实现“多规合一”，实现一张蓝图真真正正干到底，体现国家的战略和地方发展的实际需求。

六、公众参与和社会协调

规划编制采取政府组织、专家领衔、部门合作、公众参与的方式，建立全流程、多渠道的公众参与机制。贯彻落实“人民城市人民建，人民城市为人民”理念，坚持开门编规划，建立全流程、多渠道的公众参与和社会协同机制。

开始编制规划前，应制定涵盖各相关部门的协作机制，研究规划重大问题，共同推进规划编制工作；应充分调动大专院校、企事业单位力量，组建专家咨询团队，注重听取生态、资源、环境、地理、经济、社会、文化、安全等多领域多学科的专家意见建议。

在规划编制启动阶段，深入了解各地区、各部门、各行业和社会公众的意见和需求。在规划编制阶段，广泛调研社会各界的意见和需求，深入了解人民群众所需所急所盼；充分调动和整合各方力量，鼓励各类相关机构参与规划编制；健全专家咨询机制，组建包括各相关领域专家的综合性咨询团队；完善部门协作机制，共同推进规划编制工作。

在规划方案论证阶段，要形成通俗易懂可视化的中间成果，充分征求有关部门、社会各界意见。规划成果报批前，应以通俗易懂的方式征求社会各方意见。充分利用各类媒体和信息平台，采取贴近群众的各种社会沟通工具，保障各阶段公众参与的广泛性、代表性和实效性，并保障充分的参与时间。公众参与情况在规划说明中要形成专章。

规划获批后，应在符合国家保密管理和地图管理等有关规定的基础上及时公开，并接受社会公众监督。

第五节　国土空间规划实施的法律法规实践

一、法律授权来源

国土空间规划涉及政府和社会各个方面的利益，只有通过法律制度的建设和保障，才有可能更好地调节社会利益关系，从而保证城市规划的实施。从政府行政行为的角度讲，只有通过法律法规的授权，政府才能授权内容和程序性方面的规定，实施具体的规划行政工作。从社会公众的角度讲，遵守经法定程序批准的国土空间规划，保证城市规划的有效实施，符合自身的正当利益的，当事人则可以通过法定的程序，在司法过程中进行维护并获得保障。

《中共中央、国务院关于建立国土空间规划体系并监督实施的若干意见》和《中华人民共和国城乡规划法》第二十八条、二十九条、三十条等，规定国土空间规划的实施组织和管理是各级人民政府的重要职责。地方各级人民政府应当根据当地经济社会发展水平，量力而行，尊重群众意愿，有计划、分步骤地组织实施国土空间规划。城市的建设和发展，应当优先安排基础设施以及公共服务设施的建设，妥善处理新区开发与旧区改建的关系，统筹兼顾进城务工人员生活和周边农村经济社会发展、村民生产与生活的需要。镇的建设和发展，应当结合农村经济社会发展和产业结构调整，优先安排供水、排水、供电、供气、道路、通信、广播电视等基础设施和学校、卫生院、文化站、幼儿园、福利院等公共服务设施的建设，为周边农村提供服务。乡、村庄的建设和发展，应当因地制宜、节约用地，发挥村民自治组织的作用，引导村民合理进行建设，改善农村生产、生活条件。

在基本原则和具体要求的指导下，规划实施组织工作的开展还涉及确定城市建设开展的时序、规模和布局等。城市新区的开发和建设，应当合理确定建设规模和时序，充分利用现有市政基础设施和公共服务设施，严格保护自然资源和生态环境，体现地方特色。在城市总体规划、镇总体规划确定的建设用地范围以外，不得设立各类开发区和城市新区。旧城区的改建，应当保护历史文化遗产和传统风貌，合理确定拆迁和建设规模，有计划地对危房集中、基础设施落后等地段进行改建。

二、国土空间规划的法律要求

规划修改必须严格落实法定程序要求，深入调查研究，征求利害关系人的意见，组织专家论证，实行集体决策。不得以城市设计、工程设计或建设方案等非法定方式擅自修改规划，违规变更规划条件。

农村地区编制、实用性村庄规划编制应加强用地审批和乡村建设规划许可管理，坚持农地农用。严禁借农用地流转、土地整治等名义违反规划，搞非农建设、乱占耕地建房等，坚决杜绝集体土地失管失控现象。不准强占多占耕地建房，不准在承包地上违法建房，不准违反“一户一宅”规定占用耕地建房。

对国土空间规划执行情况进行自然资源执法督察。督查涉及日常巡查和台账检查、批后监管。做好巡查记录，详细记载巡查时间、人员、线路，以及巡查发现的违法事实、地点、查处、报告等情况。对新增违法违规建设“零容忍”，一经发现，及时严肃查处。对历史遗留问题全面梳理，依法依规分类加快处置。

下级国土空间规划不得突破上级国土空间规划确定的约束性指标，不得违背上级国土空间规划的刚性管控要求。各地不得违反国土空间规划约束性指标和刚性管控要求审批其他各类规划，不得以其他规划替代国土空间规划作为各类开发保护建设活动的规划审批依据。

坚持先规划、后建设。未取得规划许可，不得实施新建、改建、扩建工程。不得以集体讨论、会议决定等非法定方式替代规划许可，搞“特事特办”。

严格干部队伍管理。规划领域涉及利益重大，严禁规划重点岗位公职人员配偶、子女及其配偶在规划直接相关领域经商办企业。严查官商勾结、权力寻租、利益输送、失职渎职甚至包庇纵容充当“保护伞”等违纪违法行为。坚决遏制规划领域腐败现象，打造忠诚、干净、有担当的干部队伍。建立健全规划重点岗位干部轮岗交流制度，防范干部在同一岗位长期任职的廉政风险。对违规编制、审批、修改规划，违规发放或变更规划许可，不按规定开展规划核实，插手干预规划实施监督管理等行为的单位或个人，一经发现，必须严肃处理。涉嫌违法违纪的，按有关规定移交纪委监委等有权机关调查处理。涉嫌犯罪的，移送司法机关。

三、法律制裁规定

1.《中华人民共和国城乡规划法》的相关法律责任

第五十八条　对依法应当编制城乡规划而未组织编制，或者未按法定程序编制、审批、修改城乡规划的，由上级人民政府责令改正，通报批评；对有关人民政府负责人和其他直接责任人员依法给予处分。

第五十九条　城乡规划组织编制机关委托不具有相应资质等级的单位编制城乡规划的，由上级人民政府责令改正，通报批评；对有关人民政府负责人和其他直接责任人员依法给予处分。

第六十条　镇人民政府或者县级以上人民政府城乡规划主管部门有下列行为之一的，由本级人民政府、上级人民政府城乡规划主管部门或者监察机关依据职权责令改正，通报批评；对直接负责的主管人员和其他直接责任人员依法给予处分：

（一）未依法组织编制城市的控制性详细规划、县人民政府所在地镇的控制性详细规划的；

（二）超越职权或者对不符合法定条件的申请人核发选址意见书、建设用地规划许可证、建设工程规划许可证、乡村建设规划许可证的；

（三）对符合法定条件的申请人未在法定期限内核发选址意见书、建设用地规划许可证、建设工程规划许可证、乡村建设规划许可证的；

（四）未依法对经审定的修建性详细规划、建设工程设计方案的总平面图予以公布的；

（五）同意修改修建性详细规划、建设工程设计方案的总平面图前未采取听证会等形式听取利害关系人的意见的；

（六）发现未依法取得规划许可或者违反规划许可的规定在规划区内进行建设的行为，而不予查处或者接到举报后不依法处理的。

第六十一条　县级以上人民政府有关部门有下列行为之一的，由本级人民政府或者上级人民政府有关部门责令改正，通报批评；对直接负责的主管人员和其他直接责任人员依法给予处分：

（一）对未依法取得选址意见书的建设项目核发建设项目批准文件的；

（二）未依法在国有土地使用权出让合同中确定规划条件或者改变国有土地使用权出让合同中依法确定的规划条件的；

（三）对未依法取得建设用地规划许可证的建设单位划拨国有土地使用权的。

第六十二条　城乡规划编制单位有下列行为之一的，由所在地城市、县人民政府城乡规划主管部门责令限期改正，处合同约定的规划编制费一倍以上二倍以下的罚款；情节严重的，责令停业整顿，由原发证机关降低资质等级或者吊销资质证书；造成损失的，依法承担赔偿责任：

（一）超越资质等级许可的范围承揽城乡规划编制工作的；

（二）违反国家有关标准编制城乡规划的。

未依法取得资质证书承揽城乡规划编制工作的，由县级以上地方人民政府城乡规划主管部门责令停止违法行为，依照前款规定处以罚款；造成损失的，依法承担赔偿责任。

以欺骗手段取得资质证书承揽城乡规划编制工作的，由原发证机关吊销资质证书，依照本条第一款规定处以罚款；造成损失的，依法承担赔偿责任。

第六十三条　城乡规划编制单位取得资质证书后，不再符合相应的资质条件的，由原发证机关责令限期改正；逾期不改正的，降低资质等级或者吊销资质证书。

第六十四条　未取得建设工程规划许可证或者未按照建设工程规划许可证的规定进行建设的，由县级以上地方人民政府城乡规划主管部门责令停止建设；尚可采取改正措施消除对规划实施的影响的，限期改正，处建设工程造价百分之五以上百分之十以下的罚款；无法采取改正措施消除影响的，限期拆除，不能拆除的，没收实物或者违法收入，可以并处建设工程造价百分之十以下的罚款。

第六十五条　在乡、村庄规划区内未依法取得乡村建设规划许可证或者未按照乡村建设规划许可证的规定进行建设的，由乡、镇人民政府责令停止建设、限期改正；逾期不改正的，可以拆除。

第六十六条　建设单位或者个人有下列行为之一的，由所在地城市、县人民政府城乡规划主管部门责令限期拆除，可以并处临时建设工程造价一倍以下的罚款：

（一）未经批准进行临时建设的；

（二）未按照批准内容进行临时建设的；

（三）临时建筑物、构筑物超过批准期限不拆除的。

第六十七条　建设单位未在建设工程竣工验收后六个月内向城乡规划主管部门报送有关竣工验收资料的，由所在地城市、县人民政府城乡规划主管部门责令限期补报；逾期不补报的，处一万元以上五万元以下的罚款。

第六十八条　城乡规划主管部门作出责令停止建设或者限期拆除的决定后，当事人不停止建设或者逾期不拆除的，建设工程所在地县级以上地方人民政府可以责成有关部门采取查封施工现场、强制拆除等措施。

第六十九条　违反本法规定，构成犯罪的，依法追究刑事责任。

2.《中华人民共和国土地管理法》的相关法律责任

第七十四条　买卖或者以其他形式非法转让土地的，由县级以上人民政府自然资源主管部门没收违法所得；对违反土地利用总体规划擅自将农用地改为建设用地的，限期拆除在非法转让的土地上新建的建筑物和其他设施，恢复土地原状，对符合土地利用总体规划的，没收在非法转让的土地上新建的建筑物和其他设施；可以并处罚款；对直接负责的主管人员和其他直接责任人员，依法给予处分；构成犯罪的，依法追究刑事责任。

第七十五条　违反本法规定，占用耕地建窑、建坟或者擅自在耕地上建房、挖砂、采石、采矿、取土等，破坏种植条件的，或者因开发土地造成土地荒漠化、盐渍化的，由县级以上人民政府自然资源主管部门、农业农村主管部门等按照职责责令限期改正或者治理，可以并处罚款；构成犯罪的，依法追究刑事责任。

第七十六条　违反本法规定，拒不履行土地复垦义务的，由县级以上人民政府自然资源主管部门责令限期改正；逾期不改正的，责令缴纳复垦费，专项用于土地复垦，可以处以罚款。

第七十七条　未经批准或者采取欺骗手段骗取批准，非法占用土地的，由县级以上人民政府自然资源主管部门责令退还非法占用的土地，对违反土地利用总体规划擅自将农用地改为建设用地的，限期拆除在非法占用的土地上新建的建筑物和其他设施，恢复土地原状，对符合土地利用总体规划的，没收在非法占用的土地上新建的建筑物和其他设施，可以并处罚款；对非法占用土地单位的直接负责的主管人员和其他直接责任人员，依法给予处分；构成犯罪的，依法追究刑事责任。超过批准的数量占用土地，多占的土地以非法占用土地论处。

第七十八条　农村村民未经批准或者采取欺骗手段骗取批准，非法占用土地建住宅的，由县级以上人民政府农业农村主管部门责令退还非法占用的土地，限期拆除在非法占用的土地上新建的房屋。超过省、自治区、直辖市规定的标准，多占的土地以非法占用土地论处。

第七十九条　无权批准征收、使用土地的单位或者个人非法批准占用土地的，超越批准权限非法批准占用土地的，不按照土地利用总体规划确定的用途批准用地的，或者违反法律规定的程序批准占用、征收土地的，其批准文件无效，对非法批准征收、使用土地的直接负责的主管人员和其他直接责任人员，依法给予处分；构成犯罪的，依法追究刑事责任。非法批准、使用的土地应当收回，有关当事人拒不归还的，以非法占用土地论处。非法批准征收、使用土地，对当事人造成损失的，依法应当承担赔偿责任。

第八十二条　擅自将农民集体所有的土地通过出让、转让使用权或者出租等方式用于非农业建设，或者违反本法规定，将集体经营性建设用地通过出让、出租等方式交由单位或者个人使用的，由县级以上人民政府自然资源主管部门责令限期改正，没收违法所得，并处罚款。

第八十三条　依照本法规定，责令限期拆除在非法占用的土地上新建的建筑物和其他设施的，建设单位或者个人必须立即停止施工，自行拆除；对继续施工的，作出处罚决定的机关有权制止。建设单位或者个人对责令限期拆除的行政处罚决定不服的，可以在接到责令限期拆除决定之日起十五日内，向人民法院起诉；期满不起诉又不自行拆除的，由作出处罚决定的机关依法申请人民法院强制执行，费用由违法者承担。

第八十四条　自然资源主管部门、农业农村主管部门的工作人员玩忽职守、滥用职权、徇私舞弊，构成犯罪的，依法追究刑事责任；尚不构成犯罪的，依法给予处分。

四、法律实践的典型案例

自然资源部对国土空间规划的典型违法违规案件的办理提出明确要求，公开督促省级自然资源主管部门限期办理，并向社会公开处理结果，接受社会监督。挂牌督办情形：违反国土空间规划和用途管制，违法突破生态保护红线、永久基本农田、城镇开发边界三条控制线，造成严重后果的；违法违规占用耕地，特别是永久基本农田面积较大、造成种植条件严重毁坏的；违法违规批准征占土地、建设、勘查开采矿产资源，造成严重后果的；严重违反国家土地供应政策、土地市场政策，以及严重违规开发利用土地的；隐瞒不报、压案不查、久查不决、屡查屡犯，造成恶劣社会影响的；需要挂牌督办的其他情形。

1. 正面案件

正面案件是自然资源部提出肯定的典型案例。案件所在区域的自然资源主管部门，在地方党委、政府的领导下，认真履行职责，积极主动作为，态度坚决，该拆除的坚决拆除，该没收的坚决没收，该移送纪委监委、司法机关的坚决移送，严厉打击自然资源违法行为。

(1) 湖南省邵阳县国色添香水上世界违法占地建设水上游乐项目案。2017 年 4 月，邵阳县国色添香水上世界（个人独资企业）未经批准占用塘渡口镇梅子院村 1.31 hm^2（19.65

亩)土地建设水上游乐项目,其中永久基本农田 1.30 hm^2(19.54 亩)。2018 年,邵阳县政府组织拆除了违法建筑物和其他设施。项目投资人邓某因构成非法占用农用地罪被判处有期徒刑 1 年,并处罚金 4 万元。塘渡口镇镇长肖某受到诫勉谈话处理,副镇长张某、国土资源中心所所长唐某甲分别受到警告处分,国土资源中心所副所长唐某乙受到行政记过处分,梅子院村党支部书记刘某受到撤销党内职务处分。

(2) 宁夏回族自治区中卫市沙坡头区高某违法占地建设办公楼和生产车间案。2017 年 9 月,沙坡头区滨河镇沙桥村村民高某未经批准占用该村沙姚路西侧、北干渠南侧永久基本农田 1.10 hm^2(16.54 亩)建设办公楼和生产车间。原中卫市国土资源局立案查处,2018 年 4 月,中卫市政府组织拆除了违法建筑物和其他设施。高某涉嫌非法占用农用地罪已被移送公安机关并追究其刑事责任。

2. 负面案件

这类案件所在区域的自然资源主管部门在违法行为执法查处、后续跟踪等方面不同程度的慢作为、消极作为问题,向政府报告不主动、不及时,与法院等部门沟通协调不力,简单搁置问题,违法行为未能得到有效处置,需要上级督促才能有实质性进展。

(1) 河北钢铁集团鑫达钢铁有限公司违法占地建设厂房案。2012 年 5 月,河北钢铁集团鑫达钢铁有限公司未经批准占用唐山市迁安市木厂口镇佛峪院村 50.07 hm^2(751.10 亩)土地建设厂房,其中永久基本农田 22.18 hm^2(332.70 亩)。原迁安市国土资源局立案查处,依法申请法院强制执行,法院裁定准予执行后一直未能执行。2019 年 6 月,在自然资源部的督促下,迁安市政府组织拆除了违法建筑物和其他设施。木厂口镇党委书记耿某(时任镇党委副书记、镇长)、主任科员付某分别受到党内警告处分,木厂口镇国土资源所所长王某被撤职,时任佛峪院村党支部书记兼村主任任某受到留党察看 2 年处分。案件涉嫌构成非法占用农用地罪,公司总经理康某被移送公安机关并追究刑事责任。

(2) 广东省汕尾市陆丰市比德能源有限公司违法占地建设生产基地及配套设施案。2017 年 3 月,陆丰市比德能源公司未经批准占用铜锣湖农场西岭村 1.57 hm^2(23.50 亩)土地建设生产基地及配套设施,其中永久基本农田 0.76 hm^2(11.40 亩)。2019 年 7 月,在自然资源部的督促下,陆丰市政府组织拆除了违法建筑物和其他设施。

(3) 陕西省宝鸡育才(玻璃)集团有限公司违法占地建设驾校案。2017 年 2 月,宝鸡育才(玻璃)集团有限公司未经批准占用宝鸡市高新区千河镇魏家崖村耕地 7.95 hm^2(119.26 亩)建设驾校。原宝鸡市高新区国土资源局立案查处,申请法院强制执行后被驳回。2019 年 6 月,在自然资源部的督促下,高新区管委会组织拆除了违法建筑物和其他设施。案件涉嫌构成非法占用农用地罪,相关责任主体已被移送公安机关并追究刑事责任。

课后习题

1. 下列关于城市规划实施的表述,错误的是 ( )
   A. 城市社会经济发展状况决定规划实施的基本路径与可能性
   B. 规划实施需要社会共同遵守与参与,必然涉及法律保障与社会运作机制等内容
   C. 社会公众对规划的认知和参与程度,影响其是否愿意遵守与执行规划
   D. 下层次规划的编制、实施不会对上层次规划的实施结果产生影响
2. 下列关于城市公共性设施开发的表述,不准确的是 ( )
   A. 公共性设施开发建设是政府有目的地、积极地实施城市规划的重要内容和手段
   B. 公共性设施开发建设是政府运用公共资金,主要满足市政基础设施的使用需求
   C. 对于不同公共性设施项目之间的抉择及其配合,城市规划是项目决策的重要依据与基础
   D. 各项公共性设施应在城市规划中分步骤纳入相关建设计划,予以实施
3. 下列关于详细规划在国土空间规划实施与监管中作用的表述,不准确的是 ( )
   A. 详细规划是所有国土空间分区分类实施用途管制的依据
   B. 在城镇开发边界内的建设,实行“详细规划+规划许可”的管制方式
   C. 在城镇开发边界外的建设,实行“详细规划+规划许可”和“约束指标+分区准入”的管制方式
   D. 详细规划的执行情况应纳入自然资源执法督查的内容
4. 下列关于规划实施的表述,错误的是 ( )
   A. 优先安排产业项目,逐步配套基础设施
   B. 旧城区的改建,应合理确定拆迁和建设规模
   C. 城市地下空间的开发和利用,应充分考虑防灾减灾、人民防空和通信等需要
   D. 城乡建设和发展,应当依法保护和合理利用自然资源

参考文献

[1] 贝纳德·马尔尚. 巴黎城市史(19—20世纪)[M]. 谢洁莹,译. 北京:社会科学文献出版社,2013.

[2] 安东尼·滕. 世界伟大城市的保护[M]. 郝笑丛,译. 北京:清华大学出版社,2014.

[3] 埃比尼泽·霍华德. 明日的田园城市[M]. 金经元,译. 北京:商务印书馆,2010.

[4] 白德懋. 居住区规划与环境设计[M]. 北京:中国建筑工业出版社,1993.

[5] 蔡建明. "世界城市"论说综述[J]. 国外城市规划,2001(6):32-35.

[6] 曾菊新. 现代城乡网络化发展模式[M]. 北京:科学出版社,2001.

[7] 陈彪,张锦高. 基于城市首位度理论的湖北省城市体系结构研究[J]. 科技进步与对策,2009,26(12):50-53.

[8] 陈占祥. 马丘比丘宪章[J]. 城市规划研究,1979:1-14.

[9] 程开明. 中国城市化与经济增长的统计研究[D]. 杭州:浙江工商大学,2008.

[10] 崔栋,刘喆,王英帆. 多源数据支持下的城市总体规划实施评估方法探讨[J]. 建筑与文化,2018(9):156-157.

[11] 丁凌. 城市规划三大宪章的分析与比较[J]. 特区经济,2014(6):220-221.

[12] 董鉴泓. 中国城市建设史[M]. 3版. 北京:中国建筑工业出版社,2004.

[13] 杜澍,连欣. 新时期国土空间规划的战略研究[J]. 中国国土资源经济,2019,32(3):7-12.

[14] 高涵. 浅析现代城市规划理念的发展与变迁:以城市规划三大宪章为视角[J]. 河南工业大学学报(社会科学版),2010,6(3):24-27.

[15] 高宁波. 论英国1919年《住房与城镇规划法》[D]. 南京:南京大学,2016.

[16] 顾朝林. 中国城镇体系:历史、现状、展望[M]. 北京:商务印书馆,1992.

[17] 郝晓斌,章明卓. 沙里宁有机疏散理论研究综述[J]. 山西建筑,2014,40(35):21-22.

[18] 黄京,郭振松. 大数据在城市总体规划实施评估中的应用研究[C]//2018中国城市规划年会论文集. 杭州,2018:426-435.

[19] 黄明华,惠倩. 田园城市? 花园城市? 对霍华德 Garden City 的再认识[J]. 城市规划,2018,42(10):9-17.

[20] 江新. 合肥市滨湖新区空间形态研究[D]. 济南:山东建筑大学,2019.

[21] 荆文翰. 变革时代的城市现代化转型:以"巴黎大改造"为例[J]. 法国研究,2019(1):1-10.

[22] 赖晨. 古代城市里坊制的变迁[J]. 文史春秋,2016(4):57-61.

[23] 劳拉·科尔比,宋壮壮,雷江帆,等. 欧洲城市规划的历史:延续与变迁[J]. 城市与区域规划研究,2013,6(1):152-183.

[24] 李浩達. 以典型城市为例浅谈现代城市规划与发展:以巴西利亚城市建设为视角[J]. 城市建设理论研究(电子版),2015(1):1569.

[25] 李静,张平宇,郭蒙,等. 哈尔滨市城市用地扩展时空特征及驱动机制分析[J]. 城市环境与城市生态,2010,23(6):1-4.

[26] 李小建. 经济地理学[M]. 3版. 北京:高等教育出版社,2018.

[27] 刘刚. 对田园城市的继承性思考[J]. 时代建筑,2011(5):36-39.

[28] 刘婧，王金平. 中国古代城市规划及其现代发展浅析[J]. 工业建筑(增刊Ⅰ)，2016：110-112.
[29] 刘荣. 重读《马丘比丘宪章》[J]. 城市观察，2013(1)：175-183.
[30] 刘轶男. 城市居民居住区位选择研究：以唐山市中心城区为例[D]. 重庆：重庆大学，2008.
[31] 刘又萁. 城市总体规划实施评估的问题及对策建议[J]. 建材与装饰，2019(3)：66-67.
[32] 柳润涛. 约翰·西蒙与19世纪中后期的英国公共卫生改革[D]. 南京：南京大学，2013.
[33] 卢钱红，甘筱青，陈伟良. 基于城市首位度的中国东部地区经济增长对策[J]. 企业经济，2019(6)，147-153.
[34] 陆涵. 城市空间形态发展与湖泊的关系研究[D]. 武汉：武汉理工大学，2011.
[35] 陆军，王栋. 世界城市的综合判别方法及指标体系研究[J]. 经济社会体制比较，2011(6)：104-111.
[36] 吕冬敏. 浅谈空间规划中"三区三线"的划定与管制[C]//2018中国城市规划年会论文集. 杭州，2018：265-275.
[37] 吕力. 产业集聚、扩散与城市化发展：理论探讨与中国的实践[D]. 武汉：武汉大学，2005.
[38] 中共中央马克思恩格斯列宁斯大林著作编译局. 马克思恩格斯文集：第4卷[M]. 北京：人民出版社，2009.
[39] 孟春，高伟. 世界城镇化的发展趋势与我国城镇化的健康推进[J]. 区域经济评论，2013(4)：94-98.
[40] 牛帅，孙燕奇. 新时代国土空间规划体系发展探究[C]//2019城市发展与规划论文集. 北京，2019：5.
[41] 潘浩澜. 浅析吉安市吉州区中心城区城市空间形态与功能结构[J]. 建筑与文化，2019(9)：151-153.
[42] 全国城市规划执业制度管理委员会. 城市规划原理[M]. 北京：中国计划出版社，2011.
[43] 谭纵波. 城市规划[M]. 北京：清华大学出版社，2016.
[44] 孙娟，马璇. 从经济联系角度思考城市空间发展方向的选择[J]. 城市规划学刊，2012(S1)：11-17.
[45] 孙群郎. 美国城市美化运动及其评价[J]. 社会科学战线，2011(2)：94-101.
[46] 田园城市[R]. 北京：中国科学院城市环境研究所，2009.
[47] 王雨飞，倪鹏飞，王光辉. 中国城市群体系空间结构及多中心演变研究[J]. 江淮论坛，2019(3)：47-53.
[48] 王育. 重读《北京宪章》[J]. 北京城市学院学报，2011(3)：104.
[49] 魏旭红，开欣，王颖，等. 基于"双评价"的市县级国土空间"三区三线"技术方法探讨[J]. 城市规划，2019，43(7)：10-20.
[50] 文国玮. 城市交通与道路系统规划：2013版[M]. 北京：清华大学出版社，2013.
[51] 吴良镛. 北京宪章[J]. 时代建筑，1999(3)：3-5.
[52] 吴良镛. 世纪之交的凝思：建筑学的未来[M]. 北京：清华大学出版社，1999.
[53] 吴志强，李德华. 城市规划原理[M]. 4版. 北京：中国建筑工业出版社，2010.
[54] 吴志强，史舸. 城市发展战略规划研究中的空间拓展方向分析方法[J]. 城市规划学刊，2006(1)：69-74.
[55] 许学强，叶嘉安. 我国城市化的省际差异[J]. 地理学报，1986，41(1)：8-22.
[56] 许学强，周一星，宁越敏. 城市地理学[M]. 北京：高等教育出版社，1997.
[57] 国际现代建筑学会，清华大学营建学系. 雅典宪章[J]. 城市发展研究，2007(5)：123-126.
[58] 严波，孙斌. 大数据背景下智慧城市建设探析[J]. 前沿，2015(12)：19-23.
[59] 严重敏，宁越敏. 我国城镇人口发展变化特征初探[C]//胡焕庸. 人口研究论文集. 上海：华东师范大学出版社，1981：20-37.
[60] 杨波. 现代田园城市生态系统健康评价研究：以成都市为例[C]//2018中国城市规划年会论文集. 杭州，2018：555-565.
[61] 杨侃. 生态环境脆弱地区煤炭资源型城市布局结构初探：以薛家湾为例[D]. 西安：西安建筑科技大学，2006.

[62] 尹俊，甄峰，王春慧. 世界城市化发展新特点及中国城市化发展趋势[J]. 地理教育，2010(Z1)：7-9.
[63] 尹玲. 城市规划两大宪章的比较[J]. 科技信息(学术研究)，2007(36)：376.
[64] 运迎霞. 城市规划中的土地问题研究[D]. 天津：天津大学，2006.
[65] 张冠增. 西方城市建设史纲[M]. 北京：中国建筑工业出版社，2011.
[66] 张庆. 新时期国土空间规划的战略研究[J]. 农家参谋，2019(19)：29.
[67] 张绍梁. 上海城市的布局结构与土地重划[J]. 城市发展研究，1995(5)：25-27.
[68] 张永安. 西方古代城市规划思想研究[J]. 旅游纵览(下半月)，2013(24)：187.
[69] 张永仲. 宪章的演进：辩证解读 20 世纪建筑的三大宪章[J]. 建筑，2001(9)：31-33.
[70] 张驭寰. 中国城池史[M]. 北京：中国友谊出版公司，2009.
[71] 张月金. 城市总体规划实施评估思路探讨：以南宁为例[J]. 规划师，2017，33(9)：113-119.
[72] 张泽宇. 田园城市理论在亚洲的传播与实践[D]. 北京：北京建筑大学，2019.
[73] 赵光宇，马晖. 从《雅典宪章》到《北京宪章》：对居住问题的历史性思考[J]. 华中建筑，2000(3)：16-17.
[74] 赵民，程遥，潘海霞. 论“城镇开发边界”的概念与运作策略：国土空间规划体系下的再探讨[J]. 城市规划，2019，43(11)：31-36.
[75] 赵之枫，巩冉冉，张健. 我国城市开发边界划定模式比较研究[J]. 规划师，2017，33(7)：105-111.
[76] 郑伯红. 现代世界城市网络化模式研究[D]. 上海：华东师范大学，2003.
[77] 中共中央国务院关于建立国土空间规划体系并监督实施的若干意见[R]. 北京：中共中央国务院，2019.
[78] 周一星，杨齐. 我国城镇等级体系变动的回顾及其省区地域类型[J]. 地理学报，1988，41(2)：97-111.
[79] 周一星. 主要经济联系方向论[J]. 城市规划，1998(2)：22-25.
[80] 朱深海. 城乡规划原理[M]. 北京：中国建材工业出版社，2019.